U0532306

国家社科基金
后期资助项目

中国慈善信托法基本原理

Basic Principles of Charitable Trusts Law in China

赵廉慧 著

中国社会科学出版社

图书在版编目（CIP）数据

中国慈善信托法基本原理 / 赵廉慧著 . —北京：中国社会科学出版社，2020.11
　ISBN 978-7-5203-7352-4

　Ⅰ.①中… Ⅱ.①赵… Ⅲ.①信托法—法的理论—研究—中国 Ⅳ.①D912.280.1

中国版本图书馆 CIP 数据核字（2020）第 186803 号

出 版 人	赵剑英	
责任编辑	许　琳	
责任校对	鲁　明	
责任印制	王　超	

出　版	中国社会科学出版社	
社　址	北京鼓楼西大街甲 158 号	
邮　编	100720	
网　址	http://www.csspw.cn	
发行部	010-84083685	
门市部	010-84029450	
经　销	新华书店及其他书店	

印　刷	北京君升印刷有限公司
装　订	廊坊市广阳区广增装订厂
版　次	2020 年 11 月第 1 版
印　次	2020 年 11 月第 1 次印刷

开　本	710×1000　1/16
印　张	20.5
字　数	358 千字
定　价	118.00 元

凡购买中国社会科学出版社图书，如有质量问题请与本社营销中心联系调换
电话：010-84083683
版权所有　侵权必究

国家社科基金后期资助项目

出 版 说 明

后期资助项目是国家社科基金设立的一类重要项目，旨在鼓励广大社科研究者潜心治学，支持基础研究多出优秀成果。它是经过严格评审，从接近完成的科研成果中遴选立项的。为扩大后期资助项目的影响，更好地推动学术发展，促进成果转化，全国哲学社会科学工作办公室按照"统一设计、统一标识、统一版式、形成系列"的总体要求，组织出版国家社科基金后期资助项目成果。

全国哲学社会科学工作办公室

致　　谢

　　《慈善法》实施之后，原本只是打算修订一下小书《信托法解释论》中关于慈善信托的部分，但从2015年底参与立法机关召集的《慈善法》立法专家论证会开始，我对慈善信托的研究和思考如同蚂蚁面对大山，日积月累问题越来越多，让我时不时陷入思维困境甚至绝望。实务界的同仁也抛给我很多具体而微的问题，参加监管部门组织的各种研讨会也让我面对很多棘手政策衡量问题，2017年初我甚至有机会作为律师为我国迄今为止最大的一个慈善信托项目的落地提供法律服务——这或许是我兼职律师生涯的顶峰。这些过程中遇到的新鲜而极富挑战性的问题让人欲罢不能，我通过写微信公众号（trustlawinchina）文章、写博客、为纸媒写文章的方式鞭策自己去研究这些问题，在两年期间通过各种途径草率地发表了各种各样的未经深思熟虑的观点，最后清点竟有二十多万字之多。事后检讨起来，不少观点仍有可修正的余地，也让我因此忐忑不安，但是，这些文章记录了我对慈善信托法原理认识的不断深化的过程。

　　本书的写作似乎让我找到了应对碎片化时代的方略，找到了新时代的写作模式，但是，一段完整时间进行体系化的整合是必要的。自从四十岁之后，各种工作和压力排山倒海而来，虽然尚能从容应付，但是这种只输出、少输入的工作模式，经常让我心虚不已。最近常做类似的梦，梦见自己坐在一个不知什么考场，其他人都已从容交卷，我还有大半试卷是空白一片，心中惶恐不已。很庆幸整个2019年都能在哥伦比亚大学访学，能在法学院图书馆找到一张安静的书桌看书写字。今后应更合理的安排时间，给自己更多"空闲"读书、思考，才能真正略有所得。

　　感谢我的老师们。鲁钝木讷如我，老师们的宽容是支撑我在民商法、金融法和社会法的边缘艰难游走的强大精神动力。我一直是非常幸运的人，先后三位指导老师叶林先生、杨振山先生、能见善久先生都是宽厚、自由和智慧的师者，在我的各个学习阶段，对我的研究兴趣、学位和学术论文选题，学术规划等都只充当建议者、点拨者和鼓励者的角色，不会把自己的研究志趣和研究规划强加给我。即使这样——我有时会想，竟然花了五年时间写了一本关于慈善信托法的小书，已在仙山安息的杨振山先生有知，或许会感到略略吃惊吧。

感谢赵红梅教授，若非她的建议和督促，我甚至不知道还有社科基金后期资助这等对即将完成的研究进行资助的好事。作为我多年的"顶头上司"，赵老师和研究所其他同事以极大宽容和支持，帮我挨过艰苦"青椒"岁月，至为难忘。赵老师对于学术研究和学科发展的热情和投入，对我一直是个巨大的鞭策。

感谢王涌和金锦萍两位教授，把我从"信托法律圈"引入"慈善法律圈"。金老师把她的几乎全部和慈善法相关的著作、编著和译著都送给了我，有十几本之多。我知道，我可能无法以和她相同的方式清偿欠她的"债务"。

感谢中国人民大学信托与基金研究所的周小明所长，他比较早建议我深入研究财富观和慈善观的问题，正是这些研究构成了我的《慈善法》课程和本书的理论起点。

感谢马剑银、杨思斌、杜源、朱健刚、刘培峰、王志诚、陈佳圣、姜雪莲、李磊、林少伟、吕鑫、李德健、杨维东、刘柏荣、旷涵潇、景辉、王融擎、徐海舰等诸位师友同仁以及众多实务界朋友在各种场合的批评、评论、建议和资料供给。"嘤其鸣矣求其友声"，国内慈善信托法的研究刚刚起步，虽说学术研究是十分私人的事情，但若不能栖身于高水平的"朋友圈"，仅凭自己闭门造车，不过是在坐井观天。

感谢中国慈善联合会慈善信托委员会蔡概还主任的推荐，给我忝列该委员会顾问的机会，让我得以把握行业内的最新发展，直面棘手理论和现实问题。

感谢中国社会科学出版社的许琳老师，若非许老师的邮件、电话催促，我恐怕还深陷在拖延症之中，懒得回头检视和梳理过去随手写的豆腐块文章。从项目申请、立项到书稿编辑完成的漫长过程，都是许老师在催促我，本书的出版离不开许老师的推动和帮助。

中国政法大学的宋琳、于慧颖、苏圣源、丁小宇、余抒蕾、姚参、蔡嘉仪、左金萍、李晓煜、栗小焱、刘翔、何舒婷、喻萍、冯莉、苏阳等青年才俊对本书稿进行了精心校对，这里一并致谢。

最后我要衷心感谢国家社科基金委匿名评审专家在评审意见中给出专业而中肯的意见和建议，若没有这些批评意见，本书稿只能是一个不断自我强化旧观点的自恋产物。本书稿能尽力保持警觉和开放的风格，各位专家老师功不可没。

  书稿虽然完成，但真正的研究才算刚刚开始。2003年，我在博士论文的扉页上抄录了《论语》中的一句话："子绝四：毋意，毋必，毋固，毋我"。这里重录这句话，以为自勉。

赵廉慧

2020年1月14日

于哥伦比亚大学法学院图书馆

目 录

绪 论 ……………………………………………………………………（1）

第一章 慈善法、信托法和慈善信托 ……………………………（5）
 第一节 慈善的概念 …………………………………………（5）
 第二节 慈善法的性质 ………………………………………（12）
 第三节 慈善法、慈善信托法和信托法 ……………………（26）

第二章 慈善信托的设立机制 ……………………………………（42）
 第一节 慈善信托的概念与特征 ……………………………（42）
 第二节 慈善（公益）目的 …………………………………（46）
 第三节 "完全公益性"的问题 ………………………………（53）
 第四节 慈善信托的形式 ……………………………………（62）
 第五节 慈善信托的备案 ……………………………………（74）

第三章 慈善信托财产的法律原理 ………………………………（89）
 第一节 慈善信托财产的性质 ………………………………（89）
 第二节 慈善信托财产的取得 ………………………………（98）
 第三节 慈善信托财产的管理和投资 ………………………（109）
 第四节 运营型慈善信托 ……………………………………（114）

第四章 慈善信托的治理结构 ……………………………………（118）
 第一节 概述 …………………………………………………（118）
 第二节 慈善信托的委托人 …………………………………（118）
 第三节 慈善信托受托人 ……………………………………（128）
 第四节 慈善信托的受益人 …………………………………（162）
 第五节 慈善信托的监督机制——监察人 …………………（174）

第六节　慈善信托中的其他角色……………………………（186）

第五章　慈善信托的变更、终止……………………………（193）
　　第一节　概述…………………………………………………（193）
　　第二节　慈善信托的变更……………………………………（194）
　　第三节　慈善信托的终止……………………………………（196）
　　第四节　近似原则……………………………………………（202）
　　第五节　慈善信托的清算……………………………………（210）

第六章　慈善信托税制基本原理……………………………（212）
　　第一节　慈善信托享有税收优待的正当性…………………（212）
　　第二节　我国慈善信托税制存在的问题……………………（214）
　　第三节　慈善捐赠、慈善信托设立和慈善信托税制………（216）
　　第四节　完善我国慈善信托税制的初步构想………………（223）

第七章　慈善信托的外延——目的信托……………………（229）
　　第一节　中间状态的信托形态………………………………（229）
　　第二节　目的信托的必要性…………………………………（237）
　　第三节　防止目的信托制度滥用的措施……………………（240）

附录1：中国慈善信托的实践………………………………（243）
　　第一节　影响慈善信托设立的因素…………………………（243）
　　第二节　信托公司作为单一受托人（模式A）……………（244）
　　第三节　信托公司作为受托人，慈善组织同时作为委托人与事务
　　　　　　执行人（模式B）…………………………………（250）
　　第四节　信托公司和慈善组织作为共同受托人（模式C）…（254）
　　第五节　慈善组织作为单一受托人（信托公司或可以作为投资顾问）
　　　　　　（模式D）……………………………………………（258）
　　第六节　双层信托模式（模式E）及其他…………………（261）

附录2：我国公益慈善信托设立情况概览…………………（265）

参考文献………………………………………………………（309）

索　引…………………………………………………………（316）

绪　　论

　　法律是制度工具，立法应当为民众实现自己的意愿提供更高效、灵活和便利的工具。慈善信托作为一种实现民众慈善意愿、从事慈善事业的优良制度，在我国还没有得到充分的重视。无论是理论研究还是实践应用，都处于欠发达状态。

　　据统计，截至 2015 年末，在《中华人民共和国信托法》（以下简称《信托法》）诞生后的十余年里，11 家信托公司发行了 15 只完全符合信托法要求的公益信托，初始信托财产共计 12532 万元，平均规模为 835 万元，且多集中于教育和医疗事业等较狭窄的领域[①]。在《中华人民共和国慈善法》（以下简称《慈善法》）实施之后，慈善中国备案公示信息显示，2016 年 9 月 1 日至 2020 年 1 月初，慈善信托共备案成立 277 单，规模已达到 29.25 亿元[②]。虽然离人们对它的期待尚有距离，但是，慈善信托作为一种灵活、安全、高效和更尊重捐出人意愿的慈善机制的优势逐渐显现出来。

　　在立法方面，目前主要有《慈善法》《信托法》《慈善信托管理办法》《民政部　中国银行监督管理委员会做好慈善信托备案有关工作的通知》《中国银监会办公厅关于鼓励信托公司开展公益信托业务支持灾后重建工作的通知》等法律和规范性文件，还有《北京市慈善信托管理办法》《广东省民政厅　中国银行保险监督管理委员会广东监管局关于慈善信托管理工作的实施细则》等地方性文件，但是关于慈善信托税收、信托财产登记等关键法律法规仍然阙如。

[①] 如果扣除重庆信托的"金色盾牌·重庆人民警察英烈救助基金公益信托"（规模为 10070 万元），其他 14 支公益信托平均初始规模则仅有 176 万元。陈赤：《慈善信托扬帆起航》，《中国金融》2016 年第 19 期。

[②] 慈善中国查询网址：http://cishan.chinanpo.gov.cn/biz/ma/csmh/e/csmheindex.html。

在理论研究方面,《慈善法》实施之前,信托法研究者何宝玉、周小明等都在其信托法著作中对公益信托做了比较系统的研究;在慈善信托的专门研究方面,解锟对英国的慈善信托进行了当时最为全面的介绍,赵磊对公益信托的中国化做了当时最为全面的尝试。① 在论文方面,关于公益慈善信托的研究比较少②。《慈善法》出台之前的研究主要侧重立法论和境外法律的引介,很少有解释论和法教义学的研究。《慈善法》实施后,多数著作仍然偏重于对国外制度的研究,国内出版了不少英、美慈善法方面的重要译著,对于提升慈善法的研究品质起到了重要的作用,③ 对中国慈善法的基本概念和理论基础进行了分析的著作也开始出现④,但是仍然欠缺全面和体系化的慈善信托法著作。学术论文方面,关于慈善信托的研究仍然较

---

① 周小明:《信托制度:法理与实务》,中国法制出版社2012年版;何宝玉:《信托法原理与判例》,中国法制出版社,2013年版;何宝玉:《信托法原理研究》,中国政法大学出版社2004年版;赵廉慧:《信托法解释论》,中国法制出版社2015年版。解锟:《英国慈善信托制度研究》,法律出版社2011年版;赵磊:《公益信托法律制度研究》,法律出版社2008年版。

② 金锦萍:《论公益信托制度与两大法系》,《中外法学》2008年第6期;金锦萍:《论公益信托之界定及其规范意义》,《华东政法大学学报》2015年第6期;徐孟洲:《论我国公益信托的设立》,《广东社会科学》2012年第5期;倪受彬:《现代慈善信托的组织法特征及其功能优势——与慈善基金会法人的比较》,《学术月刊》2014年第7期;王建军、燕翀、张时飞:《慈善信托法律制度运行机理及其在我国发展的障碍》,《环球法律评论》2011年第4期;王金东:《衡平法慈善信托有效性的适用法分析》,《社会科学辑刊》2009年第4期;刘迎霜:《我国公益信托法律移植及其本土化 一种正本清源与直面当下的思考》,《中外法学》2015年第1期。李喜燕:《慈善信托近似原则在美国立法中的发展及其启示》,《比较法研究》2016年第3期;胡卫萍、杨海林:《我国公益信托法律制度的完善》,《江西社会科学》2012年第7期;朱志峰:《公益信托的法律特征及我国模式的探索》,《当代法学》2008年第6期;赵磊、崔利宏:《基金会与公益信托关系探析——兼论公益事业组织形式的选择》,《西南民族大学学报》(人文社科版)2008年第9期。

③ 李德健:《英国慈善法研究》,法律出版社2017年版;[美]玛丽恩·R.弗莱蒙特-史密斯:《非营利组织的治理》,金锦萍译,社会科学文献出版社2016年版;《英国慈善法》,金锦萍译,社会科学文献出版社2017年版;[美]加雷思·琼斯,《慈善法1532-1827史》,吕鑫译,社会科学文献出版社2017年版;[美]罗伯特·H·伯姆纳:《捐赠:西方慈善公益文明史》,褚蓥译,社会科学文献出版社2017年版;[英]慈善委员会:《英国慈善委员会指引》,林少伟译,法律出版社2017年版。

④ 吕鑫:《当代中国慈善法制研究:困境与反思》,中国社会科学出版社2018年版。

少，① 主题主要集中在对慈善信托制度的解读和完善方面，另外还有少量关于慈善信托的税收法律制度的研究②，仍然缺乏对中国慈善信托法的系统法理阐释。

从目前慈善信托法研究的现状来看，深层的理念研究固然单薄依然，将其作为一个本土法律制度进行体系性研究则显得更为紧迫。本书稿的主要目的是尝试构建中国特色的慈善信托法解释论，尝试在现有实体法规范的基础上展开中国慈善信托法律制度和原理的基本分析框架，尝试在具体规则的分析中呈现慈善信托法的理念和制度价值。

本书在理论维度上，主要处理以下4个问题。

第一，慈善法中的慈善信托，主要探讨慈善法和慈善信托法的关系。"慈善信托"是《慈善法》中的一章，慈善信托是实施慈善事业的重要工具，但是长期被忽视。如果不研究慈善法的调整对象，不研究慈善事业运作的机理，不研究慈善信托和其他的慈善机制——如慈善法人（特别是基金会）的关系，就无法把握慈善信托制度在慈善事业当中的核心功能。

第二，信托法中的慈善信托，主要探讨慈善信托法和信托法的关系。一般认为，慈善信托法属于信托法的特别法。但仅仅从一般信托法理来推演慈善信托法原理是不恰当的，慈善信托的确具有一般信托所不能完全容纳的多种特殊性。在本书的各章节的细节中，几乎都涉及对慈善信托之特殊性的探讨。信托法为私法，为自由之法，慈善事业借助信托的翅膀，可以避免不合理的管制；慈善法属于社会法，因关涉公共利益，不能任由当事人意思自治，监管和制衡对慈善信托的良性发展是十分必要的。探寻自由和管制的边界，是贯穿本书始终的主题。

第三，实体法背景下的慈善信托法原理，主要探讨慈善信托法的应然

---

① 王涌：《为什么中国富人会喜欢慈善信托？》，《中国社会组织》2016第13期；赵廉慧：《"后慈善法时代"慈善信托制度的理论与实践》，《中国非营利评论》（第19卷），2017年；闫海：《慈善信托监察人：法制发展、法律定位与规范重构》，《学术探索》2018年第5期；李文华：《完善我国慈善信托制度若干问题的思考》，《法学杂志》2017第7期；周贤日：《慈善信托：英美法例与中国探索》，《华南师范大学学报》（社会科学版）2017年第2期；栗燕杰：《我国慈善信托法律规制的变迁与完善》，《河北大学学报》（哲学社会科学版）2016年第5期。

② 赵廉慧：《慈善信托税收政策的基本理论问题》，《税务研究》2016年第8期；郑亦清、王建文：《论我国慈善信托税收优惠制度的完善》，《财会月刊》2018年第11期；孙洁丽：《慈善信托税收优惠国际比较与借鉴》，《财会通讯》2017年第32期；杨娟：《我国慈善信托所得税优惠制度探析》，《财经问题研究》2017年第8期。

和实然之间的关系。本书主要目标是对现行慈善信托相关法律规则的理论性解读，试图发现既有规范的内在逻辑，以解释论为主。但是，由于现行规则的粗糙和混乱，在尊重现状的基础上，还应有一定的超越性，根据法律原理和比较法论证慈善信托法的应然也是本书的任务。

第四，比较法背景下的中国慈善信托法原理，主要探讨如何借鉴国外法。如果借用一下迪尔凯姆的名言"比较社会学不是社会学的一个分支，其本身就是社会学"[①]，我们可以说，一切法学研究皆是比较法。信托法和慈善信托法最初来源于英、美，其原理和制度设置对我国都有极大的参考价值。而且，中国慈善信托法律制度从产生之日起受到了日本信托法的强烈影响，日本在其信托法中引入公益信托制度的制度架构，对我国的信托法乃至慈善法都造成了深远的影响。因此，比较法的研究十分必要。然而也必须注意到，我国的慈善信托制度虽然应当参考英、美乃至日本的合理制度和理论内核，在我国的法律制度框架内，如何对慈善信托法的原理和制度进行合乎逻辑的解释，催生中国慈善信托法的自洽话语体系，才是本书的核心关切。

作为解释论的研究，本书不另辟蹊径，严格按照《信托法》和《慈善法》中的制度体系展开。

[①] ［法］E. 迪尔凯姆：《社会学方法的准则》，狄玉明译，商务印书馆1995年版，第150页。这段话的英文是：Comparative sociology is not a particular branch of sociology; it is sociology itself。

第一章　慈善法、信托法和慈善信托

第一节　慈善的概念

一　慈善和公益

《慈善法》颁行之后，"慈善"为何的问题就浮出水面。慈善和公益是何关系？慈善和互助、社会福利、社会救助又是什么关系？慈善的边界在哪里？只有厘清什么是慈善，才能准确理解什么是慈善信托。

（一）语源和词义

在汉语中，"慈善"二字充满道德、宗教和伦理色彩。

在中国古代文化典籍中，"慈"就是"爱"的意思。《说文解字》中指出："慈，爱也"。其尤指长辈对晚辈的爱，即所谓"上爱下曰慈"。《国语·吴》中"老其老，慈其幼，长其孤"的"慈"即属此意。"善"的本义是"吉祥，美好"，即《说文解字》中所解释的"善，吉"，后引申为和善、亲善、友好，如《管子·心术下》中所说，"善气"二字合用，则为"仁善""善良""富于同情心"之义。而高度本地化的佛教之伦理基础就是"不害众生"，此即"善"。佛教徒修炼的一部分是积累善业功德，修慈悲心，行慈悲事。可以说，自从佛教传入中国之后，"佛教的慈悲观以及劝善理论和道教的禁恶行善主张、儒家的以仁爱为核心的伦理观念相互融合，成为富有特色的慈善思想文化根基"①。

《新华字典》对于"慈善"的定义是："仁慈善良"。对"慈善事业"的定义是："私人或社团基于人道主义精神或宗教观念，对贫困者或灾民进行金钱、实物捐助的社会救济活动"。在中文的语境中，慈善更多是施与性

---

① 金锦萍：《中国非营利组织法前沿问题》，社会科学文献出版社2014年版，第146页。

质的，施与方是掌握资源的个人或团体，由其内在的悲悯之心产生外在的善举。主要模式是有资源的一方向资源匮乏的一方提供帮助，很多时候是以资源单向流动转移的形式完成的。提供资源的一方占据主导地位，与受助方在经济地位和心理上都是不平等的。

在英文中，根据《新牛津英汉词典》，慈善（philanthropy）一词的含义是指爱人。"charity"（慈善）一词来源自拉丁语的"caritas"，含义是"爱"。两个词汇都包含宗教背景，可以认为，传统慈善的驱动机制主要是宗教和道德伦理。①

在今天，慈善概念日渐朝公益（public interest, public benefit）的方向发展。从字面上看，公益可以理解为举办增进公众利益的事业，强调的是所有参与方的共同利益，不再是单方面地施与，资源也不再是单向度流动转移，而是所有主体共同参与，某些互助性的行为也因此可以被归入慈善行为。民间力量基于社会责任感、使命感，在政府之外主动满足与维护公共利益，动员社会资源，优化、重建社会结构与关系，发现、解决或改善社会问题，不再限于对弱势或困顿一方的帮助。如环境保护、生物多样性保护、文化艺术科学事业发展、民间体育事业促进，男女平等的促进等已经很难被包括在传统的慈善范畴之内。从法条的字面解释看，《慈善法》规定"慈善信托属于公益信托"，意味着至少在慈善法上，公益的范围要大于慈善。②

既然是为了"公共"之利益，受益对象就不是特定的人。而传统的慈善行为的主要内容是一对一、多对一的救助和捐赠。当然，我们不能说对处于困顿状态的特定当事人的捐赠和救济就不是慈善，但是这已经不是目前慈善法制关注的全部或者重点。对特定当事人的救助也可以是慈善，但

---

① 有美国学者指出，做出捐赠如果是以减轻贫困、受苦或者悲伤者的不幸，这是慈善（charity），如果是为了避免或矫正社会问题和环境问题，改善陌生人和各种其他生物的生活或者生存环境，其也没有人对此提出要求，这就是公益（philanthropy）。[美] 罗伯特·H·伯姆纳：《捐赠：西方慈善公益文明史》，褚蓥译，社会科学文献出版社2017年版，引言。

② 英美法上的 charitable trust，有翻译为"慈善信托"的，也有翻译为"公益信托"的，含义大致一致。日本及韩国的信托法上采用了"公益信托"的译名，被我国台湾地区沿用。王志诚：《信托法》，台北：五南图书出版公司2015年第4版，第324页。我国《信托法》立法的时候从之。检索可知，在《慈善法》之前的立法中，举凡《信托法》《公益事业捐赠法》和相关的税收法律法规，使用的均是"公益"的表述，只有在国务院等文件中时有出现"慈善组织""慈善公益""慈善事业"的表述。有趣味的是，我国台湾地区"信托法"对公益信托的定义中规定："称公益信托者，谓以慈善、文化、学术、技艺、宗教、祭祀或者其他以公共利益为目的之信托"，明显是把慈善作为公益的下位概念。

是目前主导的慈善事业是经过一定的组织中介规范化、科学化和合法化的民间事业，这个组织中介可以是慈善组织，也可以是慈善信托的受托人。之所以强调慈善行为的规范性、中介性，主要原因可能就在于现代国家普遍授予慈善事业税收优惠待遇，相应地，也要对其进行监管。

从法律规定上看，《慈善法》甚至没有特意强调受益人（受领人）的不特定性，而是用一个更中性的表述："慈善事业的受益人和捐赠人、委托人及慈善组织之间不能有利害关系"。例如，《慈善法》第40条第1款，"捐赠人与慈善组织约定捐赠财产的用途和受益人时，不得指定捐赠人的利害关系人作为受益人"，第58条规定："慈善组织确定慈善受益人，应当坚持公开、公平、公正的原则，不得指定慈善组织管理人员的利害关系人作为受益人"，都足以证明这一点。

《慈善法》中关于慈善信托的规定以及《信托法》中关于公益信托的规定也都没有明确规定受益人不能是特定的人，所谓"慈善信托的受益人不能是特定的人"只是依据法理推断出的规则。在解释公益慈善信托的"公益性"的内涵时，"慈善信托的受益人不能是特定"的内涵需要重新考量。从明晰度上看，要求"慈善信托的受益人不能和委托人有利害关系"可能比"慈善信托的受益人不能是特定的人"这样一种模糊要求更为合理。

（二）慈善行为模式分析

1.慈善行为由原来的偶发的、个体行为，转变成有组织或中介的、规范的、科学的行为，这种转变决定了慈善法的调整范围

广义的慈善行为（包括一切发自善念的对陷于困顿者进行帮助的行为和为了公共利益的行为）模式可以有如下表示：

表 1–1　　　　　慈善行为模式和慈善法的调整范围

捐赠模式	捐赠者和受赠者人数	典型例	是否适用慈善法	是否需要中介	近似原则适用与否	社会性强弱
A	一对一	给乞讨者以财物	不适用	否	否	弱
B	一对多	慈善人士直接向灾民发放钱财	不适用	否	否	较弱
C	多对一	困顿者网上求助	部分适用	是	可	较强
D	多对多	基金会和慈善信托从事慈善事业	适用	是	是	强

说明：

A：一对一的捐赠，属于赠与行为，适用民法赠与合同。

B：一对多的捐赠，属于赠与行为，适用民法赠与合同。如陈光标向灾民发钱的行为，应不享有税收优惠，仅具备小部分的社会性，慈善法律几乎没有介入之必要。

C：多对一的捐赠，例如网上求助行为，适用民法上的赠与合同。但是，中介组织就出现了，社会性色彩更为浓重。虽然捐赠人不能取得税收优惠，但是由于存在多数的捐赠人和公共利益相关，慈善法律有介入的必要性。只能说网上个人求助行为较少受《慈善法》调整，而不能说不受《慈善法》调整。

D：多对多的捐赠。若无中介存在（慈善组织和慈善信托），几乎无法完成。这种行为是《慈善法》调整的重点。

值得注意的是：所谓"一对一""一对多"和"多对一"，其中的"一"要排除非营利性组织和慈善信托等，一旦有其介入，其前端或后端就可能隐藏多个人，就转变成了模式 D。

捐赠人和领受人的人数会影响当事人之间的法律关系。从模式 A 到模式 D，公共性或者说是社会性因素在增加。模式 A 和模式 B，都适用民法的赠与合同的规定。虽然模式 B 涉及一定的公共性，但是基本上用民法调整即为充分。《慈善法》调整的慈善行为不同于无中介的捐赠行为。"一对一"甚至"一对多"的捐赠或者施惠于人的行为，缺乏中介的组织，捐赠人和受惠的人直接面对面，情感色彩和个人联系非常密切，这种行为虽然属于广义上的慈善行为，但并不是受《慈善法》调整的慈善行为。此类行为一般受《合同法》中赠与合同相关规则调整。《慈善法》只在第 35 条顺带提及一下针对受益人的直接的捐赠[①]。

从模式 C 开始，社会性因素增加，慈善法等法律干预的必要性就出现了。

普通的民事关系转变为慈善法律关系，促成从量变到质变的重要指标有 3 个。其一，捐赠者人数众多；其二，中介的存在；其三，税收等公共政策的优待。从模式 C 开始，就出现了捐赠者和受赠者之间信息不对称的局面，而中介即成为信息中心，慈善法有必要进行一定的调整。模式 D 的

---

① 如同后文所探讨的，《慈善法》第 35 条所规定的直接针对受益人的捐赠行为在很多情况下仍然是有中介的捐赠，例如针对学校、医院或科研机构的捐赠，其最终受益的不是学校本身，而是学校的师生和教育事业。

行为若无中介的存在几乎无法完成，而且，这种通过组织中介（慈善信托和慈善法人等）的慈善行为事关社会公共利益，往往和税收待遇等公共政策相关，法律需要更严厉的介入。模式 D 的行为是《慈善法》调整的重点。在英国慈善法著作中，笔者发现了类似的表述。"在英国，对慈善的保护指向的是慈善行为，不是作为一种善行（act of goodness），而是一种组织制度（institution）。这是'慈善'一词首次也是最关键的一次在法律意义上偏离其最流行含义。慈善不再是一种给予的行为——或者慈善行为，而是一种在赠与人和受赠人之间的中介。事实上，在英国法律上，缺少这种过滤器的直接捐赠并非'慈善性'的。……在英国，慈善法应属于一部慈善组织法（a law of charitable institutions）"。[1]

2.法律意义上的慈善行为是正式的、以组织（慈善组织和慈善信托的受托人）为中介的、规范的慈善行为

法律意义上的慈善行为要去道德化，尽量少地追问当事人的动机，去除捐赠方和受惠一方的个人的联系，去除"施惠于人"的传统观念给人的道德绑架。我国的《慈善法》之所以叫"慈善法"，可能正是因为"慈善"这一词汇所包含的道德意味、感情色彩和道义精神，能够对民众产生极大的吸引力。但是不得不说，这种观念并非现代的观念。从《慈善法》调整的对象和一系列规则看，称之为"公益法"更为合适。仔细研读《慈善法》的条文，可以发现很多条文都强调慈善行为不能有和捐赠人等有利害关系的受益人。人们从事的行为不是为了给某些具体的人以帮助，而是从"每个人都不是一座孤岛"的精神出发去提升社会整体的福利，得到帮助的那些特定人只是社会整体福利得到改善的一种"反射"，并不能被称为受益人。更何况，现代的很多公益慈善事业中，根本就不存在受益人，例如环保和文化事业。

3.《慈善法》规定"慈善信托属于公益信托"。在法律上似乎明确了"慈善"是比"公益"更狭窄的概念

《慈善法》中虽然列举了和公益信托中几乎类似（甚至更广）的慈善行为，但是，《慈善法》是以传统的扶贫、济困、扶老、救孤、恤病、助残、优抚和救灾为主要的调整对象的。如环保、科技、文化和体育等事业，属于一般意义上的公益事业，这一点并没有得到立法和实务界人士的充分关注。

---

[1] Peter Luxton, *The Law of Charities*, Oxford: The Oxford University Press, 2001, p.5.

从汉语词义上，慈善有公益所不能包括的内涵。慈善可以是道德意义的直接施舍于人的行为，也可以是发自善念的行为（放生、救助流浪狗猫等），还可以是有利于社会的行为，在这种意义上，慈善的范畴似乎大于公益。但是，公益也有慈善无法涵盖的部分，例如环保事业等，并非着眼对陷于困顿者的帮助。所以这是两个相互关联但边界不同的词汇。不过，绝大多数场合，区分二者是没有意义的，因此若无特别说明，本书不区别使用这两个概念。

4. 应理解慈善行为的两种不妥倾向

不妥倾向之一，把凡是对别人有利的行为都作为慈善行为。慈善行为是有规范意义的，例如有人代理官司不收或少收费用，帮助当事人解决了重大纠纷，并不是法律意义上的慈善行为。简单地把慈善、公益和免费、无偿相关联，是很多"伪慈善"能够盛行的原因。

不妥倾向之二，把慈善行为限制在《慈善法》《信托法》所列清单之中，拒绝通过解释兜底条款的方式扩张慈善行为的范围。例如，社区矫正等有利于社会的事业都应该被归于慈善的领域。我国慈善法关于慈善行为虽然规定了一个兜底条款，但是鉴于我国司法和监管部门的慎重，很难认定明确清单规定以外的行为为慈善行为，所以笔者建议把以下比较成熟的慈善目的或者慈善事业类型纳入慈善法：（1）以促进公共祭祀和民间庆典的发展为目的；（2）以促进公民意识、社区和村民自治事业发展的发展为目的；（3）以推进男女平等、共同参与之社会的形成为目的；（4）以保护和增进消费者的利益为目的；（5）以促进司法之改良、犯罪之预防与矫正为目的；（6）以人权之促进为目的；（7）以国际交流与世界和平之促进为目的等。实务当中对此已经多有实践，监管部门和司法部门应善待《慈善法》第3条第6项的兜底条款，不应使其成为我国公益事业发展的绊脚石。

5. 互助行为与慈善及公益之异同

根据《慈善法》的规定，城乡社区组织、单位在本社区、单位内部开展的群众性互助互济活动，也属于慈善活动（第110条）。①

另外，法律应当允许设立互助性的组织，以实现各种慈善公益目的，这种组织的目的虽然具有慈善法上所列举的慈善目的，但是取得利益的主

---

① 在这种慈善行为中，相关的社区组织和单位等组织者作为中介应当承担类似受托人的责任。

体仅仅限于组织的成员。涉及的相关主体应能得到税法上的优惠待遇①。在美国的《示范非营利法人法（修订版）》(The Revised Model Nonprofit Corporation Act, RMNCA)中，非营利组织被分为宗教、公益（慈善）和互助三类。就互助型组织的法律地位和法律调整规则，在我国法律上仍属模糊地带。

政府主导的社会救助、社会福利等行为并不属于慈善行为，容后述。

二　慈善清单和慈善事业的调整

（一）法律上的慈善清单

《慈善法》第3条规定："本法所称慈善活动，是指自然人、法人和其他组织以捐赠财产或者提供服务等方式，自愿开展的下列公益活动：（一）扶贫、济困；（二）扶老、救孤、恤病、助残、优抚；（三）救助自然灾害、事故灾难和公共卫生事件等突发事件造成的损害；（四）促进教育、科学、文化、卫生、体育等事业的发展；（五）防治污染和其他公害，保护和改善生态环境；（六）符合本法规定的其他公益活动。"

作为比较，《信托法》第60条规定："为了下列公共利益目的之一而设立的信托，属于公益信托：（一）救济贫困；（二）救助灾民；（三）扶助残疾人；（四）发展教育、科技、文化、艺术、体育事业；（五）发展医疗卫生事业；（六）发展环境保护事业，维护生态环境；（七）发展其他社会公益事业。"

问题是，如何理解这两个清单的区别？形式上，《慈善法》第3条第二款在原来扶助残疾人的基础上增加了扶老、救孤、恤病，优抚等传统的慈善事业，第三款在原来的救助灾民的基础上详细规定了救助自然灾害、事故灾害和公共卫生事件等突发事件造成的灾害；第四款把原本规定的艺术排除在慈善行为之外，第五款用不同的语言表达了环境保护等慈善事业。

---

① 在美国，公益性的组织构成其税法501（c）3类组织，可以被豁免联邦所得税，并可取得捐赠税收扣减待遇。互助型的组织也可以被认定为税收豁免组织，但是它们不能取得捐赠税收扣减待遇。Betsy Schmidt, *Nonprofit Law: The Life Cycle of a Charitable Organization,* Wolters Kluwer, 2011, p.48. 在美国比较早的信托法著作中，设立一个互助型的基金并不构成慈善信托。参见 George T. Bogert, *Trusts,* 6th edition, Minnesota: West Publishing Co. 1987, p.208.

总体而言，两种表述的细微差异并不表明立法者存在清晰的、差异化的规范目的，二者的不同在现实当中似乎并不会产生不同的调整后果。

(二)"组织控制"抑或是"行为控制"?

在《信托法》中，对公益信托的调整方式是对行为施加控制，主要针对慈善信托设立、存续和终止各个环节的行为进行控制，并没有特别要求受托人必须是组织（如慈善组织或信托公司）。在《慈善法》中，要求受托人为组织，不能是自然人，对慈善事业的开展已经进行了组织控制，在强化对机构的监管基础上，行为控制的严厉性就适当地降低。例如，基金会本身就意味着只能从事慈善事业，不能从事慈善目的以外的行为，基金会受托慈善信托也是在从事慈善事业，不需再次经过严厉的审查；信托公司作为慈善信托的受托人之前一直接受着银保监部门的严厉监管，再加上民政部门的严厉监管，对其从事慈善信托的受托人行为，就没有必要在"入口处"再进行过分严厉的监管，所以才采取备案制而非之前的批准制。控制模式的改变或许是《慈善法》规则改变的一个原因。

第二节 慈善法的性质

本节通过研究慈善法的性质揭示慈善信托法的属性。《慈善法》是我国创新型社会治理的基本法，该法的通过标志着我国社会法立法取得了重要进展，该法的实施对于规范慈善行为、管理慈善组织、促进慈善事业的发展都具有十分重要的意义。但是，关于慈善法的基本法律性质和理论定位，坊间仍然缺乏系统和深入的探讨，这对于慈善法的适用、慈善法理的完善和慈善事业的发展都是不利的。本节尝试用描述式的方法对慈善法的性质进行探讨，论证慈善法与民商法、行政法有别，属于社会法，处于"第三法域"。讨论这一点对于理解慈善信托的性质、功能、结构以及相关法律原理和规则都具有基础性意义。

按照流行甚广的"三部门（three sectors）"划分理论，在整个社会领域中存在政府领域、商业（私人）领域和第三领域。其中，政府存在的意义是为了社会公众谋取福祉，相应在法律领域，政府的行为主要和公法有关；在包括商业领域在内的私人领域，多数行为的目的都是为了私人利益，所涉及的法律主要是私法；而在包括慈善在内的广大第三领域，人们行为的目的主要是为了公共利益或者至少是非私人利益。前两个领域的相关法律调整已经几近完善，而对广大的被称为"社会法"的领域，人们对其理解还仅限于劳动和社会保障法。目前，慈善事业和 NGO 组织作为第三社会领域受到了前所未有的重视，在美国，三部门的划分早已深入人心①。美国慈善领域学者通过下表描述了三部门社会的核心特征②。

表 1-2　　　　　　　　　三部门社会的核心特征

部门	方式	目标	核心观念
政府	公共行为	公益	权力
商业	私人行为	私人利益	财富
慈善	私人行为	公益	道德

基于这种认识，本文从非政府性、非私法性和非营利性三个基本层面介绍慈善行为、慈善组织和慈善法的基本特点。当然，笔者并不企图描述慈善法的全部特征③。

一　非政府性——培育民间性

《慈善法》第 2 条规定，"自然人、法人和其他组织开展慈善活动以及与慈善有关的活动，适用本法。其他法律有特别规定的，依照其规定"，基本厘定了从事慈善活动的主体是自然人、法人和其他组织，大致把政府主导的行为排除于慈善行为之外。

从根本上讲，慈善公益事业的特点是民间性、自愿性和自主性④，这和

---

① 到 20 世纪 30 年代，在注意到慈善能解决重要的社会问题及其对美国社会的塑造所发挥的重要作用后，全国委员会决定将美国塑造成一个由政府（第一部门）、商业（第二部门）以及慈善（第三部门）所组成的社会。经过约翰·D·洛克菲勒三世调查研究之后，成立了私人慈善委员会以及公共需求委员会（菲尔委员会）。1975 年，菲尔委员会在一份富有开创性的报告中提出了一种关于美国社会的崭新描述，从而取代了过去的公私二元论。[美] 罗伯特·L·佩顿、迈克尔·P·穆迪：《慈善的意义与使命》，郭烁译，中国劳动社会保障出版社 2013 年版，第 64 页。
② [美] 罗伯特·L·佩顿、迈克尔·P·穆迪：《慈善的意义与使命》，郭烁译，中国劳动社会保障出版社 2013 年版，第 66 页。
③ 根据《慈善法》第 4 条："开展慈善活动，应当遵循合法、自愿、诚信、非营利的原则，不得违背社会公德，不得危害国家安全、损害社会公共利益和他人合法权益"，至少还可以归纳出自愿原则（本文在第二部分简单讨论）、合法性原则、诚信原则，公序良俗原则等，这些原则可以被视为很多法律领域都应遵守的基本原则，此处不赘。
④ 资中筠：《财富的归宿——美国现代公益基金会评述》，上海人民出版社 2005 年版，第 336 页。

政府行为具有强制性不同。厘清这一点非常重要。政府有权未经纳税人的同意强制征税，形成财政收入，并以转移支付等方式将其运用于包括扶贫、救灾、教育、医疗等领域，内容上和慈善似乎并无差别，但是，其资金是靠国家的强制力征税而来，并非民众自愿捐出；同时，政府提供"公共产品（public goods）"也是其职责所系，因此，政府所从事的相关行为不能被称为"慈善"，至少不是慈善法中所调整的慈善行为。理解"慈善"，首先要强调其民间性。

（一）政府和慈善的关系

在慈善和政府的关系上，其相似之处在于二者都提供公共产品。强调慈善的民间性是基于以下几个方面的认识。第一，民间组织出自民间，更能了解社会基层的需求，做出的慈善行为更有效率；第二，政府至上而下的行政体制层级复杂，决策程序复杂，不够灵活；第三，民间组织从事慈善行为能和民众的自助行为结合起来，而非事事依靠政府，从而减轻政府责任。但是目前，政府和慈善的关系经常被人们、特别是被政府混淆。其最典型的例证是"玉树地震捐款事件"。截至2010年7月9日，全国共接收玉树地震捐赠款物106.57亿元（资金98.11亿元，物资折款8.46亿元），除去已用于应急抢险的8.14亿元，全国尚结存98.43亿元。在5月27日，国务院下发《关于支持玉树地震灾后恢复重建政策措施的意见》（16号文件）。文件要求中央有关部门及红十字会、慈善总会等机构，将接收的捐赠资金"直接拨付到青海省"，连同青海省接收的捐赠资金，统一纳入灾后恢复重建规划，"由青海省统筹安排用于恢复重建"。2010年7月7日，民政部、发改委、监察部、财政部、审计署又联合下发了一份名为《青海玉树地震抗震救灾捐赠资金管理使用实施办法》的文件，将16号文件中与捐赠资金相关的条款进一步明确：包括扶贫基金会在内的13个有募捐资质的全国性基金会，须将捐赠资金拨付青海省民政厅、红十字会、慈善总会任一账户。而集中汇缴后的资金，将由青海省统筹安排使用；具体项目的组织落实，亦由青海省统一负责。其实早在2010年4月18日，民政部就下发了《关于做好玉树"4.14"地震抗震救灾捐赠工作的通知》。启动了民间善款向官方汇集的第一步。该文件最重要的内容是明确受捐主体：其一，是各级民政部门；其二，便是15家有着官方背景的社会组织和公募基金会，分别是中国红十字会总会（含中国红十字基金会）、中华慈善总会、中国扶贫基金会、中国老龄事业发展基金会、中国宋庆龄基金会、中国光华科技基金会、中国残疾人福利基金会、中国人口福利基金会、中国青少年发展基金会、中国儿童少年基金会、中国绿化基金会、中国教育发展基金会、中华环境保护基金会、中国妇女发展基金会和中国医药卫生事业发展基金会。按照文件规定，其他已开展救灾募款的机构组织，均需将所募捐款转交上述机构。

评论认为，由政府限定募捐组织的做法，实质上是一种变相的行政审批行为。它一方面限制了慈善组织应有的合法募捐权利，另一方面也限制了公民选择的权利①。另外，把民众捐助的资金统一拨付给政府，相当于把民间捐赠纳入政府财政，由于政府财政目前所受到的预算约束并不强，也不透明，长此以往会打击民众对慈善的积极性。政府此时并非不可介入统筹，但是至少要注意两个问题：第一，政府应尊重捐赠人意愿，不要涤除捐赠人的捐赠目的；第二，政府此时处于公共受托人（public trustee）的地位，应尽职尽责，按照公开公正透明的方式运用善款，而非把捐赠财产作为政府公产自由运用。

而且，目前普遍存在的官办或者半官办慈善的机制，还可能存在将营利与非营利混淆之弊端。例如，具有中国特色的"事业单位"既接受捐赠又营利，导致全球基金冻结对华援助拨款，就是对这种"政府举办非政府组织"（government organized non-governmental organization, GONGO）身份的怀疑。为了保证慈善组织的自愿性、非政治性、民间性和独立性，有些国家的法律甚至不允许政府捐资设立慈善组织②。

就政府和慈善的关系而言，民间的慈善力量为政府分忧，部分分担政府的公共产品提供职能；政府在通过慈善法、税法等对慈善组织进行监管以保证其合法运行的同时，亦要对民间慈善提供必要支持。在新的形势下，政府也日渐认识到福利政策之不足，对民间公益和慈善采取更加积极的态度。例如，在美国的不少新兴公益事业中，政府不仅是外围的法律调控者，也是内在的参与者③。民间组织和私人既可以和政府合作，如由政府出资购买非营利组织的服务，私人慈善家也可以游说政府对某一项公益事业拨款④。在日本，政府除了设立官方的公法法人用于直接提供社会服务和社会救助之外，还可以选择（1）捐资设立一个慈善法人，或者捐助一个已有的

---

① 兰方、罗洁琪、李婧姝：《玉树地震善款交政府统筹使用 民间慈善遭遇逆流》，《新世纪周刊》2010年第32期。
② 李芳：《慈善性公益法人研究》，法律出版社2008年版，第96页。
③ 资中筠：《财富的责任与资本主义演变——美国百年公益发展的启示》，上海三联书店2015年版，第66—68页。
④ 资中筠：《财富的责任与资本主义演变——美国百年公益发展的启示》，第66—68页。

慈善法人；（2）捐资设立一个慈善法人或者委托（指定、推荐）已存在的慈善法人执行特定的公共服务（行政代行型公益法人或行政委托型公益法人）；（3）政府通过招投标选择已有的慈善法人从事慈善活动或者完成特定公共事务；（4）政府在特定慈善项目中与慈善法人合作，通过协议约定各自责任边界①，在这4种情况下，慈善法人都是独立的私法法人，不受政府的干涉。②

根据《慈善法》的规定，政府不仅是慈善事业的监管者，还可以通过税费优待（第79—84条）、用地支持（第85条）、金融服务支持（第86条）等支持和鼓励慈善事业的开展，还可以直接购买慈善服务（第87条），政府对慈善的支持和管理是慈善事业发展的必要条件。

但是，理解慈善概念的第一步，是区分政府提供公共产品的行为（例如社会保障、社会救助和社会福利）和慈善。慈善是民间行为，而社会救助和社会福利是政府主导的行为。不能仅仅把慈善行为理解为是对政府所提供的社会福利的有益补充，而应把它理解为民间力量自我强化，自我组织，构建有机组织之社会共同体的重要实践，理解为政府实现高效社会治理的重要途径。慈善事业的发展是独立于政府的行为的，某种意义上可以说，政府主导的社会福利、社会救助、社会保障③都属于政府在履行其内在的义务，不是慈善，不属于慈善法调整的范围。

（二）从对社会法概念的理解看慈善法的基本性质

对"社会法"概念的研究视角多种多样④。笔者认为，一个有益的尝试是从调整目的上理解社会法的概念。我们应思考圈定这样一个被称为"社会法"的领域想要达成的调整目的。社会法的一个主要的调整目的应是锻造社会力量的团结。这种社会力量的团结至少可以包括农村村民的团结、城镇居民的团结、产业工人的团结、消费者的团结及行业的团结等，其主要目的是达成基层的有机团结。这种团结有不同于通过行政机制联合的一面，正是在这种意义上，村民组织法、居民组织法、工会法、消费者保护法、行业自治

---

① 参见李芳：《慈善性公益法人研究》，法律出版社2008年版，第50页。
② 在英国，有两个事例可以部分证明慈善事业非为政府部门所主导。第一，英国《1906年公共受托人法》把公共受托人排除在慈善信托之外；第二，布莱尔内阁的战略智囊班子（Strategy Unit）在2002年发表研究报告，表示是"个人行动，公众受益"（Private action, Public benefit），这些都揭示了慈善事业的从事者并非政府。转引自 解锟：《英国慈善信托制度研究》，法律出版社2011年版，第42页、第48页。
③ 社会保障目前采取的主要是社会保险的方式，而社会保险中互助的因素比较明显。
④ 参见竺效：《关于"社会法"概念探讨之探讨》，《浙江学刊》2004年第1期。

法和慈善（组织）法等在应然定位上就既不是纯粹的私法，也不是纯粹公法，而具有社会法的属性；社会法进而也不能被理解为是公法和私法的简单相加和混合。社会法的价值目标应是强化各种非政府社会组织的自治和自组织，形成独立于私人和政府之外的第三领域，这样才能填补政府行政力量对社会管制的缺陷；这样能克服私人"原子化"带来的不足，让私人共同处理公共事务，使组织起来的个人一方面有能力对抗强大的私主体——商业企业，另外一方面有能力对抗公权力的不当行使和滥用。

（三）政府对慈善行为的干预应恪守边界

目前我国存在的比较多的慈善组织主要是政府办的慈善组织，慈善垄断于政府，这是基于对民间非营利组织的不信任而产生的现象。从创造性地建立社会治理机制的角度看，政府不应处处插手，事事干涉，而应政府的归政府，民间的归民间。否则，民众在任何事务上都会对政府寄予不切合实际的期望，政府也为自己揽下不可能完成之重任，无法调动社会的活力和民间的力量，无法区分政府治理和民间自我治理的边界；具体到慈善法领域，无法促进慈善事业的良性发展。如果为民间组织和慈善组织的行为确立法制的边界，民间组织并不一定比政府公信力更差。

根据《中共中央关于构建设社会主义和谐社会若干重大问题的决定》，慈善事业属于社会保障体系四大支柱中的一个支柱。四大支柱中，如果说社会保险、社会救助和社会福利三个板块主要是依靠政府的力量发动和实施，那么慈善的力量则主要来自民间社会。随着中国公民社会的不断壮大，构建和谐社会的强烈需求，慈善才有了自己的空间，才可能有自己的作为。这是慈善立法不能忽略的重要背景。

强调慈善的非政府性，要区分政府主导的社会福利、社会救助和社会保险制度和民间自发从事的社会慈善，凡是政府主导的，均非慈善，而是政府职责；只有民间所实施的行为，方能称之为慈善。[1]

二 非私法性——激活社会有机体

慈善行为和私人行为之间的相似性在于，二者都是私人的自愿行为，

---

[1] 在如德国这样的福利国家，基金会等慈善组织所从事工作的着眼点就不是解决民生问题，而是通过创新的方式方法，弥补社会服务链条中的缺失。参见丁澄：《对话德国基金会系列访谈录——专访宝马基金会执行总裁马尔库斯·西普》，《善与志·活动》2017年总第13期。我国的社会福利程度较低，因此，慈善活动的目的在很多时候还被当作是社会福利的一种补充。

都鼓励私人的自发行为和创新。但是，慈善法和私法有着很大的区别。

（一）慈善法无法直接适用私权的分析模式

由于无法用传统的分析民事权利义务关系的方法来对社会法领域的权利义务关系进行有效解释，因此有必要引入新的理论。根据美国学者 Thomas W. Merrill & Henry E. Smith 的分析模型（参见下表1-3），在传统的私法理论中，民事主体的权利义务结构大致有两种典型模式：一种是对人权模式，其中权利主体是特定的，且义务主体也是特定的；另一种是对物权模式，在这种模式中，权利主体是特定的，而义务主体是不特定的。虽然我们也承认处于中间状态的权利义务结构的存在，但是这些权利主体也都是特定的。[1] 根据美国权威信托法著作的描述，在慈善信托中，很难（虽说并非完全不可能）按照霍菲尔德的经典术语把慈善信托关系描述从某人对某人的权利以及某人对某人的相应之义务[2]。

表 1-3　　　　　　　　　传统民事权利义务关系结构图

义务主体身份是否确定	义务主体人数	
	人数不多	人数众多
确定	典型的对人权（以双务合同为例）	准对人权（以标准合同为例）
不确定	准对物权（以权利移转和错误递送为例）	典型的对物权（以对黑土地的所有权为例）

在慈善法的领域中，受领人所享有的权利体现出了更多的不同于普通民事权利的特征。在慈善法律关系的几种类型中，最简单的慈善赠与属于民事合同关系，即便是出于慈善目的，亦非典型的慈善行为，此处不论。其他如通过慈善组织（公益法人、非营利组织）和慈善信托所进行的慈善活动中，出现三方主体：第一类是捐出财产的人，姑且称之为"捐出人"；第二类为慈善组织，称之为"管理人"；第三类是最终取得利益的人，称之为"受领人"。受领人不仅对慈善财产没有请求权（对物请求权），对慈善财产的管理人原则上也没有请求权（对人请求权），对捐出人更是完全没

---

[1] Thomas W. Merrill & Henry E. Smith, "The Property/ Contract Interface", *Columbia Law Review*, Vol.101, 2001, p.789.

[2] Mark L. Ascher and Austin Wakeman Scott and William Franklin Fratcher, *Scott and Ascher on Trusts, Vol.5*, 5th edition, New York: Aspen Publishers, p.2354.

有请求权，慈善信托的"受益人"不能强制执行该信托。同时，慈善财产管理人的管理义务不是针对受领人的义务（作为对比，在私益信托中受托人的义务主要是针对受益人的义务），也不完全是对于财产捐出者的义务，其主要义务是对于一般社会公众的义务。在环境保护等慈善事业中，最终取得利益的甚至不是具体的人，而是社会整体；即便出现受领人的时候，这些人也不是真正的权利主体，按照一种传统的表述，这些受领人所取得的利益"只是社会公共利益的一种反射"[1]。原则上，受领人对慈善财产并没有强制执行的权利。按照赵红梅的概括，社会法领域的权利义务结构和普通的民事权利义务结构相比是"倒置"的[2]。在这种语境下，存在着一种叫作"社会权"的、不同于民事权利的权利。虽然对"社会权"的特征还缺乏具有一致性的权威理论，但可以肯定的是，无论如何，依照民法的一般权利义务理论对此无法提供有力的解释。

（二）慈善法的理论基础不同于私法

笔者赞同，"社会团结连带理论"可以作为社会法学的最主要理论基础之一。社会团结连带理论对公益慈善制度产生了深远而直接的影响，为其奠定了理论基础。

社会团结连带的概念是法国学者杜尔克姆等提出，法学家狄骥发展了这个概念。所谓社会团结连带，指的是一种社会关系，即社会中人们之间的相互作用、相互依赖的关系。社会是以共同的目的而相互作用着的各个人，而人首先是一种对自己的行为具有自觉的实体，其次是一种不能孤独生活并且必须和同类始终一起在社会中生活的实体。因此，唯一实在的社会生活就是能思考、能意识并以一定的目的而行动的各个人之间相互作用的生活。

最早的社会保障形态如互济基金、互助组织实际上也是源于社会团结连带的思想。互助互济最初存在与血缘共同体，后扩大到地域共同体或职业共同体。现代社会保障制度出现后，国家成为社会保障的责任主体，国家对全体社会成员的基本生活负有保障的责任，由国家通过立法建立社会保障制度来实现对公民基本生活的保障。社会保险通过雇主、雇员缴费建立社会保险基金，慈善事业通过公益捐赠行为，实现人民之间的直接连带，而社会救助、社会福利、社会优抚等通过公民缴税形成国家财政收入再转化为财政支出，保障公民基本生活，实现了人民之间的间接连带，均建立

---

[1] 谢哲胜：《信托法》，台北：元照出版公司2007年版，第174页。
[2] 赵红梅：《私法与社会法——第三法域之社会法基本理论范式》，中国政法大学出版社2009年版，第231页。

在浓厚的社会团结连带思想的基础之上。①

而私法具有不同的思想基础和理论基础，此处不赘。

（三）慈善法乃生长于私法之上

慈善法虽然和私法存在着诸多不同之处，但毋庸置疑，慈善法和私法有着密不可分的关联。诸如募捐行为和捐赠行为的规则（《慈善法》第三、第四章）、慈善组织的法律地位和内部组织结构，慈善财产管理人的主体资格、权利义务和责任的规则（《慈善法》第二章）、慈善信托（第五章）等都和民法有着莫大的关系。除了捐赠和募捐行为和赠与、捐赠设立行为的关系明显属于民法关系之外，关于公益事业所采取的组织模式，和民法的法人制度有着密切的关系，为此需要研究财团法人、社团法人、非营利法人、中间法人等的规则和原理；关于慈善财产管理人职责、义务和责任方面，除了慈善法的特殊规定和特殊原理之外，都可以适用民法或者信托法的相关原理和规定。

慈善法上的自愿性原则（第4条）更是体现了其与私法的这种联系。

（四）慈善行为弱化了民法赠与合同中施恩与人的因素

《慈善法》第35条规定："捐赠人可以通过慈善组织捐赠，也可以直接向受益人捐赠"。似乎并没有排除"一对一"的直接对受益人捐赠的慈善行为。但是正如时任全国人大法工委副主任阚珂所指出的，"慈善组织的募捐和个人募捐、一对一的帮助、本单位或者本社区内的互济互助活动是有区别的"②。在同法第40条规定，"捐赠人与慈善组织约定捐赠财产的用途和受益人时，不得指定捐赠人的利害关系人作为受益人"，没有特定的受益人，才是慈善行为的常态。而且，直接向特定的受益人捐赠无法享受税收方面的优惠待遇，这也能反证其并非《慈善法》所调整的典型慈善行为。

慈善行为的概念很广，包括一对一的具有慈善目的之赠与在内的行为都属于广义的慈善行为；而慈善法所调整的典型慈善行为要和一定的正式组织和中介结合起来，"慈善行为具有多种形式……但我们想要讨论的大多数行为是更具有组织性的、更为正式的行为"③。亦即，慈善法主要调整以

---

① 赵红梅主笔：《2015年自主设置目录外二级学科论证及申报材料（社会法学）》，中国政法大学民商经济法学院社会法研究所。
② 魏哲哲：《十二届全国人大四次会议秘书处法案组副组长阚珂详解慈善法》，《人民日报》2016年03月22日第6版。
③ [美] 罗伯特·L. 佩顿、迈克尔·P. 穆迪：《慈善的意义与使命》，郭烁译，中国劳动社会保障出版社出版2013年版，第73页。

一定的慈善组织、非营利性组织和信托机构为中介的狭义慈善行为。这样的限定让现代慈善得以消除传统慈善行为的个人印记，从而斩断捐出方和受领方之间的个人化联系，弱化情感因素，消除传统慈善的个人施惠与人的印象。正是在这个意义上，笔者更倾向于使用"公益"替代"慈善"的概念。

三 非营利性——公益性机制的培育

（一）非营利性和不分配利润规则（non-distribution constraint）

对于一个组织而言，说其具有非营利性，按照经典的定义是指这类企业组织的控制人——成员、董事、理事或其他高级职员等，不得参与企业净利润的分配。这并不禁止该非营利性企业从事盈利性活动取得利润，也不禁止向慈善组织的高级管理人员发放"不过分"的报酬[①]，而只是禁止其向其控制人分配利润而已[②]。

（二）中间法人和目的信托制度所体现的管制缓和

从事公益慈善事业有两种主要的机制。第一是设立公益慈善信托，第二是设立公益慈善法人和非营利法人。公益慈善法人和公益慈善信托的设立因税收优待的问题而存在十分严格的设立门槛。但是，从比较法上看，中间法人和目的信托制度的出现，体现了对从事公益慈善事业的管制缓和以及法律调整方法的日渐灵活。

1. 日本法上的中间法人

中间法人也称为非公益法人，是指既不宜归入营利法人，又不宜归入公益法人的法人。如果把财团法人的设立限制在以公益为目的，民法上采取主管官厅许可设立的立场也不难理解。但是日本2008年的《一般法人法》中，对非营利为目的（不以公益为目的）的一般财团法人采取了准则主义的设立立场。其理由是：为了促进市民以多样的形态从事非营利活动，以准则主义即可设立的非营利目的的财团法人可以担当重要的职能。承认自由、自律的非营利法人的成立是日本一般法人法的思想。

[①] Walter W. Powell and Richard Steinberg eds., *The Nonprofit Sector: A Research Handbook*, 2nd edition, CT: Yale University Press, 2006, p.2. 当然，如何确定"控制方"的概念、如何判断什么算是"不过分的报酬"，如何确定非营利性组织的营利行为的合法性等都是非常值得讨论的问题。

[②] ［美］亨利·汉斯曼：《企业所有权论》，于静译，中国政法大学出版社2001年版，第22页。

2. 目的信托

技术上讲，慈善信托也属于目的信托，不过我们通常只称之为慈善（公益）信托，而在说目的信托的时候是特指非公益的目的信托。所以狭义的目的信托是指没有特定受益人、为了某种特定非公益目的而设置的信托。在把信托简单地区分为公益信托和私益信托的时候，几乎没有目的信托的存在空间。不过，信托类型中难免出现边界模糊化的倾向。在信托的分类当中，存在着私益信托和公益信托的划分，因不同的划分而适用不同的法律规则。但对于某些处于中间地带或者灰色地带的信托制度，该如何对其进行定性，直接决定着规则本身的运作。而社会的需求并非截然的公共利益和私人利益，因此，承认中间状态的信托，是非常必要的。例如，为了公司职员来管理和运营体育设施的信托、保护著名（或者不著名）人物出生地的信托（也有人认为这属于公益信托）、以公益为目的成立信托但是基于某种原因没有或者未能取得备案也未享有税收优待的信托等。严格地说，并不能很肯定地说这些信托是以公益或慈善为目的的。而且设定公益慈善信托需要得到主管机关的许可或者备案，其标准是非常严格的，因此设定公益慈善信托的规定需要柔软化①。承认目的信托，就为中间状态的信托的设立提供了便利，这将促进慈善事业的发展。

3. 日本公益信托法和公益法人法改革的联动

日本的法人制度分别在2004年、2008年进行了重要的改革。根据2004年的《中间法人法》，以非营利亦非公益为目的的"中间法人"（同窗会、社交俱乐部、相互扶助组织等）可根据准则主义取得法人人格。而根据2008年的《一般法人法》，中间法人中满足公益法人条件、取得公益认定机构认定的，可以成立公益法人。只要成立中间法人（确定非营利），即可从事公益事业，但是，只有公益法人才能取得税收优待②。而在日本公益信托制度发展的规划书中，建议日本的公益信托的改革方向要和公益法人的改革方向一致，其中最引人注目的两点是：第一，废除主管机关在许可、监督方面的权力，是否具有公益性由公益性认定机构认定；第二，公益性的认定条件尽量和非营利法人中的公益性认定要件一致；第三，内部运营机构等治理结构以及信息公开等方面尽量要和被认定具有公益性的非营利法人遵照同样的规则③。

---

① 赵廉慧：《日本信托法修改及其信托观念的发展》，《北方法学》2009年第4期。
② [日]能見善久、四宮和夫『民法総則』（第8版）（弘文堂・2010年），第86—88頁。
③ [日]新井誠、神田秀樹、木南敦編『信託法制の展望』（日本評論社・2011年版），第436—437頁。

4. 美国公益信托设立的程序和非营利性

"根据美国萨拉蒙（Lester M. Salamon）教授编纂的《非营利组织法律国际指南》，全世界很少有国家对慈善组织等非营利组织的设立采取审批制，通常采取注册制（Registration basis）；而普通法系国家走得更远，他们甚至还有例外规则（Exception basis）规定：只要慈善等非营利组织符合法律规定的条件，就应当被推定为合法组织，甚至都不需要登记。"[1] 美国设立公益信托的过程可以概括如下，以供参考[2]：

第一，首先看设立信托是否有利于公共利益，形式上是看是否有非确定的受益人（如果不符合，则看是否构成私益信托，信托并非不成立）。

第二，若符合上述要求，还要看信托目的是否符合一般可以接受的公益目的的类型，例如济贫、促进知识、教育和宗教的进步、促进健康等（如果不符合，则看是否能构成私益信托）。

第三，若符合上述条件，还要看该信托基金是否全部是用于公益事业（即使不是全部用于公益目的，还要看该信托基金是否可分地用于公益目的——例如，把基金的部分用于公益目的、其他的部分用于非公益的目的，或者把全部的基金用于公益目的确定的期间之后再用于非公益的目的，或者反之。如果不符合上述要求，则要看是否构成私益信托，设立信托的意愿并不一律被否认）。

第四，如果符合上述条件，还要看信托利益是否在反永续规则期间成就（vest）（若否，则要看信托利益是否只是从一个公益目的转向另外一个公益目的。如果不符合，则不能成立有效的公益信托）。如果全部符合上述条件，则成立有效的公益信托。

没有经过登记（不管是不符合登记条件还是设立人自愿选择不登记）的公益信托，也包括公益和私益连续的信托，如果符合私益信托的条件，自可成立私益信托。我国《信托法》第62条的第2款也规定，"未经公益事业管理机构的批准"，只是"不得以公益信托的名义进行活动"而已，并非设立无效。

目的信托和中间法人使处于公益和私益之中间状态的信托和法人更为容易地成立，使人们能更便捷地利用各种制度从事慈善活动。根据过去的信托法理论，只在公益信托中才承认不存在特定受益人的信托。但是，之前公益慈善信托的设定需要主管机关的许可，由于许可标准比较严格，设

---

[1] 参见王涌：《无信任则不慈善》，《新世纪周刊》2011年7月第26期。

[2] Edward C. Halbach, Jr, *Trust, Gilbert Law Summaries*, New York: Thomas/West, 2008. p.145.

定公益信托比较困难，因此似有更灵活化的必要。即使在我国《慈善法》上设立慈善信托采取备案制大大缓和了设立慈善信托的难度，那些不想取得税收优惠和不想受到设立审查，只是想从事慈善事业的委托人仍然可以选择设立目的信托。实际上，民法上也需要改革采取严格许可标准的公益法人制度。应当使得认可这种有类似公益目的的法人和信托变得更为容易，使之能快速地成立。允许非公益的目的信托的存在会在整体上促进社会基层的团结与和谐。

（三）确立慈善事业设立和税收待遇的相关性

根据2001年颁行的《信托法》，公益信托的设立采取的是审批制，这为公益信托的设立增加了很大的难度，所以，《信托法》颁行近十余年来，落地的、符合信托法要求的公益信托数目寥寥。《慈善法》第45条第1款规定："设立慈善信托、确定受托人和监察人，应当采取书面形式。受托人应当在慈善信托文件签订之日起七日内，将相关文件向受托人所在地县级以上人民政府民政部门备案"，确立了慈善信托设立的备案制，极大地便利了慈善信托的开展。同条第2款规定："未按照前款规定将相关文件报民政部门备案的，不享受税收优惠"，确立了备案和税优待的联动关系，体现了对行政审批权的削减和对慈善事业的支持，无疑将对慈善信托的发展起到重要的促进作用。不过，因慈善信托要享有税收优待，完全采用备案制似乎对假借慈善之名从事为私人牟利之行为缺乏审查和规制，而备案制的内涵如何、是否以及如何确定审查慈善信托的设立门槛，是民政部门未来需要研究解决的问题。

逻辑上，若公益信托要享受税收优惠或者其他的优惠政策，有关部门对其进行监控是必要的。若仅从事公益慈善事业，而不想取得任何的公共政策的优惠，有没有可能在没有得到许可的情况下设立信托呢？像扶助贫穷者等公益行为，应当允许所有的公民在没有国家许可的情况下进行。相应地，在与登记及备案的关系上，在设立慈善信托时，应当可以选择是设立备案和登记的、受监督的慈善信托，还是不登记的、少受监督的慈善信托。即，为了鼓励慈善事业的发展，并弥补过分严格的批准制的缺陷，一种可供选择的方案是：允许规模小一些的慈善团体设立不用登记或备案的慈善信托，并且，其不得使用"登记备案的慈善信托"的名称。这种慈善信托不应或只应在较小程度上享受优惠措施，并且在其设立后也不受到有关机关的监督。

没有经过登记（不管是不符合登记条件还是设立人自愿选择不进行登记）或备案的公益慈善信托，也包括公益和私益连续的信托，如果符合私益信托的条件，自可成立私益信托。《信托法》第 62 条的 2 款也规定，"未经公益事业管理机构的批准"，只是"不得以公益信托的名义进行活动"而已，并非设立无效。关于慈善信托设立和税收优惠的互动关系，详细请见本书第六章第三节。

（四）实现公益性机制的创新

在美国产生了公益机制的创新形态，具体有创投公益（venture philanthropy）、社会企业、影响力投资①和福利企业等，我国近年来也有对这些新概念、新趋势的应用。概括起来看，这些都是以追求影响力和效率为目标、混合营利与非营利的公益模式。从法律结构上如何解读这些创新，是摆在国内法学者面前的艰巨课题。

例如，目前在美国大规模出现双重目的——营利和公共利益的社会企业或者福利企业，出现了"慈善商事化"和"商事慈善化"的结果。有学者指出，资金筹集政策和税法立场是决定未来的社会企业发展的关键。"如果解决了慈善组织的资金筹集问题，例如慈善组织可以通过统一的资本市场发行'慈善证券'，则社会企业也许就丧失了其存在的主要基础之一——"慈善组织不必商事化为社会企业"；另一方面，如果改革现行的税法体系，使从事了较多慈善事业的营利性公司能获得更好的税法待遇，则社会企业产生的另一个基础也许就淡化了——"商事公司不必为税收待遇而慈善化为社会企业"。②如何在慈善中引入商业的机制而又不侵蚀慈善公益的本质？法律应该提供什么样的规则加以应对？这些都是亟待研究的问题。

四　自愿性——勿忘慈善法的私法底色

慈善法虽然非公法、非私法，但是仍然要强调其从民法生长出来的特性。能展现这种特性的是慈善法上的自愿性原则。

自愿性原则至少有以下几个方面的体现。

第一是捐赠行为的自愿性。捐赠行为，以民法的赠与合同（双方法律行为，慈善法第四章）、遗赠行为（单方法律行为）和捐赠设立行为（共同行为）为基础，体现了民法中的意思自治原则，《慈善法》中第四章关于慈善捐赠的规则都是以合同法的相关规则和原理作为基础而构建的。强调慈

---

① 资中筠：《财富的责任与资本主义演变——美国百年公益发展的启示》，上海三联书店 2015 年版，第 399 页以下。
② 蒋大兴：《公司法（组织法）的死亡？——评估"福利公司法"对商业公司的挑战》，载赵万一主编《市场创新背景下的公司法与信托法》，法律出版社 2017 年版。

善捐赠行为的自愿性，是为了反对慈善捐赠行为中的逼捐、索捐、摊派和运动式募捐行为（《慈善法》第 32 条）。

第二，慈善活动受领人的自愿受领和人格尊严的保护。在民法上，即使是受赠也不能被强迫。《慈善法》第 15 条规定："慈善组织不得从事、资助危害国家安全和社会公共利益的活动，不得接受附加违反法律法规和违背社会公德条件的捐赠，不得对受益人附加违反法律法规和违背社会公德的条件。"该条保护受益人的人格尊严不受侵犯。过度把受益人暴露在媒体和公众面前，强迫受益人感恩、感谢，很明显违背了受益人的自由意愿。

第三，慈善组织和慈善受托人对慈善事务的管理和实施是独立进行的，只受法律法规、慈善组织管理规范、信托文件、捐赠协议等的限制，不受其他任何第三人甚至是监管机关的任意干涉。

第四，慈善法虽然主要调整有组织的、正式的、规范化的慈善活动，但是，并不将当事人面对面的自愿捐赠行为排除在外。

慈善法虽被归类为社会法，但是，至少在现阶段仍需要坚持它是从私法的基础上生长出来的，借以强调它和私法的更为紧密的联系和自愿、独立的因素，借以和无处不在的行政力量对抗，对抗行政力量过于频繁地干预私人生活和私人选择——而慈善行为正是基于这种自愿的选择而生。

第三节　慈善法、慈善信托法和信托法

一　信义法原理在慈善法中的核心地位

慈善信托是《慈善法》中重要的一章，慈善信托和慈善法人一起构成实施慈善事业的两大重要法律机制。但是，信托的重要性并不仅限于此，信托法和信义法原理不仅仅在慈善信托的部分才能得以适用。信托法所体现的信义法原理（fiduciary law doctrine）在整个慈善法中都有明显的体现。[1]

---

[1] 在美国，虽然多数的慈善事业使用的都是非营利法人或者非法人组织的形式（nonprofit corporations or unincorporated associations）而非慈善信托，但慈善捐赠、非营利法人和慈善基金会的基本法律原则仍然来源于慈善信托法。所以，关于慈善信托的法律和政策问题可以适用于整个慈善和非营利的广泛领域。参见 Sitkoff, Robert H. and Dukeminier, Jesse., *Wills, Trusts, and Estates*, 10th edition, New York: Aspen Publishers, 2017. p.759.

慈善法中，信义关系理论是其核心的理论，这有两个层面的含义。第一，慈善信托中受托人处在信义关系之中自不待言；第二，慈善组织作为非营利组织，其治理结构当中也要适用信义关系法理；慈善组织从事慈善行为、管理慈善财产的过程中，都要受信义义务约束。慈善事业具有中介性，中介机构缺乏所有人（owner）的监督，给中介机构施加严格的信义义务是符合逻辑的。

（一）信义法（fiduciary law）原理

1.《信托法》为信义关系的基本法

在包括信托法、公司法、代理法、合伙企业法、证券法和证券投资基金法[①]在内的广泛的民商法领域，很多场合都会涉及管理他人事务的法律关系，这种法律关系在本质上都属于信义关系（fiduciary relationship）[②]。在这种法律关系之中，为了借用专业人士之力，都需要"受托人"（公司法中的董事等，信托和证券基金等法律关系中的受托人，代理法中的代理人等）享有一定的裁量权。在慈善法中，以基金会为代表的慈善组织都采取了非营利法人的组织形态，根据《民法总则》的规定，非营利法人的组织结构要包括权力机构、执行机构和监督机构在内的、类似营利法人的治理结构[③]。这些机构设置处于受信人（fiduciary）地位，调整受信人的法律规则类似信托法中的规则。

信托是一个具有普遍性的概念，不限于任何特定的法律领域，在一个人为另一个人的利益或者为实现特定目的而持有财产的几乎任何领域中都可以适用信托观念[④]。《信托法》是商事信托和民事信托、慈善公益信托共

---

① 据学者总结，存在信赖义务或者信义义务的法律关系有：（1）信托受托人对受益人的关系；（2）董事与公司之间；（3）清算人与公司之间；（4）律师与客户之间；（5）合伙人之间；（6）代理人与委托人之间；（7）证券经纪人与客户之间；（8）高级雇员与公司之间；（9）医师与患者之间；（10）父母与子女之间；（11）教师与学生之间；（12）身负等神职人员与求教的教民之间，在英美有这些关系为信义关系的判例支持。参见［美］塔玛·弗兰科：《证券化 美国结构融资的法律制度》，潘攀译，法律出版社2009年版，第2页，潘攀撰"中译文通释"。信托被视为信义关系的范型（paradigm）。R.P. Austin, 'Moulding the content of fiduciary duties' in Trends in Contemporary Trust Law by A.J. Oakley, ed., 1996, p.169.

② George T. Bogert, *Trusts*, 6th edition, West Publishing Co. 1987, p.2.

③ 参见《民法总则》第三章第二节：非营利法人。

④ Donovan W. M. Waters, *the Institution of the Trust in Civil and Common Law*, Collected Courses of the Hague Academy of Institutional Law, Boston: Martinus Nijhoff Publishers, 1995, pp.279–281.

同的一般法和基本法，这一点是有明确的规范基础的。而且，理论上，信托法一直可以被看作是包括代理法、公司法、非营利法人法、合伙法等在内的信义法（fiduciary law）的范型（paradigm）①。

信托法所提供的受托人忠实义务和善管注意义务规则、受益人保护规则在整个信义关系法的领域内（包括慈善法）均有类似的体现。

2.以信托法为代表的信义法具有以下几个方面的特点：

第一，信息不对称和裁量权。在这种法律关系中，受托人往往是具有专业能力的一方，具有信息、技能方面的优势，受托人一方对于受托的事务具有裁量权。

第二，受托人享有一种类似"商业判断规则（business judgment rule）"的抗辩。

在公司法中，公司经营管理者的经营和决策之裁量权受到"商业判断规则"的广泛保护。"商业判断规则"背后的观念是，如果将经营管理者的决定一律置于严格的司法审查，投资者的福利将下降②。经营管理者基于专业受托人的地位，他们面对市场中出现的各种风险有进行独立判断和决策的权利。这种权利不受投资者和法院的无端挑战。相比之下，即便是投资信托的受托人也并不像公司的经营管理者那样受到广泛的"商业判断规则"的保护。但是，为了受托人能真正发挥作用，其对信托财产的运用和决策如果是在权限范围之内的，即使该决策最终给信托财产带来损害，也不能一律让其承担个人责任。在信托逐渐商业化、公司化的今天，很多主要法域都承认受托人的投资权，使受托人受到类似"经营判断规则"的保护，这具有一定的合理性。但是，在慈善信托当中，受托人是否具有特殊性，是否原则上应有投资权，是否应受宽泛的"商业判断规则"的保护，都值得探讨。

第三，对受托人的裁量权进行限制的努力。裁量权是必要的，但是，为了保护本人的利益免受管理人的侵害，除了限制受托人的职权和行为范围之外（这和裁量权授予本身是矛盾的），可以采取以下几种方法：（1）只选择无利害关系的人为管理人；（2）以奖赏劝促管理人不滥用其权限；（3）控制管理人；（4）对管理人加以监督；（5）以同业协会的规范或者行政机关的行政命令等其他方法。但是这些方法并无法完全消除管理人滥用权限的可

---

① R.P. Austin, *'Moulding the content of fiduciary duties' in Trends in Contemporary Trust Law*, p.169.

② Frank H. Easterbrook and Daniel R. Fischel, *The Economic Structure of Corporate Law*, Massachusetts: Harvard University Press, 1996, p.93.

能性,因此有设置法定信义义务之必要①。

第四,信义关系中义务和责任具有特殊性。我国《信托法》没有像其他的民商事法律一样专门设立民事责任一章,但在第 26 条以下规定了受托人的各种义务和责任。一个被我国民商法理论界和实务界忽视和误解的问题是,信托法所确认的义务和责任的形态——信义义务和信义责任,正如英国著名信托法学者潘纳(Penner)教授在其教科书中明确指出的,这种义务和责任绝非合同义务和违约责任②。而实践中,由于信托和其他信赖关系多以合同的方式构建,人们多把这种关系和合同关系混为一谈,在出现纠纷的时候仅仅按照违约处理。这是不恰当的③。

公司法、证券法、信托法、代理法、合伙法等法律领域均属于英美法所称信义法律关系。在这些法律关系中,由于存在一方对另外一方的信赖关系,受信赖一方应承担的最具特色的责任为"吐出式"责任(返还救济,restitutionary remedy)。

在民商法的领域内,返还的救济主要出现在以下信赖关系领域。第一,在《信托法》中,明确地规定了返还的救济,《信托法》第 26 条:"受托人除依照本法规定取得报酬外,不得利用信托财产为自己谋取利益。受托人违反前款规定,利用信托财产为自己谋取利益的,所得利益归入信托财产。"第二,其他如《合伙企业法》第 96 条、第 99 条,《证券法》第 44 条第一款,《公司法》第 148 条都有类似的规定。总而言之,我国《信托法》第 26 条第 2 款和《公司法》《合伙企业法》《证券法》采取的是类似的方法,即"归入权"的方法。在《慈善法》中,这种特殊的义务和责任不仅对慈善信托的受托人适用,对于慈善组织的理事、监事和执行机构也同样适用④。虽然慈善信托在《慈善法》中只占一章 7 个条文,慈善信托也仅仅被认为是从事慈善事业的两大制度之一,但是无论是在《慈善法》颁布之

---

① 参见　谢哲胜:《信托法》,台北:元照出版公司 2007 年版,第 56—58 页。
② 潘纳(Penner)教授以一种半开玩笑的口吻说,"如果你能在分析案件之时把握并牢记其间的区别,你就可以自命为这个领域的专家了,因为法官们和评论者经常把这二者混为一谈"。J. E. Penner, *The Law of Trusts*, 4th edition, Oxford: Oxford University Press, 2005, p.23, p.342.
③ 相关案情请参见许浩:《渣打理财账户余值归属再起纠纷　八成本金蒸发》,《中国经营报》2012 年 4 月 23 日第 18 版。
④ 《慈善法》没有关于慈善组织的义务的一般性的规范,但是存在慈善组织从事具体慈善行为的过程中所应遵照的义务,如第 2 条、第 12 条、第 14 条、第 52—第 58 条等,都体现了和信托法上类似的谨慎义务和忠实义务的内容。《基金会管理条例》中也有类似规定。

后还是之前,信托法原理在整个慈善法中都具有核心的地位,这一点容易被人忽视。

(二)慈善行为的正式性、规范性和中介性——受托人角色的必要性

前面已经讨论过,慈善法意义上的慈善行为是正式的、规范的、有中介的行为。从事慈善事业有两种重要的规范形式:慈善组织和慈善信托。慈善信托中需要专业的受托人作为捐出慈善财产之人实现慈善目的的中介(intermediary)和实施者,后文(第四章)详述,此处不赘。而慈善组织在管理慈善事务的时候,也是捐赠人实现慈善目的的中介和实施者。慈善组织在慈善事业中以两种方式起作用:第一,作为慈善信托的受托人,这是慈善法颁行之后慈善组织可以扮演的一种法定角色;第二,慈善组织接受捐赠的财产自己进行管理。但是在这种内部管理当中也要区分为两种情形,其一是作为自己的固有财产按照慈善组织的章程进行管理运用;其二是根据捐赠者所附的慈善目的建立专项基金进行管理,后者和信托的机制已经大致一样(后面详述)。即便是前者,基金会的管理层也对基金会自身财产的管理承担类似公司董事、监事和高管的信义义务,这种信义义务和信托受托人的信义义务的区分并不明显。总而言之,慈善行为的中介性决定了作为中介的管理者要承担类似受托人的职责,不管这个管理者是慈善信托的受托人,是慈善专项基金的管理者还是慈善组织内部的管理者,莫不如此。信托机制在整个慈善法中无处不在。

(三)信托财产的独立性:"悬空机制"的引入

1. 信托财产的独立性为社会财产的安全性提供保障。

信托的一个最重要的功能是破产隔离功能。如同本书将在第三章所讨论的,慈善信托的信托财产独立于捐赠人的财产、独立于受托人的财产,独立于受益人的财产,慈善信托财产在性质上不是公有财产、更不是政府财产。慈善信托财产的独立性为慈善财产的安全性和高效运作提供了基础,为慈善事业摆脱各级政府的干预以及各种社会组织的干预提供了基础。

独立的财产也构成社会力量的经济基础,使得社会力量有能力防范公权力的恣意妄为。同时也可以避免原子化的个人行为的盲目性。

而且,慈善财产事关公共利益的实现,因此对慈善财产的安全性有着更为强烈的需求,信托制度恰恰能提供这种功能。

2. 受托人对社会财产的高效运用:商业机制的引入

慈善财产作为独立的财产,有专业的机构去管理和运用,特别是嫁接上商业信托的投资管理机制,实现慈善财产的增值保值,提升慈善财产的运用效率。

（四）受托人责任规则：明确管理人责任

信托法所确立的受托人义务和责任规则，能够有效地解决慈善事业实施过程中的责任缺位问题。

在《慈善法》颁布之前，很多人不知道慈善信托的存在，认为从事慈善事业只能由慈善基金会等组织进行。实际上，早在 2001 年颁行的《信托法》中，就有公益信托的专章规定（《信托法》第六章）。而根据《基金会管理条例》的规定，以及基金会管理慈善财产的实践，可以推断出信托法原理在其中得到了广泛的运用。在"前慈善法"时代，基金会的资金来源有两部分，一部分类似固有资金，按照基金会的章程进行管理，基金会的理事等管理者承担类似公司"董、监、高"的信义义务；另一部分类似信托资金：特别是定向接受捐赠的资金，基金会都要按照捐赠协议的约定对资金进行管理，专款专用，单独作账——这大致起到了信托法上分别管理的作用，基金会本身就这一部分财产的管理承担受托人义务。[①] 如果仔细观察基金会的年报，也可以看出其资金运用是两个独立的部分，类似于信托公司的固有账目和信托账目。

而且，从法律效果上看，附有特定目的限制的捐赠和信托的区别已经不大了。例如，在美国信托法重述（第三版）中区分一般目的的捐赠和特定目的的捐赠，对于向慈善机构作出的"特定目的捐赠，例如，旨在支持针对特定疾病的医学研究，或设立资助特定领域研究的基金，这时则要设立慈善信托，该机构是秉持重述中规定目的和规则的受托人[②]"。基金会等慈善组织在管理附特定目的捐赠财产的时候也是信托关系。[③] 有著作强调，应区分对一个法人型慈善组织（例如基金会）的捐赠是直接的捐赠还是附

---

① 美国学者博格特（George T. Bogert）教授指出，针对慈善法人（charitable corporation）的捐赠，如果其意图是把财产的产权完全转移给慈善法人，其用途只受该法人的章程所规定的慈善目的的限制，此时没有设立信托，信托法上关于财产投资和财务规则就不适用。参见 George T. Bogert, *Trusts*, 6th edition, Minnesota: West Pub. Co., 1987, p.205. 反过来解释是，如果捐赠者对慈善组织的捐赠附加有特定的目的，受赠的慈善法人是一种受托的角色，此时可以认定创设出了一个信托。
② Rest. (third) of trusts §28cm. A。
③ 从英美慈善法律发展的历史来看，有关慈善组织的法律滥觞于英国的衡平法院的信托法，在这个法律部门中，慈善信托是其独立的构成部分。慈善法人作为独立于信托的一种法律形式也逐渐发展起来，但是信托中调整信赖义务的许多原则也能适用于慈善法人。因而，"若要理解慈善法人法，就有必要理解信托原则"。参见［美］玛丽恩·R. 弗莱蒙特-史密斯：《非营利组织的治理：联邦与州的法律与规制》，金锦萍译，社会科学文献出版社 2016 年版，第 111 页。

加有特别限定目的的捐赠：对基金会直接的捐赠，基金会可以根据自己的章程使用捐赠财产，基金会甚至可以通过变更章程的方式变更这些捐赠财产的使用方式；而如果是附加有特定目的的捐赠，就构成了一种信托，基金会本身构成受托人，只能按照捐赠文件中约定的特定目的使用该特定财产，基金会及其理事会不能通过变更章程的方式改变对特定财产的使用方式，除非根据近似原则改变捐赠人的目的①。

或有争议说，慈善基金会在管理接受捐赠的善款的时候如果被认为属于信托，实际上是把信义关系（例如公司内部管理关系）直接看成信托，造成信托关系的泛化。笔者不同意这种观点。基金会受托管理事务的行为属于信义关系自无争议，但是和公司法上的信义关系还有不同之处。公司法当中，公司（财产）形成独立的法律人格，董、监、高等受信人（fiduciaries）不享有公司财产的财产权；而基金会所管理的受托财产并没有形成法律人格，而仅仅是基金会法人名下的相对独立的特别目的财产而已，基金会本身成为这些财产的受托人。凡是一笔独立的基金由独立的组织或者个人管理的情形，在法律上都是一种信托关系，这属于信义关系（fiduciary relationship）的核心，和公司内部的信义关系判然有别，承认其为信托关系不会构成信托概念的泛化。

又或有争议说，基金会和捐赠人之间没有缔结明文的信托合同，基金会也不能像信托公司管理信托财产那样对善款进行托管和专业的运作，无法实现善款管理上的破产隔离功能。这实际上也是一种误解。根据信托法的要求，信托合同需要是书面形式，但是，并没有要求当事人一定清楚地把合同名称标明为"信托合同"②。另一个更重要的误解来源于"要件论"，认为信托生效一定要把信托财产实现独立性，一定要使信托财产产生破产隔离功能。实际上，信托生效并不意味着信托财产在事实上就能产生破产隔离功能（例如，受托人怠于履行分别管理义务，导致信托财产被第三人强制执行）。信托是一种制度工具，当事人采用了信托制，论证信托财产没有产生独立性

---

① Marilyn E. Phelan, *Nonprofit: Law and Taxation*, 2d, New Mexico: Thomson Reuters, 2018, pp.11–12.
② 捐赠者建议基金（Donor-advised fund，DAF）就显示了捐赠行为和信托设立行为之间界限的模糊。在美国，捐赠人建议基金是一个由公共慈善组织管理的慈善捐赠工具（a charitable giving vehicle），创设其的目的是代表组织、家族或者个人管理慈善捐赠财产。捐赠人或者捐赠组织开设基金账户，存入现金、证券或者其他金融工具。他们放弃了其存入账户的任何财产的财产权，但是就如何对账户的财产进行投资、如何分配财产投入慈善事业等保留建议的特权。来源：维基百科 https://en.wikipedia.org/wiki/Donor-advised_fund，2019年4月16日。

的义务就在提出争议的一方；即使法院认定信托财产没有产生独立性，也不能反过来证实信托设立失败。而且，所谓破产隔离功能主要是防止受托人的债权人对慈善财产强制执行，而由于慈善组织一般不能积极地负债（借贷），破产的概率极低，所以慈善机构作为受托人并无障碍。

在《慈善法》颁行之后，确立了慈善机构作为慈善信托受托人的地位。但是仍然应当注意到，慈善机构之前一直在扮演受托人的角色，只是没有有意识地认知到而已。研读《慈善法》可以看出，其关于慈善组织的行为规则的规定，基本上类似于受托人义务（忠实义务和注意义务）的规定。在整个慈善法引入信托法中关于受托人义务的规则和原理来要求受托人，对于理顺基金会等慈善组织内部的责、权、义关系是非常重要的①。

总之，除了慈善信托明显地适用信托法理之外，关于捐赠人和受益人的法律地位，慈善组织的法律地位、义务和职责、慈善财产的法律地位等方面，都应适用或者部分适用信托法理②。慈善信托和慈善组织都不可避免要利用信托的财产独立法理和机制，创设以慈善为目的的独立财产，把这种财产和捐出人、管理人、受益的具体人等主体的风险分离开来，避免这些主体对这些财产的运营和目的的实现进行干涉。独立的财产有助于社会中间力量的形成。慈善制度在促进慈善事业发展、培育社会组织形成，进行多元化的社会治理，都具有重要的现实意义。也就是说，非政府组织和慈善组织的独立性都应建立在一定的物质基础之上，这种物质基础并非私产，更非公产，具有相对独立性。信托对财产权的虚置和"不定性"正满

---

① 《英国 2011 年慈善法》似乎并没有有意识地把慈善事业组织形式区分为慈善信托和慈善法人，而是认为整个慈善事业的法律都运用了信义关系法理。在该法中，出现比较多的是受托人（charity trustees）的概念，该术语既可以翻译为"慈善管理人"，也可以翻译成"慈善受托人"。一个机构或者个人在管理善款的时候，不管整个管理结构是否名为"信托"，该机构或个人都是受托人或者管理人（trustee）。也有美国学者指出，在非法律语境下，"信托"事实上几乎与信赖关系画等号了。虽然大多数慈善组织采用法人形式，但法人理事的职责却来自信托法。参见，[美]玛丽恩·R. 弗莱蒙特 – 史密斯：《非营利组织的治理：联邦与州的法律与规制》，金锦萍译，社会科学文献出版社 2016 年版，第 177 页。尽管美国税法没有直接提及信托形式的慈善，但是美国的法院认为，美国的税法中所规定的"基金"或"基金会"（foundation）中实际上是包括信托形式的。Fifth-Third Union Trust Co. V Comissioner Of Internal Revenue, 6 F.2d 767（1932）.

② 《魁北克民法典》第 1257 条规定：基金会（foundation）的财产要么属于独立于基金会设立人或其他主体的独立财团（patrimony），要么法人自身的独立财团。在第一种情形，基金会受本章关于社会信托（social trust）的条款的调整；在第二种情形，基金会受调整类似法人的法律规则的调整。.

足这种要求①。信托为这种目的财产的管理解决了机制问题，可以说，信托和非营利组织、和慈善事业都具有天然的联系。

二 慈善信托与慈善法人——从事慈善事业的制度框架和制度竞争

慈善信托是从事公益事业的组织形态之一。从事公益事业的方式至少有以下几种：第一，对需要资助的个人或者团体直接进行捐助和赠与（赠与合同）；第二，附加目的和条件地捐赠给公益法人、公益基金会等公益组织②；第三，拿财产设立公益法人（公益基金会）③；第四，设立公益信托。简单的一对一的直接赠与在实现某些慈善目的方面也会有自己的比较优势，但是一般而言无法建立高效、可持续的公益机制，难以达成"授人以渔"之功效，因此，公益事业的进步更多还仰赖慈善组织（法人）和慈善信托等制度协力发挥作用。

但有英国学者认为，公益（慈善）信托和信托的关系并不密切。从产生上看，慈善法产生于教会法而非衡平法；而且，从事慈善事业并不需要以信托为媒介，只是由于很偶然的因素衡平法院"劫持"了慈善法，把它强行和信托捏合在一起④。在英国早期的慈善法中，承认信托目的具有慈善性质，并取得慈善相关法律地位的对待是单个教区的职责，因此属于教会法院的管辖。之后，衡平法院接管了以信托方式组织的慈善，这样的结果就是，慈善法理和信托法理就以一种不太自然的状态共存。从事慈善不需要以信托的方式，比如可以以公司（法人）的方式。在英国可以采取保证有限责任公司（company limited by guarantee）的方式从事慈善，该种公司没有股

---

① 董保华教授敏锐地揭示了信托和社会保障法这种社会法的联系。参见董保华：《社会保障的法学观》，北京大学出版社 2005 年版，第九章。

② 我国台湾学者林诚二教授认为这种行为的性质纯粹为赠与，和第一种行为性质相同。林诚二：《民法债编各论（上）》，中国人民大学出版社 2007 年版，第 204 页。的确，某些附有目的、条件和负担的赠与和捐赠之间的区别并不是显著。笔者以为，为了确保捐出财产的独立性和安全性，似应认为某些附带目的的捐出财产在交付公益法人之后即成为受托财产，公益法人不能将该财产作为自己的固有财产使用。

③ 林诚二教授认为此为捐助行为，属于无相对人的单独行为，因其时所设立财团法人并未成立也。林诚二：《民法债编各论（上）》，第 204 页。

④ J.E. Penner, *The Law of Trusts*, 4th edition, Oxford: Oxford University Press, 2005, p.491. 笔者并不完全赞同。当慈善从直接的面对面的施舍和恩赐转变成现代的通过中介组织和机构进行的正式的事业之时，都需要一个类似受托人的角色在管理捐献者或者信托设立者的财产。这种"管理他人事务的法律关系"，至少都可以归属于信义关系。

东，也没有股份资本，所以不需要营利，更不需要也无法向其股东分红，在这种意义上更接近美国法上的非营利组织①。所以，哈德森（Hudson）教授认为，慈善信托可能根本不是信托，而属于一种准公共机构（quasi-public body），在这种准公共机构中，其管理者（officer）承担信义义务，其监管机构是由慈善委员会和总检察官（attorney general，AG）共同构成②。如果研究英国的慈善法制就可以看出，英国现行的成文法和相关规则中，很少直接谈到信托，这不是说英国的慈善法中没有信托法，恰恰相反，说明英国的信托法的观念和信义法理无处不在，根本不需要单独讨论信托法。例如，英国慈善法当中存在"charity trustee"，其法定定义是"对慈善有一般控制和管理权的人"，这个人可以是慈善信托的受托人，也可以是管理慈善事业的公司（company），也可以是慈善法人组织（Charitable Incorporated Organisation，CIO），广义上都属于受信人（fiduciary）。

在美国，多数慈善事业的组织方式是以非营利法人的方式而不是信托的方式。但是，慈善捐赠、非营利法人以及慈善基金会的法律都是产生于慈善信托法。相应的，慈善信托法规则在慈善和非营利的领域有更为广阔的和一般性的适用③。在美国，很多慈善事业都被称为基金会（foundation）。不过需要注意的是，这里的"foundation"并不能直接被翻译为和我国法律上同等意义上的"基金会"。名字中冠有"foundation"的主要是法人型的基金会，也有不少是采用信托的方式。④。美国不少的非营利法人（公司）把其理事（directors）称为受托人（trustees）。虽然美国的慈善信托的受托人和非营利组织的理事应遵循不同的行为标准，人们经常这样互换使用这两个术语，决定治理组织的法律地位的不是所使用的术语，而是非营利组织的结构。⑤ 换句话说，不管非营利组织的治理机构（governing board）被称作受托人或者理事，他们必须遵照其所在州的非营利法人法。无论是被称为理事或者是受托人，作为治理机构都是受信人（fiduciaries），是无疑问的。

---

① Alastair Hudson, *Equity and trusts*, 7th edition, London: Routledge, 2013, p.1108.
② Alastair Hudson, *Equity and trusts*, 7th edition, London: Routledge, 2013, p.1107.
③ Dukeminier, Jesse. and Robert H. Sitkoff and James Lindgren, *Wills, Trusts, and Estates*, 8th edition, New York: Aspen Publishers, 2009, p.751.
④ 根据早期的统计，美国存在的大约26000个公益信托的基金会（foundations）之中，三分之一是以信托的方式运作，三分之二以非营利法人的形式运作。转自田中实：『公益信托の现代的展开』（劲草书房·1985年），第94—95页。
⑤ 在美国，被称为"foundation"的一般会是慈善组织，但也有例外例如，密歇根州允许设立为了长期纪念某人为目的的非营利性"foundation"，很难说它是慈善性或公益性的基金会。

如果从慈善的产生上看，慈善与信托似乎并无必然的联系。目前如日本、欧洲大陆不少国家也多采用公益法人或者类似的机制从事慈善，即便是在英国和美国，慈善信托也仅仅是从事慈善事业的一种方式而已①。但是，无论是慈善信托还是慈善基金会，二者的基本法理都是信义法理，二者几乎承担类似的社会功能。

不过，虽然可以认为慈善信托和慈善法人两种制度发挥几乎同样的社会功能，犹如车之两轮②，但慈善信托和公益法人（财团法人基金会）制度各自有其特点。下面从慈善信托和慈善法人（基金）③的比较来初步理解公益信托机制的特点。

---

① 据英国慈善委员会法律事务主管 Kenneth Dibble 先生在 2017 年 9 月 5 日 "慈善信托发展论坛"的表述，目前英国慈善法上严格意义上的慈善信托所占比重并不很大，其主要原因是信托机制没有为管理人（受托人）提供有限责任的保护。
② 赖源河、王志诚：《现代信托法论》（增订三版），中国政法大学出版社 2002 年版，第 211 页。
③ 欧洲大陆的人从事慈善活动要运用到私人基金会制度。私人基金会是一个民法制度，《列支敦士登自然人和（公司）法人法》（Liechtenstein Persons and Companies (PGR) Act, Personen und Gesellschaftsrecht，1926 年颁行，2009 年修订）第一次在民法法系国家确立了私人基金会制度之后，普通法国家的离岸法域在最近数十年不断出台立法效仿，日渐普及。私人基金会根据其所在国的立法所创设，创设私人基金会的要求各国有所不同。广而言之，私人基金会是通过创设或注册而设立一个独立的法人，其运作受创设文件以及理事会或机构约束。创设的基金会有权持有、管理和分配创设人所捐出的资产，但是其受益人对基金财产无法定或者衡平法上的利益，该基金会无持股人。理事会或者管理机构有管理职责，其义务针对的是基金会本身而非针对受益人。

基金会的受益人对基金会的财产没有任何财产性的权利，对基金会的理事会或基金会本身只能寻求有限的救济。即使创设文件授予受益人针对基金会的收益或者资产直接的权利，该权利也只是根据调整基金会的相关立法条款才具有强制执行力。同样，把基金会受益人描述为拥有对基金会的合同权利也是错误的。一般而言，受益人不是基金会创设的当事人，无法取得针对基金会的私法权利。基金会的章程甚至可以禁止受益人取得基金会的信息，有效避免受益人对基金会理事会的任何形式的监督。有些法域的法律则规定基金会不能存在可确认的受益人，而在未来指定受益人只是基金会理事会、基金会设立人或其托管人的裁量权或者职权。

总之，基金会的受益人一般不能监督基金会的理事会。基金会的妥善管理取决于保留在设立人、托管人或者保护人手中的权力。创设人手中所保留的权力可以包括解散基金会、废除或者修订创设文件，或者变更基金会的目的。创设人甚至还有权去授权别人或者废除别人基金会理事资格，也可以自己亲自担任理事或者给理事会以指示。托管人、保护人或者执行人一般被立法授权监督基金会理事会，确保理事会遵守基金会设立文件，在某些法域立法还授权其批准理事会做出的决定。在一些法域立法规定托管人或者保护人对基金会、基金会创设人和受益人有信义义务，而另外一些法域的立法则明确废除了这些义务。Lynton Tucker and Nicholas Le Poidevin and James Brightwell, *Lewin on Trust*, Sweet & Maxwell/Thomson Reuters, 2015, pp.13–15。

(一) 法人人格和设立成本

慈善信托不需专门进行内部机构设置,可以大大节约设立成本。基金会等慈善组织作为慈善法人,具有独立的法人人格,具有法人所应具备的组织(代表人、理事和雇员等),为了维持这一组织的持续、正常运转,需要花费成本(办公场所和从业人员的费用等);而在慈善信托中,信托(财产)自身不具备法人人格,不需要成立相关的组织机构,为了对慈善财产进行管理和实施慈善事业,可利用受托人(信托公司、慈善组织等)的办公场所以及从业人员,由受托人对信托财产进行管理和运用;即使需要向受托人支付信托报酬,与慈善法人的情形相比其成本仍然较低。由于慈善信托的委托人不需要费心考虑机构和组织的设置,其成立也较为迅捷。

(二) 设立门槛

根据《基金会管理条例》(2004) 第9条第5项的规定,设立慈善基金会需要业务主管单位同意,而《慈善法》第9、第10条并没有这种要求,这是否意味着缓和了基金会法人的设立条件,仍然有待《基金会管理条例》修改之后确认。但无论如何,基金会的设立仍然存在一定的门槛[1]。而设立慈善信托采取备案制,不需要主管部门的许可。

根据《基金会管理条例》第8条规定,"设定公益目的基金会,全国性公募基金会的原始基金不低于800万元人民币,地方性公募基金会的原始基金不低于400万元人民币,非公募基金会的原始基金不低于200万元人民币;原始基金必须为到账货币资金",这为成立公益基金会设置了很高的门槛。而慈善信托则不存在这种对出资财产数额和财产形态的要求[2],理论

---

[1] 国务院办公厅2016年8月发布的《关于改革社会组织管理制度促进社会组织健康有序发展的意见》规定,做好社会组织登记审查,既要推进直接登记,也要完善业务主管单位前置审查。对于提供扶贫、济困、扶老、救孤、恤病、助残、救灾、助医、助学服务的公益慈善类社会组织等,直接向民政部门依法申请登记,对直接登记范围之外的其他社会组织,继续实行登记管理机关和业务主管单位双重负责的管理体制。

[2] 《中国银监会办公厅关于鼓励信托公司开展公益信托业务支持灾后重建工作的通知》(银监办发〔2008〕93号)第四条规定:"信托公司设立公益信托,可以通过媒体等方式公开进行推介宣传。公益信托的委托人可以是自然人、机构或者依法成立的其他组织,其数量及交付信托的金额不受限制",允许设立公益信托的时候进行媒体宣传,而且募集不限制金额。表明公益信托可以是公募形式的。就该办法和《信托公司集合资金信托计划管理办法》的适用关系上,该办法只是对信托法中关于公益信托规定的细化,而《集合资金信托计划管理办法》的规范对象是营业信托中的集合资金信托计划(属私益信托),二者性质不同,当然应适用不同的法律规则,不会产生适用上的矛盾。相应的,2008年银监会(93号文)中的规则并不像众多评论者所说的构成对原来规范(《信托公司集合资金信托计划管理办法》)的突破,而只是针对不同的调整对象制定不同的规则而已。

上 1 元钱就可以设立慈善信托。

（三）财产运用限制

基金会所募集资金的支出和运用受到很多限制。《基金会管理条例》第 29 条规定："公募基金会每年用于从事章程规定的公益事业支出，不得低于上一年总收入的 70%；非公募基金会每年用于从事章程规定的公益事业支出，不得低于上一年基金余额的 8%。"虽然《慈善法》第 60 条把公募基金会开展慈善活动的年度支出规定为"不得低于上一年总收入的百分之七十或者前三年收入平均数额的百分之七十"；而且特殊情况下，"年度管理费用难以符合前述规定的，应当报告其登记的民政部门并向社会公开说明情况"，相比过去有一定程度的放宽，但特别是对公募基金会而言，70% 的使用率可能导致基金捐助者对资金使用的特定目的和特定要求无法实现，也无助于公益基金的长期和可持续的发展，很难实现对慈善财产增值保值的功能，降低了公益财产的使用效率。而且，在比较法上，基金会等财团法人所受到一个重要的限制是一般不得动用本金，即不得任意动用基金会（财团法人）自身的基本财产[①]，如果基金规模如果过小，收益太少，法人几乎无法运转。公益信托则没有这样的要求，例如，英美法上就把慈善信托分为"维持基本财产的慈善信托"和"动用基本财产的慈善信托"[②]，在后者可以将捐款全部用尽，特别在财产规模较小，没有较充裕的财产来负担组织运用成本的时候，利用慈善信托是一个好的选择；慈善信托也可以把慈善财产做长期的可持续的安排。这里又一次体现了慈善信托的灵活性——当事人可以选择是否动用本金。

（四）管理人责任

慈善信托中的受托人以及慈善法人的管理人（理事、秘书长等）笼统上都可以被称为慈善事业的管理人，都受信义义务（fiduciary duty）的约束。但是，根据信托法原理，信托的受托人在管理信托事务过程中对外承担义务/责任（通常所说的"信托债务"）的，受托人要承担个人责任而非有限责任（《信托法》第 37 条）；而以基金会等慈善法人从事慈善活动的，其管理人除非有过错，不对外承担责任，所以，若创设人可能参与管理，

[①] 赖源河、王志诚：《现代信托法论》（增订三版），中国政法大学出版社 2002 年，第 210—211 页。

[②] Bogert & Bogert, *Handbook of the Law of Trusts*, Minnesota: West Pub. Co., 1973, p.199.

在选择慈善组织形态的时候，二者的以上区分就显得十分重要[1]。

慈善信托中，受托人信托事务管理过程中对第三人的义务承担个人责任而非我国很多人想象的有限责任。正因为如此，目前英国慈善法上狭义的慈善信托所占比重并不很大[2]。在我国目前的慈善事业中，慈善信托所占比重不大，但是原因和英国大为不同。目前国内慈善信托不发达的原因是信托观念的不普及（供给端和需求端无法建立有效联系）、立法的基础设施（税制、登记、监管）供给不充分。慈善信托在我国慈善事业发展中仍然有巨大的发展空间。

在我国，慈善信托的受托人是信托公司和慈善组织等机构，信用相对较好，热情很高，还没有开始关注到受托人对外的个人责任问题（目前就我国《信托法》第37条的含义仍有争议）。而且，目前的慈善信托的慈善目的比较简单明确，慈善事务并不复杂，受托人管理信托事务的时候一般不会产生超出信托财产范围的责任。

（五）设立人的控制力

根据《基金会管理条例》第20条规定，"用私人财产设立的非公募基金会，相互间有近亲属关系的基金会理事，总数不得超过理事总人数的1/3；其他基金会，具有近亲属关系的不得同时在理事会任职"。基金会的设立人可以通过成为基金会理事甚至是理事长来保持对基金会的影响力。而在慈善信托中，设立慈善信托的委托人在信托设立之后，除非保留一定的权利，原则上不能对信托事务进行干涉，其控制力相对较弱。

（六）解散

慈善法人成立之后不得任意解散，维持其永续性，慈善法人不适合那些不需要永续性的慈善事业。相比之下，信托则较为灵活，慈善信托既可以永续存在，也可以约定终止的条件和存续的期间。

（七）其他

从制度优势来看，在持有资产和接受捐赠方面，信托以其非纳税的独立实体特征，在解决利益冲突和申办免税资格方面有着独特的制度优势。

---

[1] 受托人在管理慈善信托事务之时，若管理内容主要是财产（投资）管理，一般不会对外负有债务，此时信托受托人对外的个人责任风险极小；只有在受托人具体实施慈善事务的过程中，有可能对第三人产生债务（侵权或者违约），此时受托人对外的个人责任的风险比较大。

[2] 该表述来自英国慈善委员会法律事务主管肯尼斯·迪勃（Kenneth Dibble）2017年9月5日在北京中华世纪坛"慈善信托发展论坛"的发言。

全球资产规模最大的慈善组织——盖茨基金会即采用了双重信托的机制，其中，Bill & Melinda Gates Foundation Assets Trust 负责接收、持有和管理捐赠资产，而 Bill & Melinda Gates Foundation 则负责资金的运用和分配。

总体看来，慈善信托与基金会有着几乎相同的慈善公益功能，但是相比而言，慈善信托具有成立门槛低、营运灵活、更便利、更透明等特点，可算是"平民化的基金会"。但是，目前，我国的慈善信托的优势还没有充分发挥出来。

三 慈善信托法和信托法

（一）公益信托和慈善信托的关系

《慈善法》第44条规定，"本法所称慈善信托属于公益信托……"。确立了慈善信托和公益信托的关系。从字面上看，使用慈善信托"属于"而不是"是"公益信托，表明立法者认为公益是比慈善更为宽泛的概念。但是从同法第3条所列举的慈善行为类型来看，其与《信托法》第60条所规定的公益目的并无实质差异。《慈善法》规定的慈善信托建立了和《信托法》上公益信托的联系。

法律条文有自己的生命，对含义不清的条文的解释除了立法解释、司法解释等有权解释外，还要靠学理解释。从促进公益事业发展的角度看，《慈善法》既然明确规定"慈善信托属于公益信托"，说明是允许根据《信托法》设定非慈善公益信托的。[①]

我国的立法长期以来坚持"宜粗不宜细"的原则。但是吊诡的是，正是这些粗线条的规定给实务当中的创造留下了空间。鉴于司法部门和行政部门的审慎，私法中（慈善法虽然不是私法而是社会法，但是，是从私法上生长出来的，和公法判然有别，参见本章第二节的论证）过于细密的规定，在实务中却产生了限制民间创造力的效果。《慈善法》中对《信托法》的改进有：放松管制、扩大自由、明确监管机构、激励措施等，但是配套措施仍然有待落实到位。要警惕打着可操作性的旗号收紧管制。如果慈善法和信托法衔接的空档能给民众留下创造性地从事慈善公益行为的空间，

[①]《广东省民政厅 中国银行保险监督管理委员会广东监管局关于慈善信托管理工作的实施细则》第72条第二款规定，"本细则施行之前，未在民政部门备案，但以本办法第七条规定的慈善目的而设立的信托，适用《信托法》第六章规定；已在民政部门备案的慈善信托，适用本细则"。虽然是为了解决过渡阶段的问题，也相当于承认了不同于慈善信托的公益信托的存在。

则是一个意外的惊喜。例如，在某些特定的场合，似应允许当事人根据《信托法》设立不同于慈善信托的公益信托（容后述）。

（二）公益（慈善）信托法与信托法的关系

慈善信托亦为信托之一种，《信托法》第六章就有关公益信托事项有规定的，优先适用该章的规定，未尽事宜，应适用《信托法》其他部分的规定（第59条）。《慈善法》第50条更是明确规定："慈善信托的设立、信托财产的管理、信托当事人、信托的终止和清算等事项，本章未规定的，适用本法其他有关规定；本法未规定的，适用《中华人民共和国信托法》的有关规定"，进一步确立了《慈善法》中关于慈善信托的规定作为信托法特别法的法律地位。

慈善信托存在很多独有的特征。首要的特征是，在慈善信托中当事人结构和私人信托不同。普通信托中的委托人/受托人/受益人的三角关系实际上并不能适用于慈善信托。慈善信托当然需要一个委托人，需要创设信托的意图，也需要有受托人被指定为信托财产的管理人并实现信托的目的。但是，几乎不存在类似私意信托中的受托人和受益人之间的关系，因为慈善信托不存在特定的受益人。在英国，是由总检察官（attorney general）代受益人之位、以公共利益的代表者身份针对受托人提起诉讼、确保信托目的的实现。在慈善信托中允许特定的人或者一群人取得利益的场合，这些取得利益的人并不是信托法意义上的受益人，这些人不像私益信托中的受益人那样能取得对慈善信托之信托财产的类似物权性的财产权。其结果是，慈善信托当中受托人的职权在事实上更为广阔，受托人不受任何受益人的直接监督控制，慈善信托只受慈善委员会的控制以及由总检察官发起的诉讼的控制。

回到我国的情形。理论上，在《信托法》《慈善法》就公益信托没有具体规定而需要适用《信托法》其他部分之规定时，会有一些相互龃龉之处。因此，在强调慈善公益信托应适用信托法理的同时，也应注意慈善公益信托法理的特殊性。慈善法中，信义关系理论是其核心的理论。慈善信托属于信义关系自不待言。慈善组织当中也要适用信义关系法理。慈善组织在从事慈善行为、管理慈善财产的过程中，是受信义义务约束的。这种信义义务和信托法中的受托人的信义义务的相近之处要大于二者之间的区别之处。

第二章　慈善信托的设立机制

按照信托法原理，慈善信托的设立应当具备一般信托的成立要件。这些要件和英美法上的"三个确定性"（three certainties）原则的要求大致一致。但是，在慈善信托中，又存在着一些特殊之处。比如，私益信托中所要求的受益人确定性原则，在慈善信托中是不存在的，在慈善信托中恰恰不能有确定的受益人。另外，信托意图的确定性方面，本章所讨论的慈善信托的公益性问题，可以理解为信托意图确定性在慈善信托领域的具体化，这也是慈善信托成立的要件。关于信托财产的确定性原则，慈善信托也有同样的要求。除此之外，设立慈善信托，还需要在监管部门办理备案等手续。

第一节　慈善信托的概念与特征

一　慈善信托的概念

慈善信托，是以慈善公益为信托目的的信托。在慈善信托中，委托人把自己的财产转移给受托人或者加以处分，受托人管理和运用信托财产，遵循委托人确定的慈善目的，把信托财产用于该慈善公益目的。

慈善信托的目的是向大众或者大众中的某一部分人提供社会利益（social benefits）。在这一过程中，虽然某些特定的个人可能会从该信托中取得现实的财产利益，但是，慈善信托的真正目的并非是为了增加这些具体个人的财富，而是为了推进大众的福利，并以精神上、心理上或者生理上的方式加以呈现。例如，以救济贫困为目的的信托，旨在减少某些人因贫困所产生的匮乏和痛苦，这是符合社会利益的，某个特定的贫困个体（某甲）取得给付并非因为委托人欲增加甲本人的财富，而是因为委托人意欲促进救济贫困事业发展的理想，正是这一点关乎国家和社会的利益。这里，某甲并非是信托受益人，社会和国家才是真正的受益人，某甲本人仅仅是促进大众利益的媒介或工具。①

二 慈善信托的特征

慈善信托区分于私益信托的特征有以下几个方面：

（一）基本结构

在慈善信托中，作为利害关系人的受益人的缺位，使得原本存在于普通信托中的委托人、受托人和受益人的三角稳定框架处于失衡的状态，这恐怕是慈善信托和普通的私益信托相区别的最大的特点。如何确立新的支点，达到新的平衡，是慈善信托法所需要研究的重点。为此，慈善信托需要引入监察人机制、外部监管机制和社会监督机制。而私益信托的结构更多地取决于当事人的意思自由。

（二）信托目的

私益信托虽然需要存在明确而特定的信托目的（这是私益信托设立的三个确定性的要求之一，意图或信托目的的确定性，certainty of intention），但是，信托目的可以是任何不违法不违背公序良俗的私人目的，委托人的目的可以是自由的，只是在信托设立当时要求具备确定性。而慈善信托应以从事慈善和公益事业为目的，其慈善目的应符合法律规定的要求。当然，对于某些一般目的慈善信托，其慈善目的不一定是确定的或者明确的，即使是由概括性的、持续久远的目的构成，也是有效的。② 例如，在英国，慈善的目的不需要明确，只需要确定是为了慈善目的即可。③ 这相当于放松了在私益信托中的"目的确定性"的要求。④

在我国，无论是《信托法》还是《慈善法》中，对慈善目的和慈善行为都有清单式的列举，设立慈善信托似乎应从这些清单中选择一个或者多个。不过，当事人尝试设立综合多种慈善目的的信托甚至是一般慈善目的的信托，法律似乎也并不禁止。

---

① George T. Bogert, *Trusts*, 6th edition, West Publishing Co., 1987, pp.202-203.
② 周小明：《信托制度：法理与实务》，中国法制出版社2012年版，第352页。张军建：《信托法基础理论研究》，中国财政经济出版社2009年版，第239页。
③ Richard Edwards and Nigel Stockwell, *Trust and Equity*（影印本），法律出版社2003年版，第182页。
④ 过去在《信托法》上，公益慈善信托设立采许可主义，公益目的不明确或者涉及多个公益目的，无法确定公益事业管理机构，增加了申请设立的难度。

（三）设立条件和管理机构

设立私益信托，应当遵循"受益人原则（the beneficiary principle）"[①]，受益人应为特定或者可特定（《信托法》第 11 条）的主体。即使在信托设立的时候不存在受益人，将来也必然要出现，不能确定受益人的私益信托被认为是无效的，此一点和慈善信托大为不同。慈善信托既然为公共利益目的而设立，不存在特定化的受益人或受益人范围，恰恰是慈善公益信托具有"公益性"的体现。[②] 从慈善信托实施中实际获得利益的人，是慈善信托"公益性"的反射效果，这些人一般而言并不能强制执行慈善信托，并非真正意义上的受益人。这样，在慈善信托中就缺乏能强制执行信托的人。在英国法上，最初是由总检察官，现在是由慈善委员会（the Charities Commissioners）这种公设机构（public institution）来强制执行信托。我国《信托法》规定信托监察人为公益信托必设机构，《慈善法》则把公益信托监察人规定为任意设置机构，由信托监察人这种私设机构（private institution）担负起强制执行信托和监督信托实施的职责（《信托法》第 64 条、第 65 条）。[③]

另外，私益信托的设立，除了某些特殊类型的营业信托品种，如企业年金信托、信贷资产证券化信托之外，并不以获得有关主管机构的事前批准为条件。而对于慈善信托，我国《信托法》第 62 条明确要求其设立、确定受托人等行为应当经公益事业管理机构的批准。《慈善法》第 45 条虽然放松了对慈善信托设立的审批要求，变许可制为备案制，但是慈善信托更广泛的服从主管机关的监督和监管仍然是重要的。慈善信托不仅在设立阶

[①] J.E. Penner, *The Law of Trusts*, 4th edition, Oxford University Press, 2005. p.492.

[②] 值得关注的是，《信托法》和《慈善法》对"公益信托中不能有特定的受益人"这一原则都无明确的规定，仅有学者对此做学理的探讨。《慈善法》第 40 条第 1 款规定了"捐赠人与慈善组织约定捐赠财产的用途和受益人时，不得指定捐赠人的利害关系人作为受益人"，而第 58 条规定"慈善组织确定慈善受益人，应当坚持公开、公平、公正的原则，不得指定慈善组织管理人员的利害关系人作为受益人"，所规范的只是受托人指定受益人不得向其利害关系人进行利益输送，禁止委托人向和其利害关系的受益人进行利益输送，不是关于受益人是否特定的要求。

[③] 美国法上的一般观点是，公益慈善信托的成立并不要求直接受领人的不确定或者数量众多。一个或者数个人能成为可以确定的从信托中取得利益的人这样的一个事实并不会使公益信托的性质变为私益信托，只要（1）受领人是从不确定的群体中挑选出来的；而且，（2）该利益足以构成对社会公共利益的提升，社会可以被认为是信托的最终受益人。Rest. 3d § 28 cmt. A（1）.

段需要主管机关的审查，其运作也需要主管机关的持续监督。

（四）信托的变更和终止

一般的信托中，因情事变更而做出的信托变更，被限定在信托财产的管理方法的变更（《信托法》第 21 条）等方面，而在慈善信托，也允许"信托条款的变更"（《信托法》第 69 条）①。而且，在信托终止，信托财产有所剩余的时候，能够"以类似的目的使信托继续存在"（《信托法》第 72 条），这被称为"近似原则"。其观念基础是，尽量使慈善信托得以继续存在，这对社会整体而言是有益的。这样可以不考虑私益信托中通常要考虑的"反永续规则"。即，慈善公益信托在理论上可以永久存续②。

（五）反永续规则的适用

在英美信托法上的私益信托中，原则上要适用反永续规则。虽然我国《信托法》没有规定这一规则（美国的不少州基于吸引投资和税收政策的原因废除了该规则），但是，设置为私人利益而永久存在的信托，某种意义上可能违背公序良俗③。

在慈善信托中，原则上不适用反永续规则。一般认为，支持慈善目的比维持财产的可分割性、可转让性所带来的公共利益更为重要。当代美国的税法规则也不允许慈善信托和基金会随心所欲地积累收益，而是要求它们每年必须将资产是市值的一定比例花费出去。"我们所想象的有权将很大一部分国家财富独自吞下的基金会，将不会存在"。④ 该规则的主要目的是促进将慈善财产及时造福社会，用于慈善目的。

---

① 当然，这可能仅仅是形式上的区别。无论是公益信托还是私益信托，为了应对情势的变更，应能在符合一定条件下对信托的要素进行变更。
② Jill E. Martin, *Modern Equity*, 17th edition, London: Sweet & Maxwell Ltd, 2005, pp.402-403.
③ 财产法的基本原理是让财富流转，让"市场之手"把财富流转至能够充分利用之并产生最大效用的人手中。永续存在的信托安排限制了财富的流转，锁定了财富的归属，固化了社会的阶层，是违背公共政策的。反永续规则代表了对家族世代财富所抱有的强烈的反感，因为家族世代财富意味着对于土地的垄断和教堂的死者之手的控制。但是，这种反感逐渐在消失，家族世代财富不再与对土地的控制联系在一起，长期信托和慈善信托再也不被视为土地流通市场的敌人，对教堂死者之手控制的偏见也失势了，慈善机构和教堂成为法律的宠爱。［美］劳伦斯.M.弗里德曼：《遗嘱、信托与继承法的社会史》，沈朝晖译，法律出版社 2017 年版，第 243 页。
④ ［美］劳伦斯.M.弗里德曼：《遗嘱、信托与继承法的社会史》，沈朝晖译，法律出版社 2017 年版，第 180 页。

（六）税收地位

慈善公益信托与私益信托的一个极其重要的法律差别在于：两者的税收法律地位迥异。慈善信托因具有促进慈善和公益事业发展的功效，无论在其设立阶段还是运作阶段，都享有一定的税收扣减等优惠待遇（详见本书第六章）。在慈善信托的设立阶段，可以减免信托财产相关的赠与税和遗产税；在慈善信托的管理阶段，可以减免信托财产的所得税等。而在私益信托，通常没有上述的税收优惠措施，这也是国外尤其是英美国家公益信托发达的一个重要原因。我国《信托法》第 61 条规定："国家鼓励发展公益信托"，从这一立法精神看，建立慈善公益信托相关的税收优惠措施属应有之义。《慈善法》把备案作为给予慈善信托税收优惠的条件，反证如果经过备案的慈善信托，理应获得税收优待。但我国目前因尚未建立与信托相配套的税收制度，慈善信托的税收扣减措施不清晰，能否取得税收优惠只能取决于对法律的有意"曲解"，从事慈善事业缺乏有效的激励措施，慈善信托的设立还在依靠捐出者的道德感和社会责任感。

（七）受托人地位

根据《信托法》第 66 条，公益信托的受托人的辞任必须经公益事业管理机构批准。而私益信托的受托人辞任原则上并不需要批准。

慈善信托的受托人的人数没有限制，在比较法上可以根据受托人的多数决行事。[1] 而在私益信托中，除非信托文件中有授权，多个受托人必须一致行事。

除此之外，慈善信托和一般的私益信托适用大致一样的信托法理。

第二节　慈善（公益）目的

一　概述

慈善信托是以慈善和公益为目的的信托，公益慈善目的是设立慈善信托的实质要件。我国《信托法》没有给公益目的下抽象的定义，而是通过列举加兜底条款的方式规定了公益事业的类型：救济贫困，救助灾民，扶助残疾人，发展教育、科技、文化、艺术、体育事业，发展医疗卫生事业，发展环境保护事业，维护生态环境以及发展其他社会公益事业（《信托法》

---

[1] Restatement of Trust (second), § 383; s.74, s.75, The Charities Acts 1993.

第 60 条)。而《慈善法》又细化了扶老、救孤、恤病、优抚，救助自然灾害、事故灾难和公共卫生事件等突发事件造成的损害等条目(《慈善法》第 3 条)。《信托法》第 60 条和第 63 条强调公益信托的设立应具有"公益目的"。《慈善法》则强调以大致类似于信托法列举的公益目的所从事的行为为"慈善行为"(《慈善法》第 3 条)。

这里需要注意的是，虽然最后以"发展其他社会公益事业"作为兜底条款，但是我国法律列举的公益慈善事业类型并不丰富。判断是否构成公益慈善目的的背后是这样的一种政策衡量：某种信托目的是否值得享受法律的优待，特别是税收优待。我国的法律虽然确定了鼓励捐赠和从事慈善事业的基本原则，但是鉴于我国慈善事业管理机构在审查公益事业(信托)方面的苛刻立场以及司法机构在认定公益慈善目的方面的审慎，为了鼓励人们从事和参与公益事业，建议在法律修改中参照各国的成熟经验，尽可能丰富公益目的的清单。

二 慈善公益目的的判定

是否属于慈善公益目的，不是一成不变的，会因时间、地点和法律规定而发生变化。事实上，英美法上关于慈善信托的案例，很多是涉及公益目的的认定，该问题的复杂性可见一斑。[1]

根据慈善法颁行之前的信托法研究者的归纳，设立公益信托需要注意三个问题[2]：目的公益性，效果公益性和完全公益性。

(一)关于目的公益性

设立慈善公益信托应具有《信托法》《慈善法》所列举的公益目的。实际上，在全国人大常务委员会关于《中华人民共和国慈善法(草案)的说明》中就指出："慈善活动，主要指扶贫、济困、救灾方面的义行善举，这是我国慈善事业的重点"，这可能是符合我国的国情的。前文曾讨论过，鉴于司法和行政部门特别是行政部门的保守立场，法律的兜底条款不少都被机械地解释为"法无明文规定即不可为"，很多国外普遍接受的慈善目的，例如男女平等促进、社区意识的培养、宗教事业的促进等，由于在国内没有被明文写进法条，将来恐很难开展。随着《慈善法》的普及，还是应普

---

[1] 关于这个问题的专著，参阅 Jonathan Garton, *Public Benefit in Charity Law*, Oxford: Oxford University Press, 2013.

[2] 何宝玉：《信托法原理研究》，中国政法大学出版社 2004 年版，第 328 页以下；周小明：《信托制度：法理与实务》，中国政法大学出版社 2012 年版，第 352 页以下。

及更广泛意义的慈善和公益的观念，不能一提起慈善就只能想起传统的扶贫济困和救灾。

《慈善法》实施之后，从完成备案的慈善信托的慈善目的看，除了少数具有特定的、单一的目的之外，多数都列举了多项慈善目的。例如，"万向信托—乐淳家族慈善信托"的慈善目的被表述为"主要支持发展教育、科技、文化、艺术、体育、医疗卫生、环境及其他社会公益事业，扶贫、济困、扶老、救孤、恤病、助残、优抚、救助灾害事件及其他公益活动"，这几乎包括了《慈善法》上全部的公益目的；而安信信托的"蓝天至爱1号慈善信托"则把其慈善目的规定为"符合法律法规规定的慈善公益事业，实现委托人助力慈善事业发展的目的"，措辞极其概括。另外，有的慈善信托则出现了《慈善法》中没有明文规定的慈善目的。例如，中信信托和何享健基金会的顺德社区慈善信托的目的是将慈善财产"用于支持建设更具人文性和富有吸引力的顺德社区"，由于社区建设的内容可以包含了慈善法上所列举的多数慈善目的，所以并没有超出法律规定的慈善目的。综上似乎可以认为，目前，民政部门在认定慈善目的方面是比较灵活和宽松的。

未来，随着慈善公益事业的兴起，人们的公益慈善目的会变得更加多元化，在是否符合《慈善法》的慈善目的方面，可能会给监管部门提出挑战。

（二）关于效果公益性

这包括两重判断："有益性原则"和"公众性原则"。在英国《慈善组织公益性指南（Charities and Public Benefit: Summary Guidance for Charity Trustees, January 2008, as amended December 2011）》中[1]，慈善委员会提出了判定慈善事业或组织的公益性的上述两个维度或者两项基本原则，并进行了详细的阐述和解释。只有同时符合这两项原则，并且从事《2006年慈善法》规定的13类慈善事业的民间组织才会在经历法定程序后注册为慈善组织。[2] 在我国，判断一个信托是否是慈善信托也可以根据这两个标准进行判断。

第一，是否有公共利益（public interest）。有益性必须清晰、真切而具体。例如，防治癌症研究一般而言是有益于公共卫生的，但是，一个用

---

[1] http://www.charity-commission.gov.uk/Charity_requirements_guidance/Charity_essentials/Public_benefit/pbsummary.aspx.

[2] 参见徐彤武：《英国慈善法体系中公益性定义的演进发展》，《中国社会科学院报》2008年12月2日。

有害方法从事癌症研究的机构并不符合有益性的标准。另外,有益性并非都是可以度量的,如为遭受自然灾害的公众提供心理抚慰、保护风景名胜、特殊地貌等行动的实际价值都是无法衡量的。有益性必须与慈善组织的目的一致。每个慈善组织都有一个或者数个慈善目的或慈善事业。慈善目的必须且只能通过特定的公益性产品或服务予以体现。有益性必须是绝对的"正值",即,任何一项事业或者行动,它给公众带来的好处必须超越其自身可能造成的某些不利后果。

明显不能带来公共利益的目的不构成公益信托。在英国法上有两个至少在形式上截然不同的判决。第一个典型案例是 Re Hopkins（1965）①,在该案中,某人要把一笔款项捐献给弗朗西斯·培根学社,该学社的宗旨是证明一般被认为属于莎士比亚的作品事实上是由培根完成的。法院认定该信托具有教育的公益目的。第二个典型案例是 Re Shaw②,在该案中,著名的社会主义剧作家萧伯纳出资设立信托,意图创设一种新的语言,这样,萧氏的作品以及其中的观念就可以在各种语言的人当中流传。法院认为该信托涉及宣传（propaganda）,因此不具备公益目的。这两个案例至少说明,判断一个信托是否具备公共利益是非常困难的。

第二,受益人是否是不特定的社会公众（public）。最显性的判断是人数是否足够多和不确定。例如环保信托等很容易判断其公益目的。但是,仅仅是人数还不足以作为判断是否具有公益性的标准。再如,一个人设置公益信托资助公益信托法的研究,资助对象由一个独立的委员会遴选,其所设定的遴选条件是：全国高校中的少数民族法学博士获得者教员,曾经在英国留学一年以上,40岁以下,独立开设信托法课程等。最后哪怕符合条件的只有一位,如果不能证明该遴选过程为"萝卜遴选",即可认可其公益性。反之,就算拟设立的公益信托的受益人的人数足够多,但是如果设立信托的人和受益的人之间存在着某种联系（nexus）,也不能认为其构成公共利益。英国的典型案例是 Oppenheim v. Tobacco Securities Trust 案③,在该案中,一个公司欲设立一个公益信托为其所有雇员的子女提供学费,虽然该公司的雇员子女可能人数众多,但法官仍然认为,该信托不具备让社会公众获利的特征,不是公益信托。不过,英国法在济贫公益目的中缓和了受益人是不特定的社会公众的要求。但是,在我国法的背景下,能否

---

① [1964] 3 All ER 46.
② [1957] 1 WLR 579.
③ [1951] AC 297 HL（E）,[1950] UKHL 2,[1951] 1 All ER 31.

认定委托人设置的一个意欲为其故乡所在村范围内的所有贫困儿童（可能只有三两个人）提供资助的信托为公益信托，也是很值得探讨的。

英国慈善委员会认为，公众只能是具体的，不存在抽象的公众。在不同的语境中，"公众"可以分别指特定群体、社区居民、整个社会乃至全人类。哪些人能够构成法律所认可的公众，完全依赖于对具体组织机构慈善目的和服务对象的分析。公众既可按照地理分布范围被划分成社区居民、地方居民、全国公众和全人类，也可根据年龄、性别、经济指标、社会地位或者共同特点而划分成不同群体，还可依照时间顺序分为当代公众和未来公众。

到底是指对整个社会有利，还是对社会的一部分有利，这一要求和标准是不断变化的，对公众性的要求应视不同的信托目的而有所区别。比如对宗教慈善信托，要求必须针对全部公众；而对于教育，要求则相对宽松——针对某特定宗教、民族或父母职业的孩子的教育，也可以被认定为具有公共性。关于教育慈善信托存在一个特殊联系规则（nexus rule）：如果受益对象与特定的家族或雇主存在关联是不可接受的，因为慈善信托占用国家资源，一个家庭或公司的教育费用不应得到国家的补助。而对于救济贫困的慈善信托，则不要求针对公众，因为法律假定这种信托本身就具有公共利益[1]。

对"部分公众"的界定必须合情合理。慈善委员会强调：无论采用什么标准来界定一种公益事业受益者的范围，受益人数（或者潜在受益人数）必须要足够多，且这个事业必须是开放的，具备公众性的。有时受益者的绝对人数可能非常少，但对于"公众性"的要求来说已经足够多了，例如，某个慈善组织的目的是救治患有一种非常罕见的遗传疾病的人，该事业本身就已经体现了公众性原则。因为虽然患这种病的人数极少，但公众中现在和今后确诊的这种疾病的患者都将获得该组织的帮助。从这个意义上说，实际上整个社会都在受益。

英国慈善委员会强调，在具体进行评判的时候，应全面考察一个组织所宣称的慈善目的和实际情况。任何私人获益都应该发生在慈善组织开展公益性活动之后，而且数量应该合理。

本书第一章曾经探讨过，慈善法所调整的主要是剥离了捐出者和受益人之间个人联系的慈善行为，即，有中介的（慈善组织和慈善信托）的、

---

[1] 何宝玉：《英国信托法原理与判例》，法律出版社2001年版，第314页。何宝玉：《信托法原理与判例》，中国法制出版社2013年版，第311页。

正式的慈善行为。笔者以为,某种意义上,只要确保委托人和受益人之间(也包括受托人和受益人之间)不存在利害关系的纽带,不管受益人的人数多寡,公益目的即应被认定①。

（三）关于完全公益性

一个信托不会因为其通过运营取得收入而丧失公益属性。在判断一个组织是否是非营利性组织的时候,不是看该组织是否赚取利润和取得收入,而是看该组织是否把收入和营利用于对其成员和捐出者的分配。具体到慈善信托中,根据《信托法》第63条规定,"公益信托的信托财产及其收益,不得用于非公益目的",即便该公益信托通过运营（投资）取得了增值,只要该信托的信托财产全部用于信托文件所规定的公益目的,该信托即不丧失公益性。关于慈善信托完全公益性的要求,请参见本章第三节的详细讨论。

可以看出,判断一个设立中的公益信托是否具有公益性是一个非常复杂的问题。在英美的信托法著作中通常也会长篇累牍地通过案例分析说明如何判断公益目的。我国慈善法规定设立慈善信托只需要备案,虽然体现管制的放松令人鼓舞,但是并不能理解为是监管者放弃了审查和判断的职责。这在慈善目的仅仅是扶贫济困救灾等方面是没有问题的,在我国慈善法把慈善信托的受托人限定在慈善组织和信托公司等的背景下似乎也没有大的问题,但是将来必定会有考验监管层的判断能力的事例出现。

（四）公益性事业清单的发展

1.在英国,由判例而非法令创设出一个清单。在最早的著名判例 Income Tax Commissioners v Pemsel② 中 Lord Macnaghten 中列举出了三个慈善目的的名目：解除贫困、发展教育、发展宗教。后来又增加一类"其他对社会（社区）有利的目的（other purposes beneficial to the community）"作为兜底性规定。随着慈善的内涵不断变化,慈善委员会（Charity Commissioners）对慈善概念的发展起到了重要的作用。他们在认定并登记慈善申请的过程中倾向于采取比较灵活的立场。他们首先判断新的目的是否可以和已经被法院或者本委员会认可的目的类似,然后去判断该目的是否真的会使一般社会公众或者足够大部分的公众受益。该委员会

---

① 在英国,对于某些慈善目的,例如济贫,英国法院甚至支持为了贫困亲属的利益而设置的慈善信托具有公益性。参阅 Alastair Hudson, *Equity and Trusts*, 5th edition, London: Routledge-Kavendish, 2007, p.1031.

② [1891] A.C. 531。

还会对现存的公益目的做出符合现代社会背景的解释。①

有观点主张采特别的（*ad hoc* approach）方式，即由法官或慈善主管机构针对个案决定是否是为了公共利益。不过，政府白皮书之改革建议抛弃个案判断的方法，尝试通过一个更加现代化的慈善目的清单来解决这一问题。

《英国2006年慈善法》（2011年又做了局部的调整）对慈善目的进行了新的描述：该法第一部分第2条的第2款规定，只有为公众利益服务（for public benefit）而且具备慈善目的的事业（charitable purposes）才能被认定为民间公益性事业。这个条款具体列出了以下13类慈善目的事业：（1）扶贫与防止贫困发生的事业；（2）发展教育的事业；（3）促进宗教的事业；（4）促进健康和拯救生命的事业；（5）推进公民意识和社区发展的事业；（6）促进艺术、文化、历史遗产保护和科学的事业；（7）发展业余体育运动（amateur sport）的事业；（8）促进人权、解决冲突、提倡和解以及促进不同宗教与种族之间和谐、平等与多样性的事业；（9）保护与改善环境的事业；（10）扶持需要帮助的青年人、老年人、病人、残疾人、穷人或者其他弱势群体的事业；（11）促进动物福利的事业；（12）有助于提高皇家武装部队、警察、救火救援和急救效率的事业；（13）其他符合本法律相关条款规定的事业。

2. 在日本，其公益信托法规定的公益目的包括：祭祀、宗教、慈善、学术、艺术以及其他的公益目的。另外，日本《公益社团法人及公益财团法人认定法》②规定的公益事业如下：（1）以振兴学术以及科学技术为目的的事业；（2）以振兴文化与艺术为目的的事业；（3）以对残疾人或者生活困苦者，或者事故、灾害、犯罪行为的受害者施加援助为目的的事业；（4）以增进高龄者的福祉为目的的事业；（5）以对有就业愿望的人提供援助为目的的事业；（6）以提高公众卫生水平为目的的事业；（7）以儿童或者青少年的健康成长为目的的事业；（8）以提高劳动者的福祉为目的的事业；（9）通过教育、体育运动等，达到促进国民身心健全的发展、培养丰富的人性为目的的事业；（10）以防止犯罪和维持治安为目的的事业；（11）以防止事故和灾害为目的的事业；（12）以防止和杜绝因人种、性别等原因而导致不当之差别对待为目的的事业；（13）以尊重和拥护思想及良心自由、宗教自由

---

① Jill E. Martin, *Modern Equity*, 17th edition, Sweet & Maxwell Ltd, 2005, p.405.
② 『公益社団法人及び公益財団法人の認定等に関する法律』（平成十八年六月二日法律第四十九号，最終改正：平成二〇年五月二日法律第二八号）（別表）。

以及表达自由为目的的事业;(14)以推进男女共同参与之社会以及其他更良好社会的形成为目的的事业;(15)以促进国际相互理解以及对发展中国家的海外经济援助为目的的事业;(16)以地球环境的保护以及自然环境的保护及整理为目的的事业;(17)以国土的利用、整备以及保全为目的的事业;(18)以确保国政的健全运营为目的的事业;(19)以社区健全发展为目的的事业;(20)以确保和促进公正且自由的经济活动机会及其活性化,使国民生活安定向上为目的的事业;(21)以确保国民胜过不可欠缺的物质和能源等的稳定的供给为目的的事业;(22)以保护和增进一般消费者的利益为目的的事业;(23)以上各项所规定之外,政令所规定的和公益相关的事业。

为了促进公益事业的发展,促进有活力的有机社会之形成和完善,我国的公益事业立法和操作细则中应参照比较法上成熟的公益目的清单,发展和充实公益目的的内涵,为制度利用者提供更大的空间。

第三节 "完全公益性"的问题

一 "完全公益性"的规范基础和现状

《信托法》第 63 条规定:"公益信托的信托财产及其收益,不得用于非公益目的"。此外,第 59 条、第 60 条和第 64 条的措辞都强调完全的公益信托。之后,中国银监会发布的《关于鼓励信托公司开展公益信托业务支持灾后重建工作的通知》第 6 条规定:信托公司管理的公益信托财产及其收益,应当(一)全部用于公益事业;(二)不得用于非公益目的;(三)不得为自己或他人牟取私利;(四)只能投资于流动性好、变现能力强的国债、政策性金融债及中国银监会允许投资的其他低风险金融产品。在《慈善法》第 105 条也规定:慈善信托的受托人不得"将信托财产及其收益用于非慈善目的的"。《北京市慈善信托管理办法》的第 13 条第二项规定"慈善信托财产及其收益,必须全部用于慈善目的"。这些全部都是关于所谓的"完全公益性"原则的规定。

但是在实务当中,信托财产中的部分分别用之于公益和非公益目的并非罕见。在《慈善法》颁行之前的公益信托实践中,可以看出多数项目的委托人均能取回本金甚至还能取得一定的收益,剩余的部分才用于特定的公益用途,被业界称为"准公益信托"。值得注意的是 2008 年汶川地震后成立的"西安信托5·12抗震救灾公益信托计划",该信托计划严格按照《信托法》《公益事业捐赠法》等相关法律和文件精神,取得公益信托管理机构陕西省民政厅的批准,并向陕西银监局备案,并由西安希格玛有限责任会计师事务所担任监察人,上海锦天城律师事务所担任法律顾问,上海东方爱心基金会担任执行顾问。该信托计划从成立伊始,就完全不谋求获利,每个环节都追求透明与无赢利,是我国第一个完全符合《信托法》要求的规范的、真正的公益信托。

要判断一个信托计划是否属于慈善信托,除了关于信托目的和设立程序符合要求之外,还应考虑下列因素对"公益性"的影响:

第一,委托人(捐献者)是否取回本金?是否向捐献者(委托人)支付投资回报?这是关键标准。如果委托人能从信托财产中取得本金或者取得投资回报,那么该信托就违背了"完全公益性"原则,就不属于慈善信托。

第二,慈善信托财产的运作是否可以营利?[①] 慈善信托引入商业机制,允许慈善财产进行合理的运用取得收益,只要确保信托财产不向委托人及其利益关系人输送。原则上,运营信托财产取得收益是各国慈善信托普遍的做法。

第三,受托人是否能取得报酬?能否从信托财产中取回管理成本?从激励各方主体从事慈善事业,特别是从信托公司这种营利法人从事慈善事业的角度看,受托人取得合理的信托报酬是合理的,取回管理成本也是信托法中的应有之义。

(二)慈善信托受托人和慈善信托的公益性

1.慈善信托受托人的信托报酬问题

出于鼓励公益慈善事业的目的,不能仅仅靠受托人承担社会责任或者源自企业的道德感,而需要从制度上建立长效的、规范的机制。中国银监会《关于鼓励信托公司开展公益信托业务支持灾后重建工作的通知》中规定:"受托人管理费和信托监察人报酬,每年度合计不得高于公益信托财产总额的千分之八",明文承认了信托公司作为受托人有权收取信托报酬。另外,香港在信托法改革的文件中明确,专业受托人在为慈善或者非慈善信

[①] 一个信托不会因为取得收益就不被认可为慈善信托,只要所取得的利益用于公益事业的运作而不是支付给委托人或者分配给受托人的股东。George T. Bogert, *Trusts*, 6th edition, Minnesota: West Publishing Co., 1987, p.205.

托提供服务的时候可收取酬金。① 要求专业的受托人无偿提供服务是不可持续的，最终也将损及受托人的管理能力和管理热情，导致适格的慈善信托受托人数目减少，不利于慈善事业的发展。信托公司自然可以放弃收取信托报酬，但是收取合理的信托报酬并不妨碍慈善信托的性质，反而是公益信托可持续、规范化发展的保障。

2. 慈善事业受托人的管理费用

即便是捐助型慈善信托，受托人也会承担一定的管理成本，更不用说运营型（operational）的慈善信托。有些慈善信托的事务管理内容是长期的、复杂的和专业性的，需要大量的人力和财力的投入。当然，和取得报酬相比，受托人的管理成本和费用请求权更具有法律上的正当性②。

3. 扩大慈善信托受托人的范围

为了促进慈善信托事业的发展，应扩大受托人的范围，不能仅仅由信托公司作为慈善信托的受托人。信托公司为商业公司，具有营利冲动，虽然现代法强调商业公司的社会责任，商业性的信托公司在提升慈善事业的效率方面具有独特的优势，但是无法要求把信托公司自己做慈善制度化、常规化，这样违背信托公司作为商事公司的本质。《慈善法》明确规定慈善信托受托人为信托公司和慈善组织，但是却没有规定其他组织甚至自然人能否从事慈善信托受托工作，和《信托法》相比这实际上限制了慈善受托人的范围，不利于慈善事业的发展。

整体上看，受托人是否取得报酬和管理费用对一个慈善信托的性质不会造成影响。

（三）部分慈善信托

从慈善信托的规范化管理的角度看，坚持纯粹的慈善信托之定位似乎有一定道理，但是从鼓励慈善信托发展、为鼓励更多委托人参与公益提供激励的立场看，应当允许把部分本金或者部分收益用于公益慈善事业的信托作为慈善信托存在。我国的信托法律法规没有涉及在一个大的信托中可分割的慈善信托问题③，但是学理上并不排除慈善信托实施过程中受托人将信托财产用于附属产生的非慈善目的，或者将可分的部分慈善信托财产

---

① 香港财经事务及库务局：《信托法改革具体立法建议：咨询文件》，2012 年 3 月。
② 在此可以类比无因管理制度：无因管理上的管理人原则上没有取得报酬的权利，但是有权请求受益人偿还其因管理事务而支出的必要费用。无因管理人原则上不能取得报酬的原因在于，法律力图避免把一般的人情关系和道德行为转化为一个交易行为。
③ Lusina Ho, *Trust Law in China*, Hong Kong: Sweet & Maxwell Asia, 2003, p.89.

用于非慈善目的①。比较法上（美国法）存在分割利益信托（split interest trust，如"公益先行信托"②和"剩余公益信托"，详见下文），我国《慈善法》实施之前存在的绝大多数的慈善信托实际上也仅能被称为"准慈善信托"。对这种复合型的信托类型的存在，应该容忍，只是在管理上（特别是成立及税收待遇上）需要更复杂的规范而已③。

在实务中，可以通过母子信托或者双层信托的方式达到利益分割信托大致相同的目的。

个案分析："幸福传承慈善信托"的双重信托结构

2017年9月，该信托获得杭州市民政局下发的慈善信托备案通知书。该慈善基金设立双层信托，由设立人（自然人）首期出资200万元设立信托基金，并以信托受益权设立慈善信托，用于促进和弘扬家族传承文化发展。即，基金由两层信托构成，第一层信托主要目的是保值增值，将其收益全部置入第二层信托；第二层信托为慈善信托，其资金来源由第一层信托解决，第二层信托的管理方不需要为投资和资金来源操心。除首期资金200万元外，设立人还将部分遗产和保险金受益权置入该信托基金。

据介绍，该基金是开放式的，还可以接受多种形式的捐赠，包括私人生前捐赠、遗产捐赠或保险金捐赠。任何认同该慈善目的的人可申请加入，捐赠形式不限于现金，还可以通过在中华遗嘱库订立遗嘱，或将保单受益人指定为该慈善基金的形式进行捐赠。如委托人发生重大疾病或人身意外导致经济困难，还可以申请从第一层基金中退出。④

但是从杭州市民政局网站发布的公告来看，只看出该信托的委托人是自然人陈先生，信托财产、信托监察人和信托存续期限等要素都语焉不详。

---

① 周小明：《信托制度：法理与实务》，中国法制出版社2012年版，第355页。何宝玉：《信托法原理研究》，中国政法大学出版社2004年版，第333页。

② 我国《慈善法》实施之前存在的"收益捐赠型"的信托就类似慈善先行信托。2019年6月19日，"孟想非凡·慈善先行信托"在京成立，这被媒体称为国内首单"慈善先行信托"。"中信信托试水国内首单'慈善先行信托'《非诚勿扰》孟非成'第一个吃螃蟹的人'"，《21世纪经济报道》2019年06月19日。

③ 而且，从理论上，公益信托属于目的信托，而广义的目的信托中还包括不具有公益目的的狭义的目的信托（日本信托法承认了这种信托类型）。对于私益和公益之间的某些信托目的的容忍，是现代法上的一个发展趋势。

④ 杨京瑞：《"幸福传承慈善信托"设立》，《法制晚报》，2017年9月1日。

简析：

1. 结构问题：双层慈善信托抑或利益分割信托？

按照媒体提供的信息，这个信托在形式上似乎和比尔·盖茨夫妇的双重信托结构类似，但是在本质上有所不同。根据比尔·盖茨基金会2015—2016年度财务报告，比尔·盖茨和梅琳达的基金会采取了双层信托的安排。第一层信托（Bill & Melinda Gates Foundation Trust）根据信托文件有义务向基金会（Bill & Melinda Gates Foundation），即第二层信托拨款，哪怕要把信托的全部款项都拨付给基金会。整体看来，双重信托全部是慈善信托。①

而本件中第一层信托中"如委托人发生重大疾病或人身意外导致经济困难，还可以申请从第一层基金中退出"，这意味着第一层信托无法坚持"完全公益性"的要求，属于私益信托。整个结构是私益信托+慈善信托的结构。这种结构体现了商业机制和慈善事业通过信托相结合的灵活性，只是在第二层结构中遵守了"完全公益性"的原则。

这里存在一个理论问题：第二层信托的委托人是谁？

可能的答案有三个：（1）第一层信托本身；（2）第一层信托的受益人。（3）第一层信托的受托人成为第二层信托的委托人兼受托人。

如果坚持比较传统的信托法原理——认为信托本身没有法人或者实体资格（例如合伙企业）的话，第一层信托是不能成为第二层信托的委托人的，即，选项一是不成立的。我国信托实务中对这个问题很少涉及，不过在资产管理实践中，不少监管文件中已经把信托产品看作是合格投资者甚至是机构投资者。②如果采取实用主义的立场，让

---

① https://www.gatesfoundation.org/Who-We-Are/General-Information/Financials，2018年6月8日。
② 《证券期货投资者适当性管理办法》（中国证券监督管理委员会令第130号）第八条：符合下列条件之一的是专业投资者：（一）经有关金融监管部门批准设立的金融机构，包括证券公司、期货公司、基金管理公司及其子公司、商业银行、保险公司、信托公司、财务公司等；经行业协会备案或者登记的证券公司子公司、期货公司子公司、私募基金管理人。（二）上述机构面向投资者发行的理财产品，包括但不限于证券公司资产管理产品、基金管理公司及其子公司产品、期货公司资产管理产品、银行理财产品、保险产品、信托产品、经行业协会备案的私募基金。（三）社会保障基金、企业年金等养老基金、慈善基金等社会公益基金，合格境外机构投资者（QFII）、人民币合格境外机构投资者（RQFII）。而在实务中，非上市公司的股权登记，工商机关通常以计划管理人的名义登记；上市公司的股权，基金专户或信托产品本身作为独立存在的证券账户，中证登早已经赋予其上市公司股东的名义。

信托本身成为第二层信托的委托人也是可以接受的。

但是，从民政部门成立公告所提供的信息可以看出①，第二层信托的委托人是作为自然人的陈先生。由于从现有公开的文件无法了解第一层信托的结构，陈先生是不是第一层信托的受益人（唯一受益人）是不清楚的。只有在陈先生是第一层信托的受益人的场合，他将第一层信托的受益权作为信托财产设立第二层信托才是可行的。

第三种选项中，作为管理和处分第一层信托之信托财产的方法之一，受托人可以拿第一层信托的信托财产所生之收益部分作为委托人设置第二层信托，在第二层信托和第一层信托是同一受托人的场合，构成宣言慈善信托。目前这种解说要取得学界和实务界的认可难度比较大。

2. 慈善信托信托财产的确定性问题

和私益信托一样，慈善信托设立也要满足"信托财产确定性"的要求。

在第二层信托设立当时，委托人是以其在第一层信托的受益权作为信托财产设立的信托。一般认为：由于第一层信托（基金）的财产是由首期资金200万元，设立人部分遗产和保险金受益权、其他开放式的捐赠构成，很难说在设立信托的时候委托人向受托人转让了如物权一般确定的财产权利；相应地，以第一层信托的受益权作为信托财产设立的第二层信托，其信托财产的确定性似乎也是值得质疑的。

不过，"信托财产的确定性"的含义需要进一步的解释。信托设立信托被理解为一种处分行为，因此，被处分的财产权必须有清晰的边界，借以明确利益相关方——委托人、受托人、受益人和第三人的行为边界。

但是，任何处分行为都不可能会涉及完全清晰如动产和不动产的权利边界。一个类比应能说明这个问题。物权法中对物权设定中财产确定性的严格要求到浮动担保等当中已经有所缓解。在信托法中，只要信托财产的边界在一定的时间内是可以确定的即可，并不要求设立时转移确定数额的财产给受托人。

而且，在慈善信托当中，核心的关切是财产进入信托之后只能全部用于慈善目的，不能返还委托人，不会被其他人（特别是受托人）

---

① http://www.hzmz.gov.cn/ww/cms_atricle_view.jsp?siteId=SR02&cateCode=0101&pk_id=CMS170904003，2017年10月。

侵占，而且只有不可逆进入慈善信托的财产才能享有税收优惠。对财产进入信托的节奏和数额，并不宜做强制性的要求。

3. 慈善信托中信托公司的功能

很多情况下，信托公司作为慈善信托的受托人，主要承担信托财产投资运作等职能，并没有具体实施慈善事业，能否算得上是慈善信托？信托公司在管理信托财产的过程中取得的收益或者增值是否应缴纳增值税？这和基金会拿慈善财产买信托公司的理财产品（设立信托）又有什么区别呢？这些都是值得探讨的问题。

可以区分以下三种情况进行分析。

第一，信托公司作为慈善信托的受托人，虽然看似没有实施慈善事业，但是至少负有遴选受领人（受益人）及分配信托财产的职责，因此不能算是没有从事慈善事务。

第二，受托人有时通过选任事务执行人（不少人会认为是属于受益人）的方式来实施慈善事业，此时受托人就事务执行人的行为承担责任（《信托法》第 30 条）。

第三，在双受托人的框架下，信托公司作为承担投资管理职责的受托人，基金会等慈善组织作为履行慈善实施职责的受托人，二者虽然可以约定分工，但是对外承担连带责任。所以，有时信托公司作为受托人似乎没有具体承担实施慈善的功能，他仍然需要对慈善事业的实施承担责任。

在上述三种情形下，信托公司作为受托人的信托仍然可能是真正的慈善信托，委托人能够享受到税收扣减（类似慈善捐赠）的待遇。在这些场合，受托人管理的信托财产所取得的投资收益，在代缴增值税之后，因其全部用于慈善事业之故，似乎不需要缴纳所得税。

在慈善基金会等购买信托公司的信托产品（准确地说是基金会作为管理其名下善款的方式以善款设置信托），信托公司是否代缴增值税应和普通的信托当中并无二致。因此，此时的信托虽然和慈善有关（基金会作为理财自益信托的委托人＝受益人仍然把信托利益全部用于慈善目的），但是仅是一个私益信托，慈善基金会在设立信托时并没有把这一部分信托财产做出表（off balance）处理，在信托结束之后取得增值后的善款，作为基金会的表内资金继续使用。此时的信托公司作为受托人并不对慈善事业的实施负责。

这和慈善基金会和社会组织作为委托人设置慈善信托是不同的。据统计，2018 年上半年备案的 19 单慈善信托中有 8 单是由社会组织

（慈善组织及社会团体）作为委托人设立的。① 此类慈善信托的委托人设立信托之后，信托财产即"出表"，由受托人按照信托文件的约定对信托财产进行投资管理，其间把信托财产用于具体的慈善目的。② 慈善组织等作为慈善信托的委托人似无不妥。

二 慈善信托和私益信托的结合与连续

严格遵照信托法和慈善法的规定，我国很难建立公益慈善和私益信托连续的复杂安排。英美法系原本也不允许有混合目的的信托存在，这在实践中带来了很多难以解决的问题。而且，对于监管部门而言，纯公益目的的信托更便于管理，但是，将公益性质和非公益性质结合起来的信托在实践中发挥的作用会更大。③

当事人在设立私益信托的时候就事先决定，在一定的条件成就之时（例如在当初的受益人死亡的时候）信托的目的变更为特定的公益目的，在向公益信托转换的时候受托人向主管部门申请许可其作为公益信托继续存在。这样，可以把私益信托和公益信托看作是同一个信托连续存在。万一不能取得主管部门许可的时候，若事前在信托行为中提前确定亦可。把两个信托作为一个信托看待，在前一个信托终止之后不需要进行清算，在这一点上至少还是有其优点的。

与此相对的，若私益信托和公益信托没有作为同一信托而存在的必要之时，在私益信托终止之时，受托人有义务进行以设立慈善信托为目的的信托行为，把私益信托的信托财产向取得主管部门审查（许可或备案）而设立的慈善信托进行转移就可以了。此时会存在私益信托的受托人设立慈善信托能否构成信托宣言的问题。

（一）剩余公益信托

在美国，承认作为公益信托和私益信托承继形态的所谓"剩余公益信托"（Charitable Remainder Trust）。这种信托首先是私益信托先行，作为

---

① 张明敏、张龙蛟：《今年上半年我国新设立慈善信托19单》，《公益时报》2018年8月14日。
② 极端一点，委托人此时甚至还可以以项目管理人的身份将信托财产用于慈善事业，不过这是作为表外资产进行运用。此时委托人在财务上不能再把信托财产计算为其接受的捐赠收入。不过，在实务上应尽量避免这样的安排。
③ 也有在混合信托（mixed trust）的项下探讨这一问题的。参阅 George T. Bogert, *Trusts*, 6th edition, p.240.

受益人的个人死亡之后或者经过一定的期间之后，把剩余的财产作为为了预定的公益目的的信托而继续存在。在信托的一般理论上，毫无疑问会承认这种类型的信托，不过问题是在税法上该如何对待这种信托类型。基本的考虑方法是，在当初设立私益信托的时候，由于也设立将来的公益信托，所以在当初设立的时候，可以把将来为公益信托而支出的部分从委托人的所得中扣除。详细的条件在税法中有规定。而这些满足一定条件就能得到税收的优惠待遇的信托类型被称为"剩余公益信托"。其中包括两种类型：

第一，在被称为 Charitable Remainder Unitrust（CRUT）中，信托设立在其生存期间或者是一定期间，把信托财产的一定比例（比如 5%）作为受益受领（委托人就成了收益受益人），其受益人死后或者经过一定的期间，把剩余的财产用于事前决定的公益目的（例如，支持某大学的教育事业），而使这一信托继续存在。

第二，在被称为 Charitable Remainder Annuity Trust（CRAT）的信托中，信托的设立人在其生存期间或者一定期间内接受固定数额的给付（例如，每年 5 万美元）。之后就和 CRUT 相同了。

（二）公益先行信托

设立人先设立公益信托，在一定期间（比如 10 年间）把信托财产中的一定比例（比如 8%）或者一定数额以公益目的支付给特定的受益人（比如大学等），在公益信托存在期间终了之后由委托人或者委托人指定的个人受领剩余的财产，这在美国被称为"公益先行信托"（Charitable Lead Trust）。这种类型的信托在美国因能受到税收优惠待遇，所以经常被利用。

在日本的信托法上，在信托终止的时候如果能确定作为归属权利人的私人，也能确定公益信托终止之时作为财产处分对象的私人的话，实现"公益先行信托"在信托法理上是没有什么障碍的。但是，在日本主管官厅的许可实务上，是不许可有这种信托条款的公益信托的。

（三）家族信托场景中的慈善信托

本质上，只要用于慈善事业的信托财产和用于其他目的的信托财产之间能确立明确的边界，除了上述利益分割信托之外，还可以在一个大的信托框架之内，以母子信托的方式设立慈善信托。例如，慈善家为了家族事业的传承设立家族信托，在家族信托中，又设置边界清晰的特别目的信托——针对某些家族成员的私益信托和用于慈善目的的慈善信托。这些信托共用一个大的信托框架、治理结构，只要慈善信托的边界足够清晰，法律就没有理由否认其存在的价值。

从推进慈善事业的发展、实现公益慈善目的的视角看，可以容忍慈善信托财产的一部分用于私人的利益。因此，如何修改《信托法》第63条的规定是我们面临的一个重要的问题。另外，委托人和受托人在采用这种复合型的准慈善信托结构之后，在税收问题上如何处理也是一个问题。

第四节　慈善信托的形式

《信托法》和《慈善法》上的慈善信托主要是指意定的慈善信托[①]。理论意义上的意定慈善信托的成立方式有三种，第一种是合同慈善信托，第二种是遗嘱慈善信托，第三种是宣言慈善信托。我国法上探讨比较多的是以合同的方式设立的慈善信托。至于如何以遗嘱的方式和宣言的方式设立慈善信托，甚至是否允许以这两种方式设立慈善信托，都有进一步讨论之必要。

另外，本节还讨论非意定慈善信托的特殊性。

一　合同慈善信托

以合同的方式设立慈善信托最为常见，也是本书讨论的主要内容。

合同中合意的形成方式多种多样，单一或者少数委托人和受托人签订信托合同的方式可以设立慈善信托，而类似购买信托单位的方式加入到慈善信托计划当中（募集型慈善信托）似乎也应属于合同型的慈善信托。"购买慈善信托单位"这种表述，是参照商事信托的术语，过分强调商事信托和慈善信托的区分的论者可能对此会提出批评。但是实际上，从形式上看，商事信托的投资者通过购买投资信托的信托单位可以成为信托的委托人，没有理由可以反对有意从事慈善的人通过购买慈善信托的份额或者单位的方式加入一个受托人"募集"设立的慈善信托。作为类比，既然商事信托中委托人的意愿有机会得到体现，如此设立的慈善信托的委托人之意愿也有机会得到体现。

《慈善信托管理办法》第38条规定，根据信托文件约定或者经原委托

[①] 意定信托是指以委托人的意愿为信托目的的信托，是委托人积极主动通过法律行为设立的信托。相对应的是非意定信托，是指根据法律的规定或者司法的救济而按照信托法律关系对待的信托。目前的研究主要集中在对意定信托的研究，对非意定信托的研究仍很有限。

人同意，可以增加新的委托人，可以增加信托财产。这相当于承认了开放式的慈善信托。在这种慈善信托中，除非原信托文件中另有约定，新加入的委托人基本上没有机会重新修改信托合同，而是在原有信托合同中存在引入新的委托人和新的信托财产的机制。有人或许会批评这是把商事信托的法理引入慈善信托当中，笔者反而以为，在慈善事业中引入商事信托的筹款机制，只要确保善款用于慈善目的，可能正是体现了信托机制的灵活和高效，并无不当之处。

二　遗嘱慈善信托

从现有的法律规定来看，是允许以遗嘱的方式设立慈善信托的。《信托法》第8条规定，设立信托可以采取包括信托合同、遗嘱或者法律、行政法规规定的其他书面文件等形式。《慈善法》没有关于遗嘱慈善信托的直接规定。《民政部中国银行业监督管理委员会关于做好慈善信托备案有关工作的通知》第2条、《慈善信托管理办法》第13条、第14条和《北京市慈善信托管理办法》第8条涉及了遗嘱信托，但是主要是以合同信托为中心，对于设立遗嘱慈善信托的特殊问题并没有详细的规定。

以遗嘱方式设立的信托为遗嘱信托。在以合同方式设立信托的时候，受托人之所以负有受托义务，是因为委托人和受托人之间存在合意。但是通过遗嘱的方式设立信托，并不一定存在这样的合意。多数情况下，委托人在立遗嘱之前请求对方成为自己的受托人，若对方承诺则成为受托人。不过，有时也会有人在不知情的情况下被指定为受托人，而委托人原本所选定的人并没有承诺的义务。从法律性质上看，遗嘱是单方死因行为，即遗嘱的成立和生效并不取决于相对人的承诺。我国《继承法》虽然没有规定遗嘱生效的时间，但是一般认为，遗嘱在立遗嘱人死亡的时候生效。相应地，遗嘱信托的生效也不应取决于受托人是否承诺，遗嘱信托生效的时间应当是立遗嘱人死亡的时间。

但是，我国信托法上的关于遗嘱信托生效的相关规定违背了遗嘱的这一属性。我国关于遗嘱信托生效时间的规定是《信托法》第8条，根据该条，采取信托合同以外的其他书面形式设立信托的，"受托人承诺信托时，信托成立"，这一条的反面解释是，在以遗嘱这种"信托合同以外的其他书面形式"设立信托的时候，若没有得到受托人的承诺则信托不能成立。这样做似乎混淆了契约行为和单方行为，也和英美信托法上的"衡平法不允许信托因缺乏受托人而无效（Equity will not allow a trust to fail for want of a trustee)"的原则不符①。

笔者认为,《信托法》第 8 条违背基本民法法理,虽然不能以"恶法非法"为由通过学理解释私下废除之,但是,至少应结合信托法的其他条文对第 8 条进行整体解释,得出更合理的结论。《信托法》第 13 条在第 2 款同时规定,在遗嘱指定的人拒绝或者无能力担任受托人的,根据遗嘱的规定或者由受益人等另行选任受托人,这恰恰证明遗嘱信托不会因为受托人的拒绝、不能胜任等事由而无效。②

实际上,委托人通过遗嘱设置慈善信托的时候,可以持续保持和信托公司、慈善组织等受托人的沟通,也可以和自己的律师团队、财务团队、遗嘱执行人或家族办公室沟通而不和任何受托人沟通,待委托人死亡后生效并交由受托人执行即可。指定受托的信托公司当然可以拒绝,只是其拒绝并不导致遗嘱信托无效,只需要按照《信托法》第 13 条的要求,选任新的受托人即可。委托人若想确保遗嘱信托的可操作性,最好提前和目标受托人沟通,或者至少在信托文件(遗嘱)中指定可能的备选受托人。

日本信托法上有更详尽的合理的规定,《日本信托法》规定遗嘱信托在"该遗嘱发生效力时生效"(《日本信托法》第 4 条 2 项),即使被指定的人没有表示接受的意思,或者拒绝接受,或者遗嘱中根本没有指定受托人这些情形,此时受托人没有确定,但信托已经成立;受托人接受信托的,应溯及被继承人死亡时,也即遗嘱生效之时生效③,否则,原本用作设立信托的财产会根据一般的继承规则归属于继承人。为了避免这种情况的发生,原则上应把遗嘱信托的成立时间确定在遗嘱生效的时间。如此一来,信托在委托人(立遗嘱人)死亡之时生效,遗产转化为信托财产、受信托关系之约束,而避免按照法定继承的规则处理,体现了对委托人意愿最大程度之尊重。

《民政部　中国银行业监督管理委员会关于做好慈善信托备案有关工作的通知》规定:慈善信托受托人按照《慈善法》规定向民政部门提出备案

---

① 比如按照美国法,只要存在有效的财产转移,即使受托人对此并不知情,信托亦成立。也即,通知受托人或者接受信托的承诺对于信托的成立均非必要。Rest. 3d §14. 该规则同样适用于非遗嘱信托。

② 在遗嘱慈善信托中受托人拒绝或者不能接受信托的时候,根据信托法第 13 条由受益人另行选任受托人不可操作,由监管部门或者根据利害关系人或者检察官(可改为监察人)的申请或者依职权选任受托人,以确保信托成立。

③ Edward C. Halbach, Jr, *Trusts*, *Gilbert Law Summaries*, New York: Thomas/West, 2008. p.82.

申请的，应提交的信托文件至少应载明以下内容："（1）慈善信托的名称；（2）慈善信托的慈善目的；（3）委托人、受托人的姓名、名称及其住所；（4）不与委托人存在利害关系的不特定受益人的范围；（5）信托财产的范围、种类、状况和管理方法；（6）受益人选定的程序和方法；（7）信息披露的内容和方式；（8）受益人取得信托利益的形式和方法；（9）受托人报酬；（10）如设置监察人，监察人的姓名、名称及其住所。"根据第（3）点的要求，信托文件中需要明确规定委托人和受托人。目前慈善信托主要是靠信托合同的方式设立的，如此要求当然是必要的。但是，这一要求没有考虑到未来在以遗嘱的方式设立慈善信托的场合未必需要提前选定受托人。遗嘱信托的设立要求法律提供完备的受托人确定程序，包括委托人没有指定受托人的场合如何确定受托人的程序，借以促进慈善信托的设立。目前，合同信托的思维具有压倒性，我国的法律和法规关于遗嘱慈善信托的独特性没有给予充分的考虑，相关的程序和配套措施也处于缺位状态，妨碍了遗嘱慈善信托的设立。

在司法实践中，如果立遗嘱人在依法成立的遗嘱中表达了类似慈善信托的清晰意愿，即使当事人并没有明确使用"慈善信托"或者"公益信托"的，人民法院似可以通过解释使慈善信托得以设立。[①]

[①] 国内有两个与遗嘱信托相关的案例值得稍加探讨。在第一个案例中，立遗嘱人在遗嘱中明确规定，要把其个人财产拨入"家族基金会"，法院认为立遗嘱人虽然没有从事慈善事业的意思，错误使用了"基金会"，但是可以解释为以遗产设立私益的遗嘱信托。参见《李某1、钦某某等遗嘱继承纠纷二审民事判决书》（上海市第二中级人民法院（2019）沪02民终1307号）。在第二个案例中，"被继承人曾金生的遗嘱为'剩余财产成立曾氏基金，由侄子曾某甲、曾某丙管理使用'，从遗嘱来看，该遗嘱对曾氏基金如何设立，以及曾氏基金设立的目的、基金如何运转，财产如何分配、使用等均没有明确，对遗产具体由曾某甲如何管理使用也没有明确的要求。现曾某甲以自己名义提起诉讼，请求分割立遗嘱人曾金生的财产，并将分割后的财产按遗嘱交付其管理使用缺乏法律依据，本院不予支持。"该案中遗嘱慈善信托被否定的主要原因是立遗嘱人意思表示的内容过于简略，无法操作；法院也似乎无法用一个模糊的公益目的来剥夺其配偶的法定继承权。而不是因为立遗嘱人没有使用"慈善信托"这样的表述。参见《曾某甲与李某遗嘱继承纠纷二审民事判决书》（抚州市中级人民法院（2015）抚民一终字第266号）。稍微延伸考虑一下，如果立遗嘱人在遗嘱中明确要捐出全部或者部分财产用于公益目的，什么主体有权介入？法院在审理遗嘱纠纷的时候，发现立遗嘱人的公益意愿，能否介入？值得研究。

三 宣言慈善信托

（一）我国信托法上不承认宣言信托？

宣言信托，又称"自己信托"，是指特定的人做出意思表示，由其自身根据一定的目的从事对自己的一定财产进行管理、处分以及其他为了达成该目的所必要行为的信托。这种设立信托的方法被称为信托宣言。[1]

我国《信托法》第 2 条："本法所称信托，是指委托人基于对受托人的信任，将其财产权委托给受托人，由受托人按委托人的意愿以自己的名义，为受益人的利益或者特定目的，进行管理或者处分的行为"。其中有将财产权"委托给"受托人的要求，按照一般的解释，是要求根据财产权转让和其他处分行为，令别人遵照一定的目的进行财产管理或处分，这意味着在信托设立的时候必须要进行财产的处分。《信托法》没有规定委托人是否能成为受托人或者唯一受托人，而且根据一般理解，委托人不能和自己签订合同。《信托法》虽然并没有条款禁止委托人自己成为唯一的受托人[2]，但是目前在我国法上承认宣言信托似乎存在一定障碍。

（二）我国宣言信托的尝试

不管立法是否承认宣言信托，实践中已经出现了不少案例，其效果逐渐接近宣言信托。

1. 信托公司作为共同委托人之一设立自己作为受托人的慈善信托。

例如，中航信托股份有限公司、中航爱飞客基金管理有限公司作为委托人，中航信托股份有限公司作为受托人设立的"中航信托·天启 2017 408 号爱飞客公益 集合信托计划二期"（附录 2，B-57）；解冰华、石永和光大兴陇信托公司作为委托人，光大兴陇信托公司作为受托人设立的"光大陇善慈善信托计划 1 号"（附录 2，B-20）；陕西省国际信托股份有限公司等作为委托人，陕西省国际信托股份有限公司作为受托人成立的"陕西上市公司助力脱贫攻坚慈善信托"（附录 2，B-94）；光大兴陇信托有限责任公司和两名自然人作为委托人，光大兴陇有限责任公司作为受托人成立的"光大陇善行 2 号慈善信托计划"（附录 2，B-139）等。

2. 信托公司作为单一委托人，其自身作为共同受托人之一设立的慈善

---

[1] 英文中创设信托的一种方式为"trust declarations"，此即常说的信托宣言。在日本，信托法的研究者也使用"自己信托"的表述，揭示该种信托中委托人宣告自己为受托人这一特点。

[2] Lusina Ho, *Trust Law in China*, Sweet & Maxwell Asia, 2003, p.78.

信托。

例如，中航信托作为委托人，中航信托和中华环保基金会作为共同受托人成立的"中航信托·绿色生态慈善信托"（附录2，B-44）；天津信托作为委托人，天津信托和天津市福老基金会作为共同受托人成立的"天信世嘉·信德扶老助困01期慈善信托"（附录2，B-93）等。

3. 信托公司的股东或者关联企业、关联组织等作为委托人，该信托公司作为受托人设立慈善信托。

目前这种类型最为普遍。例如，安徽国元控股（集团）有限责任公司作为委托人，安徽国元信托有限责任公司作为受托人的"国元慈善信托"（附录2，B-24）；江西国际信托股份有限公司工会委员会作为委托人，中江国际信托股份有限公司作为受托人而成立的"中江国际·公益救助慈善1号集合资金信托计划"（附录2，B-47）；中国信达资产管理股份有限公司新疆维吾尔自治区分公司作为委托人，中国金谷国际信托有限责任公司作为受托人的"金谷信托2017信达大爱1号（扶贫及教育）慈善信托"（附录2，B-48）；五矿证券有限公司作为委托人，五矿国际信托有限公司作为受托人的"五矿信托–三江源精准扶贫1号慈善信托"（附录2，B-63）等。

4. 慈善家设立慈善基金会，然后又由慈善基金会作为共同受托人，管理关联主体出资设立的慈善信托。

例如，美的控股有限公司作为委托人，广东省何享健慈善基金会和中信信托有限责任公司作为共同受托人所设立的"中信·何享健慈善基金会2017顺德社区慈善信托"（附录2，B-33）。

在严格法律意义上，上述类型都不是真正意义上的宣言信托，但我国的确存在宣言信托的案例。

5. 真正意义上的宣言慈善信托。

例如，中航信托股份有限公司同时作为唯一委托人和受托人设立"中航信托·青年返乡创业扶贫慈善信托"（附录2，B-122）。之前笔者讨论过，现行法律从来没有禁止宣言信托。只要符合慈善信托的条件，以宣言的方式设立慈善信托并无问题。

实践中还有更为激进的案例。在四川省雅安市雨城区民政部门备案的一个慈善信托中，一个自然人成为一个慈善信托的唯一委托人和受托人（附录2，B-146）。虽然有理由认为这个慈善信托的信息可能存在登记错误（该慈善信托的名称为"雅安市雨城区慈善会"，明显不当），但是，即便出现了这种比较极端的安排，如果设立人主张该信托是根据《信托法》设立的"公益信托"，似乎不存在违法的问题。

（三）承认宣言信托的理由

在比较法上多承认宣言信托①。以宣言的方式设立慈善信托在西方是广为接受的一种方式。例如，最知名的比尔·盖茨和梅琳达基金会实际上是以比尔·盖茨夫妇自己为受托人的宣言慈善信托（后来该慈善信托财产中加入了巴菲特的巨额捐赠）。

宣言信托反对者的担忧主要是在于委托人滥用慈善信托进行利益输送，并减少委托人之债权人可以强制执行的财产。但是实际上，笼统地说它会减少债权人能够执行的责任财产是不正确的。② 第一，信托法不允许通过宣言方式设立自益信托（委托人＝受托人＝受益人的信托）；在他益信托的场合，信托受益权成为受益人债权人强制执行的对象。第二，以其他方式设立的信托中也存在以欺诈委托人的债权人为目的的信托，以宣言信托以外的方法设定的信托至少在形式上也会减少委托人的债权人能够强制执行的财产；若委托人通过设立宣言信托有欺诈债权人的嫌疑，则和普通信托一样，委托人的债权人可以主张诈欺信托（《信托法》第 12 条）。慈善信托中不存在特定的受益人，通过设立慈善信托进行利益输送更为困难，因

---

① 例如：Restatement（2d）of trust § 17 a，UTC § 401，《日本信托法》第 3 条。"台湾地区信托法"第 71 条（"法人为增进公共利益，得经决议对外宣言自为委托人及受托人，并邀公众加入为委托人"）规定了宣言信托，只是限定在公益信托的范围之内。前项信托对公众宣言前，应经目的事业主管机关许可。第一项信托关系所生之权利义务，依该法人之决议及宣言内容定之。

　　英、美采这种宣言信托的理由之一是：如果有人想做善事又不愿意让人知道，所以将财产转移给某人，而某人取得财产之后，自己宣称将财产捐赠出来，并自己担任该捐赠财产的受托人，然后依照真正转移财产的意思做善事。

② 在以信托宣言设定信托的场合，委托人的债权人对信托财产之所以不能强制执行，是因为委托人向受益人直接进行财产转让的信托也会产生同样的情况（若以委托人＝受托人为 A，受益人为 B 这样的他益信托为例的话，A 向 B 进行实质的财产权移转）。以信托宣言设定信托之后，如果委托人兼受托人自由地使用信托财产并从中取得收益的话是有问题的，信托设定后委托人兼受托人必须为了受益人的利益对信托财产进行管理和运用。委托人不可以在享受信托财产的利益的同时制造出免于自己债权人强制执行的财产。信托的设定之后，实质的权利以受益权的形式转移给了受益人；受益人的债权人取得了强制执行受益权的权利。问题是，如果委托人在对自己的债权人说特定财产是为了受益人的信托财产，借以逃避债权人的执行，而在债权人不再构成威胁的时候则称之为自己的财产。即，在声称特定财产是为了受益人利益的信托财产的同时，却由自己持续的享受该利益。但是，前一个问题是应以明确证明信托已经成立的证据加以解决的问题；而后一个则是否定信托的成立，或者说即使不否认信托，只有委托人享有信托利益，就应当肯定委托人之债权人的执行权。

此，把宣言信托所设定的信托财产简单地称为免于强制执行的财产是不正确的[①]。

这里和公司法上的相关制度进行一下类比。保护财产转移人之债权人的问题在公司法上亦存在。过去，基于对公司股东的债权人的保护的理由，法律不承认一人公司，认为一人公司会被公司的设立人滥用来损害其债权人的利益。但是，在2005年《公司法》修订的时候，在第58条以下（现行《公司法》第57条以下）以一节的篇幅规定一人公司制度。这样，在法理上相当于承认个人以法律手段把自己的财产特定化，在进行财产公示之后进行分割，加以管理，进行不同的风险和收益安排。当然，为了避免对一人公司的滥用，《公司法》也规定了很多特别条款[②]。如此观之，也应基于类似的理由承认宣言信托。

解释上，我国信托法上"委托给"的表述并不构成否认宣言信托的理由，在宣言信托中，至少在形式上不需要把财产从委托人向受托人移转，构成转移财产要件的例外，但是在某种意义上，宣言信托更集中体现了信托机制的本质：分割出不同于管理人（受托人）之固有财产（一般财产）的特别财产，这样，财产的管理者并不是财产利益的享有者。至于这个管理者是委托人自己还是不同于委托人的人，有时似乎并不重要——特别是在委托人自身是财产的更有效率的管理者、委托人只是想利用信托的风险隔离功能的情形更是如此。委托人通过宣言的方式设立信托也是一种财产处分行为，类似抵押权设置行为，处分人并不完全丧失对财产的占有和控制。基于信托行为是处分行为的认识，只要委托人把信托财产做了类似抵押权设定的处分即可，不一定需要处分给一个不同于委托人的受托人。宣言信托还可以理解为委托人人格之分裂：A以委托人身份把信托财产处分给了作为受托人的A。

而且，宣言行为是一种不同于合同行为的没有相对人的单方法律行为，自然也不需要委托人和自己签订合同。

在设立信托的过程中，委托人、受托人和受益人的身份可以重合：委

---

① ［日］能见善久『現代信託法』（有斐閣·2004年），第16—17頁。
② 比如，对一人公司要求比较高的最低注册资本（10万元，股东必须一次足额缴纳公司章程规定的出资额（2005年公司法的上述规定在2013年修法时被删除），一个自然人只能投资设立一个一人有限责任公司，一人公司也不能投资设立新的一人有限责任公司（《公司法》第58条）；一人公司每年度有编制经会计事务所审计的财务会计报告的义务（同法第62条）；一人公司的股东有义务证明自己的个人财产独立于公司财产，否则应为公司债务承担连带责任（同法第63条），诸如此类。

托人和受益人是同一人是商事信托的常态；受托人是唯一受益人的信托只是没有必要存在而已，并非违法；法律也从来没有明文禁止唯一委托人和唯一受托人重合的宣言信托的存在。不管立法和监管是否允许宣言信托，当事人可以通过信托的灵活设计——增加委托人、增加受托人、以受托人的股东或者关联人等作为为委托人的方式（如前面的例子），达到设立类似宣言慈善信托的目的。存在和承认一人公司同样的论证逻辑：既然 A 可以轻易找到别人象征性地以一元钱成为共同委托人，设立以自己作为受托人的慈善信托，为什么不直接承认宣言慈善信托呢？

直接承认宣言慈善信托，同时对宣言（慈善）信托施加更为严格的监管（例如监察人必设、信托财产的强制公示等），才是正确的选择。我国的监管者更愿意采取的策略是：某些法律设计可能会存在问题，于是就"一刀切"禁止采用这些设计。其实，禁止并不能使某些法律设计消失，反而可能使监管者轻易放弃了监管的职责。

（四）防止宣言信托被滥用的规则

虽然基于实务上的需要应该承认以信托宣言方式设定信托，不过学说认为在解禁的时候还需要慎重。成为问题的是该制度是否会被滥用为逃离扣押（执行免脱）的财产的工具。也就是说，在要扣押债务人的某项财产的时候，债务人说："不行啊，我已经在很久以前在上面通过信托宣言的方式设定自己信托，那些是宣言信托的信托财产，所以我自己的债权人不得对其扣押。"若仅凭一方的宣言就可以设定信托的话，构成对信托制度的滥用。为了防止对委托人之债权人的侵害，日本 2006 年信托法采取了一系列的防止滥用信托的措施。

第一，在以信托宣言设定信托的时候，要求采用公证书或者其他书面的方式。日本信托法要求"以公证书或其他书面形式，或以电磁记录（是指按照法务省令之规定，可用于电子计算机进行信息处理的、以电子方式或磁气方式或他人无法以其知觉识别的方式所做的记录。下同）的形式，将其目的、该财产上的特定事项及其法务省规定的事项进行记载或登录"。

其中，公证书是由公证人（由法务大臣任命并在其监督下工作）制作和认证的书面文件，上面适当地添加上日期，不能回头追溯日期，所以是无法伪造的。不过，在以其他的书面或者电磁的记录的方式，这样有公信力的认证制度还没有建立起来，而附加日期的又有被伪造的危险。因此在第 4 条 3 项 2 号中，在这种情况下，"在公证书等以外的书面文件或电磁记录的情形下，对被指定为受益人的第三人（此第三人为两人以上者，为其中一人）须以记载着确切日期的证书来明确设立该信托的宗旨及其通知的内容"，此时信托才产生效力。所谓"附有确切日期的证书"，指的是能证明内容的邮件等，若如此，该证书什么时候被发送由日本邮政公社证明，因此，不能把信托宣言的日期追溯到发送日期以前。

这种书面必须"将其目的、该财产上的特定事项及其法务省规定的事项进行记载或登录"。若不采取这些措施，例如，即使通过信托宣言把甲不动产宣布为自己信托的信托财产，在扣押乙不动产的时候，就会有："不行啊，我通过公证证书设定的信托是乙不动产，因此我个人的债权人不能扣押乙不动产"这样的虚假表述。书面文件具体的内容，除了"为了使成为信托的财产特定化必要的事项"之外，还需要注明委托人、受托人的姓名、名称、住所，受益人，以及其他的信托条款等（《日本信托法施行规则案》第3条）。

第二，在非宣言信托的情况下，委托人的债权人原本就可以根据"信托设定欺诈"的撤销程序撤销信托；而在根据信托宣言设定信托的场合，委托人的债权人可以不经撤销判决，径行对信托财产强制执行。

第三，根据新信托法附则的规定，该法开始施行的一年间，不适用有关宣言信托的规定。这是为了防止对于该制度的滥用，给税收制度和会计制度的调整留出充分的时间。

第四，不得以宣言信托的方式设定受益人不能确定的非公益信托（目的信托），可以说，受益人的确定是宣言信托的成立要件（《日本信托法》第258条1项），但这一要求在慈善信托中并不适用。

四 非意定慈善（公益）信托

非意定的慈善信托是指通过委托人的法律行为所设立的慈善信托以外的慈善信托。可以包括法定慈善信托（通过立法直接规定某种财产的管理体制为信托）和司法慈善信托（由法院基于对公共利益的保护而依职权[①]采用信托或基金模式对某些特定财产进行管理）。理论上的概念分类的意义，不是为了满足学者们研究针尖上可以站上几个天使这样的纯学术需求，而是有着非常现实的意义，非意定信托就是这样的一个概念。这里通过对一个环保公益诉讼的分析简单澄清一下非意定信托的概念。

2016年7月20日，山东省德州市中级人民法院首次对"雾霾环境公益诉讼案"依法公开审理并做出一审宣判，判处被告振华公司赔偿因超标

[①] 审判机关是否承认并愿意行使这种内在的职权仍然是个问题。

排放污染物造成的损失 2198.36 万元，用于德州市大气环境质量修复，并在省级以上媒体向社会公开赔礼道歉；将诉讼请求中的赔偿款项支付至地方政府财政专户，用于德州市大气污染治理。各方当事人均在宣判后法定期限内没有提出上诉。现该判决已经发生法律效力①。

　　本案在环保公益诉讼上取得的进展可圈可点。但是人民法院判决将本案中的损害赔偿纳入当地政府的财政专户，甚为不妥。人民法院可参照云南法院系统的做法，以损害赔偿金设立公益信托，之前最高人民法院也曾经发布指导意见提出设立"公益环境诉讼专项基金"②。财政专户当然也可视为政府作为受托人的信托，但是对政府几乎无法监督，难免滥用挪用，且有将损害赔偿变成了行政罚款的观感（之前被告企业已经被行政罚款），缺乏正当性。③

　　另外，在消费者保护领域，也有非意定慈善信托存在的必要。例如，在大规模的食品安全领域诉讼出现的场合，如何处置担责商家的巨额损害赔偿金，可能是一个棘手的问题。可以参照环保公益基金的设立，由司法裁量设置一个损害赔偿金慈善公益信托基金，来解决理赔过程中出现的一系列问题。再如，目前非常盛行的共享单车服务，各运营商一般都要求单车使用者存入"押金"100元到300元不等，据初步估算，到2017年底，

---

① 郑春笋：《"首例'雾霾公益诉讼案'审理始末"》，《人民法院报》2016年8月29日。
② 赵廉慧：《信托法解释论》，中国法制出版社2015年版，第176页。
③ 用慈善公益信托来解决环保公益诉讼的损害赔偿问题已非孤例。2013年9月，北京市环境保护局对现代汽车自韩国进口的全新胜达3.0车型进行了车辆环保一致性抽检。最终认定现代汽车自2013年3月1日至2014年1月20日进口中国并在北京地区销售的全新胜达3.0车辆的排气污染数值中颗粒物一项数值排放超过京V标准的限值。2016年5月11日，北京市朝阳区自然之友环境研究所针对现代汽车的以上违法行为，向北京市第四中级人民法院提起环境公益诉讼，请求法院判令被告现代汽车停止销售并召回已销售的不符合京V环保标准的车型，并承担因此所造成的生态环境修复费用，同时在媒体上公开道歉。2019年5月21日，经北京市第四中级人民法院审理，该案以调解方式结案。双方自愿达成调解协议，协议确认被告现代汽车已停止销售违规排放的全新胜达3.0车辆，并已经对在北京地区销售的全部违规排放的车辆予以维修并达到排放标准；同时，被告还应于调解书生效之日起三十个工作日内设立公益信托，向信托受托人长安国际信托股份有限公司交付信托资金120万元，用于保护、修复大气环境、防治大气污染，支持环境公益事业，并就销售车辆不符合排放标准一事向社会公众致歉。原告为本案支出费用由被告承担。北京四中院于2019年3月28日将调解协议在人民法院报进行了为期30日的公告。参见北京市第四中级人民法院官网的公告：http://bj4zy.chinacourt.gov.cn/article/detail/2019/05/id/3965982.shtml，2020年5月3日。

共享单车的用户达到 5000 万①，此时押金的数额十分庞大。为了避免运营商卷钱"跑路"，也为了明确各方主体对于押金的权利和义务，似应强制要求运营商将相关的押金托管，建立一种类似公益信托的机制。

实务界人士或许会提出疑问，上述法院判决所设立的公益慈善信托的委托人、受托人、受益人分别是谁，信托合同如何签？如何能符合慈善法和信托法的要求？而且，2016 年 8 月 29 日民政部和银监会发布的《民政部中国银行业监督管理委员会关于做好慈善信托备案有关工作的通知》中更明确规定了"除依法设立的信托公司或依法登记（认定）的慈善组织外，其他单位和个人不得以'慈善信托''公益信托'等名义开展活动"。那么，如案例所涉情形，若设立慈善信托该如何备案？能否使用慈善信托的名义？难免令人产生种种担忧。

实际上，诸多担心都产生于一种严重的误解。信托法、慈善法规定的慈善或公益信托基本上是意定信托，也就是委托人积极主动设立的慈善信托；而司法裁决可以创设一种新型的信托，非意定信托。在我国非意定信托并非完全的新事物，在《信托法》没有颁布前的 1998 年，最高人民法院曾经在"TMT"案中承认了拟制信托这种非意定信托。不完全列举一下，非意定慈善信托有如下特点：

第一，这种信托不需要信托法意义上的委托人，也不需要此委托人去签订信托合同。作为一种非意定信托，相关的信托法律关系的构建是基于法律的规定或者司法的裁决而产生的，并非基于委托人意愿。这对信托法上信托的定义是一种突破。

第二，这种信托的核心是明确受托人，受托人可以由基金会等慈善组织、环保组织、消费者保护组织或信托公司担任。这对于《慈善法》所要求的慈善信托受托人资格是一种突破。

第三，既然是慈善信托，相关文件只需要明确信托目的，根本不需要有明确的受益人，最多只需要规定受益人的遴选方法即可。

第四，为了监督和制衡受托人，法院可同时指定监察人。由于意定信托通常是在信托文件中由委托人指定监察人，而在非意定信托中缺乏委托人的指定过程，法院依照职权选任就成为必要。

除了人民法院在司法中可以创设法定信托之外，立法机构和行政部门也可以在特别领域通过立法或行政法规的方式创设法定信托。例如，《中华

---

① 《"机构预测：2017 年底共享单车用户规模将达 5000 万"》，新华网 http://www.xinhuanet.com//fortune/2017-02/10/c_1120445329.htm。

人民共和国道路交通安全法》第 17 条规定，"国家……设立道路交通事故社会救助基金"。另根据《道路交通事故社会救助基金管理试行办法》第 2 条，"本办法所称道路交通事故社会救助基金（以下简称救助基金），是指依法筹集用于垫付机动车道路交通事故中受害人人身伤亡的丧葬费用、部分或者全部抢救费用的社会专项基金"。从该基金的财产来源看[①]，该基金是否构成慈善信托仍可商榷，但属于法定社会性信托无疑。

非意定信托的概念需要普及，作为对当事人意愿的一种推定或者作为一种精细的救济手段，或者作为一定法定的保护机制的建立。非意定信托应有广泛的适用范围。应摒弃一想到信托就条件反射以为是意定信托的固定思维。

第五节 慈善信托的备案

具备慈善性的信托目的是设立慈善信托的实质要件，上文有所讨论。本节主要讨论设立慈善信托的程序性要件。

一 《信托法》上存在的问题和《慈善法》的修正

（一）《信托法》上存在的问题

在《信托法》上，我国公益信托的设立缺乏可操作的程序，比如，信托的设立需要得到公益事业管理机构的批准，那么，"公益事业管理机构"是谁？设立公益信托的申请是由委托人还是受托人提出呢？公益事业管理机构批准的时间和期限如何？不批准的是否需要说明理由呢？《信托法》没有回答这些问题。

（二）《慈善法》中的规则

1. 设立慈善信托的方式

根据《慈善法》的规定，设立慈善信托，需要到民政部门备案。除了为取得备案而必须满足的条件以外，设立方式和一般的私益信托并无本质

[①] （一）按照机动车交通事故责任强制保险（以下简称交强险）的保险费的一定比例提取的资金；（二）地方政府按照保险公司经营交强险缴纳营业税数额给予的财政补助；（三）对未按照规定投保交强险的机动车的所有人、管理人的罚款；（四）救助基金孳息；（五）救助基金管理机构依法向机动车道路交通事故责任人追偿的资金；（六）社会捐款；（七）其他资金。

区别。即，有时是根据委托人和受托人之间的合同来设立，有时是由委托人以遗嘱方式设立慈善信托。

2. 明确慈善信托和公益信托的关系

该法明确规定，"慈善信托属于公益信托"，而且，"本法未规定的，适用《中华人民共和国信托法》的有关规定"，把信托机制确立为从事慈善和公益事业的重要机制之一，并明确承认信托公司作为慈善信托受托人的地位，这对于正本清源，确立信托公司从事慈善信托行为的合法性和正当性，具有重要意义。考虑到之前的二审稿曾经删除信托公司作为慈善信托受托人的规定，之前甚至有观点主张将慈善信托排除出慈善法，这些都引发了信托业界之广泛忧虑，《慈善法》的该条规定消除了业界的担忧。

3. 明确慈善信托的监管部门为民政部门

《慈善法》解决了《信托法》一直没有解决的公益事业主管机构的问题。《信托法》规定公益信托从设立到终止的整个过程由公益事业管理机关监管，但是没有明确该管理机关是谁，导致公益慈善信托因无法找到主管机关而无法设立。《慈善法》明确了民政部门的监管部门地位，避免了相互推诿或者争夺监管权的可能。民政部门等还进一步制订了慈善信托监管的管辖规则和监管细则，落实法律所确立的原则，使之具有可操作性。

《信托法》第71条规定公益信托的监管者是公益事业管理机构，其可能包括民政、教育、体育、环保、文物等各种部门，而《慈善法》规定的备案部门只有县级以上民政部门。问题是，当事人在《慈善法》颁行之后能否依照《信托法》申请教育部门批准设立一个以科学研究为信托目的的公益信托，值得思考。笔者认为，应当为当事人的选择留下空间。①

4. 确立了慈善信托设立的备案制

根据《信托法》的规定，公益信托的设立采取的是审批制，这为公益信托的设立增加了很大难度，所以，信托法颁行至《慈善法》实施之前，落地的、符合信托法要求的公益信托数目寥寥。《慈善法》确立了备案制，同时确立了备案和税收优待的联动关系（"未按照前款规定将相关文件报民政部门备案的，不享受税收优待"），体现了对行政审批权的削减和对慈善事业的支持，无疑将对慈善信托的发展起到重要的促进作用。不过，由于慈善信托也要享有税收优待，完全采用备案制似乎对假借慈善之名从事为私人牟利之行为缺乏审查和规制，备案制的内涵如何、是否以及如何确定

---

① 行政部门一直都要靠行政法规的明确授权才能行动，而《信托法》中事实上已经明确了对行政部门的授权（第62条等），只是没有达到行政部门期待的明确度而已。

设立慈善信托的审查标准,是未来民政部门和其他监管部门需要研究解决的问题。①

5. 慈善信托监察人的任意设立

在信托法中,公益信托的监察人为必设机构,当事人设立公益信托的时候,往往犹豫于如何选择监察人,谁可以充任监察人等问题,拖延了公益信托的设立,也增加了设立公益信托的成本。而《慈善法》当中则规定,"慈善信托的委托人根据需要,可以确定信托监察人",把是否设置监察人作为委托人可以自愿选择的事项,这极大便利了慈善信托的设立。但是,把监察人一律作为任意性设置是否激进,仍然需要探讨(详见本书第四章第五节的谈论)。

对于信托公司和慈善组织而言,在《慈善法》实施之后,可以自己设计发起慈善信托,也可以和其他组织合作,参与慈善信托的运作环节,履行社会责任,促进慈善事业的发展。

《慈善法》作为全国人大通过的基本法,在和《信托法》《公益事业捐赠法》等法律法规的适用关系上,应根据新法优于旧法的原则,优先适用《慈善法》的相关规定。该法的条文虽然难称完善,但在应对业界呼吁比较强烈的几个问题方面,特别在放松对民间慈善管制方面,的确体现了一定的进步。

二 审批制的必要性

1. 对慈善事业监管的必要性

为了促进公益慈善信托的发展,重要的一点是要给予税收优惠。反过来,正是由于慈善信托能享受税收优惠或者其他的优惠政策,为了避免以公益为名谋求私益,有必要由有关部门对其进行监督。在我国信托法上,经过批准是公益信托设立和存续运作的前提条件。有关税收的优惠措施,

---

① 作为参考,英国慈善事业原则上采取所谓登记制(Registration of Charities)。英国慈善委员会是登记部门。该制度最初创设于 1961 年,在 1990 年代使用电脑系统之前采取的是卡片索引系统。登记的信息受到公众的监督,公众可以免费从委员会的网站或者电脑终端上取得相关信息。慈善事业(包括慈善信托)的主要登记信息必须包含:慈善事业的名称以及其他慈善委员会认为合适的信息。慈善委员会输入基本的信息包括慈善事业的目的,联系地址,是否发放奖励金,是否提供服务,是否募捐以及年收入等。如果一个慈善事业的受托人没有申请登记(也没有得到豁免),那么受托人会收到慈善委员会命令。如果受托人仍然拒绝,慈善委员会会向高等法院提出申请,受托人的行为可构成蔑视法庭。参阅 Peter Luxton, *The Law of Charities*, Oxford: The Oxford University Press, 2001, pp.431–432.

应当只限于这种经过批准和登记的公益信托。

在《慈善法》实施之前，涉及慈善机构的设立的法律法规主要有四部：《社会团体登记管理条例》《民办非企业单位登记管理条例》《基金会管理条例》以及《信托法》中的"公益信托"一章。从这四部法律法规的执行情况看，我国在实质上均采取了严厉的审批制，并设置诸如"挂靠"等制度严格控制民间慈善组织的设立。一些无奈的民间慈善组织甚至只能采取公司的形式"以营利组织的形式从事慈善活动"①。我国就公益事业采取如此严格限制的政策选择的原因可能有两个：一是政治原因：规范民间组织，保障社会稳定；二是经济原因：防止借慈善组织之形式避税②。

《慈善法》在慈善信托方面体现了放松监管的迹象，这是一种进步，但是，形式化的监管并非没有问题。

2. 形式审查和税收待遇

由于慈善信托可以享受税收优待，为了避免当事人以慈善为名从事向私人输送利益的行为，应对设立慈善信托的行为进行实质的审查。《慈善法》确立了慈善信托设立备案的原则。如果把备案理解为一种形式审查，特别是我国的税务部门无法担当如美国的税务部门对慈善事业的监管职责，仅经由民政部门进行形式审查就直接给予慈善信托税收优待，在逻辑上是不充分的。

三 备案制的正当化理由

《慈善法》第45条规定确立了慈善信托设立的备案制原则，修改了《信托法》中关于公益信托设立的"批准（许可）制"规定，至少在字面上体现了对慈善信托设立放松管制的态度，似乎算得上一种进步。

作为一种行政管理手段，备案制经常被采用。具体到慈善信托中，银监会2008年93号文中规定，"信托公司设立公益信托，应当订立公益信托文件，并报中国银监会和公益事业管理机构备案"，不过这似乎只能理解为信托公司在当时抗震救灾的特殊情形下的一种特例，《信托法》规定设立公益信托是许可制，是非常明确的。在《慈善法》颁行之后，对备案制的含义、备案所需具备的条件、程序、备案所产生的法律效果、审查机关的审查义务等都需要解释。对这些问题目前都欠缺深入的研究。如果在监管理

---

① 王涌：《无信任则不慈善》，《新世纪周刊》2011年7月第26期。
② 但是，这种保守的态度带来的问题也是严重的，中国慈善业的种种怪相正源于此。王涌：《无信任则不慈善》，《新世纪周刊》。

念和监管方法上面没有实质改进的话，备案制所体现的进步只能算是一种"词语上"的进步①。

而且，由于慈善信托的设立应予当事人以税收优待，为避免以慈善之名行私益之实，应对委托人之欲设立的信托目的进行审查。逻辑上，不需要取得税收优待的慈善信托不需要经过严格的审查，要取得税收优待的慈善信托就要经过严格的审查，备案制是存在问题的。备案制虽说体现了慈善门槛的降低和监管的后置，使慈善信托设立更为便利和灵活，但是，从批准制直接进入备案制，跨度似乎显得较大。

对此可能的解释是：

第一，《慈善法》排除了自然人充任慈善信托受托人，机构受托人（信托公司和慈善组织）的管理更为规范。机构受托人侵吞慈善财产的道德风险也比较低。

第二，而作为机构受托人的除了信托公司之外，均为《慈善法》规定的慈善组织，其设立过程、组织机构、运作模式和监管均有严格的法律规定，本身已经受到严格的监管，没有必要再经过一层审查和批准②。

第三，对以信托公司作为受托人的慈善信托而言，其主要的功能是对慈善资产进行投资和管理，一般并不涉及能否把资金实际运用于慈善领域的问题，因此由银保监部门对其进行金融方面的监管就已经足够。

不过，目前的慈善事业目的比较单一、清晰，主要集中在传统的济贫、助困和教育等慈善领域，但是，将来民间的慈善事业可能是为了更加复杂和综合的目的，为了使从事慈善事业准入和税收优待之间建立相关关系，

---

① 词语上的进步或许能推动实际上的进步，这让人联想到了证券发行的注册制。证券发行注册制的重要特征是：发行审核机构只对注册文件进行形式审查，不进行实质判断。注册制体现了事后控制而非事前设置过分严格门槛的观念转变。2016 年 3 月 1 日，国务院对注册制改革的授权将正式实施。但在 2016 年 3 月 12 日的十二届全国人大四次会议记者会上，中国证券监督管理委员会主席刘士余表示，注册制是不可以单兵突进，研究论证需要相当长的一个过程。这也意味着股票发行注册制改革将暂缓施行。在 2019 年 3 月 5 日，国务院总理李克强在第十三届全国人民代表大会第二次会议上做政府工作报告中指出，"改革完善金融支持机制，设立科创板并试点注册制"，再一次把注册制提上日程。2019 年 12 月 28 日，最新版《证券法》确立了注册制。

② 全国目前展业的有 68 家信托公司，目前管理大都比较规范；但是，目前慈善组织的数目巨大，其组织结构、内部管理方面也有很大的差异，截止到 2017 年 5 月 1 日，民政部中国社会组织网上可查询的社会组织共有 2311 个，其中完成慈善组织登记的为 88 个。http://www.chinanpo.gov.cn/search/orgindex.html?registrationNo=。这些慈善组织是否一律都能充任慈善信托受托人，值得探讨。

建议至少应引入中立的、具有专业性的委员会对提交的慈善信托申请进行审查,以维护公共利益,又可以防止行政审批权的滥用和扩张。建议由民政部门负责设立慈善事业认定审查委员会,聘任专业能力强、品德端正、有公信力的专业人士等为委员,对是否具有公益性进行判断,避免由行政机构的行政人员恣意专断。

没有经过审查、备案的信托,可以从事慈善活动(即便是营利性的公司,法律也不禁止其从事事实上的慈善活动,只要不公开募捐),仅是不能享受税收优待而已,借以促进慈善事业的发展;那些经过备案和审查的符合慈善目的的信托,原则上既可以从事慈善事业,又可以享有税收优待。前者就是学理上所称的"目的信托"(参见本书第七章的详细讨论)。

备案是慈善信托设立的必要条件,但不是从事慈善事业的必要条件。至于备案是否是慈善信托的充分条件,值得研究。法理上并不能排除主管部门在制定细则的时候,对慈善信托施加除了备案之外的其他要求。

如果承认《信托法》和《慈善法》确立了既有联系又有区别的双轨制的话,应允许当事人选择根据《信托法》设立慈善信托,此时仍然需要公益事业主管机构的审批。

四 备案是否为慈善信托的生效要件

从法条上看,《信托法》第62条规定:"公益信托的设立和确定其受托人,应当经有关公益事业的管理机构(以下简称公益事业管理机构)批准。未经公益事业管理机构的批准,不得以公益信托的名义进行活动……"根据《信托法》,一般认为公益事业主管机构的批准是公益信托生效的要件。《慈善法》第45条规定:"设立慈善信托、确定受托人和监察人,应当采取书面形式。受托人应当在慈善信托文件签订之日起七日内,将相关文件向受托人所在地县级以上人民政府民政部门备案。未按照前款规定将相关文件报民政部门备案的,不享受税收优惠"。根据慈善法,不再要求批准或许可,而出现了一个"备案制",并且把是否备案作为能否享有"税收优惠"的条件。但能否说备案是慈善信托生效要件,存有争议。

其实这个争议早在《信托法》的背景下就产生了。从《信托法》的措辞来看,设立公益信托"应当"经过批准,所以管理机构的批准可以被理解为公益信托的生效要件。但是,如果一个信托设立符合公益信托的一切要件,只是没有经过批准(这在"前慈善法时代"是非常正常的),而且这个信托的确也在从事公益事业,同时也没有享有税收等优惠,此时似乎也是一种实质上的公益信托（de facto charitable trust），只是"不得以公益信托的名义进行活动"而已。在《慈善法》颁行之前，这种信托至少可以改个名字叫"慈善信托"或者"爱心信托"，以"目的信托"的形式而成为一种合法的存在（《信托法》第 2 条）。

在《慈善法》实施之后，慈善信托的监管部门确定为民政部门，法条的措辞依然是受托人"应当"将相关文件向民政部门备案，至少形式上是一个"条件性要求"。但是下一款的条文似乎又表明慈善信托可以不备案，不备案只是不享有税收优惠而已。该条并没有规定如果不备案，该信托能否以慈善信托的名义进行活动。《慈善信托管理办法》第 52 条规定"除依法设立的信托公司或依法予以登记或认定的慈善组织外，任何单位和个人不得以'慈善信托'等名义开展活动"，也没有直接规定。但作为一般的推论，没有备案的慈善信托似乎不能以"慈善信托"的名义进行活动。仍然无法说明备案是否是慈善信托的生效要件。

某种意义上，"要件论"是一种过时的理论，论辩双方很容易陷入语言游戏。无论是批准制还是备案制，只要在信托设立的各个阶段的法律效果是明确的，我们不用费劲去论证这个信托是否已经生效以及这个生效的信托是不是叫作慈善信托。关于"备案是否是慈善信托生效要件"的争论背后其实是对各个阶段法律效果的不确定性的焦虑。

这里以最典型的合同慈善信托为例做简单说明。信托设立过程可以分为以下几个阶段：

第一阶段，委托人和受托人签订慈善信托合同，信托合同成立（生效）。此时，信托合同只产生合同法上的约束力。

第二阶段，委托人把信托财产转移给受托人，如果没有经过备案，此时一个具备一个慈善信托实质要件的目的信托（没有确定的受益人，为了慈善公益目的）生效。该信托是一个有效的信托，只是不能以慈善信托的名义行事，也不享有税收优惠。

第三阶段，上述信托如果经过备案，就可以慈善信托的名义行事，也可以享有税收等优惠。

若非要给出一个立场，个人认为备案是慈善信托生效的要件。备案虽然看似放松了设立慈善信托的管制，但是，由于行政部门也对备案的操作采取十分谨慎的态度，取得备案仍非易事。《慈善法》之前，未经批准不能以"公益信托"的名义行事，有一些信托项目以"慈善信托"的名义从事慈善事业；《慈善法》之后，未经备案也不能使用"慈善信托"的名义，由于税收优惠仍然很难落实，这种无公益慈善之名而有其实的目的信托只能借用"爱心信托""天使信托"等名义存在了。

五 慈善信托设立审查豁免的可能性

对一些小额、短期、内容简单的慈善信托，似乎不需要经过过于严格的审查，监管部门可以予以豁免。

六 慈善信托设立后受托人是否有产品登记义务？

《慈善信托管理办法》第 22 条规定"信托公司新设立的慈善信托项目应当按照监管要求及时履行报告或产品登记义务"。该规定只能约束信托公司，慈善组织作为受托人的慈善信托没有义务向中国信托登记有限责任公司进行产品登记。

该条要求信托公司就新设立的慈善信托向监管部门履行报告义务，这没有问题。但是，要求进行所谓"产品登记"并不恰当。这里的产品登记，似乎是指信托公司作为受托人的信托产品由受托人向"中信登"进行产品登记。市场上出现了慈善信托登记的第一个个案。据媒体称，中航信托发行的"中航信托路绿色生态慈善信托"在申请取得民政部门备案的同时，成为首单在"中信登"信托登记系统进行登记的慈善信托产品，成为全国首单有"户口"的慈善信托产品（"户口"特指取得了"中信登"信托登记编码的慈善信托产品），信托登记产品编码为 ZXD37Z201709000000013[①]。

慈善信托不属于商事信托，不存在需要登记或转让的受益权。慈善信托财产需要进行投资管理，银保监部门对此的关切可以理解，但将慈善信托登记于"中信登"除了统计上的必要性之外，似无其他更大的必要性。

七 公益慈善信托的监管者

（一）《信托法》上的规定与存在的问题

《信托法》规定，"公益信托的设立和确定其受托人，应当经有关公益事业的管理机构批准"，但是，"公益事业管理机构是谁"一直是困扰理论界和实务界的问题。而且，公益信托的审批过程缺乏相关的规范和统一的流程，公益信托的设立充满了不确定性。

《信托法》中关于公益信托管理机构的规定十分的模糊。对于制度的利用者而言，设立公益信托时，如果不清楚究竟谁才是享有审批权限的公益

---

① 杨卓卿：《中国信登首单慈善信托登记花落中航信托》，《证券时报》2017 年 9 月 19 日。

事业管理机构，该制度目的的实现及运用的效率就大打折扣。各领域的公益事业实际上是依照不同的公益目的，由主管相关领域的行政主管部门负责管理，并相应确定公益信托的公益事业管理机构。《信托法》对公益目的做了列举，比较明确的有6项，每一项可能涉及不同的管理机构（至少从条文上明显涉及的至少有民政部门、教育部门、文化部门、科技部门、卫生部门、环保部门等）。如果当事人设定信托的时候给予受托人很大的裁量权，列举了多个目的的时候，其公益信托主管部门是谁？是需要全部相关部门的批准，还是经过众多公共利益目的中某一主要公共利益领域主管部门的批准即可？而且，《信托法》第60条中有一个兜底性条款，即"发展其他公益事业"，此时，应该到哪个机构申请批准不无疑问。

（二）比较法

1. 日本

日本公益信托的主管机关的担当和我国信托法上的情形类似，公益信托主管机关也是因公益信托的公益目的不同而有所不同。比如，以向学生给付奖学金为目的的公益信托，主管机关是各级教育主管部门（文部科学省和地方教育委员会）；由于信托银行（信托公司）要受金融厅长官（内阁总理大臣任命）的监督，因此，在信托银行作为受托人的时候，由金融厅长官和该公益信托所属的主管机关两个机构进行监督。

不过，日本的公益法人制度的改革中，正在讨论废除主管机关的设立许可制，建议由民间有识者（专家）构成的委员会（公益认定委员会）对某一信托的事业是否具有公益性进行判断，不过目前主管行政机关对公益法人的监督制度仍然存在。日本公益信托制度也被纳入到整个公益制度改革中加以考量。

2. 英国

英国的慈善委员会（Charity Commission）是全面负责管理慈善机关的机构，其地位是完全独立于政府部门影响的非行政性的政府机构，而且独立于规制的对象，该机构有一系列的类似高等法院职权的准司法功能，它每年向议会报告[1]。目前，该机构根据《2011年慈善法》（Charity Act, 1960, 1993, 2006, 2011）约束，设有慈善机关登记簿，并对某一机构是否应登记做出决定。慈善委员会可以起诉受托人；慈善信托需向慈善委员会提交年度报告和账簿，慈善委员会可以通过法院，自己也有权力变更受托人和冻结信托资产。

---

[1] 解锟：《英国慈善组织监管的法律构架及其反思》，《东方法学》2011年第6期。

（三）《慈善法》上的慈善事业监管部门

《慈善法》第 6 条规定："国务院民政部门主管全国慈善工作，县级以上地方各级人民政府民政部门主管本行政区域内的慈善工作；县级以上人民政府有关部门依照本法和其他有关法律法规，在各自的职责范围内做好相关工作"。同法第 45 条第 1 款："设立慈善信托、确定受托人和监察人，应当采取书面形式。受托人应当在慈善信托文件签订之日起七日内，将相关文件向受托人所在地县级以上人民政府民政部门备案"。可以认为是确立了民政部门作为慈善信托的主管部门。

从《慈善法》之前的公益信托实践来看，很多成例是以民政部门作为主管部门的。而且，从公益事业主要是慈善事业、对慈善捐款事项的主管机关是民政部门这些因素来看，也应统一以民政部门作为公益事业主管机关[1]。这样也有利于比较早地让公益信托成立[2]。

《慈善法》确立了慈善事业的主管部门为民政部门。但是，民政部门是否属于信托法上的"公益事业管理机构"，值得探讨。一般的理解是，慈善法把民政部门确立为主管部门，也相当于确立了按照慈善法设立的慈善信托的主管部门是民政部门，这相当于用《慈善法》明确了公益事业主管机构是民政部门。同时，为了避免监管部门滥用批准权，建议由其负责设立慈善事业认定审查委员会[3]。避免由行政机构的行政人员恣意专断。

在目前的慈善信托实践中，信托目的比较单一，主要是传统的教育、济贫、救灾、济困等，但是，对于新的慈善目的（例如环保、教科文卫体等），民政部门恐怕无力应对。所以也不应完全排除有人根据《信托法》设立公益信托而寻求其他主管部门审批。

---

[1] 虽然笔者建议公益事业管理机构应该统一，但同时认为：问题不在于公益事业管理部门的多元，而在于其职责的不确定。如日本所采用的体制，原本已经为我们所借鉴，但是，我国没有制订细则以使这种体制具有可操作性。另外，由于我国的公益信托事业很多是由专业的信托机构——信托公司作为受托人，在业务上势必还需要金融管理部门——银保监部门就资金的运用进行监管。

[2] 公益事业管理机构的问题不仅是公益信托的问题。在考虑对公益信托制度加以完善的时候，应和公益法人等制度做连动考虑。能见善久、四宫和夫『民法総则』（第 8 版）（弘文堂・2010 年），第 86—88 頁。新井誠、神田秀樹、木南敦編『信託法制の展望』（日本評論社・2011 年），第 436—437 頁。

[3] 北京市民政局在 2017 年成立了"慈善信托专家研判项目组"，笔者忝列其中。虽然此研判组离"慈善认定委员会"甚至"公益认定委员会"的功能仍然存在巨大差距，但仍属于有益的尝试。

作为信托业的监管部门，银保监部门对信托公司作为受托人的慈善信托进行监管。

（四）民政部门和银保监部门

在监管方面还涉及民政部门和银保监部门的监管协调机制问题。《民政部 中国银行业监督管理委员会关于做好慈善信托备案有关工作的通知》的第五条"做好组织保障"规定："（一）加强组织领导。各级民政部门、银行业监督管理机构要高度重视慈善信托备案工作。明确接受备案的内设机构和责任人，并严格责任考核。建立民政部门和银行业监督管理机构的协同机制，加强沟通协调，及时通报情况，形成工作合力，共同履行好相应的监管职责"等。但是，在《慈善信托管理办法》第6条规定："国务院银行业监督管理机构及其派出机构、国务院民政部门及县级以上地方各级人民政府民政部门根据各自法定职责对慈善信托实施监督管理"。把银监部门放在民政部门的前面，明显是不恰当的。从整体上看，由于《慈善信托管理办法》是银监会主导制定的，民政部门的监管内容并不突出。本质上，慈善信托只是从事慈善事业的一种方式，而不仅仅是一种信托产品，民政部门对慈善信托的监管应该是主要的，但是很显然，民政部门还没有做好充分的准备。

民政部门的监管应该说占据主导地位。民政部门是慈善事业的主管部门，对于慈善事业的实施进行监管是其职责所系。而银保监部门作为金融监管部门，主要应当是对信托财产的投资运用、保管等方面对信托公司受托人进行监管。

（五）其他可能的监管者

在美国，税收部门在慈善目的认定，税收扣减资格的批准，税收扣减资格的撤销，各种报告的提交等方面享有广泛的职权，甚至可以说税务部门是慈善事业的主要监管部门。其实，慈善事业关涉公共利益主要涉及两个方面，一个是税收减免；另一个是募集资金用于慈善事业。特别对于第一个方面而言，税收部门的监管是关键的。在我国，税收部门在客观上对慈善组织行使着一定的监管职权，对慈善信托也应能享有类似的职权。

另外，在西方慈善信托的实务中，总检察官作为公共利益的代表部门，可以对慈善信托进行监督，总检察官可以强制执行慈善信托的实施。目前，《慈善法》把慈善信托的监察人（私人检察官）的设置作为任意的设置，笔者以为这将影响慈善信托的结构，导致慈善信托内部权力的失衡，监督失范。所以，对于不设置监察人的慈善信托，在公共利益受到损害的场合，应认为检察机关有权力介入。

随着未来慈善信托的规模的扩大，期间的延长，慈善目的的复杂化，受托人执行信托实务的过程中有时可能会面临裁量权行使的难题。对受托人裁量权的限制，一方面要依靠信托文件的约定和法律的规定，但是另一方面，在法律和合同规定不明确或者有争议的场合，受托人在行使某些裁量权的时候，或者利害关系人在必要的场合，是否可以到人民法院寻求救济——例如取得批准或者命令，值得探讨。

（六）小结

私益信托有利益相关者——受益人对受托人的行为进行内部监督，委托人自己也享有较多的法定监督权限，也可以设置私人机制（如保护人）对受托人进行内部监督，通常不依靠外部的、正式的和官方的监管（金融信托除外）。慈善信托没有特定的受益人，委托人的权限的行使的正当性也不如私益信托，这样，从积极的角度看，受托人就有更大的自由去追求信托目的的实现，而不用担心当事人的无端干涉，但是，从消极的角度看，慈善信托的实施效果比商事事业更难评估，对其监管也比较困难。受托人自我扩张危险是现实存在的，在我国，除了设置监察人这样的私人机制来制衡受托人的权限之外，更多地还需要监管部门的监管。目前我国对慈善信托的监管主要由民政部门和银保监部门进行，税务部门客观上也存在监管慈善信托的权限。人民法院虽然很难说是监管者，但是其对慈善信托具有内在的权限，另外，检察机关是否对于慈善事业能行使监督的权限，值得探讨。

八　慈善信托设立备案的管辖

《慈善法》和《民政部　中国银行业监督管理委员会关于做好慈善信托备案有关工作的通知》确定了慈善信托设立备案审查的主管部门是民政部门。《慈善法》第6条规定："国务院民政部门主管全国慈善工作，县级以上地方各级人民政府民政部门主管本行政区域内的慈善工作；县级以上人民政府有关部门依照本法和其他有关法律法规，在各自的职责范围内做好相关工作。"《慈善法》第45条第1款规定："设立慈善信托、确定受托人和监察人，应当采取书面形式。受托人应当在慈善信托文件签订之日起七日内，将相关文件向受托人所在地县级以上人民政府民政部门备案。"

《民政部　中国银行业监督管理委员会关于做好慈善信托备案有关工作

的通知》第1条规定了确定备案管辖机关的规范："信托公司担任慈善信托受托人的，由其登记注册地设区市的民政部门履行备案职责；慈善组织担任慈善信托受托人的，由其登记的民政部门履行备案职责。信托公司设立慈善信托项目实行报告制度，新设立的慈善信托项目应当在信托成立前10日逐笔向银行业监督管理机构报告。"此条文也明定慈善信托的备案申请是由受托人提出。

单一受托人的场合问题比较容易解决，但是如果是涉及多个、异地受托人的，如何确定管辖就成为问题。在《慈善信托管理办法》发布之前笔者曾建议，就异地受托人的备案地选择可以有两个方案，第一是升级为两个所在地的共同上一级管辖机关管辖。第二个是由当事人自主协商和选择任意一个受托人所在地的主管机构管辖。从促进慈善事业发展的角度看，第二个方案更具有便利性和合理性。应当明确关于管辖的规则，否则当事人设立慈善信托的时候可能会面临各地备案机关相互推诿，个别情况下还可能会发生相互争抢的情形。如果确立了这种机制，就面临监管方面对异地的受托人进行监管方式和监管分工的问题。

《慈善信托管理办法》第17条规定基本采取了第二个方案："同一慈善信托有两个或两个以上的受托人时，委托人应当确定其中一个承担主要受托管理责任的受托人按照本章规定进行备案。备案的民政部门应当将备案信息与其他受托人所在地的县级以上人民政府民政部门共享。"

九　慈善信托监管者的职权等

1. 批准受托人辞任的职权。在私益信托，受托人经过委托人或受益人的同意可以辞任（《信托法》第38条）；而公益信托的受托人要辞任，需经公益事业管理机构（民政部门）批准（《信托法》第66条）。至于公益信托受托人辞任是否还需要得到委托人或者受益人的同意，存在疑问。解释上，得到委托人的同意或者监察人的同意可能是必要的；但因公益信托不存在特定的受益人，应不需要得到受益人的同意。

2. 对受托人的经营管理状况和过程进行具体监督。民政部门应当检查受托人处理慈善信托事务的情况及财产状况。受托人应当至少每年一次做出信托事务处理情况及财产状况报告，经信托监察人认可后（设置监察人的场合），报民政部门核准，并由受托人予以公告（《信托法》第67条）。

有观点认为，慈善事业监管部门的职责和信托监察人的职责有很多重叠之处。如果慈善信托得以普遍设立的话，监管部门是否有能力行使如此具体的监督权能是值得怀疑的①。

3. 变更慈善信托受托人的职权。慈善信托的受托人违反信托义务或者无能力履行其职责的，由民政部门变更受托人（《信托法》第68条）。

4. 变更慈善信托条款的职权。慈善信托成立后，发生设立信托时不能预见的情形，民政部门可以根据信托目的，变更信托文件中的有关条款（《信托法》第69条）。

5. 其他职权。慈善信托终止的，受托人应当于终止事由发生之日起十五日内，将终止事由和终止日期报告民政部门（信托法第70条）。慈善信托终止的，受托人做出的处理信托事务的清算报告，应当经信托监察人认可后，报民政部门核准，并由受托人予以公告（《信托法》第71条）。在未设置监察人的场合清算报告也要经过民政部门的核准。

慈善信托终止，没有信托财产权利归属人或者信托财产权利归属人是不特定的社会公众的，经民政部门批准，受托人应当将信托财产用于与原公益慈善目的相近似的目的，或者将信托财产转移给具有近似目的的公益组织或者其他公益信托（《信托法》第72条）。

另外，《慈善信托管理办法》第64条规定："省、自治区、直辖市、计划单列市人民政府民政部门和国务院银行业监督管理机构的省一级派出机构可以按照本办法规定结合当地实际联合制定实施细则，但不得设置或变相设置限制性条件。"这意味着下级监管部门不能通过制订实施细则来限制慈善信托的设立。

十 对监管者违法行为的监督

《信托法》规定，公益事业管理机构违反信托法规定的，委托人、受托人或者受益人有权向人民法院起诉（第73条）。本条建立了对公益事业管理机构的监督机制。下面对这一规则加以解释。

第一，《慈善法》并没有类似的规定，但是把该规则适用于慈善信托的监管机构——民政部门也是合乎逻辑的。

第二，本条相当于承认慈善公益信托中有受益人的存在，这和一般的信托法理相违背。虽然《信托法》和《慈善法》在慈善信托部分都出现了"受益人"的表述，但是，在理论上，慈善公益信托中是不存在特定受益人的，具体从慈善信托中取得利益的人并非一般意义上的受益人（参见本书

---

① Lusina Ho, *Trust Law in China*, Sweet & Maxwell Asia, 2003, p.90。

第四章的论述），这些"受益人"不像私益信托的受益人那样有强制执行信托的权利。由于信托监察人可以承担起类似私益信托中受益人的代理人的功能，所以可以"信托监察人"替换这里的"受益人"[①]。只有被确定的受益人才具备强制慈善信托的资格，才能行使本条赋予的权利。

第三，该条授予了委托人、受托人和受益人以诉权来监督公益事业管理机构和监管机构的行为，一种有力的解释认为，由于公益事业管理机构为行政机构，所以该诉讼为行政诉讼[②]。但是，《信托法》和《慈善法》都没有规定这种诉权能得到什么内容的救济，例如，能否要求公益事业管理机构和监管部门停止侵害和损害赔偿。

[①] 周小明：《信托制度：法理与实务》，中国法制出版社2012年版，第373页。
[②] 周小明：《信托制度：法理与实务》，中国法制出版社2012年版，第373页。

第三章　慈善信托财产的法律原理

第一节　慈善信托财产的性质

一　慈善财产性质的规范基础

《慈善法》关于"慈善财产"的主要规范内容是"慈善组织的财产"（第51条），而慈善信托的受托人所管理的信托财产也属于慈善财产，并无异议。慈善财产是属于捐赠人（委托人）、慈善组织（或慈善信托受托人）还是受益人的财产，是属于私人的财产、公共财产、公有财产还是社会财产，法律并无明确规定。本节以慈善信托财产的法律地位为核心进行探讨，探讨的结论大致能扩展于全部慈善财产。

《公益事业捐赠法》（1999年）第7条："公益性社会团体受赠的财产及其增值为社会公共财产，受国家法律保护，任何单位和个人不得侵占、挪用和损毁。"这里出现了"社会公共财产"的概念，但是该概念具体的法律性质也不明确。实际上，在《中华人民共和国宪法》中就出现了与此类似的"社会主义公共财产"的概念，该法第12条第一款、第二款前段规定："社会主义的公共财产神圣不可侵犯。国家保护社会主义的公共财产"。然后在第二款后段继续规定"禁止任何组织或者个人用任何手段侵占或者破坏国家的和集体的财产"，在逻辑上似乎可以认为"社会主义的公共财产"即为国家和集体（公有）的财产。

我国《刑法》中对"公共财产"的概念做出了进一步的解释。根据《刑法》第91条规定，刑法上的公共财产是指下列财产："（一）国有财产；（二）劳动群众集体所有的财产；（三）用于扶贫和其他公益事业的社会捐助或者专项基金的财产。在国家机关、国有公司、企业、集体企业和人民团体管理、使用或者运输中的私人财产，以公共财产论"，和同法第

92 条规定的私人财产相对应；这里确立的逻辑是，不是私人财产，就是公共财产，强化了社会公共财产等同于公有财产的观念，按此逻辑，慈善财产理所应当属于公有财产。但是，即使从刑法的条文上，至少可以看出，"社会公共财产"是比"公有财产"更为宽泛的概念，社会公共财产除了包括国有财产、集体财产这些"公有财产"之外，还包括（Ⅰ）"用于扶贫和其他公益事业的社会捐助或者专项基金的财产"以及（Ⅱ）"在国家机关、国有公司、企业、集体企业和人民团体管理、使用或者运输中的私人财产"，其中关于（Ⅱ），刑法并不否认其本质上的私人财产属性，只是从强化刑法保护的角度出发①，把私人财产视为公共财产（"以公共财产论"），对此并无争议；而对于第（Ⅰ）点，正是本文所关注的，即"用于扶贫和其他公益事业的社会捐助或者专项基金的财产"，直接被包括在社会公共财产的范围之内，但是《刑法》并没有直接把这些财产等同于公有财产。那么，"用于扶贫和其他公益事业的社会捐助或者专项基金的财产"的性质，进一步说，用于慈善事业的财产之性质该如何理解呢？

二 慈善财产针对捐赠人财产的独立性

从事慈善事业的方式至少有以下几种：第一，直接对需要资助的个人或者团体进行捐助和赠与（赠与合同，双方法律行为）；第二，捐赠给公益法人、公益基金等组织②，指定用途；第三，拿出财产设立基金会等公益法人③（单方法律行为或者共同行为）；第四，设立公益信托④。无论是哪一种方式，慈善财产都不再是捐赠人的财产。

第一，在赠与合同的场合，财产交付受赠人之后，财产权转移给受赠人。在这种法律关系中，受赠人是特定的、明确的自然人或者法人。除了

---

① 在我国刑法上，对社会公共财产的保护力度的确要比对私人财产的保护力度大。
② 我国台湾地区学者林诚二教授认为这种行为的性质纯粹为赠与，和第一种行为性质相同。参阅林诚二《民法债编各论（上）》，中国人民大学出版社 2007 年版，第 204 页。为了确保捐出财产的独立性和安全性，似应认为某些附带目的的捐出财产交付公益法人成为受托财产后，公益法人不能作为自己的固有财产使用。参阅 Jill. E. Martin, *Modern Equity*, 17th edition, London: Sweet & Maxwell Ltd, 2005, p.400.
③ 林诚二教授认为此为捐助行为，属于无相对人的单独行为，因其时所设立财团法人并未成立也。林诚二：《民法债编各论（上）》，第 204 页。
④ 除了《慈善法》之外，我国和公益事业相关的法律法规主要有：《信托法》《公益事业捐赠法》《企业所得税法》《个人所得税法》《基金会管理条例》《社团登记管理条例》《民办非企业登记管理暂行条例》等。

法律规定的特别情形（《合同法》第 192 条、第 193 条），赠与人不能撤销赠与。而且，虽然赠与合同为诺成合同，因此赠与人在转移财产之前都能撤回赠与，但是，"具有救灾、扶贫等"社会公益性质的赠与合同，受赠人甚至可以强制执行（《慈善法》第 41 条、《合同法》第 188 条）。因此，财产的归属是清晰的，不可能成为赠与人的财产。由于简单的一对一的直接赠与无法建立可持续和高效的公益机制，难以达成"授人以渔"的功效，所以，《慈善法》中没有把这种行为作为慈善行为加以规范。

第二，在捐出财产设立慈善基金会等公益法人的场合，捐出的财产成为法人财产①，这些财产同样不再是捐出者的财产。设立基金会等慈善组织之时，捐出的财产成为基金会的初始财产（《慈善法》第 51 条第 1 项）。在比较法上，为了维护基金会法人的人格和长期存续，理论上采取类似公司法人的"资本维持原则"，一般不能动用基金会的本金②。我国在实务上有类似的要求。

第三，在把财产捐给已经设立的慈善组织（《慈善法》第 51 条第 2 项），或者设立慈善信托计划（项目）、加入已设立的慈善信托计划的场合，这些财产不属于捐出人是显而易见的。

第四，在慈善组织和公益信托的目的达到或者不能达到，且慈善财产没有权利归属人的时候，这些财产会根据近似原则（Cy-pres Doctrine）③，用于其他的慈善组织或者慈善信托的最近似的公益目的，即便捐赠人有约定，也不允许产生返还捐出者的情形。这样的原因至少有以下几个：其一，捐出者人数众多，返还捐出人在经济上或事实上成为不可能；其二，捐出者有可能因捐出财产已经获得税收等优待，因此，返还最初的捐出财产可能缺乏正当性；其三，从法律性质上看，捐出财产已经转移了所有权，变成了不同于捐出人财产的他人的财产，慈善事业的捐出人不能像私益信托

---

① 值得注意的是，虽然这里使用的"法人财产"和"信托财产"在文字结构上是一致的，但是，二者的含义是不一样的。"法人财产"指的是"法人"的财产，由于法人有法人人格，法人称为财产权的归属人自无问题。但是，"信托财产"并不能解释为"信托"的财产，原因在于，信托本身没有法律人格，而只是一种法律结构和法律关系。

② 但是我国的《基金会管理条例》和《慈善法》都没有类似规定。我国慈善相关法律明显没有在慈善财产中区分基金会设立时的初始财产和其作为法人后来取得赠与的财产的性质，也缺乏类似公司上的"资本维持原则"的规定。当然，基金会法人是否一定要遵照类似"资本维持原则"值得进一步讨论。

③ 《慈善法》第 57 条、《信托法》第 72 条、《基金会管理条例》第 33 条。可以看出，近似原则为整个公益慈善法律领域通用的基本法理，而并非局限于信托法。

的委托人一样成为受益人，当然不能再返还给捐出人。

三　慈善财产针对受益人财产的独立性

根据慈善法原理，慈善财产的受益人一般没有强制执行慈善财产的权利，即，慈善财产在具体分配到受益人之前也不是受益人的财产。纵观《慈善法》的条文，都没有授予受益人可以强制执行慈善财产的权利。以慈善信托为例，谁可以强制执行慈善信托一直就是个值得探讨的问题。

广义上，慈善（公益）信托也是目的信托，和非公益的目的信托同样，没有特定的受益人来强制执行这种信托。有机会从公益信托中获得利益的自然人、法人或者其他组织一般没有权利强制执行这种信托[1]。在英国，公益信托过去曾经主要由总检察长以国王（女王）的名义强制执行，而其一般的管理由公益信托委员会监督（Charities Act 1993, s.1.）。在美国，总检察官（attorney general）或者其他官员被授权代表社会的利益强制执行该公益信托。共同受托人之一或者受托人的继承人有权去起诉其他受托人或者前任继承人去防止或者救济其违反信托的行为，或者去强制执行信托，多数的州认可一个对信托的履行有"特别利益"的人强制执行信托。因此，当能充分地辨别出某一个特定的自然人或者慈善机构有权从公益信托取得利益的，此自然人或者机构有权强制执行信托。根据传统的观点，委托人并没有"特别的利益"去强制执行信托。只是，根据 UTC § 405（c）的规定，"慈善信托的设立人或者其他人，可以保留强制执行信托的诉讼权利"。在对慈善信托有特殊利益的人发起诉讼程序去强制执行信托的时候，总检察官通常会被要求成为当事人[2]。委托人对慈善信托的强制执行不过是一种监督权，并不像是私益信托中的受益人一样是从信托财产中取得信托利益的权利。

根据通说，在慈善（公益）信托中不存在受益人；即使站在受益人存在的立场，由于受益人也是不特定的多数人，所以为了确保信托机制的平衡和公平性，才需要设置信托监察人。因此，从慈善财产中受领到利益的人，并非慈善财产的财产权人，他们取得的利益，被认为是公共利益的反射（reflection），并不是说他们就是受益人。真正的"受益人"是社会整体。并非能从信托的运作中获益的任何人都是信托受益人。若信托只是偶然地使个人或者法人取得利益，获利的自然人和法人就不是受益人，这些人也不可以强制执行信托（Rest. 3d § 48）。例如，若受托人被指令以债券

---

[1] Hauxwell v Barton-on-Humber UDC［1974］Ch. 432; Charities Act 1993, s.33.

[2] Edward C. Halbach, Jr, *Trust, Gilbert law summaries*, New York: Thomas/West, 2008, p.146.

的形式投资一部分信托财产到某一特定公司，该公司自然不是受益人，不能通过诉讼强迫受托人遵照该指令行事。而信托的受益人则会因为受托人没有遵照有效的信托条款的违反义务行为而额外承担受托人因此而带来的损害［3］。同样，能从慈善信托中获得利益的人也并非受益人，慈善信托中的"受益人"一般认为是社会，公益信托中的这些取得利益的人并没有权利强制执行信托。

但是，目前美国有这样的迹象：能确证其享受公益慈善信托利益之资格者，逐渐可以为了强制执行慈善信托而提起诉讼。例如，以某大学的利益而设定的公益信托，该大学就可以强制执行。法院的倾向是，朝着缓和受益人自己强制所需的要件的方向解释。也就是说，对公益信托的成果享有特别权益的人，可以被视为受益人。其结果是，以设置市政公园为目的把土地设定信托的场合，能够证明自己会利用该公园娱乐的人，可以强制执行该信托。

虽然现代信托法在沿着承认慈善信托中潜在的受益人（更准确地称呼应是"受领人"）拥有强制执行信托之权利的方向前进，但是无论如何，仍然不能认为慈善财产是受益人的财产。

四 慈善财产针对受托人固有财产的独立性

信托法确立了信托财产是独立于受托人个人之固有财产的特殊财产的法律地位（特别是《信托法》第三章）。慈善信托的信托财产也不是受托人的固有财产，这一点不需要再次详尽论证。这里需要简单说明的是：在慈善基金会中，某些慈善财产也是独立于慈善组织自己固有财产的信托财产：把财产附有特定目的捐给慈善组织的场合，和设立公益信托的情形相同，所捐出的财产成为独立于慈善组织自己固有财产的财产，慈善组织自身成为慈善财产的"受托人"。这一点经常被人忽视，需要稍加说明。

我国的慈善组织大多是具有官方或者半官方背景的社会组织，其创设资金来源有财政拨款、设立的机构和个人的捐款，这些资金（相关法律使用的术语是"经费"）构成法人自身的财产①。在慈善组织存续期间，接受

---

① 根据《基金会管理条例》，基金会的属性为"非营利性法人"。基金会在设立的时候有所谓的"原始基金"的要求。而中国扶贫基金会和中国慈善总会都在章程中规定自己为"社会团体法人"。因此，它们的财产被称为"经费"。例如《中华慈善总会章程》第26条规定的"经费来源"：（一）会费；（二）捐赠；（三）政府资助；（四）在核准的业务范围内开展活动或服务的收入；（五）利息；（六）其他合法收入。

社会上的个人和机构捐赠的财产，这些财产一般都会附有条件和特定目的，很多情况下也可能单独设立"专项基金"，这些财产被"染色"之后和基金会自身的财产加以区分①，虽然统一归慈善组织管理，但是不属于慈善组织自身的财产。这一点可以从慈善基金法人的网站上的公开资料得到印证。慈善基金会定期公布两类账目，一类是法人自身的账目，另一类是各个单独的基金的账目②。这些做法的目的就是为了确定这些基金的独立性。《慈善法》第53条第一款也规定"慈善组织对募集的财产，应当登记造册，严格管理，专款专用"，明确规定了慈善组织募集所得的慈善财产具有独立性。在这种意义上，慈善组织成为这些慈善基金的受托人，应承担类似信托法上的受托人的义务和责任。所以，信托法理在法人法理中有所渗透③。

这样，基金会等慈善组织在管理慈善财产的过程中，会出现三种情形。第一种，慈善组织的发起人设立慈善法人，这部分初始财产是形成慈善法人人格的财产（《慈善法》第51条第一项），可以被称为慈善法人自身的财产（固有财产），慈善法人的理事和理事会等机构对这部分财产的管理承担类似公司董事对公司财产的管理职责；第二种情形，慈善法人接受捐赠的财产《慈善法》第51条第二、第三项），具有独立于其自身财产的特点，特别是专项基金，慈善法人对此部分独立财产负有类似信托受托人的管理职责；第三种，根据《慈善法》的规定，慈善法人直接作为慈善信托的受托人（《慈善法》第46条），慈善组织根据慈善法中关于慈善信托的规定以及信托法中受托人的规定承担相关管理职责。第二种和第三种情形都应该直接或者间接适用信托法理，但是，二者之间的区别是值得进一步研究的问题。

---

① ［日］樋口範雄：『入門信託と信託法』（弘文堂·2007年），第21页。

② 例如，中国红十字基金会每年会有自己的审计报告，请参见2013年中国红十字基金会审计报告：http://new.crcf.org.cn/files/content/2014-10-28/红会2013年报 - 网络版.pdf。而中国红十字会所管理的如长江公益基金、玉米爱心基金、阳光文化基金、嫣然天使基金、小天使基金等都有独立的审计报告。http://new.crcf.org.cn/Templets/static/ahtmlnew/AuditReport.html 这类似于信托公司的年报中把信托公司的固有业务和信托业务分别做账。参见，中信信托2013年年报：http://trust.ecitic.com/images/information/gsnb/2012/04/27/2013cb.pdf。

另外，信托业协会2014年第三季度末信托公司主要业务数据也是这样处理的：http://www.xtxh.net/xtxh/statistics/21205.htm。以上网页的最后访问日期均为2015年1月8日。

③ Scoles, Halbach, Roberts, Begleiter, *Problems and Materials on Decedents' Estates and Trusts*, 17th edition, New York: Apsen Publishers, 2006, p.661.

五 慈善财产不是公有财产，更非政府财产

（一）事例分析：玉树震灾捐款"余震"

在 2010 年玉树地震之后，截至 2010 年 7 月 9 日，全国共接收玉树地震捐赠款物 106.57 亿元（资金 98.11 亿元，物资折款 8.46 亿元），除去已用于应急抢险的 8.14 亿元，全国尚结存 98.43 亿元。在 5 月 27 日，国务院下发《关于支持玉树地震灾后恢复重建政策措施的意见》（16 号文件）。文件要求中央有关部门及红十字会、慈善总会等机构，将接收的捐赠资金"直接拨付到青海省"，连同青海省接收的捐赠资金，统一纳入灾后恢复重建规划，"由青海省统筹安排用于恢复重建"。2010 年 7 月 7 日，民政部、发改委、监察部、财政部、审计署又联合下发了一份名为《青海玉树地震抗震救灾捐赠资金管理使用实施办法》（下称《实施办法》）的文件，将 16 号文件中与捐赠资金相关的条款进一步明确：包括扶贫基金会在内的 13 个有募捐资质的全国性基金会，须将捐赠资金拨付青海省民政厅、红十字会、慈善总会任一账户。而集中汇缴后的资金，将由青海省统筹安排使用；具体项目的组织落实，亦由青海省统一负责。

早在 2010 年 4 月 18 日，民政部就下发了《关于做好玉树"4.14"地震抗震救灾捐赠工作的通知》，启动了民间善款向官方汇集的第一步。该文件最重要的内容是明确受捐主体：其一，是各级民政部门；其二，便是 15 家有着官方背景的社会组织和公募基金会，分别是中国红十字会总会（含中国红十字基金会）、中华慈善总会、中国扶贫基金会、中国老龄事业发展基金会、中国宋庆龄基金会、中国光华科技基金会、中国残疾人福利基金会、中国人口福利基金会、中国青少年发展基金会、中国儿童少年基金会、中国绿化基金会、中国教育发展基金会、中华环境保护基金会、中国妇女发展基金会和中国医药卫生事业发展基金会。按照文件规定，至于其他已开展救灾募款的机构组织，均需将所募捐款转交上述机构。这引起了社会上广泛的讨论[①]。

（二）慈善财产独立于政府财产

学者认为，由政府限定募捐组织的做法，实质上是一种变相的行政审批行为。它一方面限制了公益组织应有的合法募捐权利，另一方面也限制了公民选择的权利。这种做法最严重的不当之处在于，民众捐出的善款属

[①] 兰方，罗洁琪等：《玉树地震善款交政府统筹使用 民间慈善遭遇逆流》，《新世纪周刊》2010 年第 32 期。

于"社会"而非政府,社会和政府是两个不同的概念。在没有合适主体的情况下,政府可以成为这些善款的受托人,但是不得利用手中的行政权力强制使政府或者政府指定的机构成为唯一的受托人。而且,慈善机构收到善款之后就成为善款的受托人,并没有权力(也没有义务根据谁的指令或者命令)去把自己管理的财产"汇缴"给政府,这样做构成了对其受托义务的违反。

再回到信托。信托的机制创造出独立的财产,这种财产既不是捐赠人(委托人)的财产,在实际分配到需要救助的人之前也不是受领人(受益人)的财产,更不是受托人的财产(虽然在名义上是其财产)和国家的财产。应当培育这种独立的财产和独立运行机制,借以对抗国家几乎无处不在的剩余权利——例如根据物权法和继承法的规则,凡是没有明确的财产人的,最终这种财产都归属于国家或者集体所有[①]。把公益机构募集来的捐款全部交由政府统一管理,这不仅违背了捐赠人的意愿,而且还有以公权力侵蚀私人财产权之嫌疑。在解释上,不能认为公益基金、公益法人乃至公益信托中的财产是公有财产,否则,作为公共事务受托人的政府可以自己决定资金的使用方式和用途等,这是严重违背慈善法理和信托法理的。

目前我国存在的慈善信托的数量极少,但有很多慈善事业都是依照公益(慈善)法人的模式建立的。如前所述,成立后的基金会法人日常接受捐款的时候实际上处于类似受托人的地位,这一点经常被忽视。此时,应适用信托法特别是公益信托法的原理。

延伸思考:《慈善法》对信托财产法律地位的疏离

《慈善法》第51条规定了慈善组织的财产。慈善组织的财产包括:(一)发起人捐赠、资助的创始财产;(二)募集的财产;(三)其他合法财产。对此规定有两点评述:

其一,本条仅规定了慈善组织财产的范围,但是没有明确确立慈善组织财产的归属。

由发起人捐赠和资助的"创始财产",一般在理论上也可称之为初始财产。慈善组织的初始财产和之后募集的财产之间应有所区分:前者类似固有财产,其利用受法律和慈善组织章程等文件确定;后者

[①] 《继承法》第32条;《物权法》第113条。最为突出的是物权法关于国家所有权和集体所有权的规定,实际上相当于确立了法律规定能属于私人所有之外的一切自然资源等,都属于国家和集体的规则。这样几乎没有传统民法所说的"无主物"存在的余地。

类似信托财产,其管理和运用的依据是捐赠人的捐赠协议(慈善法第55条)。初始财产和募集的财产各自产生的代位物(孳息、收益等)应分别属于固有财产和信托财产,不能混淆。

实践中,对慈善组织的专项基金的管理方式是专款专用、单独记账。"专款专用"是我国相关立法长期以来所使用的术语,《慈善法》也采用了类似的术语。专款专用能否能使基金财产产生如信托财产那样的独立性和破产隔离效果,仍然值得进一步研究。

其二,这一章只讨论慈善组织的财产,没有讨论慈善信托的财产,体现了整个慈善法表现出对慈善信托的疏离感。

慈善信托中受托人所管理的财产亦为慈善财产。以慈善组织作为慈善信托受托人的场合,运用什么样的机制实现慈善财产的独立性和破产隔离功能,值得探讨。

《慈善法》是我国创新型社会治理的基本法,该法第六章集中规定了"慈善财产"。但是,通篇没有具有针对性地讨论慈善信托的财产的属性和法律地位,体现了对信托财产地位的疏离感。

六 慈善财产性质和社会法理

经过上述论证,可以看出,慈善财产并非是捐出人的财产,也不是潜在的受益人的财产,因此不是私人财产;公益财产不是公有财产,更不是政府财产,因此政府不能以权利人的身份享有支配的权利,也不能以共有财产的代表人或者代理人的身份享有支配的权利。公益财产只是在名义上归属于接受捐助的机构或者信托受托人,但是这些受捐机构或者信托受托人也仅仅是名义上的财产权人,并不能从这些财产中享有利益(固定的运营成本和经费甚至固定的管理报酬和管理费用并不能算是从公益财产中获得利益,《慈善法》第60条),因此也不是实质的财产权人。最终,公益财产应被解释成独立的目的财产。这类似对信托财产的定性,即,信托财产是不属于任何人的财产(nobody's property)。这样才能排除捐出人、公权力的干扰,确保公益慈善目的的实现。

慈善信托和慈善组织都不可避免要利用信托的财产独立法理和机制,创设以慈善为目的的独立财产,把这种财产和捐出人、管理人、受益的具体人等主体的风险分离开来,避免这些主体对这些财产的运营和目的的实现进行干涉。独立的财产有助于社会中间力量的形成。慈善制度在促进慈善事业发展、培育社会组织形成,进行多元化的社会治理,都具有重要的现实意义。也就是说,非政府组织和慈善组织的独立性都应建立在一定的物质基础之上,这种物质基础并非私产,更非公产,具有相对独立性。信托对财产权的虚置和不定性正满足这种要求信托为这种目的财产的管理解决了机制问题,可以说,信托和非营利组织、慈善法具有天然的联系。

第二节 慈善信托财产的取得

一 慈善信托财产的类型

根据《信托法》规定,一切能转让的、合法的财产,无论动产、不动产的所有权、用益物权、债权、股权、知识产权甚至信托受益权本身均可以作为信托财产设立信托(第14条),自然也可以设立慈善信托。《慈善法》就捐赠财产的范围做出了规定,"捐赠财产包括货币、实物、房屋、有价证券、股权、知识产权等有形和无形财产"(第36条),虽然只是就捐赠财产做出的规定,但是应当和可以设立慈善信托的财产范围是一致的。

根据《信托法》第10条的规定,"设立信托,对于信托财产,有关法律、行政法规规定应当办理登记手续的,应当依法办理信托登记",就不动产等法律规定应当办理登记手续的财产设立信托,应当办理信托登记。但是,由于我国目前仍然缺乏信托财产登记制度,相关登记部门也拒绝把信托文件作为登记的依据,所以,除了现金以外的其他财产设立信托仍然面临巨大障碍。

理论上,如果先以资金设立慈善信托,之后把不动产或者股权等捐赠给已经设立的慈善信托并不违背法律的规定(慈善捐赠)。但是,此时接受慈善捐赠的名义人依然是慈善信托的受托人。如果受托人是慈善组织,此时没有问题,慈善组织接受的慈善捐赠是附有特定的慈善目的,慈善组织把这些财产虽然可以置于自己的名下,但是应把这些财产直接归入信托财产,进行分别管理。如果受托人是信托公司,此时可能会面临的问题是,信托公司不是慈善组织,能否接受慈善捐赠?这仍然回到了最基本的问题:如果慈善信托的设立行为能够被视同慈善捐赠的话,信托公司才可以慈善信托受托人的身份接受捐赠。

股权作为慈善信托信托财产的问题也类似但有区别。由于股权可以划分为上市股份公司的股权、非上市股份公司的股权、有限责任公司的股权等，其财产转移的法律手续各有不同。根据《信托法》的规定，委托人以公司股权设立慈善信托后，慈善信托成为公司的新股东，应当根据《公司法》及相关登记管理规定办理股权变更登记。以上市公司股份和非上市公众公司股份设立慈善信托，股权应当按照《证券登记规则》《证券非交易过户业务实施细则》《非上市公众公司股份登记存管业务实施细则（试行）》等业务规则，在中国证券登记结算有限责任公司办理过户登记。以有限责任公司股权设立慈善信托，其股东变更应当经过半数股东同意，自变更之日起 30 日内向工商部门申请变更登记，并提交新股东的主体资格证明。以非上市股份公司股权设立慈善信托，其股东变更不属于发起人姓名或名称变更，不属于应当申请变更登记的情形，应当由公司将受让人的姓名或者名称及住所记载于股东名册的方式办理变更登记。①

股权慈善信托也产生了一些复杂的法律问题。例如，慈善信托可以持有股权比例问题。对于慈善信托可以持有的公司股权的比例，我国的法律没有相关的规定。美国 1969 年《税收改革法》禁止慈善基金会（信托）持有某家公司超过 20% 的股权。原因可能有两个，第一，如果持有一个公

---

① 2017 年 4 月 21 日，由国投泰康信托担任受托人的"国投泰康信托 2017 年真爱梦想 2 号教育慈善信托"在北京市民政局完成备案。该慈善信托的信托财产为 1 万股上海承泰信息科技股份有限公司股权，为非上市公司股权，公允价值为 48 万元。从设立第二年起，每年慈善支出金额不低于 5 万元，主要用于支持全国素养教育研究与推广项目，并由上海真爱梦想公益基金会担任慈善项目执行人，北京市中盛律师事务所担任信托监察人，渤海银行担任资金保管人。常艳军：《股权慈善信托首度设立》，《经济日报》2017 年 4 月 27 日。

2018 年，鲁伟鼎以其持有的万向三农集团有限公司的股权（对应出资额 6 亿元）作为信托财产设立慈善信托（B-100），这是目前备案的最大一单股权慈善信托。

2016 年 4 月 20 日，财政部、国家税务总局发出《关于公益股权捐赠企业所得税政策问题的通知》（财税〔2016〕45 号）规定："一、企业向公益性社会团体实施的股权捐赠，应按规定视同转让股权，股权转让收入额以企业所捐赠股权取得时的历史成本确定。前款所称的股权，是指企业持有的其他企业的股权、上市公司股票等。二、企业实施股权捐赠后，以其股权历史成本为依据确定捐赠额，并依此按照企业所得税法有关规定在所得税前予以扣除。公益性社会团体接受股权捐赠后，应按照捐赠企业提供的股权历史成本开具捐赠票据。三、本通知所称公益性社会团体，是指注册在中华人民共和国境内，以发展公益事业为宗旨，且不以营利为目的，并经确定为具有接受捐赠税前扣除资格的基金会、慈善组织等公益性社会团体……"，这个法律文件初步解决了向基金会等慈善组织捐赠股权的税收问题，以股权设立慈善信托的情形似乎可以参照。

司的股权太多，基金会（慈善信托）就会有动因去更多地参与公司的管理而非实施慈善目的；第二，若对持股比例不加限制，财富家族会使用慈善信托或基金会维持对其公司的家族控制。①另外还有受托人如何行使股权，如何协调平衡慈善信托的慈善目的和所持股企业的商业目的等复杂的问题有待研究。

在 2019 年 7 月，某信托公司备案成立"紫金信托·小银星女童艺术助学慈善信托"。据紫金信托的官方微信公众号称，该信托中"委托人南京小银星艺术培训学校以艺术培训课程的使用权作为信托财产，为 100 名老少边穷地区及城市困难家庭弱势女童提供艺术助学救助"，该慈善信托项目在丰富慈善信托财产类型方面进行了有益的尝试和创新。②然而，"艺术课程使用权"是什么权？是财产权吗？具有确定性吗？如何转移吗？受托人起到什么作用？从已公布的材料中无法找到答案。③

不动产、股权和动产等非资金财产设立慈善信托的时候如何进行税收优待的问题，仍然需要立法上予以确定。

二 慈善信托财产的取得方法——公募问题

少数特定委托人以其合法财产设立慈善信托，不准确地说是以"私募"的方式设立慈善信托，是设立慈善信托的典型形态，几乎不存在争议。此处重点探讨能否以"公募"的方式设立慈善信托。

（一）规范基础

《信托法》对公益信托能否公募没有限制性规定。在中国银监会 2008 年 6 月 2 日发布的《关于鼓励信托公司开展公益信托业务支持灾后重建工作的通知》（简称"93 号文"）规定了公益信托可以向不特定的社会公众公

---

① Betsy Schmidt, *Nonprofit Law:The Life Cycle of a Charitable Organization*, Wolters Kluwer, 2011, P.332. 另请参见［美］劳伦斯．M．弗里德曼，《遗嘱、信托与继承法的社会史》，沈朝晖译，法律出版社 2017 年版，第 206 页。
② 参见，"紫金信托"公众号 2019 年 7 月 30 日文章。
③ 笔者猜测，由于慈善信托在我国目前也很难取得税收优待，委托人实际上是借用慈善信托的名义，通过提供劳务和专业能力从事慈善事业而已，没有谁的利益受到损害，而公共利益增加了。似乎不应该苛求之。不过，在美国，捐赠自己的劳务和服务是不能取得捐赠扣减的，虽然提供劳务和服务的过程中花费的合理的车费、汽油费、食宿费用等成本可以扣减；向慈善机构捐赠出自己财产的使用权也不能取得捐赠扣减。参见 Reg. I§1.170A-1（g），I.R.C.§170（f）（3）（A）。

开募集善款①。《慈善法》第 22 条明确规定具备一定条件的慈善组织可以公开募集善款②，但对于慈善信托能否公募、特别是信托公司作为慈善信托的受托人能否公募，语焉不详。

另外，北京市民政局 2016 年印发的《北京市慈善信托管理办法》第 32 条规定，除非依法成立慈善信托并经备案，任何单位和个人不得以"慈善信托"名义公开募集资金。对其进行的一个合理的反面解释就是，若经依法备案的慈善信托，不区分受托人，均可以公开募集资金。之后颁行的《慈善信托管理办法》第 38 条规定，根据信托文件约定或者经原委托人同意，可以增加新的委托人，可以增加信托财产，这相当于承认了开放式的慈善信托。该规定并没有限制加入的人数和信托财产的数额，因此，任何满足信托文件约定的人都可以以新的信托财产加入到已经成立的慈善信托当中，在实质上是认可了公开募集的方式设立信托。

在受托人是慈善组织的时候，慈善组织如果取得公募资格，自然可以公开募集设立慈善信托。但在慈善信托的受托人是信托公司之时，信托公司能否参与设立公募的慈善信托，能否取得公募资格，仍然值得进一步探讨。

（二）术语使用和问题提出

汉语中"公募"和"私募"这样的表述，是在商业领域常用的术语，能否用于慈善领域，值得斟酌。《慈善法》中把筹集善款的行为区分为"公开募捐"和"定向募捐"（第 21 条），如果能厘清所用术语的含义，把两种行为依约定俗成简称为"公募"和"私募"似乎也并无不可。

---

① 有观点认为，"93 号文"的适用范围可能只局限于为了支持灾后重建工作而设立的公益信托，不能作为公益信托的一般性法律规则；而且，《慈善法》规定慈善募捐的主体只能是慈善组织，慈善信托不是慈善组织，当然不具备慈善募捐资格。参见，王振耀主编：《中华人民共和国慈善法评述与慈善政策展望》，法律出版社 2016 年版，第 100 页。笔者认为这种观点值得商榷，容后述。

② 该条规定："慈善组织开展公开募捐，应当取得公开募捐资格。依法登记满二年的慈善组织，可以向其登记的民政部门申请公开募捐资格。民政部门应当自受理申请之日起二十日内做出决定。慈善组织符合内部治理结构健全、运作规范的条件的，发给公开募捐资格证书；不符合条件的，不发给公开募捐资格证书并书面说明理由。（第二款）法律、行政法规规定自登记之日起可以公开募捐的基金会和社会团体，由民政部门直接发给公开募捐资格证书。"改变了《基金会管理条例》中在设立基金会之时就需要选择设置公开募集型还是特定的对象募集型的基金会，并为二者设置不同的标准。《慈善法》的这种改变有利于更便捷地设立基金会。

无论是《信托法》《慈善法》，还是民政部门的备案规则，都没有明确否认慈善信托可以公募。但是业界的确存在着一些认为慈善信托不能公募的观点。代表性的观点认为，信托公司可以从事慈善信托，但由于信托公司的信托业务均是私募业务，由信托公司公开募集发起慈善信托违背信托业的本质要求，所以信托公司不可以针对不特定对象设立慈善信托；如果允许信托受托人公募，特别是信托公司公募，慈善信托即变成受托人发起的一个制度而非委托人发起的制度，有违信托制度本质；而且，如果允许此种公募，委托人和捐赠人的区别就变得微乎其微，无法在信托中明确体现委托人的意愿（《信托法》第 2 条规定，信托体现"委托人的意愿"），无法确保委托人行使监督等权能。

（三）信托公司不能公募？

首先需要澄清的是，把信托业务定位为"高端私募"属性是针对商业信托而言，并非针对慈善信托。确立信托业务为私募的规范基础是《集合资金信托计划管理办法》的第 5 条和第 8 条，而集合资金信托仅仅是信托公司可从事业务当中的部分内容（《信托公司管理办法》第 16 条所规定的 11 项业务中的一项））。同时，作为信托公司业务基本法律依据的《信托公司管理办法》和信托基本法的《信托法》当中并没有任何关于私募的要求。信托公司只能从事私募业务是出于对不同的信托机构（包括信托公司在内的资管机构）业务区分和分类监管的产物，而且是特定历史条件下的产物，基金公司根据《证券投资基金法》可以从事公募型的证券投资基金信托业务，未来能否放开信托公司从事公募商事信托也未可知，限制信托公司以公募的方式从事慈善信托并没有正当的理由。

在银监会 2008 年 93 号文第 4 条规定："信托公司设立公益信托，可以通过媒体等方式公开进行推介宣传。公益信托的委托人可以是自然人、机构或者依法成立的其他组织，其数量及交付信托的金额不受限制"，这相当于明确了公益信托可以向不特定的社会公众公开募集善款，把银监会的这个规范理解为一时一地的权宜之计是不合适的。而且在《慈善法》颁布之前，实务当中已经出现了公募公益信托的实践（厦门信托"乐善有恒"公益信托等），法律的规定和对法律规范的解释不能否定已有的、有益的社会创造。实践中已经存在很多这种类型的慈善信托，对委托人人数没有限定，对委托人的范围也没有特定化的要求，更没有合格投资者的要求，这应已能定性为公开募集。

根据《慈善法》，基金会等慈善组织也可以成为慈善信托的受托人，不少基金会具备公开募捐的资格，如果限制慈善组织以公募的方式从事慈善信托，恐怕非《慈善法》立法者所愿；反过来，如果慈善组织能以公募的方式开展慈善信托而信托公司却不能，这在制度安排上是不协调的。

慈善信托的确不是《慈善法》和《公益事业捐赠法》所称的接受捐赠（募捐对应的是捐赠）的主体，但如后述，捐赠者拿出资金交付受托人设立信托和捐赠给已经设立的慈善信托计划之间的区分意义已经微乎其微，所以否认慈善信托受托人的募捐资格是不恰当的。

（四）受托人"募集"违背委托人意愿和信托本质？

担心由受托人发起慈善信托违背信托之本质亦无必要。

根据《信托法》的规定，信托要体现"委托人的意愿"（第2条），《慈善法》第44条又重复了上述表述。委托人的意愿是信托中的蓝图和基因，所有的意定信托——合同信托、遗嘱信托和宣言信托，都应重视委托人的意愿。但是，对于委托人意愿的形成机理，值得探讨。

先从合同法原理的发展对此做简单解释。在合同法中，典型的合同是以当事人的要约和承诺缔结的，依法成立的合同被认为是当事人反复磋商的结果，体现了当事人双方的真实意愿。但是，格式合同、框架合同、长期连续合同的出现改变了合同的意思表示内容要素、权利义务确定性要素和时间要素，当事人中总有一方当事人的意愿被或多或少的强制。但是，我们仍然说合同体现了当事人的意愿，合同法强大的基本模型没有被颠覆。

在信托实务中，大量存在的是投融资为目的的商事信托，以集合资金信托为例，这种信托产品也是以格式合同（标准合同）的形式出现，委托人要么加入，要么离开（take it or leave it），信托合同条款的内容——信托财产的数额、信托存续期限、信托财产的运用方式和对象，都是由受托人一手操办，委托人几乎没有发言权。日本学者神田秀树教授在区分商事信托和民事信托的时候，就把弱化委托人的意愿作为商事信托的重要特点[①]。在投融资为目的的商事信托实践中，不少人批评说这些项目是"融资方意愿导向"或者"项目导向"而非委托人意愿导向，但是，不能由此就说这些信托没有遵照委托人的意愿。毕竟，有选择不加入的自由也是一种自由。受托人仍然在其草拟的信托文件中大模大样地写上"本合同遵照委托人的意愿而设立"，从来没有人对这种信托的有效性提出有力的挑战。在商事信托（营业信托）中，受托人就信托的结构特别是信托财产的运用起主导作用，只是在形式上尊重委托人意愿，委托人仅退化为金融投资者。

既然在私益信托中我们已经不能一律地要求委托人意愿占主导地位，

---

① ［日］神田秀樹『商事信託の法理について』（『信託法研究』第22号、1998年）。

在慈善信托中，也不用如此责备求全。如果能理解信托只是一种达成特定目的的灵活结构而不是一种一成不变的实体的话，上述担心就大可不必。

在慈善信托中，委托人只是具有慈善意愿的人，具体到慈善目的的确定，慈善需求的发现、汇集、满足或实现方式，作为机构的信托公司和慈善组织处于比较有利的地位，其扮演比较积极主动的角色也可以理解的。委托人（捐赠人）有慈善意愿但不具体，受托人、特别是慈善组织受托人帮助他们发现和设计出更具体的慈善目的，捐赠人若同意加入，相当于捐赠人的意愿得到体现。担心由受托人发起违背信托之本质也是没有道理的。

在我国台湾地区，其"法务公益信托许可及监督办法"第6条第3项规定："公众依本法第71条第1项之规定加入为委托人者，应以信托契约为之"，虽然就此种加入行为属于信托契约还是捐赠行为存在理论争议，但是至少可以看出是允许公众加入公益信托之中的[①]。

在美国，慈善信托一直是用于筹款目的（fund raising purposes）的有效形式，从来没有规定说慈善信托不能向公众募集款项，只是需要遵循更严格的监管要求而已。[②]

或有观点认为，设立信托和捐献行为是不同的，如果允许公募就把委托人降格为捐赠人。这种观点是有一定道理的。设立信托的行为有合同、遗嘱和宣言（理论上）三种形式。而广义的捐助行为可能有赠与（双方行为）和捐赠设立基金会法人的行为（单方行为或共同行为）两种类型[③]。但是，值得注意的是，刨除设立法人的行为，附有特定目的的赠与行为和设立信托的契约行为之间的界限已经十分模糊。例如在"美国信托法重述"（第三版）当中就有类似评论：向慈善法人赠与财产时，特别是捐赠者附加限制条件的情况下，法院有时认为慈善信托就此设立，而该法人作为受托人存在[④]。

其实，在商事信托中，就有劣后级的委托人和优先级的委托人的安排（虽然是私募），劣后级的委托人设立信托的行为和优先级的加入（应募）行为在技术上可以是同时的。在慈善信托中也似乎没有必要过分严格区分设立行为和事后加入（捐赠行为）。至于捐赠人地位问题，事后加入慈善信托的委托人（捐献人）的加入行为本身就意味着接受了信托文件关于信

[①] 参见王志诚：《信托法》，台北：五南图书出版公司2011年版，第341页。
[②] 参见 Marilyn E. Phelan, *Nonprofit: Law and Taxation*, 2d, Thomson Reuters, 2018. §13:11.
[③] 朱庆育：《民法总论》，北京大学出版社2015年版，第153—154页。
[④] Restatement of Trust (third)， §348.cmt.F.

目的、信托财产管理运用等相关规定的约束，信托设立之后加入的人根据信托文件的约定取得要么委托人要么捐赠人的地位，而不允许公募的话，事后加入的捐赠人只能以捐赠人的地位行使有限的权利，可以看出，允许慈善信托公募相当于授予了当事人（包括原受托人、委托人和事后捐赠者）一个选择的权利。[1]

即使从慈善组织（法人）公募资格的许可制来看，其之所以需要许可，正是基于对于善款的安全和适当管理的确保。基于目前信托公司的数目不多，都是受到银保监部门严格监管的专业机构，有完善的财产管理制度和信息披露制度，善款投资运用是有完善的制度保障的，似乎可以放开信托公司的公募资格。

关于公募的慈善信托中委托人权利保护问题。在某些慈善信托当中，委托人的意愿可能不如私益信托那样具有主动性，不少情况下是受托人框定一个慈善目的，委托人做出响应而已，但是不能认为此时慈善信托不能体现委托人的意愿。慈善信托中的委托人也不像私益信托的委托人那样享有信托法上的诸多权能、特别是监督权能（即便在单一或者少数委托人也是如此）。即便是在私募的集合资金信托计划中，委托人＝受益人是多数人的场合，都需要受益人大会等意思形成机制以保护委托人权利的形成。况且，慈善信托中的委托人的权利似乎原本就应该受到限制，不可能享有信托法上所规定的所有权利。不少慈善信托中的关注点已经转移向了受托人，

---

[1] 在英国，一个类似的问题是特别信托（speial trust）。英国慈善法上没有特别区分慈善信托和其他慈善机制，而在所有的慈善事业项下共同探讨资金募集问题。所谓"特别信托"所揭示出来的问题是：如果在一个慈善事业（包括慈善信托）设立之后，有人捐助一笔资金，这一笔资金是作为一个单独的信托登记，还是作为对已经存在的慈善事业的捐赠？根据英国1993年慈善法的定义，一个慈善事业持有的财产具有不同于原来慈善事业的特殊目的，构成"特别信托"，需要进行独立的登记。根据慈善委员会的表述，一个独立的基金是否构成一个独立的慈善事业，取决于捐赠人的真实意愿。该著作中还举例说："如果一个现存的慈善事业按照特殊慈善信托的方式接受财产，慈善机构（如果该慈善事业是慈善信托或者其他非法人形态的话就是其受托人）就是该财产的受托人，要受委托人所设定条款的约束。再例如，如果一个现存慈善事业向公众募捐（raise money from a public appeal），这个募捐申请文件中清楚地表明所募款项用于不同于该慈善组织之一般目的的特别、或者说更有限的目的。"参阅 Peter Luxton, *The Law of Charities*, Oxford: The Oxford University Press, 2001, pp.434-436. 话说回来，如果捐赠人的捐赠目的中并无特别的要求，可以理解为接受原来慈善信托的目的和条件，其财产构成原来信托财产的一部分而非一个单独的信托，至于捐赠人是享有捐赠人的地位还是委托人的地位要看信托文件如何约定。

委托人的意愿的确是弱化了，但是不能说慈善信托没有体现委托人的意愿，更不能说其权利无法得到保障，所需要做的只是强化委托人的权利行使机制而已。

实务中不少慈善信托项目在操作上会分批募集善款①，《慈善信托管理办法》中也已经允许了开放式的慈善信托。如果僵化地把信托设立和运行理解为一个必须一次性完成的行为，实务当中的这些做法难免会令不少人担心了②。

（五）慈善捐赠、慈善信托设立和公募问题

"慈善法"第三章和第四章分别规定了捐赠和慈善组织募捐的问题。其中第21条规定："本法所称慈善募捐，是指慈善组织基于慈善宗旨募集财产的活动"。有观点据此认为，只有慈善组织能基于慈善宗旨采取募集善款的行为，③以信托公司为受托人的慈善信托不能公开募集资金。

虽然本书曾经介绍过，英美法上并不刻意区分信托和捐赠，但是并不等于英美法上不区分二者。本书有时也主张不要过分强调捐赠和信托之间的区分，其目的主要是在两个方面，第一，附目的的捐赠的受赠人并非赠与合同的受赠人，不能完全取得财产的财产权特别是收益的权利，这和信托已经非常接近；第二，在经济效果上，慈善捐赠和慈善信托之间并无差异，因此本书建议在慈善信托设立的税收待遇上应可"参照"慈善捐赠的相关法律规定。但是这也是建立在区分二者的基础之上的。

---

① 《慈善法》之前实施的慈善信托中有不少这样的尝试。例如，在2015年10月成立的中原信托-乐善1期-"善行中原"公益信托计划中标明，"本信托为开放式信托，信托存续期内，委托人/捐赠人可随时进行认购"。资料来源："中原信托"微信公众号。另外，在2016年1月19日，由厦门国际信托有限公司联合厦门农商银行、厦门市慈善总会共同发起设立的"乐善有恒"公益信托产品正式成立，这是具有向公众募资资格的公益信托产品，首笔善款为100万元，由厦门国际信托和厦门农商银行各捐赠50万元，首期善款将用于厦门市慈善总会"雨露育青苗"等公益项目；后续该公益信托将采取向社会公开募集等多种方式筹集善款。网址：http://xm.ifeng.com/a/20160119/4212808_0.shtml，2016年11月18日。

② 在日本公益信托实务中，是承认募集型的公益信托的。在公益信托设立后，还会出现从不特定多数的慈善人士手中募集资金的情形，或者中途追加信托资金的情形。不过，如果没有特别的约定，一般并不把追加捐出金钱的慈善人士作为委托人看待，而仅仅作为公益信托募集的出捐人。三菱信託銀行信託研究会『信託の法務と実務〔5訂版〕』（金融財政事情研究会・2008年），第698頁。

③ 笔者参加的2017年6月26日银监会和民政部联合举办的"慈善信托立法研讨会"中，有几位民政部门的官员持此种观点。

解释上,《慈善法》第三章和第四章的规定只适用于慈善组织所从事的捐赠和募捐行为,而不涉及慈善信托设立行为。无论慈善信托设立行为在经济和社会后果上和捐赠(募捐)行为如何相近,二者都是不同的法律关系。信托公司当然不是慈善组织,当然不能从事第四章慈善组织所从事的募捐行为,其所从事的只是信托行为。因此《慈善法》关于募捐行为的规定不能直接适用于慈善信托,只是在合适的时候加以参照。

(六)公募型慈善信托的特殊问题

我们的立法中一直存在一种奇怪的逻辑:如果某一制度容易被滥用,法律为了彰显其纯洁,就一刀切地不对该制度作出规定。犹如药管当局断然禁止一切有副作用的药物进入市场。

公开募集信托财产方便了民众参与慈善事业,可以认为,对向不特定的公众"募集"慈善信托财产的批评主要是言辞上的,并没有特别的说服力。

如果允许公开募集慈善财产设立慈善信托,的确会出现一般的慈善信托所不会出现的特殊问题,因而有必要对其加强监管,但是,严加监管的正当性并没有为反对慈善信托公募提供充分的理由。

个人以为,如果允许慈善信托的委托人是不特定的社会公众,在公募型的慈善信托中,有必要注意以下问题:

第一,监察人必设。《慈善法》把《信托法》中慈善信托监察人的必备设置改为任意设置,个人认为并不妥当(容后述)。至少在公募型的慈善信托中,由于受益人和委托人的双重缺位,受托人缺乏必要的制衡和监督,因此,需要将监察人改为必备设置。

第二,公募型的慈善信托需要更加公开透明的报告和公告程序。《慈善法》第48条第二款规定:"慈善信托的受托人应当根据信托文件和委托人的要求,及时向委托人报告信托事务处理情况、信托财产管理使用情况。慈善信托的受托人应当每年至少一次将信托事务处理情况及财务状况向其备案的民政部门报告,并向社会公开。"对于公募型的慈善信托,可以要求每募集一期,即应向社会公开。

第三,对于从事慈善信托受托人资格进行适当的限制。信托公司因数目少,受托人在资金运作方面接受银保监部门和民政部的严格的双重监管,因此似乎不需要特别的许可程序。对于大量存在的慈善组织,似乎只应允许取得公募资格的才允许其从事公募型的慈善信托受托。

《慈善信托管理办法》的征求意见稿中曾经规定,慈善信托的受托人是上一年度监管评级良好以上的信托公司和符合条件的慈善组织。该意见稿中还规定公开募集设立的信托只能投向扶贫攻坚、希望工程、贫困母亲等符合国家战略方针的重点公益慈善项目的慈善信托。不过在正式通过的版本中删除了上述要求。

第四，募集来的信托财产运用比例限制。为了避免公募型的慈善信托的受托人自我强化其存在，应对公募型的慈善信托财产的运用比例参照公募型的基金会的比例加以限制，避免过分的财产积累。①

第五，完善委托人行使权利的机制。如果公开募集善款设立慈善信托，委托人的人数可能众多，甚至有的委托人无从确认，如何行使信托法上所规定的委托人的权利，值得研究。甚至，提供善款的人是否全部得认定为委托人，是否得行使委托人的权利，值得探讨。

延伸思考：委托人还是捐赠人？

即使不允许以公开募集的方式设立慈善信托，但在设立慈善信托之后以捐赠的方式向慈善信托进行捐赠是允许的。受托人虽然是受赠人，但是根据捐赠人的捐赠意愿，该财产是捐赠给受托人名下的慈善信托财产。这样并无法律上的障碍（信托存续期间的受赠或者其他意外所得都是信托财产）。正是基于这一点，有观点质疑允许公开募集方式设立慈善信托的必要性。

在《慈善信托管理办法》的第38条，根据信托文件约定或者经原委托人同意，可以"（一）增加新的委托人；（二）增加信托财产……"，这被视为是"开放式慈善信托"的规定。②如果承认了开放式慈善信托，又没有对委托人的人数施加限制，已经成立的慈善信托即可向不特定的人"募集"善款。这已经接近承认公募的慈善信托。

从促进慈善事业发展的角度看，既然没有任何法律禁止慈善信托以公开募集的方式设立，就应该给从事慈善行为的人提供制度上的便利。如果选择以捐赠的方式捐赠给已经设立的慈善信托，此时这些捐赠人只能根据捐赠协议主张相应的权利，不能行使《信托法》上规定

---

① 《慈善法》第60条："……慈善组织中具有公开募捐资格的基金会开展慈善活动的年度支出，不得低于上一年总收入的百分之七十或者前三年收入平均数额的百分之七十；年度管理费用不得超过当年总支出的百分之十，特殊情况下，年度管理费用难以符合前述规定的，应当报告其登记的民政部门并向社会公开说明情况。"

② 《广东省民政厅 中国银行保险监督管理委员会广东监管局关于慈善信托管理工作的实施细则》第45条规定，根据信托文件约定或者经委托人同意，可以"（一）增加新的委托人；（二）委托人（含新增委托人），或非委托人捐赠增加信托财产"。

的委托人的权利。如果选择加入正在设立的慈善信托,接受了标准的慈善信托文件,此时,善款提供者就可以被视为委托人,根据信托文件和信托法、慈善法行使信托委托人的权利。当然,对于一些小额的甚至不愿实名的善款提供者,似乎不应承认其有委托人的权利。这些都可以在信托文件中加以规定。

第三节 慈善信托财产的管理和投资

一 信托财产的保管制和专户管理

(一)慈善信托保管制的确立

《信托法》上对信托财产的管理并未规定保管制,《信托公司管理办法》中也同样只是要求"分别管理"。首先确立了信托财产保管制的是《信托公司集合资金信托计划管理办法》的第13、第18、第19条,特别是在第19条明确规定:"信托计划的资金实行保管制。对非现金类的信托财产,信托当事人可约定实行第三方保管,但中国银行业监督管理委员会另有规定的,从其规定。信托计划存续期间,信托公司应当选择经营稳健的商业银行担任保管人。信托财产的保管账户和信托财产专户应当为同一账户。"

在2008年,中国银监会办公厅在《关于鼓励信托公司开展公益信托业务支持灾后重建工作的通知》(银监办发〔2008〕93号)中规定,"信托公司应当在商业银行开立公益信托财产专户,并可以向社会公布该专户账号",确认了慈善公益信托也要开设信托财产专户。在《慈善法》实施之后出台的《民政部中国银行业监督管理委员会关于做好慈善信托备案有关工作的通知》中明确规定,作为备案审查的重要内容,申请备案人要出具"开立慈善信托专用资金账户证明、商业银行资金保管协议"。另外在2016年9月21日北京市民政局发布的《北京市慈善信托管理办法》中第12条规定:"受托人对不同的慈善信托,应当在商业银行分别开立慈善信托资金专户,并对不同信托的财产分别管理、分别记账。"这一系列的规范确立了慈善信托财产的保管制。

(二)一律要求专户管理是否必要?

保管制对于确保信托财产的独立性和安全性具有重要的意义。对于资金信托财产而言,资金缺乏"着色"分辨机制,很容易和受托人的固有财产混同。若作为受托人的信托公司破产或者对外负债,则信托财产很难避免被强制执行，慈善信托的目的就无法实现。而在采取保管制之后，信托财产在物理上归不同于受托人的保管人管理，使得信托财产的独立性有了制度的保障。

但是，一律要求慈善信托开设保管账户可能是不妥的。

第一，某些慈善信托的存续可能是短期的，信托目的也是简单明确和易于执行的，信托资金在受托人和保管人的账户上只停留很短的时间，之后很快就用于慈善事业的具体用途，此时，如强制要求采取保管制，将会增加慈善信托的设立成本，延宕其成立的时间。①

第二，应区分受托人的类型做区别对待。受托人是信托公司的时候，因信托公司是商业性机构，可能对外负债甚至破产，因此采取保管制可能会有一定的必要性和正当性；而在受托人是慈善机构的场合，慈善机构几乎无对外负债的可能，也少有破产的可能，此时强令保管制并非合理。

为了确保慈善信托财产的独立性，并不需要像信托公司从事集合资金信托项目那样要求一律托管，增加运营成本。原因在于信托财产的独立性并不是一个抽象的问题，具体而言，是使信托财产产生独立于委托人、受托人和受益人之债权人的效力。因慈善信托的委托人把信托财产转移给受托人之后，委托人及其债权人即不能扣押慈善财产；慈善信托中不能有受益人，更不能存在对信托财产有追索权的受益人。所以，只要能确保信托财产独立于受托人个人的破产风险即可。慈善组织与信托公司不同，慈善组织不能负债运行，慈善组织在理论上是不会破产的，慈善组织很少产生债权人。即使是侵权之债，也可以通过责任保险的方式加以分散。因此，慈善组织作为慈善信托的受托人的场合，信托财产不需要托管等方式来确保信托财产的独立性，仅需要"专款专用"、独立做账（《慈善法》第53条）即可，此种制度应能确保信托财产的独立性。特别是，如果委托人根本不在意慈善组织的破产风险，实施过度的保护可能会降低设立慈善信托的效率。

第三，强制保管制没有考虑信托财产可能只包含很少的资金甚至没有资金的场合。在信托财产不是资金的场合，保管制的意义就不大了。

《慈善信托管理办法》第28条规定："对于资金信托，应当委托商业银行担任保管人，并且依法开立慈善信托资金专户；对于非资金信托，当事

---

① 可能会有观点质疑此时设立慈善信托的必要性。若是捐赠对象明确，捐赠目的明确，的确不需要受托人的中介，此时直接进行慈善捐赠而不是设立慈善信托可能是比较合理的选择。但是不能由此否认此时的信托设立之效力。

人可以委托第三方进行保管。"就资金作为信托财产的保管,已经形成比较规范的由第三方商业银行保管的保管制。对于非资金信托的信托财产的保管,并无法律的规定,是否需要第三方保管,《慈善信托管理办法》规定由当事人决定。笔者以为,非资金的财产形态主要包括动产、不动产以及股权等,在学理上各自有其公示和分别管理的方式,似乎不需要第三方保管。

做一个简单的类比加以说明。《慈善法》规定,委托人可以决定是否设置监察人。实际上,监察人涉及信托机制本身的平衡问题,监察人代表中立的社会力量("私人检察官")避免信托受托人滥用职权为自己谋取利益、避免委托人和受托人勾结共同侵害社会利益。而保管人的设置目的主要是保护信托财产的安全,免受受托人债权人的追索,这里应有更多的意思自决的存在空间。既然监察人可以任由委托人自由选任,信托财产是否开设保管账户为什么就不能由委托人自己决定呢?

从监管的角度出发,监管层容易出台一刀切,简单化的规范。但是这些"具有操作性"的监管规范可能会一定程度阻碍慈善事业的发展——虽然这种阻碍在目前看来还不明显。由于调整慈善信托的更详细的规范都是在部门规章层面,原本可以在《慈善信托管理条例》中为委托人选择不设置第三方保管账户留下一定的余地。不过,《慈善信托管理办法》似乎并没有这样做。

(三)慈善组织的保管账户[①]开设问题

信托公司从事集合资金信托业务的时候一律是要开设保管账户的,所以在受托慈善信托时开设保管账户是没有障碍的。问题在于,慈善组织作为慈善信托的受托人的场合,能否开设保管账户。之前,实务界有很多声音认为,慈善组织无法在商业银行开设保管账户构成慈善组织担任慈善信托受托人的一个法律障碍。但是如后文讨论的,这个障碍是不存在的(详细请参见第四章的相关讨论)。

[①] 根据相关法律文件,信托财产在商业银行开设账户,规范名称应为"信托财产专(用存款账)户",而不是"信托专用资金账户",后者的表述很少使用,在可见的法律文件中,只有银监会表述信托公司在证券公司开设账户时称为"信托专用资金账户",而银监会发布的其他文件中,信托公司在商业银行开设账户时也称"信托财产专户""信托财产专用账户"。而这次不知为何,"151号文"使用"信托专用资金账户"来指称慈善组织和信托公司在银行开设专用存款账户,商业银行自然也感觉陌生。马剑银:《银行"拖延症"导致慈善信托专户设立难 该找银监会还是中国人民银行》,《南都观察》2017年3月10日。

二 慈善信托财产的投资运用和支出

(一)慈善信托财产投资运用的基本原则

出于对信托财产安全性的重视,《中国银监会办公厅关于鼓励信托公司开展公益信托业务支持灾后重建工作的通知》(银监办发〔2008〕93号)规定,信托公司管理的公益信托财产及其收益,"只能投资于流动性好、变现能力强的国债、政策性金融债及中国银监会允许投资的其他低风险金融产品"。不过,《慈善信托管理办法》第30条规定,"慈善信托财产运用应当遵循合法、安全、有效的原则,可以运用于银行存款、政府债券、中央银行票据、金融债券和货币市场基金等低风险资产,但委托人和信托公司另有约定的除外"①,虽然仍然坚持投资于风险较低安全性高的金融产品,但是相比之前仍然进行了一定程度的扩张,而且更重要的是,确定了这一规定是任意性规定或者备用性规定(default rule),可以由当事人自由约定投资的范围。

慈善信托和商事信托在投资权方面的区别在于备用性规则:慈善信托的备用性规则是若无法律的授权、信托文件的同意或者委托人的同意,原则上受托人只能进行安全和低风险的投资;而商事信托的备用性规则是若无法律的限制、信托文件的限制或者委托人的限制,原则上受托人可以进行几乎任何他认为合适的投资。两种情形下受托人的投资权并无太大的区别。

《慈善法》第54条规定了慈善组织的投资原则:"慈善组织为实现财产保值、增值进行投资的,应当遵循合法、安全、有效的原则,投资取得的收益应当全部用于慈善目的。慈善组织的重大投资方案应当经决策机构组成人员三分之二以上同意"。该条适用于慈善组织所取得的捐赠财产的投资运用,并无争议,但是就这一规定能否适用于慈善组织作为慈善信托的受

---

① 《民政部 中国银行业监督管理委员会关于做好慈善信托备案有关工作的通知》则规定:"除合同另有特别约定之外,慈善信托财产及其收益应当运用于银行存款、政府债券、中央银行票据、金融债券和货币市场基金等",之后的《北京市慈善信托管理办法》在第13条完全效法了这一规定。但是,《慈善信托管理办法》第30条的规定也被批评歧视了慈善组织,根据该条,似乎只有信托公司能在信托文件中约定突破保守的投资要求。而根据2019年1月1日开始实施的《慈善组织保值增值投资活动管理暂行办法》(民政部令第62号)的第4条规定,慈善组织可以从事几乎一切投资活动。慈善组织作为慈善信托的受托人在管理信托财产的事后亦应如此。这里的不协调是显而易见的,能否理解为"新法优于旧法"从而放宽了慈善组织作为慈善信托受托人的投资权,有待观察。

托人的情形，仍有待进一步探讨。

（二）慈善信托财产投资运用的限制

对慈善信托财产投资运用的限制，目前的法律法规并无完整清晰的规定，《北京市慈善信托管理办法》的第 14 条规定了受托人不得利用信托财产从事的活动类型：（1）提供担保；（2）借款给非金融机构；（3）进行可能使本慈善信托承担无限责任的投资；（4）进行违背慈善信托目的的投资；（5）为自己或他人牟取私利；（6）国家法律、行政法规和信托文件禁止的其他行为。可供参考。①

这些规定当然并不是完整的禁止性规定。对于信托财产在投资运用上的限制，除了违法和违反信托目的的行为（（4）和（6），极端情形如用于贩毒牟利）是禁止的之外，主要是关于把信托财产用于风险比较大的行为（（1）~（3））和违背忠实义务对信托财产进行投资运用（（5））。在违背忠实义务进行投资运用的场合，根据《信托法》第 28 条的但书，受托人从事的形式上违背忠实义务的行为并非一律禁止，而是在经过正当的程序之后可以是有效的。监管规范能否改变《信托法》等法律的基本原则，对受托人的行为进行更严厉的规制，有待探讨。②

（三）信托财产的支出

受托人在对信托财产进行支出时，应当遵照信托文件的约定，特别是要严格执行信托文件中约定的年度慈善活动支出数额或比例③。在美国税法中，私人基金会或者信托在每个财务年度后的 12 个月内，必须合格支出（qualifying distribution）超过其资产市场净值的 5%。④

---

① 另外，《慈善法》第 54 条规定："……政府资助的财产和捐赠协议约定不得投资的财产，不得用于投资。慈善组织的负责人和工作人员不得在慈善组织投资的企业兼职或者领取报酬。"根据《慈善法》规定，慈善组织将不得用于投资的财产用于投资的，"由民政部门予以警告、责令限期改正；逾期不改正的，责令限期停止活动并进行整改"（第 99 条）。这些规定虽然不是直接调整慈善信托的规定，但是否可以在慈善信托中予以参照，值得探讨。

② 《广东省民政厅 中国银行保险监督管理委员会广东监管局关于慈善信托管理工作的实施细则》中做出了和《信托法》第 28 条类似的规定。

③ 《北京市慈善信托管理办法》第 8 条之（六）规定：慈善信托文件应当包含"每年用于慈善目的支出的数额或比例"。

④ 所谓合格的支出包括：慈善拨款、直接从事慈善行为，管理一个慈善拨款项目所需支出的合理费用，项目相关的投资（program-related investments）以及其他国内税务局认可的特殊项目。拨给其他非运作型基金会的款项通常不被视为合格支出。Betsy Schmidt, *Nonprofit Law: The Life Cycle of a Charitable Organization*, New York: Wolters Kluwer, 2011. P.331.

慈善信托财产及其收益，必须全部用于慈善目的，而不能用于非慈善的目的；支出信托财产的时候受托人不得为自己或利害关系人牟取私利。

虽然从信托法原理上看慈善信托不受反永续规则（rule against perpetuities）的限制，也就是说慈善信托原则上可以永久存在，且《信托法》和《慈善法》关于慈善信托的规定也并无信托财产支出比例的要求，但是，慈善信托财产一直积累而长期不用于慈善目的，恐怕也是违反慈善信托制度的基本宗旨的[1]。法律和法规虽然不便于为慈善信托具体确定每年的支出比例，但是，实践中的慈善信托最好应在信托文件中约定每年支出比例的合理区间，避免受托人自我强化其存在。

第四节 运营型慈善信托

我国《慈善法》的背景下，慈善信托的受托人只有慈善组织和信托公司两种。理论上看，信托公司作为营利性组织，缺乏执行慈善信托的人力、组织和经验，很难独自承担实施慈善事业的职责。当然，信托公司也可以将慈善事务转委托给专业的事务执行人，由其专司慈善事业的运作。相比之下，慈善组织作为受托人的慈善信托，更有可能成为运营型的慈善信托。

一 慈善信托的分类

在慈善信托的分类上，有维持基本财产的慈善信托和动用基本财产的慈善信托、单独出资的慈善信托和共同出资的慈善信托、一般目的慈善信托和特定目的慈善信托，以及捐赠型慈善信托（grant making trust）和运营型慈善信托（operating charitable trust）的划分[2]。本书重点讨论后一种划分。

所谓捐赠型慈善信托，是信托的主要目的是向受领人（例如奖学金）或者其他慈善组织发放慈善财产的信托。而运营型的慈善信托则是通过信

---

[1] 美国1969年的税收改革法开始要求年度的最低支出额，还禁止基金会（信托）持有某家公司超过20%的股权（目的在禁止使用慈善信托或基金会维持对公司的家族控制）。转引自：[美]劳伦斯.M.弗里德曼，《遗嘱、信托与继承法的社会史》，沈朝晖译，法律出版社2017年版，第206页。

[2] 王志诚：《信托法》，台北：五南图书出版公司，2017年增订第六版，第322—325页。

托受托人自身的行为来实现慈善目的的信托。从慈善事业的历史看，运营型的慈善事业是最初的慈善事业模式。古籍中经常引用的有柏拉图的雅典学院（Plato's Academy in Athens）、亚历山大图书馆以及遍及欧洲大陆的慈善医院。伊斯兰教中今天仍然运用慈善捐赠支持清真寺和教会学校的运作。在一些欧洲国家，例如法国和意大利，慈善基金会主要是由运作型而非捐赠型构成的。在德国，运作型基金会构成基金会的重要部分，即便是捐赠型的基金会如博世基金会（Robert-Bosch-Stiftung），其中也有运作型的因素。而美国主要是关注拨款型的慈善事业。不过，也可能仅仅是概念的问题，原因是美国的很多国际知名的私立大学如斯坦福大学，约翰·霍普金斯大学和芝加哥大学等都是以运作型的方式进行的，不过美国的法律特别是税收的法律把这些大学排除在基金会的定义之外。运作型的慈善事业包括很多私人博物馆，医院和护理院，私立大学和研究机构。法国巴斯德研究院（Institut Pasteur）和美国巴恩斯基金会（Barnes Foundation）属于运作型的慈善事业代表。

可以说，目前我国存在的慈善信托大多属于捐赠型的慈善信托。不过，两种信托的界限亦非清晰，如果受托人是基金会等慈善组织，其具体实施慈善项目应无太大障碍。另外在双重受托人中，信托公司和慈善组织分别担负信托财产管理和慈善事业的实施的任务，或者受托人聘请事务执行人具体实施慈善事务，都可以归类为运营型慈善信托之中。

这里仍需探讨的是，慈善信托从事博物馆、美术馆、图书馆等慈善公益事业的运营是否可能的问题，以及慈善信托能否通过控股营利性企业取得盈利并以此支援慈善事业实施的问题。

二 运营型慈善信托的两种形态

慈善信托在从事盈利事业的场合，关于如何进行这些事业，有两种方法。

第一，直接型的方法。例如，把美术品以及展示用建筑物作为信托财产，受托人制作和贩卖美术品的明信片或者纪念品、收门票等，把因此取得的收益全部归属于信托财产。

第二，慈善信托取得相关经营性公司的股份，借以支援慈善事业的方法。在英国，慈善信托取得事业公司的100%的股份，其旗下的股份公司的收益捐献给慈善信托，依此，事业公司受到课税上的优惠待遇，信托将收益用于从事慈善公益活动，这是允许的。例如，英国有名的维康信托

(Welcome Trust),作为公益信托其下面设有制药公司① 和研究机构。不过,要把这种方式导入我国,完全不分配收益而将其全额转入慈善信托,还需要得到公司法、证券法等的认可。其他的需要解决的问题还有很多。②

三 运营型慈善信托的可行性论证

作为慈善法和信托法上的问题,慈善信托是否能利用信托财产(金钱或者其他财产)从事经营业务,目前仍然缺乏严肃的探讨。实际上,目前我国慈善信托实务中,信托公司作为慈善信托的受托人其主要的职责是对善款进行投资运用;从逻辑上讲,受托人对信托财产进行投资运用和受托人利用信托财产进行经营和运营,之间并不存在实质的差异。因此,至少在信托法理上,受托人经营信托财产并无障碍。不过,即使在信托法上没有问题,在慈善信托中,监管部门是否允许慈善信托积极地从事经营业务还是一个问题。

如果慈善信托是以经营美术馆、博物馆、保存历史的纪念物等为目的,这些属于原本意义上的慈善事业运营。或许有观点认为,这种公益事业由慈善组织去做就可以了。但是这似乎也不足以作为否定由慈善信托运营慈善事业的理由。慈善信托是否比慈善组织更适合从事积极的慈善事业运营,对此不无疑问。但是,将美术馆和历史古迹作为信托财产进行运营和管理,并没有像想象的那么困难。例如,慈善信托可以把所从事运营的部分做成子公司的形式,或者把运营部门进行外部委托,这些在法理上都是可行的。

关于运营型慈善信托也存在复杂的税收问题。例如,就慈善信托运营过程中产生的收入该如何课税可能是一个比较困难的问题。受托人把信托财产和固有财产分别管理,信托财产虽然没有主体资格,但是在操作的层面可以把信托财产视为慈善法人,使其享受和慈善法人同等的税收待遇。另外,由于慈善信托中不存在受益人,所以没有适用所谓受益人课税原则的余地。直接把信托财产作为课税的主体对待是没有什么问题的。

能见善久教授认为,发展运营型慈善信托的障碍可能是受托人的资质问题。目前,除了慈善组织之外,信托公司把反复受托慈善信托作为一种业务来经营,成为从事慈善信托受托的主要主体。不过,作为运营型慈善

---

① The Welcome Trust, Annual Report and Financial Statements 2017. https://wellcome.ac.uk/sites/default/files/WellcomeTrustAnnualReportFinancialStatements_160930.pdf
② 能见善久教授在日本法的背景下探讨这一问题。参见[日]能见善久『現代信託法』(有斐閣・2004年),第292页。

信托的受托人，信托公司并不当然适合。信托公司虽然具备资产管理、投资运用的专业资格和专业能力，但是在从事积极的慈善事业的方面恰恰是不专业的。因此，为了运营型慈善信托被认可和持续发展，有必要准备合适的受托人。目前《慈善法》承认了慈善组织可以成为慈善信托的受托人，这对于发展运营型的慈善信托而言是非常必要的。

能见善久教授把从事运营型慈善信托的形式区分为两种类型（参见下图 3-1）：第一种类型（直接型）：慈善信托自身具备必要的人的、物的组织来直接从事运营的情形；第二种类型（委托型）：慈善信托把具体的慈善事业的运营和实施委托给别的组织，例如慈善组织。在直接型中，受托人一方面为了事业活动，准备作为物的组织的信托财产（把美术品、美术馆建筑等作为信托财产所有），另一方面为了事业的运营准备必要的专业人员、事业职员等，签订合同从而具备人的组织。就受托人和专门从事信托事业的从业人员之间的合同而言，在劳动法上应该如何处理等问题，值得去探讨，不过这并非不可解决的问题。而且，需要设置信托监察人和运营委员会，作为监督受托人执行事业之时进行适当性判断的机构①。

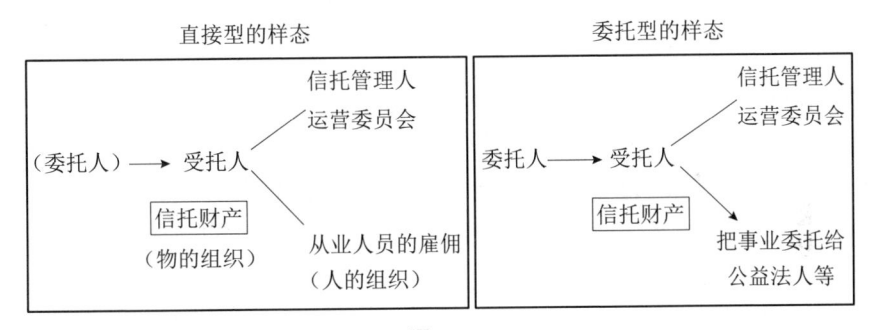

图 3-1

① ［日］能见善久『现代信託法』（有斐閣·2004 年），第 289—292 页。

第四章 慈善信托的治理结构

第一节 概述

"治理结构"（Governance Structure）通常用于描述（公司）法人内部各个参与者在控制和管理方面的职能。虽然信托不是法人，但是委托人、受托人和受益人作为信托的当事人，再加上监察人、事务执行人、托管人等参与者（participants），他们的权利义务和职责构成了复杂的、类似法人的内部和外部结构。慈善信托法即使不属于主体法，至少也应当属于一种组织法（Organizational law）。

而且，慈善信托作为一种特殊的信托，其治理结构也有不同于一般信托的特点。慈善信托的委托人在权利行使方面有哪些特殊之处？慈善信托的受托人的担当、变更、义务和责任存在哪些特殊性？慈善信托有没有受益人，若有，这些受益人的权利又有什么特殊性？慈善信托的监察人是否是必要的设置，如何设置，其权限如何？慈善信托在什么场景下需要设置事务执行人？事务执行人的权利和义务如何？本章研究慈善信托治理结构的这种特殊性。

第二节 慈善信托的委托人

一 慈善信托委托人的资格

（一）概述

慈善信托的委托人在法律上并无特殊要求。依《信托法》第 19 条之规定，"委托人应当是具有完全民事行为能力的自然人、法人或者依法成立的其他组织"，即自然人、法人和非法人组织①都可以作为委托人设立慈善信托。②在目前的慈善信托实践中，自然人、企业、慈善组织及社会团体甚至政府部门都可以成为委托人。

慈善信托并非商事信托，因此，委托人并不需要具备合格投资者的资格。

法人作为慈善信托的委托人，应确保不违反其章程中对于其行为能力的限制，并经过法人的决策程序。

（二）慈善组织作为委托人的特殊问题

2018年1-6月设立的19单慈善信托中有3单未公开委托人信息，其余16单中有7单由慈善组织委托设立，占比36.8%。对慈善组织成为慈善信托的委托人的必要性和合规性虽仍存在争议，但从目前来看，慈善组织作为委托人已经渐成常态。③

慈善组织作为慈善信托的委托人在两种场景下会出现。

其一，作为解决慈善组织支出压力的一种途径。基金会所募集资金的支出和运用受到很多法定限制（例如《基金会管理条例》第29条），虽然《慈善法》第60条把公募基金会开展慈善活动的年度支出规定为"不得低于上一年总收入的百分之七十或者前三年收入平均数额的百分之七十"，但

---

① 按照《民法总则》的规定，"依法成立的其他组织"变成"非法人组织"。遗憾的是，《慈善信托管理办法》没有根据《民法总则》使用新的术语。

② 就未成年人能否以个人财产设立慈善信托，按照《信托法》的字面解释似乎是不可以的。根据《民法总则》第19条的规定："八周岁以上的未成年人为限制民事行为能力人，实施民事法律行为由其法定代理人代理或者经其法定代理人同意、追认，但是可以独立实施纯获利益的民事法律行为或者与其年龄、智力相适应的民事法律行为"。八周岁以上的未成年人从事慈善信托设立这种法律行为，可以通过其法定代理人同意或者追认的方式实施。八周岁以下的未成年人无法从事法律行为，其财产事务由其监护人决定。根据《民法总则》第35条："监护人应当按照最有利于被监护人的原则履行监护职责。监护人除为维护被监护人利益外，不得处分被监护人的财产。未成年人的监护人履行监护职责，在做出与被监护人利益有关的决定时，应当根据被监护人的年龄和智力状况，尊重被监护人的真实意愿"，监护人对未成年人的财产具有管理的职权，可以设立以未成年人自身作为受益人的私益信托，不过这种私益信托不可以为受益人以外的人输送利益，否则不能算作是"最有利于未成年人"，监护人违背监护职责。据此得出监护人不能以未成年人的财产设立慈善信托似乎是合乎逻辑的，但是，如果把捐出财产从事慈善事业作为对未成年人教养的一部分，拿出未成年人的巨额财产中的一部分设立慈善信托，似乎亦无问题。

③ 张明敏、张龙蛟：《今年上半年我国新设立慈善信托19单》，《公益时报》2018年8月14日第2版。

是，基金会总是有"花钱"的压力。客观上，慈善信托的存在为慈善组织腾挪资金以达到对慈善组织支出要求提供了便利。有人可能会批评说，这又是信托"通道功能"的体现。笔者倒是以为，信托公司在这种信托当中起到了资产管理的作用，同时作为慈善信托的受托人也要对慈善目的的实现负责，仍然是慈善信托的第一责任人。慈善信托多数情况下是积极信托，并非简单的通道，在作为基金会"通道"的慈善信托中，信托公司也担当了非常积极的角色。因此笔者以为，慈善组织作为委托人设立慈善信托达到"出表"的目的，设立信托的慈善财产可以作为慈善组织的慈善支出。

原本，基金会在更广泛的意义上也被理解为其受赠善款（慈善财产、社会财产）的"受托人"，应当根据章程的规定有某种程度的"亲自管理义务"，如果能够允许基金会通过慈善信托的方式转移自己的实施慈善事业之职责的话，不禁让人怀疑基金会自身存在的意义何在。甚至，如果基金会等通过设立慈善信托的方式让善款在利益相关的组织之间反复周转循环，虚假慈善，理应禁止。

类似于资管领域的多层镶嵌，涉及必要性和合理性的问题，基金会等慈善组织出于合理的出表压力设立慈善信托并不能一律认为违法。而且，社会服务组织等就没有支出比例限制，即使不设立慈善信托，基金会也可以借道社会服务组织等达到"出表"的目的。既然不禁止通过社会服务组织来"规避"，仅仅禁止借道慈善信托的规避并不合理。

其二，作为慈善信托委托人取得慈善捐赠发票的一种途径。

由于没有针对慈善信托设立行为的税收制度，委托人欲合法取得税收优待，只能借道对慈善组织的"慈善捐赠"。初始捐赠者把财产捐赠给基金会等慈善组织，取得捐赠票据，同时同意把所捐赠财产以设立慈善信托的方式用于慈善事业。这种模式并非出于功能上将慈善组织嫁接入慈善信托中的必要性，而是情非得已，为慈善信托的设立增加了环节和成本。但是不得不说，这几乎是目前唯一合法的取得税收优惠的慈善信托的设立方式。如果慈善信托本身能作为一个"实体"开票或者信托公司能就慈善信托的受托开票，这种模式就是完全没有必要的。这就是我国慈善信托实践的吊诡之处。法律基础设施的缺位导致原本不必要的创新，很多法律的进步是在灰色地带产生的。

（三）政府部门作为慈善信托委托人的特殊问题

2018年1—6月设立的19单慈善信托中有3单由政府部门委托设立。其中"大鹏半岛生态文明建设慈善信托"于2018年1月30日在广东省民政厅成功备案（备案编号：440000012018001），成为全国首个以"政府部门委托＋慈善组织受托"为模式的慈善信托。深圳市大鹏新区管理委员会首期出资 1000 万元人民币，委托深圳市社会公益基金会担任受托人。

对政府组织能否作为慈善信托的委托人，并非没有争议。某种意义上，政府提供"公共产品（public goods）"是其职责所系，因此，政府所从事的相关行为不能被称为"慈善"，至少不是慈善法中所调整的慈善行为。政府主导的社会救助、社会福利等行为并不属于慈善行为。但是，政府出资资助慈善事业，或者设立慈善信托，是否存在正当性呢？

如前述，在法律上对慈善信托的委托人并无特殊要求。既然政府组织可以向慈善组织拨款和购买服务，作为委托人设立慈善信托来实现某些公共目的，似乎并无不妥。根据《慈善法》的规定，政府不仅可以通过税费优待（第 79—第 84 条）、用地支持（第 85 条）、金融服务支持（第 86 条）等支持和鼓励慈善事业的开展，还可以直接购买慈善服务（第 87 条），政府对慈善的支持和管理是慈善事业发展的必要条件。

惟须注意的是，政府作为委托人设立慈善信托之后，其权利来自《信托法》和《慈善法》等法律法规以及信托文件的约定，并不享有其他特殊的权利，更不能不当干涉慈善信托的正常运作。而且，政府部门在设立慈善信托的时候，应受预算约束和政府法定职责的约束，否则，政府动辄通过"转包"的方式转嫁其社会服务功能和法定职责，"无为而治"，有失职之嫌。

（四）慈善信托委托人身份的取得

在《慈善信托管理办法》的第 38 条，根据信托文件约定或者经原委托人同意，可以"（一）增加新的委托人；（二）增加信托财产……"，这意味着，一个捐出慈善财产的人可以加入一个已经成立的慈善信托，就像一个投资者加入一个开放式的投资基金。《慈善信托管理办法》既没有限制加入的人数和加入的频率，相当于承认了向不特定的当事人募集信托财产。

随之产生的疑问是，委托人地位所包含的独特的（不同于受益人的）权利是什么？信托设立之后新委托人能否仅仅根据信托文件的约定或者原委托人的同意得以产生？更具体的一个问题：能否约定让没有拿出信托财产的人成为慈善信托的委托人？

委托人在信托法上的权利或者权能大致有三种类型。第一是监督的权能；第二是对信托进行基础性变更的权利；第三是作为财产捐出人的地位而享有的剩余信托财产归属权等。[①] 在慈善信托中委托人原则上不享有第

---

① ［日］能見善久、道垣内弘人编『信託法セミナー3』（有斐阁・2015 年），第 259 页。

三种权利，即便信托文件中有约定也不可以。

委托人的地位能否转移，信托法并无明确的规定。学理上一般认为，委托人的权利不是财产权，主要是专属权（或者不太准确地称之为"身份权"），是不可以转移的。但是以"非财产权是专属权，不能转让；委托人的权利是非财产权，也是专属权，所以也不能转让"这样的论证逻辑，隐藏了真正的问题。在信托的结构中，委托人的地位（委托人所享有的所谓权利）意味着职责和义务，是对信托目的实施的关注和对受托人的监督，其中并不包含经济利益，所以，不需要抽象地探讨委托人地位是否可以转移或者继承的问题，而需要探讨一下委托人有没有需要或者动因去转移这种职权。

取得委托人身份，所得到的权利主要都是监督性的职权，该职权不会为委托人带来财产利益。在自益信托中，委托人的监督权限的行使和其财产利益的得失相关；在他益信托中，委托人的监督权限的行使和其对未来财产用途和信托目的的实现相关。在自益信托中，若受益权完全转让，委托人并无保留委托人权限的动因，特别是在营业信托中，委托人＝受益人类似股东，若股权转移，则原来的委托人保留监督权甚至表决权的理由不充分。在他益信托中，委托人始终有动因关注信托目的的实现，保留监督等权能在手中。甚至，为了确保监督机制的连续，委托人可以通过约定将其委托人的监督权限转移给别人，或者设置行使委托人权利的机制。在慈善信托中，更是如此。即便委托人去世或者丧失能力，委托人似乎也可以同意或者在信托文件中授权没有提供信托财产的人行使监督权能。而委托人的继承人不能自动取得委托人的身份。

《信托法》第7条规定，"设立信托，必须有确定的信托财产，并且该信托财产必须是委托人合法所有的财产"。结合《信托法》其他条文可以看出，取得委托人的身份需要从事设立信托的法律行为（合同、遗嘱等），还需要拿出信托财产；委托人的身份原则上不能靠承继的方式取得，只有信托财产的提供者能成为委托人（实务当中以自益信托为主，委托人和受益人的身份统一；信托法中委托人和受益人的权利大致一致，导致人们对这个问题认识不清）。

在我国法的背景下，慈善信托采取"强委托人模式"具有一定的合理性。所以，本书对《慈善信托管理办法》第28条的解读是，在初始委托人之外，原则上只有提供新的信托财产"加入"慈善信托的人才能取得新委托人的资格。信托文件有明确约定或者原委托人均同意的人（包括委托人的继承人），可以取得监督慈善信托受托人的权利，但没有必要承认这些人为委托人。

不少慈善信托可以在很长时间内存续，那么，委托人可能在信托存续的大部分时间都是不存在的。谁来行使委托人的这些法定的和约定的权限，使信托正常运作，就变成一个非常棘手的问题。仅仅说委托人的地位不能继承/转移是于事无补的。

信托文件设计的过程中，应该考虑委托人权利的行使机制。这种机制可以是监督人、保护人、决策委员会等等。不能一般性地说监督人、保护人或者决策委员会是受让或者继承了委托人的地位和职权。但是，这种机制从发生上，应当是在初始信托文件中约定而来的。这种约定本身就体现了委托人的意志。[1]

二　慈善信托委托人的监督权限

（一）慈善信托委托人权限的特殊性

在英美法上，信托一旦设定，委托人即从中退出，若在信托文件中没有保留权利，则委托人对信托事务的处理无干涉之权。[2] 英美法上的公益信托委托人可以对所成立之信托有所谓"探视权"（power of visitation），可以视察现场，订立规章，并取得信托实施状况的信息，但是原则上不能起诉受托人履行义务。[3] 就委托人能否强制执行信托，美国法有一个逐渐转变的过程。[4] 根据传统的规则，委托人无权强制执行慈善信托，除非他在

---

[1] 当然，没有提供信托财产的人根据委托人在信托文件中的授权行使监督职权和决策权限，或许不能理解为是在行使委托人的权利。从委托人处取得授权行使权利和以委托人的身份行使权利可能是两码事。

[2] 以美国法为例，美国法上，慈善信托设立之后，设立人无权对受托人的行为进行监督，法院担心那些容易发怒和不满的捐款人动辄对慈善机构和慈善信托提出诉讼，这种诉讼还具有传染性。当然，这个一般规则有了细微的松动，例如根据威斯康星州的法律，任何委托人或多个委托人若捐助超过一半的本金，就有权提起法律程序以执行慈善信托。法院在 Smithers v. St. Luke's-Roosevelt Hospital Center 一案中认为，慈善信托的捐赠人是处于最警觉地位的人，也是对受托人是否遵守捐款条款的利害关系人，所以他们有权监督。[美]劳伦斯·M.弗里德曼，《遗嘱、信托与继承法的社会史》，沈朝晖译，法律出版社 2017 年版，第 220 页。

[3] 在美国，委托人死亡的，该探视权可由其继承人行使，委托人也可以授权他人行使。George T. Bogert, *Trusts*, 6th edition, West Pub. Co., 1987, p.557.

[4] 参见 Sitkoff, Robert H. and Dukeminier, Jesse., *Wills, Trusts, and Estates*, 10th edition.New York: Aspen Publishers, 2017, pp.782–792.

信托财产中保留了特别的利益。美国信托法重述（第二）中规定：总检察长和其他公共机构官员、共同受托人、对慈善信托的执行享有特别利益的人可以提起强制执行慈善信托的诉讼，但是对慈善信托没有特殊利益的人或者委托人及其继承人、私人代表或亲属都无权强制执行信托[1]。典型的案例是"赫尔佐格基金会诉桥港大学案"（Carl J. Herzog Foundation, Inc. v. University of Bridgeport）[2]。在1986年，赫尔佐格基金会捐赠给桥港大学，为护理专业的学生提供奖学金，到1991年，该大学关闭了其护理学院，把捐赠转入其普通受赠财产之中，赫尔佐格基金会提起诉讼要求大学重新设置护理学院并为之提供奖学金，或者将捐赠财产赠与准备为护理专业学生提供奖学金的桥港地区基金会（Bridgeport Area Foundation）。法院依据传统规则裁决基金会无权强制执行信托条款，重申强制执行信托的唯一权力保留在州总检察官之手。

而在目前，美国的多数州允许慈善信托的委托人强制执行慈善信托。有一些州，例如纽约州是通过司法判例（参见Smithers案[3]）的方式承认的，多数州则是通过类似《统一信托法》UTC § 405（c）(2000) 这样的制定法承认的。根据《统一信托法》，"慈善信托的委托人……可以提起强制执行信托的诉讼"。而信托法第三次重述中也用新的内容替代之前第二次重述的规定：强制执行慈善信托的诉讼只能由总检察官、其他适当的官员、共同受托人或者承继受托人，委托人或者其他对慈善信托的执行有特殊利益的人[4]。

而我国的《信托法》对委托人的法定权限做出了详尽的规定。在慈善信托的背景下，由于慈善信托缺乏特定的受益人，缺乏利益相关者进行监督制衡，而《慈善法》又把作为慈善信托核心监督机制的监察人由信托法上的强制设置（《信托法》第64条）改变为任意设置（《慈善法》第49条）。为了避免慈善信托的结构过度失衡，授予委托人比较大的法定权限是有一定必要性的。[5] 不过，在慈善信托成立运营之后，委托人如果仍然把

---

[1] Restatement (Second) of Trusts § 391 (Am. Law Inst. 1959).
[2] 699 A.2d 995 (Conn. 1997).
[3] Smithers v. St. Luke's-Roosevelt Hospital Center 723 N.Y.S.2d 426 (App. Div. 2001).
[4] 原文是："A suit for the enforcement of a charitable trust may be maintained only by the Attorney General or other appropriate public officer or by a co-trustee or successor trustee, by a settlor, or by another person who has a special interest in the enforcement of the trust."
[5] 但是，由于生前慈善信托有时委托人人数众多、有时委托人可能是匿名的，而遗嘱慈善信托在信托生效后是没有委托人的，很多法定的监督权能无法行使。

信托财产当作自己的财产去干涉慈善信托的运作，也是不恰当的，应当在委托人的权限中排除这种行为，但也并不需要完全排除一般信托中法律授予委托人的权限①。

委托人似乎也可以在慈善信托文件中为自己保留除信托利益取得权以外的其他权限。

慈善信托备案之后，一般能取得税收优待，所以，《信托法》原本规定的委托人和受益人共同决定的相关事项，在特定受益人缺位的情况下②，不能单凭委托人自身的意愿做出决定，也不能仅凭委托人和受托人的合意做出决定。凡涉及普通信托法上委托人单方可以行使的权限的，应考虑在慈善信托中委托人单独行使是否公平合理；凡涉及委托人和受益人共同行使的权限的，应考虑让委托人和信托监察人共同行使。而有的慈善信托可能没有设置监察人，监察人的任意设置所带来的慈善信托制度失衡就非常显而易见了。

（二）慈善信托委托人权限规则的整理

根据《信托法》和《慈善法》的规定，慈善信托中的委托人有以下众多的权限：

第一，执行异议权（《信托法》第 17 条）。无权强制执行信托财产的人强制执行信托财产的，委托人有权提出异议。

第二，知情权。委托人有权了解其③信托财产的管理运用、处分及收支情况，并有权要求受托人做出说明。委托人有权查阅、抄录或者复制与其信托财产有关的信托账目以及处理信托事务的其他文件（《信托法》第 20 条）。《慈善法》第 48 条第 2 款则规定："慈善信托的受托人应当根据信托文件和委托人的要求，及时向委托人报告信托事务处理情况、信托财产管理使用情况。慈善信托的受托人应当每年至少一次将信托事务处理情况及财务状况向其备案的民政部门报告，并向社会公开"，从受托人公开和报

---

① 商事法务研究会《公益信託法改正研究会報告書》，平成 27 年 12 月（2015），第 65 页。

② 即便存在特定的受益人，因慈善信托事务事关公共利益，也不能仅由委托人和受益人合意决定信托中的重要事项。

③ 《信托法》第 20 条以及第 18 条、第 28 条、第 29 条都有"委托人的信托财产"或类似的表述，会让人产生一种误解，以为信托财产仍然是委托人的财产。说信托财产是委托人的财产的实际的功能是区分同一受托人名下的不同信托的不同设立人和财产来源，绝不能说明信托财产依然是委托人的财产。

告义务的角度重申委托人的知情权。①

第三，信托财产管理方法变更请求权。"因设立信托时未能预见的特别事由，致使信托财产的管理方法不利于实现信托目的或者不符合受益人的利益时，委托人有权要求受托人调整该信托财产的管理方法"（《信托法》第21条）。

第四，撤销权等救济权。"受托人违反信托目的处分信托财产或者因违背管理职责、处理信托事务不当致使信托财产受到损失的，委托人有权申请人民法院撤销该处分行为，并有权要求受托人恢复信托财产的原状或者予以赔偿；该信托财产的受让人明知是违反信托目的而接受该财产的，应当予以返还或者予以赔偿"（《信托法》第22条）。

第五，受托人解任权。"受托人违反信托目的处分信托财产或者管理运用、处分信托财产有重大过失的，委托人有权依照信托文件的规定解任受托人，或者申请人民法院解任受托人"（《信托法》第23条）。

第六，关联交易同意权。经委托人同意并以公平的市场价格进行交易的，受托人可以将其固有财产与信托财产进行交易或者将不同委托人的信托财产进行相互交易（《信托法》第28条）。在慈善信托的场合，可能会出现一些特殊的情形。慈善信托的财产可能和委托人的财产进行交易，此时也构成关联交易，违反受托人对社会的信义义务。在慈善信托的关联交易的情形中，对于如何依照《信托法》第28条但书的规定履行知情告知（informed consent）义务，个人以为不能仅凭信托文件的约定或者经委托人同意就使得交易取得正当性，至少应当公告以便公众监督。

第七，共同受托人共同处理信托事务，意见不一致时，按信托文件规定处理；信托文件未规定的，由委托人、受益人或者其利害关系人决定（《信托法》第31条第2款）。此处的利害关系人应主要指监察人、信托文件中约定对信托有监督或指示权的人等。

第八，《信托法》规定了委托人享有受托人辞任同意权（第38条），但公益慈善信托的受托人辞任则还需要经公益事业管理机构批准（第66条）。

第九，受托人选任权（《信托法》第40条）。根据同法第62条："公益信托的设立和确定其受托人，应当经有关公益事业的管理机构（以下简

---

① 由于慈善信托可能存在人数众多的委托人，如果每个委托人都如《信托法》第20条规定的那样有查阅、抄录或者复制相关信托账目和文件的权利，慈善信托事务的管理会增加很多不便和成本。在受托人有公告义务的前提下，似乎应对委托人的这种权利加以限制。《慈善法》的规定似乎有这种意味。

称公益事业管理机构）批准"，但根据《慈善法》，慈善信托的设立不再需要监管部门的批准，相应的，确定受托人似乎也就不再需要监管机构的批准。①不过，选任的受托人应当属于《慈善法》所规定的适格的信托公司或者慈善组织，受托人事项也是备案的必要内容。

第十，受托人信托事务处理报告的认可权（《信托法》第41条）②。

至于《信托法》所规定的委托人的其他权利，如被放弃的信托受益权的归属权（《信托法》第46条），解除信托的权利（《信托法》第50条），剩余信托财产的归属权（《信托法》第54条），受益人和受益权处分权以及信托的法定解除权（《信托法》第51条），不适用于慈善信托的委托人③。理由如下：由于慈善信托出于慈善和促进公共利益实现的目的，是一种特殊的他益信托，信托财产和信托利益原则上不能返还给委托人，所以，委托人不能享有可以放弃的信托受益权，也不能取得剩余信托财产的归属权；《信托法》第50条规定的委托人解除权是只能适用于自益信托的场合，这里也不适用；而第51条规定的受益人变更权、处分受益权甚至解除信托的权利，针对的是有特定受益人的私益信托，慈善信托中是不能存在特定受益人的，即便某一受领人事后偶然从事了第51条规定的行为，也不能使委托人取得该条所赋予的权利。

在《信托法》之外，《慈善法》第49条规定了慈善信托的委托人有权确定信托监察人；而且，信托监察人发现受托人违反信托义务或者难以履行职责的，应当向委托人报告。

三　委托人的权利行使机制

慈善信托可以是永续存在的。此时，委托人被我国法律赋予如此重要之法定职权，加上信托文件约定的职权，该如何具体行使，值得研究。除了《信托法》之外，《慈善信托管理办法》很多条文赋予了委托人重要的职权，这并无可厚非。慈善信托缺乏特定的受益人对受托人进行监督，强化委托人的法定职权或有一定的正当性。但《慈善法》和《慈善信托管理办

---

① 在《北京市慈善信托管理办法》第19条规定：受托人有以下情形之一的，委托人可以变更受托人：（一）违反信托文件义务或难以履行职责的；（二）依法解散、注销或法定资格丧失的；（三）被依法撤销或者被宣告破产的。

② 但《信托法》第71条似乎没有承认委托人对公益信托清算报告的认可权。

③ 在《信托法》中关于公益信托的规定中，没有关于公益信托委托人权限的直接规定，只有可以监督监管者的规定（第71条）。

法》的不少条文都是在假设慈善信托的存续期限比较短，存在有效行使包括受托人变更权在内的监督权限的委托人。实践中永续存在的慈善信托并不少见，此时信托文件如果没有约定委托人的承继和职权行使方式的话，该《慈善信托管理办法》第 11 条、第 20 条、第 37 条、第 38 条等就很难适用。更何况法律还允许以遗嘱的方式设立慈善信托，委托人在信托生效之时是不存在的。

就一般的监督权限，多数委托人之一行使，应该对全体委托人产生效力。在涉及信托财产管理方法变更、受托人解任和重新选任等重大问题上，就需要委托人内部的权利决定机制。对此，信托法和慈善法并无规定。建议在设立慈善信托的时候，确立委托人行使权利的机制，例如可以建立委托人大会或者类似机构确保委托人的权利行使。在永续存在的慈善信托的场合，还应该有委托人地位承继的约定。

四 委托人和受益人是否存在"利益冲突"

在商事信托的场合，委托人和受益人的利益是统一的，二者甚至被要求是同一人（自益信托）。而非慈善信托的他益信托类似于赠与，受益人的利益来源于委托人，若信托文件中有约定，委托人和受益人之间不存在实质的利益冲突问题。但是，在慈善信托中，由于特定的受益人不存在，若信托利益完全取决于委托人和受托人之间的约定，则委托人和受托人就存在极大的动因去滥用慈善信托为自己和自己的关联人输送利益。此时也不存在所谓的"委托人与受益人的利益冲突问题"，而是委托人滥用慈善信托达到私人目的，是对公共利益的侵害。

第三节 慈善信托受托人

一 慈善信托中受托人的特殊性

在慈善信托之中，受托人缺少确定的、作为利害关系人的受益人的监督，即使法律强化委托人的监督，慈善信托关系较之普通的信托关系仍有一定程度的失衡。受托人在变更、解任和终止等方面，都应有一些特殊的规则而不能直接适用信托法的一般规则；受托人的义务和责任，也应有一些不同于普通信托受托人之处。特别是《慈善法》和《信托法》二者的衔接目前仍然存在一些问题，就更有待理论解释来加以弥补。

延伸思考：慈善信托受托人和慈善法人管理者责任的类似性

慈善信托的受托人适用《信托法》和《慈善法》关于慈善信托的规定，另外，基金会等慈善组织的管理层，也应该准用信托受托人的规范。

在我国《慈善法》关于慈善组织（慈善法人）的规定中，有很大的篇幅是关于慈善组织的管理义务和慈善组织的管理人的规定。这些规定几乎和受托人的规定一致。这些管理人在管理慈善组织的慈善财产的时候，也应尽到类似受托人的义务，承担类似受托人的责任。这种责任也属于信义义务（fiduciary duty）。

《英国2011年慈善法》似乎并未有意识地把慈善事业组织形式区分为慈善信托和慈善法人，而是认为整个慈善事业的法律都运用了信义关系法理（虽然很少使用"信义关系"或者"信义义务"这种表述①）。在该法中，出现得比较多的是受托人"charity trustees"的概念，可以翻译为"慈善管理人"，当然，也可以翻译成"慈善受托人"。

在英国法的背景下，受托人（trustees）对慈善组织有全面的控制权，并对其履职行为负责。他们可能有其他的称呼，例如：理事（董事，directors），理事会成员（board members），管理人（governors），委员会成员（committee members）。不管称呼如何，慈善受托人是领导慈善组织并决定慈善组织如何运作的人。成为慈善受托人，意味着其决定将影响别人的生活。

在美国，更多的慈善事业采取的是基金会（慈善法人）的方式。不过，有一些被称为"foundation"的组织虽然可以被翻译为"基金会"，但是很可能采取的是信托制。此时该基金会的管理人就类似于信

---

① 据英国慈善委员会法律事务主管Kenneth Dibble先生在2017年9月5日"慈善信托发展论坛"的发言，英国慈善法没有采用"信义义务（fiduciary duty）"的表述，不是因为英国慈善法上不存在信义义务，相反，英国慈善法中的管理者——慈善组织的管理者和慈善信托的受托人都适用信义义务。立法没有采用这种表述是因为它太抽象了，不利于民众的理解。

托的受托人①。

二 慈善信托受托人的担当

（一）信托公司作为慈善信托的受托人

《信托法》和《信托公司管理办法》都允许（至少不禁止）信托公司从事公益（慈善）信托。在制定《慈善法》的过程中，就信托公司能否充任慈善信托的受托人的讨论，几经起伏。最后《慈善法》把信托公司纳入慈善信托受托人之中，应属正确的选择。

信托公司是营利法人，其法律性质决定了信托公司必须以追求股东和受益人的利益最大化为目的，信托公司从事慈善事业除了履行社会责任、提升公司社会形象及增加公司美誉度之外，至少在目前并无太强的内部激励。而且，对于如何将善款运用于慈善事业，如何实施公益事业，并非信托公司之所长。

虽然充任受托人并不能为信托机构带来明显的商业利益（至少目前如此），但因参与信托的设立或充任受托人，信托机构可以为公益慈善信托提供大量的托管、清算服务。信托机构在资金的管理和风险隔离、资金的增值保值、运用期限匹配和流动性安排方面，都有着慈善机构所不能比拟的优点。②而且，从家族财富管理的角度看，家族信托的设立几乎同时包括慈善信托的安排，信托公司在未来的业务转型中也越来越重视家族信托业务的开展，慈善信托的重要性不言而喻。更为关键的是，如果不允许信托公司担任慈善信托受托人，则不利于专业化财产管理能力的引入，不利于

---

① 根据比尔和梅琳达基金会的主页的介绍，该基金会的受托人创设了一种双实体结构，第一层是比尔和梅琳达基金会，第二层是比尔和梅琳达基金会信托，两层实体都属于享有税收豁免的私人基金会，这两个基金会的结构都采取了慈善信托的形式（原文：In October of 2006, our trustees created a two-entity structure: the Bill & Melinda Gates Foundation (foundation) and the Bill & Melinda Gates Foundation Trust (trust). Both entities are tax-exempt private foundations that are structured as a charitable trust.） http://www.gatesfoundation.org/Who-We-Are/General-Information/Financials. 最后访问日期：2017年3月23日。

② 商业银行为了吸引这些客户，通常会通过其私人银行部门或托管服务部门为客户提供信托服务。商业银行往往将信托服务部门（或信托办公室）直接设在私人银行、财富管理或托管服务部门内部。相关情况可参见J.P. Morgan 资产与财富管理部门的组织设置、纽银梅隆托管服务部门的组织设置。参见曹华《寻找可持续的业务模式》，载《2011中国信托业境外培训成果专辑》（英国部分）。

慈善事业的效率提升及可持续发展。

另外，慈善和商业的融合在美国产生了公益机制的创新形态，具体有创投公益（venture philanthropy）、社会企业、影响力投资[①]和福利企业等，我国近年来也有对这些新概念、新趋势的应用[②]。概括来看，这些都是以追求影响力和效率为目标、混合营利与非营利的公益模式[③]。如何从法律结构上解读这些创新形态，是摆在法学者面前的艰巨课题。但至少可以说，信托公司等营利机构参与到慈善信托中来，是符合这个趋势的。

在我国的慈善信托实践中，《慈善法》实施之前，信托公司根据《信托法》创造性地从事慈善信托业务，积累了一定的经验；《慈善法》实施之后，从事慈善信托的主体力量仍然是信托公司。

委托人（特别是慈善组织作为委托人）设立慈善信托，以信托公司作为受托人，信托公司主要承担信托财产投资运作等职能，并没有具体实施慈善事业，能否算得上是慈善信托？此时信托公司作为受托人所从事的业务和普通的商事信托（投融资信托）并无本质的区别，为什么要称之为慈善信托？能不能说将一个商事信托嫁接于慈善事业之上就变成了一个慈善信托？这和基金会拿慈善财产买信托公司的理财产品（设立信托）又有什么区别呢？下面对此做简单探讨。

第一，判断是否是慈善信托，关键是看慈善目的，看慈善财产所运用的对象。信托公司作为受托人虽然好像没有直接参与慈善事业的实施，但是，其对慈善财产进行增值保值的行为，提升了慈善财产的运用效率，扩大了慈善事业的实施效果，在这种意义上，信托公司参与了慈善事业。

以年金信托中的参与主体为例加以比较说明。年金信托中存在托管人、投资管理人、账户管理人等主体，虽然从字面上看，在受托人管理信托财产（年金基金）方面，采取的是转委托的方式而非共同受托方式，但不管是转委托中的受托人还是共同受托人中的受托人，对信托均负有信义义务（民法上的委托代理关系中即存在一定信义义务），多数场合下二者的差别仅是量上的而非质上的。与其做这种非此即彼的定性分析，不如承认：在企业年金信托和投资基金信托中存在着托管受托人（custodian trustees）和

---

① 资中筠：《财富的责任与资本主义演变——美国百年公益发展的启示》，上海三联书店2015年版，第406页以下。邓国胜主编：《公益慈善概论》，山东人民出版社2015年版，第205页以下。
② 资中筠：《财富的责任与资本主义演变——美国百年公益发展的启示》，序言第i页。
③ 资中筠：《财富的责任与资本主义演变——美国百年公益发展的启示》，第505—517页。

管理受托人（managing trustees）的划分。相应地，在慈善信托中，信托公司和慈善组织等分工合作，分别在资金保管、托管、投资管理和慈善实施运用方面发挥自己的最大作用，符合复杂社会事务管理和创新社会治理的发展趋势。

第二，信托公司作为慈善信托的受托人，虽然看似没有实施慈善事业，但是至少负有遴选受领人（受益人）的职责。根据信托文件的约定，受托人有时通过选任事务执行人（不少人会认为是属于受益人）的方式来实施慈善事业，此时受托人就事务执行人的行为承担责任（《信托法》第30条）。因此，即便信托公司没有直接实施慈善事业，也不能算是没有从事慈善事务管理。

第三，在双受托人的框架下，信托公司作为承担投资管理职责的受托人，基金会等慈善组织作为履行慈善实施职责的受托人，二者虽然可以约定分工，但是对外承担连带责任（《信托法》第32条），所以，即便有时信托公司作为受托人似乎没有具体承担实施慈善的功能，他仍然需要对慈善事业的实施承担责任。

综上，信托公司作为受托人的信托仍然是真正的慈善信托，委托人能够享受到税收扣减（类似慈善捐赠）的待遇。在这些场合，受托人管理的信托财产所取得的投资收益，在代缴增值税之后，因其全部用于慈善事业之故，似不需缴纳所得税。

按照现有的法律法规，信托公司从事慈善信托业务不需要经过批准或者准入。监管部门可以基于监管政策的调整为信托公司从事慈善信托受托业务确定标准。①

（二）慈善组织作为慈善信托的受托人

目前，慈善机构（慈善基金会、公益性的社会团体）是从事慈善事业最主要的组织，其成为受托人也是理所应当的。但是，在慈善信托实务中，慈善组织作为慈善信托独任受托人的案例仍较少见②。

慈善机构所管理的财产分为两部分，一部分是设立机构之时的初始财产，此财产使慈善组织产生法人人格，可称之为慈善机构的固有财产。对

---

① 《慈善信托管理办法》第64条规定："省、自治区、直辖市、计划单列市人民政府民政部门和国务院银行业监督管理机构的省一级派出机构可以按照本办法规定结合当地实际联合制定实施细则，但不得设置或变相设置限制性条件。"该规定对下级监管部门提高监管标准和设置限制条件做出明确限制。

② 截止到2019年4月，只有11例慈善组织独任信托受托人的慈善信托。

于固有财产，按照设立该机构的章程和法律进行管理和运用；第二部分财产是成立后的慈善机构接受捐赠取得的财产，此财产独立于慈善机构的固有财产，按照捐赠人的意愿（捐赠协议等有时附有特别目的）和法律的规定对其进行管理和运用。在对第二部分财产管理的过程中，慈善机构相当于受托人。如果捐赠者直接拿出资金来委托慈善机构作为受托人设立慈善信托，则和第二部分的管理机制并无本质区别。

慈善基金会等慈善组织成为慈善信托的受托人并没有像想象的那么多障碍。慈善组织成为慈善信托的受托人并不是《慈善法》新做出的规定，根据《信托法》，慈善组织作为法人就可以成为公益信托的受托人（第24条）。而且，在实践中，基金会等慈善组织在事实上管理专项慈善基金的时候，实际上是处于受托人的地位的。另外，之前已经论证过，基金会的管理层在管理自己的固有财产的时候，虽然不能说是处于受托人的地位，但是说其处于受信人（fiduciaries）的地位应无疑问。早在《慈善法》出台之前，信托法的原理就已在《基金会管理条例》中得到了充分的体现。

《慈善法》明确了慈善组织可以成为慈善信托的受托人。但是，慈善机构如何实现分别管理、实现信托财产的独立性，慈善组织作为受托人的义务、责任和信托公司作为受托人的义务有何差异等，仍然值得研究。

现实中还有一种观点认为，阻碍慈善组织成为慈善信托受托人的重要原因是慈善组织难以选择商业银行作为保管人，难以在银行开立"慈善信托专用资金账户"。这种观点似是而非（后述）。

除了基金会之外，其他社会团体、社会服务组织在取得慈善组织的资格之后，也能成为慈善信托的受托人。

按照现有的法律法规，慈善组织受托慈善信托并不需要任何准入或者批准程序。由于慈善组织数目众多，层级不一，内部治理和管理能力各异，监管部门可以为慈善组织担任慈善信托受托人设定合适的标准。

延伸思考：慈善信托受托人开具税收票据问题

很多人认为，信托公司成为慈善信托受托人的最大的一个障碍是相关税收扣减的发票开具的问题。对此笔者认同。但如果说慈善组织作为慈善信托受托人开具税收扣减发票也存在同样的问题，可能会令很多人感到吃惊。

事实上，慈善领域内，所有的关于慈善税收的法律规定都是关于慈善（公益）捐赠的规定，没有任何一部法律对慈善信托的当事人如何开具票据的问题做出规定。不管是信托公司还是慈善组织做慈善信托的受托人的情形均是如此。所以，如果严格依照法律的规定，除了基金会向捐赠人开票之后作为委托人设立信托的模式之外，几乎全部由基金会作为受托人开票的模式都是"违法"的。严格地说，基金会所能够开具的是慈善捐赠发票，目前连基金会作为受托人也开不出慈善信托设立的相关票据。

为了解决这一问题，虽然在法律上强调慈善捐赠和慈善信托之间的差异，从实务的角度看，未来的慈善税收法律可以引入"关于慈善信托设立行为，视为慈善捐赠"的规则，不管是信托公司还是慈善组织，都可以凭备案回执和信托合同开具相关票据。

或者，直接承认慈善信托本身是慈善组织，这样就终极性地解决了所有的问题。

个案分析：公办高校在慈善法上的地位——受托人抑或是受益人？

高校、医院等传统的事业单位法人是不是慈善法上的慈善组织？能否成为慈善信托的受托人？

日常生活中，说公办高校是非营利组织似乎没错，但严格来看，公办高校不是《慈善法》上的慈善组织。

修订前的《高等教育法》第24条规定："设立高等学校，应当符合国家高等教育发展规划，符合国家利益和社会公共利益，不得以营利为目的"，可见之前高等学校具有公益性和非营利性的特征。但是，《高等教育法》2015年修订时删去了"不得以营利为目的"的规定。另根据《慈善法》第8条，慈善组织可以采取基金会、社会团体、社会服务机构等组织形式。公办高校很显然不是基金会、不是社会团体、也不是社会服务机构（根据对现行《民办非企业单位登记管理暂行条例》的解释，社会服务机构中可以包括民办高校等），对此似无争议。但是，公办学校能否被包括在"等"之中，值得探讨。

慈善组织的设立条件中，除了非营利的要求，还强调"以开展慈善活动为宗旨"（《慈善法》第9条），虽然国家发展高等教育是为公益事业，但是不能把公办高校看做是慈善组织。原因在于，理论上慈善具有的性质之一是非政府性（民间性）。公办学校在我国属于事业单位，其经费来源、人事编制和管理等方面均和政府有密切的关系。我国的高校在实质层面上无法独立于政府。因此，很难说公办高校是民间组织或者慈善组织。

高校、医院等事业单位主要的资金理论上来源于政府，体现政府意愿，所以原则上不能算作慈善组织。在国外，学校、医院等被特别对待，比如在英国被称为豁免慈善组织。在美国也有类似的规定，甚至政府也基于税务的原因被归到慈善组织之中。在美国，学校等组织属于公共慈善组织中的法定公共慈善组织。美国的公共慈善组织包括五类：第一类，教会、医院、医院的附属医疗研究机构、学校、学校的捐赠基金甚至政府部门等法定公共慈善组织；第二类，开展募集资金活动且资金来源多元化的慈善组织；第三类，有免税活动收入的公共慈善组织；第四类，支持型公共慈善组织；第五类，公共安全慈善组织。据此可以看出，美国法似乎并不像我们一样特别清晰地强调概念的区分，学校、医院等不区分公立私立均被认定为法定的公共慈善组织，甚至政府也被归入其中，这都是为了方便捐款者申请抵扣所得税而做出的安排。

公办高校无法作为慈善组织而存在，无法成为慈善信托的受托人，但根据《慈善法》第111条，高校作为"慈善组织以外的其他组织"可以开展力所能及的慈善活动。

（三）自然人能否成为慈善信托的受托人？

《信托法》中并没有特别规定公益信托的受托人资格。《信托法》第24条没有排除自然人成为公益信托的受托人的可能性，律师、会计师、社会贤达等成为公益信托受托人在理论上是可能的，只是缺乏具体操作的规则而已。

《慈善法》第46条规定："慈善信托的受托人，可以由委托人确定其信赖的慈善组织或者信托公司担任"。根据这一规定，一般认为自然人无法成为慈善信托的受托人。但《慈善法》中使用的术语是受托人"可以"由委托人确定，能否反面解释为委托人"不可以"确定自然人为受托人，并非毫无争议[1]。另外，《慈善法》第50条规定："慈善信托的设立、信托财产的管理、信托当事人、信托的终止和清算等事项，本章未规定的，适用本法其他有关规定；本法未规定的，适用《中华人民共和国信托法》的有关规定"。如果委托人愿意，似乎《慈善法》并不能否认以自然人作为慈善信托的受托人。所以个人认为，在目前的法律背景下，自然人作为"公益信托"的受托人至少在理论上是法律未禁止的自由领域。2018年12月四川

---

[1] 在我国，法条往往被作限定性解释。在笔者参加立法机构研讨之时，相关负责人很明确地表示不能让自然人成为慈善信托的受托人。

省雅安市雨城区民政局备案的慈善信托中（附录 2，B-146），受托人是自然人①。笔者以为，仅仅就受托人是自然人而言，如果此种信托被认定为是根据《信托法》成立的公益信托，可能效力并无问题。

从比较法的角度，《英国 2011 年慈善法》对受托人的要求中，根本没有强调受托人必须是法人组织。其中很多措辞分明是针对自然人的。而举凡日、韩信托法，均不排除自然人的公益信托的受托人资格。

从慈善法原理上看，慈善法主要调整的是有组织的、规范的、正式的且有中介的慈善活动，并摆脱捐赠人和受领人之间个人的、主观的联系。如果受托人是自然人的话，很难符合这一要求。从事实上看，自然人一般不容易赢得委托人信赖和信任，自然人受托人也和不少慈善信托永续存在的要求不相符；从能力上看，自然人也缺乏管理慈善信托的必要能力；从技术上看，自然人无法接受监管，无法向捐赠人开具捐赠票据，这可能是慈善法上没有明确规定自然人可以成为慈善信托的受托人的原因。

但是，从鼓励和促进慈善事业发展的角度看，应让更多的主体成为慈善信托的受托人②，而开具发票、监督管理等都是技术问题。如果能解决这些技术问题，似乎不应禁止自然人成为慈善信托的受托人。自然人充任受托人的，原则上承担个人责任的风险，个人的信用加入到了信托事务的管理过程中。信托关系的实质是信任关系，如果委托人对自然人受托人有更大程度的信任，法律不宜加以禁止。③

延伸思考：

1. 打破受托人必为机构的固化思维

信托法产生的时期，受托人基本上都是和委托人有着人身联系和信赖关系的自然人。在现在社会，信托很大程度上变成了一种组织化、

---

① 据笔者了解，这个自然人做受托人的案例可能是笔误所致。
② 以英国著名的维康信托为例。维康信托是由亨利·维康爵士在 1936 年创设的独立的全球性的慈善信托（登记号：210183）。维康信托"集团"包括本信托及其附属事业。维康信托的单一受托人为维康信托有限公司（The Wellcome Trust Limited），该公司为担保有限公司（a company limited by guarantee，登记号：2711000）。参见维康信托的 2016 年年度报告。https://wellcome.ac.uk/sites/default/files/WellcomeTrustAnnualReportFinancialStatements_160930.pdf.
③ 在 2020 年抗击新冠肺炎的战役中，两位湖北籍法学教授自己捐赠并在朋友圈发起募捐 100 万为家乡购买医疗设备，并严格履行公开和审计程序，可理解为自然人为受托人的公益信托。

专业化和规范化的金融工具，信托受托人主要由专业的机构充任。但是，无论时代如何变化，自然人受托人在信托法上总是占有一席之地，可以说自然人作为受托人充分体现了信托的灵活性。

在我国，由于信托长期作为一种业态而存在，人们往往忽视了非营业信托当中自然人可以作为受托人的情形。很多对自然人充任受托人的质疑都是源于这种固化思维。例如，之前有不少法院的判决认为因个人理财关系中受托人非信托机构所以信托合同无效。个人理财关系是否是信托姑且不论，但至少不应因为受托人非信托机构无效。

根据《信托法》的规定，自然人和法人均可以成为信托的受托人。其自然推论是：非营业信托中的民事信托（家族信托）、慈善信托的受托人都可以是自然人。《慈善法》第46条也没有直接禁止受托人为自然人。

另外一种固化思维是单一受托人的观念。受托人可以是单个自然人，单个法人，自然人和法人的组合以及多个法人的组合等共同受托人形态。剥夺自然人成为民事和慈善信托受托人资格，将极大牺牲信托制度的灵活性，挫败委托人的各种良性的自由意愿。

在家族信托的场景中，家族信托不能被简单化，可以是一个层级复杂的计划和设计。例如，委托人可能会更信任自己家族成员的忠诚，在让专业的信托机构成为受托人同时，指定有能力的家族成员成为共同受托人，以制约机构受托人，这是没有问题的。此处不需要讨论自然人受托人是否"经营信托业务"，因为很显然不是。

在慈善信托中也是如此。委托人可以让信托公司、基金会和自然人共同成为受托人，各种受托人分工，各自从事自己比较擅长的工作，这将有益于委托人的慈善意愿最大限度地实现。目前的慈善信托实践中，很多人连多个机构受托人都不能接受，更遑论自然人做受托人了。

如果不允许自然人做受托人，不重新梳理共同受托人的规则和信托当事人竟合规则，信托制度的灵活性就无从谈起。

2."机构受托人思维"弱化了我国受托人责任

《慈善法》第十一章关于法律责任的规定有12条，只有第105条是针对慈善信托的受托人及其直接负责的主管人员和其他直接责任人员的行政处罚的规定，剩下的条文中有7条是以慈善组织作为调整对象的，且基本都是关于行政责任的规定。余下的规定基本和受托人（管理人）责任无关。

银保监部门对信托公司的监管的规章中也主要是针对信托公司作

为营业信托的受托人的行为规范做出规定。对于具体承办人的责任主要靠信托公司内部的管理规定和民商法的规定来解决。

比较而言，英国慈善法上关于受托人责任的规定几乎都是针对自然人的规定。从受托人资格上看，例如，根据《英国2011年慈善法》的规定，如果慈善事业是以法人（company）的形式或者非法人组织（Charitable Incorporated Organisation，CIO）存在，成为其受托人至少要16岁，其他慈善事业的受托人至少要年满18周岁。

另外根据《英国慈善委员会指引》的规定，由慈善组织（包括慈善信托）的章程、信托合同或者类似文件被任命为该组织成员的人，不管被称为受托人、主管、委员会委员、管理者或者其他名称，均是合法的慈善组织受托人。该团体的成员自动成为慈善组织的受托人，与该团体所有成员一起对该慈善组织负有相同的责任[①]。

由于我国《慈善法》规定慈善信托受托人只能是机构，那么在受托人义务违反的认定和责任承担方面就比较多的会涉及到代理或者代表规则的适用和转承责任的承担问题。例如，受托人的不当行为如何认定？是受托人（如信托公司）本身还是受托人公司员工的不当行为？行为后果是由员工承担还是由受托人法人承担？在面临刑事责任的场合，是否要适用双罚制？这些问题都有待进一步的研究。

由于法律过分强调机构受托人，具体从事受托事务管理的人的责任就被淹没了，最终机构受托人的责任也被弱化了。信托公司如此，慈善组织（基金会）更是如此，这也是我国慈善事业构建信任体系困难重重的重要原因。

（四）信托公司抑或慈善组织：谁是慈善信托最优的受托人？

信托公司作为营利法人，在对信托财产进行投资管理方面有着比较多的经验，过去商事领域普遍采用的托管制度在确保信托财产的独立性和安全性方面具有优势。在对信托财产投资运用、增值保值方面，信托公司也能提高善款的适用效率。用商业的机制运作慈善，必将激发慈善从业者的创造力。

值得关注的是，民政部和银监会联合发布的《关于做好慈善信托备案有关工作的通知》的第3条规定"除合同另有特别约定之外，慈善信托财

[①] ［英］慈善委员会：《英国慈善委员会指引》，林少伟译，法律出版社2017年版，第3页。

产及其收益应当运用于银行存款、政府债券、中央银行票据、金融债券和货币市场基金等",其备用性规则(default rule)限制了慈善财产的投资运用方式,强调了信托财产的安全性,具有一定的合理性。在普通信托的领域,备用性规则是"除非信托文件和法律有限制,原则上受托人有投资权",慈善信托更重视安全,才有了备用性规则的改变。而正因为其属于备用性规则,并不会使得信托公司丧失其在增值保值方面的优势,委托人的意愿可以在信托文件中得到充分的尊重。如果委托人愿意受托人对信托财产进行比较激进的投资,则可以在信托文件中授权受托人这样做。而在《慈善信托管理办法》第30条则进一步规定:"慈善信托财产运用应当遵循合法、安全、有效的原则,可以运用于银行存款、政府债券、中央银行票据、金融债券和货币市场基金等低风险资产,但委托人和信托公司另有约定的除外",排除了委托人和慈善组织受托人通过约定进行更为积极和主动的投资。这也被不少人批评为对基金会等慈善组织的歧视。[①]

而且,信托公司在资金的管理投资方面虽然具有一定的优势,但是其在将信托财产如何运用于慈善目的方面,不像慈善组织(基金会、社会服务机构)等那样富有经验;信托公司也不可能组织大量的志愿者和项目管理专家具体实施慈善。而且,信托公司不如慈善组织那样具有草根性,更能发现慈善的需求,及时有效地做出回应。慈善信托分为两种类型,一种是捐赠型,一种是运作型,信托公司作为后一种的受托人是存在短板的。这样,信托公司和基金会的协作模式就相当必要。

信托公司为营利机构,担负为股东创造金钱价值的义务,虽然信托公司可以从慈善信托管理当中收费,但是不符合利益最大化的价值取向。尽管基于履行社会责任的要求和监管层的激励,不少信托公司乐于参与慈善事业,但慈善信托毕竟不可能成为信托公司的核心业务。而对于慈善组织而言,从事慈善事业是其分内之事。但是,对于慈善组织如何从事慈善信托,仍然存在不少理论和操作上的不明之处。

其实,基金会等慈善组织在慈善法实施之前已经从事了慈善信托,只是不自知而已。人们喜欢标签化,慈善行为如果没有贴上信托的标签,很多人就不认为它是慈善信托。上文论述过,基金会在从事专项基金项目管理的时候,就已成为受托人,此时基金会作为法人已经要承担受托人所应承担的忠实义务和谨慎管理义务,慈善财产也要和其他的慈善财产以及基

[①] 笔者以为,由于慈善组织的性质所限,其并非做出投资管理的最佳受托人,因此《慈善信托管理办法》中的限制具有一定的合理性。

金会自身的财产（初始财产和直接捐赠给基金会的财产）分别管理（专款专用），这符合信托法对信托行为的要求。

在现今慈善组织的慈善信托实务中，出现的一个问题是银行不给慈善机构开设信托专户。其实这只是一个观念问题，基金会之前按照专款专用，单独做账的模式管理专项基金，实际上已经实现了对慈善财产的分别管理，信托财产即产生了独立性。很多人担心慈善专项基金能否产生信托财产的破产隔离功能，个人以为这种担心是不必要的：慈善组织不能积极的负债（贷款），所以不存在破产风险，托管的必要性相比信托公司而言不大。当然，需要由主管的部门发布相关规定，让慈善组织也能在银行开设信托专户，还要普及慈善法的规定，让民众了解慈善机构也能做慈善信托。

可以说，不存在信托公司和慈善组织谁更能胜任慈善信托受托人的问题。二者各有优点和劣势。在实务当中让信托公司和慈善组织各自分工，相互配合，扬长避短，共同实现委托人的慈善意愿，这才是应该予以鼓励的。

（五）共同受托人的特殊问题

1. 共同受托人的制度功能

同一信托有两个以上受托人的，被称为共同受托人（《信托法》第31条）。共同受托人的一般制度优点在于：

第一，可以提高受托人的整体信用度；第二，让受托人之间相互监督；第三，保持信托事务管理的连续性；第四，利用不同类型受托人的不同专业能力。

2. 我国法上的共同受托人的实践

在我国法上，受托人是多数人的信托的例子有企业年金信托和证券投资基金信托等（有争议）。在《慈善法》实施后的慈善信托实践中，也出现了共同受托人（"双受托人"）的安排[1]。

3. "前慈善法时代"的"信托公司＋慈善组织"模式

在《慈善法》实施之前，受托慈善公益信托的主体主要是信托公司。虽然公益捐赠和公益慈善信托是不同的法律结构，但是由于对于公益信托的税收扣减问题没有明确的法律规定，只能在公益捐赠的框架内创造性地加以解决。严格地说，目前的慈善信托中，即便是慈善组织作为受托人，

---

[1] 例如，"中信·北京市企业家环保基金会2016阿拉善SEE华软资本环保慈善信托"、中信信托和何享健基金会作为共同受托人的顺德社区慈善信托、万向信托和宁波善园公益基金会作为受托人的慈善信托——华龙慈善信托。

若过分强调设立慈善信托行为和慈善捐赠行为的区别，慈善组织也无法向委托人开具相关票据，目前落地的所有慈善信托都是相关主管部门"法外开恩"的结果。

由于信托公司不是"慈善组织"，无法开具捐赠票据，所以，在《慈善法》实施之前的公益信托设计中，信托公司通过引入慈善组织作为事务执行人等方式解决捐赠票据开具的问题。例如，中原信托—乐善1期—"善行中原"公益信托计划，厦门国际信托的"乐善有恒"公益信托（附录2，A-28、A-33）等，并非孤立的做法。其实，无论是慈善捐赠还是慈善信托，捐赠人和委托人取得税收扣减票据都是天经地义的。从法律关系上，设立慈善信托行为和捐赠行为是不同的，这一点必须承认；但附目的之捐赠、特别是公益捐赠和设立信托行为在经济后果上是不存在明显界限的。未来出台慈善信托税制的时候，难免要做出"将设立慈善信托的行为视为慈善捐赠"类似的规定。如果囿于捐赠和信托设立两者概念的形式差别而否定借道慈善组织开具捐赠票据的正当性，除非委托人放弃税收优惠利益（根据《慈善法》第45条，此时连备案都不需要），否则不仅《慈善法》颁行之前的公益信托无一不违法，《慈善法》颁行后所实施的几乎所有的慈善信托也都有合法性问题，这是很荒诞的。

4."后慈善法时代"的共同受托人模式具有合法性和正当性

令人失望的是，《慈善法》实施之后，和慈善信托相配套的税收规则仍然没有出台，从事慈善信托仍然障碍重重。信托公司和慈善组织为了慈善事业的发展，在制度供给不足的前提下进行了一系列的创造性实践——不管是"双受托人模式""捐赠+慈善组织委托人+信托公司受托人"模式，还是"慈善组织作为事务执行人"模式，笔者认为，只要能确保其结构符合《慈善法》《信托法》和相关法律法规，确保信托财产单向、不回流地完全用于慈善目的，都是值得肯定的。在慈善税收制度出台之前，不少地方的民政部门已经本着"重实质"和"穿透"的原则，认可上面的创造，予以备案，使得《慈善法》关于慈善信托的规定真正落地，是十分有勇气和智慧的做法。但是，如果不能从根源上理解实践中创造的正当性，固执于概念的字面差异，能否顺利备案就只能取决于各地民政部门具体承办人员对法律或宽或严的理解，最终可能导致各地执法的口径不一，这对于法律的实施而言是一件不幸的事情。

根据《信托法》和《慈善法》的规定，慈善信托可以有两个以上的受托人，委托人向其中一个受托人交付信托财产（一般而言是慈善组织受托人，这样能解决开具发票问题），在法律上，就构成了向受托人整体"转移"信托财产,慈善组织作为受托人之一接受了捐赠财产,信托就已经成立生效。而作为履行受托人分别管理义务的一种方式,慈善组织把信托财产转移至信托公司开设的信托财产专户,信托财产即实现了和受托人(慈善组织和信托公司)的固有财产(慈善组织的法人账户、信托公司的固有账户)的分别管理。之后,受托人各自按照信托合同的约定,信托公司履行财产管理职责,慈善组织负责项目实施职责,慈善财产没有回流至受托人和委托人,慈善目的得以实现。

而且,从监管的角度,共同受托人在信托事务的处理过程中是承担连带责任的,连带的机制会促使多个受托人相互监督,相互约束,确保信托财产管理和运用更安全。

5. 共同受托人模式是发挥慈善信托功能的合理选择

为了向委托人开具捐赠票据,信托公司被动地引入慈善组织参与到慈善信托的结构中来;反之慈善组织为了实现开设信托专户的现实需要也被动地引入信托公司[①]。

但是,从促进慈善事业发展的角度看,信托公司和慈善组织的合作应该是其内在的、主动的需求。随着慈善信托的慈善目的越来越复杂,存在期限越来越长甚至永续存在,慈善财产的数额越来越大,慈善事业的实施也越来越专业化,仅仅由信托公司或者慈善组织一方作为受托人成立慈善信托的价值越来越小。共同受托人模式能发挥信托公司和慈善组织各自财产管理和慈善事业实施方面的优势,使委托人的意愿和慈善目的更好地得以实现。

比较法上,公益信托受托人享有根据"多数决"行事的权力,这构成"共同受托人全体一致采取行动"原则的例外[②]。例如,根据英国法,受托人当然可以不止一人,当然,太多的受托人只会导致混乱。受托人可以根据多数决的方法进行决策而不需要全部一致。[③]

6. 基金会+信托公司模式是否忽视了委托人意愿?

有观点认为,"慈善信托的设计特别强调委托人的权利——委托人应该是出资人,慈善信托资产处理应该完全遵循委托人的意愿"。但在"蓝天至爱1号"这种类型的慈善信托中,"捐赠人把钱捐给基金会后,基金会成了

---

① "北京市企业家环保基金会 2016 阿拉善 SEE 公益金融班环保慈善信托"等慈善组织做单一受托人的慈善信托是否能作为例外看待值得研究。

② [日]能見善久『現代信託法』(有斐閣·2004 年),第 171 页、正文及注释。

③ Re Whiteley [1910] 1 Ch. 600 at 608.

委托人，捐赠人就不是委托人了，今后的权利难以得到保障"，"这样做会把中国的慈善信托毁掉。"①

笔者以为这是一个误解。捐赠人把财产附有目的地捐赠给基金会，基金会就已经成为受托人；基金会把资产再交给信托公司，此时要看这种行为是否符合委托人捐赠时明示或者默示的要求和目的，如果符合的话，信托公司此时以受托人的面目出现，并不影响基金会原本受托人的地位。根据报道，该项目的"善款支出，将侧重采取公益项目招投标的形式，遴选专业性强的公益服务组织实施"，也就是说，信托公司最终也不是信托财产的运用方，而是再将其交给公益服务组织。

在这个结构中，基金会、信托公司和公益服务组织（恐怕还会有不少人把这里的公益服务组织理解成受益人）都在某种意义上具有受托人的身份和义务，大家分工协作，共同完成委托人的慈善意愿。

在某些慈善信托当中，委托人的意愿可能不如私益信托那样具有主动性，不少情况是受托人框定一个慈善目的，委托人做出响应而已，但是不能认为此时慈善信托不能体现委托人的意愿。慈善信托中的委托人也不像私益信托的委托人那样享有《信托法》上的诸多权能、特别是监督权能（上文已详述）。慈善信托中的关注点已经转移向了受托人，委托人的意愿的确是虚化了，但是不能说慈善信托没有体现委托人的意愿，不能得出结论说上述的安排中委托人就丧失了委托人地位，更不能说其权利无法得到保障。

7. 共同受托人场合的信托财产归属问题

信托财产归属的问题在整个信托法上都是一个棘手的问题，笔者之前主张信托财产是归属于受托人的一笔特别财产（special patrimony）②，这里不再赘述。信托财产一般需要转移到受托人的名下。但是在共同受托人的慈善信托中，信托财产该如何归属，目前仍无定论。根据信托法的一般理论，共同信托中信托财产归全体受托人共有③，但是，把所有的信托财产都登记或者标识出共有人是否可行；在变更部分受托人的场合，如何处理信托财产的归属等问题，值得探讨。

关于信托财产的财产名义，就资金信托而言，在开设专户的时候以受托人的名义共同开设并不存在特别大的技术障碍；但对于其他财产信托特

---

① 顾磊：《慈善信托：成功"抢滩"还是错位"登陆"？》，《人民政协报》2016年9月20日。
② 参见赵廉慧《信托法解释论》，中国法制出版社2015年版，第三章。
③ 参见赵廉慧《信托法解释论》，第298—299页。

别是不动产而言,目前连单一受托人的信托都几乎无法办理,共同受托人更是困难。

其实,出于简化信托法律关系的考虑,可以根据当事人的约定把信托财产转移到方便的一方受托人的名下,而非多个受托人共有。这样,即使个别受托人变更,也不需要履行复杂的财产转移程序。

三 慈善信托受托人的核心义务

一般的信托法著作中,关于受托人义务的内容都是核心内容[1]。本书不再重复关于受托人义务的一般原理的介绍。本书重点关注的是在慈善信托中,受托人的义务和普通信托中的是否有区别以及有多大的区别等问题。

《慈善法》第 48 条规定了慈善信托受托人的核心义务:"慈善信托的受托人管理和处分信托财产,应当按照信托目的,恪尽职守,履行诚信、谨慎管理的义务。"本条脱胎于《信托法》第 25 条第 2 款"受托人管理信托财产,必须恪尽职守,履行诚实、信用、谨慎、有效管理的义务"。这两个条款除了细微的差别(《慈善法》中没有规定有效管理的义务,可能是认为慈善财产的管理应该安全、谨慎优先,不应过分强调效率;《慈善法》中除了规定受托人管理信托财产之外,还增加了处分信托财产的表述)之外,其他关于受托人的义务的表述是一模一样的。该条仅对受托人的义务做了笼统的规定,并没有有意识地把忠实义务和注意义务等具体义务做区分。另外,没有采取比较法上普遍采用的忠实义务的表述[2]。

(一)忠实义务

1. 受托人忠实义务的一般理论

一般认为,在信托法中,受托人对受益人和委托人负有忠实义务等信义义务。受托人忠实义务的内容主要是防止受托人从事和受益人以及信托利益冲突(conflict of interests)的行为。例如,禁止受托人自我交易、双方代理(《信托法》第 28 条),禁止受托人从信托财产取得除约定的信托报酬以外的信托利益(《信托法》第 26 条),禁止把信托财产转为固有财产(《信托法》第 27 条),禁止将信托债权和固有债务进行抵销,禁止将自己受托的不同信托财产进行抵销(《信托法》第 18 条)等。主要是防止受托人自己或者利害关系人侵害信托财产。

---

[1] 关于受托人义务的一般法理分析,参见赵廉慧《信托法解释论》,第五章。

[2] 在《慈善法》征求意见稿阶段,笔者在代表中国政法大学向全国人大提交的《修订意见报告》中建议采用"忠实义务"的表述,但是并没有被采纳。

忠实义务和善管注意义务相同的地方在于，二者主要体现为一种法定义务；和善管注意义务主要是积极义务不同，忠实义务主要体现为一种消极义务。

忠实义务不可以通过约定加以排除，因此被称为信托法中不可削减之核（irreducible core）。

忠实义务目前比较成熟的类型化有：

（1）自己交易（self dealing）。根据《信托法》第 28 条，受托人不得将信托财产和固有财产进行交易。①

（2）双方代理。同样是根据《信托法》第 28 条，受托人不得将其管理的不同的信托财产之间进行交易。

（3）禁止从信托财产取得利益（non-profit rule）。《信托法》第 26 条规定，除了根据约定从信托财产取得信托报酬之外，不得从信托财产取得利益。

（4）禁止将信托财产转为固有财产（《信托法》第 27 条）。

（5）竞争行为。该规则类似公司法上的"公司机会原则"，受托人不应把自己放在和信托财产竞争的地位中，应当把交易机会让给信托财产。我国《信托法》对此没有规定，但是从法理上看这应该是忠实义务的应有之意。

（6）收取回扣。从法理上看，收取回扣的行为也属于典型的利益冲突行为。

（7）其他关联交易行为等。关联交易的重要特点是违背忠实义务，从事利益冲突的行为。理论上，即使是无法归类到上列行为中的其他关联交易行为，也属于违反忠实义务的行为②。

---

① 在美国税法上，慈善信托和私人基金会不能从事自我交易（self-dealing）等违背忠实义务的行为。相关法律列举了不能和慈善基金会和慈善信托进行交易的"不适格主体"（disqualified persons）的类型（也有极少的例外）。信托的委托人和对慈善信托进行规模捐赠的人（相关法律也界定了标准）；信托的受托人，受托人的理事和高管等；拥有规模捐赠企业 20% 以上股权的人；上述不适格主体的家庭成员（父母、子女、配偶、子女的配偶，孙子女和孙子女的配偶），上述不适格主体或多个不适格主体所控制的公司或者商事实体。转引自：Betsy Schmidt, *Nonprofit Law: The Life Cycle of a Charitable Organization*, Wolters Kluwer, p.329.

② 《北京市慈善信托管理办法》第 14 条规定："受托人不得利用信托财产从事以下活动：（一）提供担保；（二）借款给非金融机构；（三）进行可能使本慈善信托承担无限责任的投资；（四）进行违背慈善信托目的的投资；（五）为自己或他人牟取私利；（六）国家法律、行政法规和信托文件禁止的其他行为。"该办法所禁止的行为中，除了违法的行为之外，主要是违反受托人忠实义务和谨慎义务的行为。

违反忠实义务和违反善管注意义务不同,后者是过错责任,违反忠实义务基本上是一种无过错责任。即使受托人是诚实的、善意的,他/她也不会因此被免除责任。

而且,即使受托人没有给信托财产带来损害,受托人违背忠实义务亦应承担责任。有一些行为压根是不能做的,受托人只要做了这种行为,即有可能承担责任。

这种严苛的责任只能通过类似28条但书的规定加以缓和:经过正当程序,经过委托人和受益人的知情同意(informed consent)之后,受托人从事的形式上的利益冲突行为是允许的。但是在慈善信托中,受托人的忠实义务主要是对社会而非受益人,受益人无权(多数情况下也无法)做出同意的意思表示①。而且,即使委托人在信托文件中对受托人从事关联交易有授权,或者事后经过违约人的同意,因慈善信托不仅仅关涉信托当事人的利益,还会牵涉社会公众利益,受托人从事信托文件有授权或者委托人同意的关联交易等行为也需要经过监管部门的审查,必要时要向社会公告。可以看出,《信托法》第28条但书在慈善信托的适用存在的一些特殊情况。

可能承担忠实义务的不仅仅是狭义的受托人,信托的律师、会计师、受托人的利益相关方(亲属、股东)、受益人中的一部分、监察人(保护人),因其地位和决策可能对信托财产有影响的人,都有可能受忠实义务约束。

违反忠实义务的后果并非行为无效,一般是可撤销的。违反忠实义务的责任承担方式除了一般民事责任中的回复原状、损害赔偿之外,还有信义法中(fiduciary law)所特有的归入权。归入权的救济可以牵强地和英美法上的返还救济(restitutionary remedy,又称吐出救济)类比。

在国外,违反忠实义务的责任非常严厉,多有刑责作为悬诸受托人头上的达摩克利斯之剑,是受托人地位险要、信任构建脆弱的原故。在慈善信托中,因受益人监督的缺位,事关公共利益,受托人的地位就更为险要,我国法律对于受托人违反忠实义务的行为近乎姑息,诚为可叹。

2. 慈善信托受托人忠实义务的特殊性

在慈善信托中,受托人的忠实义务出现了一些新的内容。

在私益信托中,较少出现委托人通过关联交易侵蚀信托利益的"必要",委托人通常没有必要侵害受益人的利益——他可以一开始就不授予受

---

① [美]玛丽恩·R.弗莱蒙特-史密斯:《非营利组织的治理:联邦与州的法律与规制》,金锦萍译,社会科学文献出版社2016年版,第185页。

益人此种利益。私益信托是为了受益人的利益而存在，利益冲突主要出现在受托人和受益人之间，《信托法》关于忠实义务的规定（第25—第28条）主要是防止受托人或受托人的关联人从关联交易中获利而非委托人，委托人和受益人的利益多数情况下是一致的，受托人和委托人的关联交易只有在侵害受益人利益的少数场合才构成违反信托义务的行为。

而在慈善信托中，不存在特定的受益人，信托财产是为了社会利益而存在，委托人借道慈善信托实现私利的动因是现实存在的，对信托财产和委托人的交易进行规制的必要性就大大提升了。在对慈善信托进行管理的过程中，受托人能否以信托财产向委托人提供贷款、提供担保，能否把信托财产投资于委托人的企业，是需要关注的典型情形。

《慈善法》第40条第1款规定了"捐赠人与慈善组织约定捐赠财产的用途和受益人时，不得指定捐赠人的利害关系人作为受益人"，要求捐赠人和受益人之间不得存在利害关系。这虽然不是直接针对慈善信托的规定，但是由此也能推论出委托人（和其指定的受益人）和慈善信托所代表的社会利益之间的冲突是慈善信托中重要的利益冲突。同时，受托人允许信托财产和委托人进行交易，也违反了其忠实义务。

《信托法》对委托人和（慈善公益）信托之间的利益冲突没有规定。《民政部　中国银行业监督管理委员会关于做好慈善信托备案有关工作的通知》规定：慈善信托受托人按照《慈善法》规定向民政部门提出备案申请的，应提交的信托文件至少应载明的内容包括"不与委托人存在利害关系的不特定受益人的范围"，委托人及和委托人一方的特定受益人，和慈善信托所设定的公共利益可能会产生冲突。《慈善信托管理办法》第10条重申了类似的要求："慈善信托的委托人不得指定或者变相指定与委托人或受托人具有利害关系的人作为受益人"。同办法第32条规定："委托人、受托人及其管理人员不得利用其关联关系，损害慈善信托利益和社会公共利益，有关交易情况应当向社会公开"，是明确地对委托人和慈善信托所代表的公共利益产生冲突加以调整的条文。

一个在法理上与此相关的条文是《信托法》第72条，该条把适用"近似原则"的条件规定为"公益信托终止，没有信托财产权利归属人或者信托财产权利归属人是不特定的社会公众的"，其反面解释似乎是允许公益慈善信托在终止的时候通过约定的方式把信托财产留给委托人或者其他的私人（"特定的社会公众"）。不过，一种更合乎我国信托法的解释似乎应该是：在公益信托终止的时候，可以根据约定把信托财产归属于"特定的社会公众"，这里的"社会公众"应当符合慈善信托受益人（受领人）的要求,而非可以是包括委托人在内的利害关系人,否则公益慈善信托可以被滥用为私人输送利益的管道。近似原则蕴含的一个基本法理是,慈善信托一旦设定,信托财产即进入社会公共领域,原则上不可返还委托人或者其他私主体。委托人亦不可以通过和信托财产交易而取得利益。

受托人将信托财产和委托人进行交易,是和慈善信托所代表的公共利益和社会利益相冲突。这是违反忠实义务的特殊情形。

从比较法上看,美国《国内税收法典》第4946条专门对私人基金会的"利益冲突人"(disqualified persons)做出界定。其中第一个就是基金会的"主要捐赠者",以及持有主要捐赠者20%以上股权的人,及其家庭成员,以及上述主体在其中享有35%以上表决权、利润分配权或者受益权的法人、合伙或者信托。鉴于美国的私人基金会很多场合采取信托的法律形式,该规则对慈善信托具有重要参照价值。美国《国内税收法典》第4941条把主要捐赠人等和私人基金会之间的交易当作自我交易来规制,而不考虑这些交易行为本身是否公平合理。这意味着在私人基金会和慈善信托中,这些自我交易甚至不能取得类似我国《信托法》第28条但书所提供的豁免。①

(二)谨慎义务

有一种很普遍的抱怨是信托法对受托人的谨慎义务规定过于模糊、概括,不具有可操作性,这导致信托公司等受托人无法判断自己行为的边界,从外部也无法清晰判断受托人是否尽到谨慎义务或者尽职管理义务。这种抱怨是基于对谨慎义务内涵的不理解。②

1. 谨慎义务是法定义务

理解谨慎义务非常关键的一点是,它不是约定义务,或者至少说主要不是约定义务。即使受托人没有在信托文件中约定他有某种义务,如果其行为没有达到作为受托人的一般的行为标准,比如,作为信托公司这样的专业受托人所应采取的管理方式,其责任也成立。

例:在某证券投资基金信托纠纷中,信托公司抗辩说信托文件中没有约定整体止损线,所以信托公司在股票下跌时不能整体止损,造成的损失

---

① 转引自〔美〕贝西·布查尔特·艾德勒等:《通行规则:美国慈善法指南》,金锦萍等译,中国社会出版社2007年版,第46—47页。

② 《2011年英国慈善法》在其第六部分集中规定了受托人(trustee,在英国慈善法上,"trustee"指的是包括慈善信托的受托人、慈善组织的理事等管理者在内的更广泛的受托人的概念)制度,但是,该部分的条文主要是关于受托人的概念、消极资格、报酬、责任保险等方面的规定,并没有关于受托人义务的一般规则。受托人义务的规则需要看信托文件的约定和判例以及其他立法关于受托人义务的法定规则。

属于市场风险,自己不应承担责任。这种认识是不正确的。约定止损是一个受托人应当采取的防止损失扩大的基本方法,若信托公司没有在信托文件中加以约定,即为违背义务。

谨慎义务作为一种法定义务,是基于信托关系为信赖关系的特点而生的。信托关系中,委托人和受托人地位不平等,受托人是在专业能力、信息和经济能力等方面处于强势的一方,二者不可能通过约定的方式在信托合同中完全约定受托人的义务。委托人无论如何努力,也不可能如上帝一般对未来受托人的行为边界做出界定,因此必须授予受托人以裁量权。信托关系虽然多是通过合同设立,但是这种合同是不完备合同(incomplete contract),为了保护委托人和受益人的利益,信托法把受托人义务规定成法定条款,借以制约受托人的裁量权。

一方面,为了充分利用受托人的专业能力,必须授予受托人以裁量权;另一方面,为了防止受托人滥用裁量权,法律对受托人规定了法定义务,补充委托人约定的不足。但是立法者亦为常人,不可能完全规定受托人违背谨慎义务的所有情形,所以,谨慎义务的立法规定是抽象的(虽然有一些具体化的尝试),中外法域概莫能外。抽象的关于受托人义务的法定规定如何实施,只能仰仗司法之判断。这也是为什么即使在采取为大陆法和成文法法系的我国,也必须逐步建立判例或者类似判例制度的原因。当然,法学者也并非不能通过对法理进行解释,对案例进行归纳,使受托人谨慎义务的内涵变得更为清晰。

2. 受托人违背谨慎义务而生的责任是过错责任。

受托人管理信托事务过程中给信托财产带来损失(loss)因受托人是否尽到尽职管理义务而产生不同:如果尽到尽职管理义务,则该损失变成委托人(信托财产)应当承担的风险(risk);如果没有尽到职责,就成为应当由受托人承担的损害赔偿责任(damages)。学理上,受托人应享有一种类似公司董事所享有的经营判断规则(business judgement rule)——损失有时产生于不可避免的市场风险,不能由管理人承担。

鉴于投资者很难证明受托人的过错,信托法和相关监管规章才给受托人施加了非常严格的信托披露、报告、保存相关文件等法定义务,以弥补监督者监督能力的不足。

延伸思考:在慈善信托中是否可以适用经营判断规则?

如果强调慈善信托中受托人从事的行为和商事信托当中的区别,其结论就必然是不应当在慈善信托中适用经营判断规则。在慈善信托当中，受托人的经营和决策行为缺乏受益人的监督，因此，对受托人的管理和决策行为应当受到更为严格的司法审查，这样才能增加公众对慈善信托乃至慈善事业的信心。

但是，目前这是少数观点。

在美国《示范非营利法人法（修订版）》的官方评论中指出，非营利法人和营利法人中的理事的决策过程是相似的，如果能对非营利法人的理事决策适用经营判断规则的抗辩，可能会"有利于鼓励理事理性冒险加强创新，有利于减少诉讼、限制潜在的责任从而避免打击理事的积极性。（也）避免出现不带薪理事担责的不公平现象，也有利于阻止司法对企业治理的不合理干涉"①。这一评论对于慈善信托似乎也是适用的。慈善信托当中，受托人逐渐专业化，从事类似商业信托受托人同样的投资决策和管理决策，享有经营判断规则的抗辩是合乎逻辑的。

3. 谨慎义务内涵的历史演变

历史上，信托主要体现财产转移功能，受托人主要是无偿的、非专业的自然人，所以更侧重"谨慎"这个词的原本内涵——重视对信托财产的安全，受托人主要承担被动管理职责；但是在现代社会，信托主要体现财产管理功能，受托人更多的由取酬的专业机构承担，对受托人的要求不再仅是对信托财产安全性的保障，而是普遍授予受托人以投资权，让其运用现代投资和金融工程学的理论，组合投资、分散和对冲风险，为信托财产谋求更大的利益。这也就是英美信托法上受托人义务从遵循"prudent man rule"到遵循"prudent investor rule"演进的原因。相应地，关于受托人投资权规则也有如下演变：从"除非法律或信托文件允许，受托人原则上不能有投资权"到"除非法律或信托文件禁止，受托人原则上有投资权"。

在现代的商事信托中，受托人几乎被授予了广泛的、不受约束的裁量权。据此，受托人在管理信托事务的过程中，除非信托文件有授权，原则上不受委托人干涉，不需要听从委托人的指示；换言之，受托人有义务不听从委托人的指示。例如，某信托公司在管理某证券投资信托过程中，因股市大跌，到委托人处寻求指令是否止损，委托人指令观望，结果导致损失扩大。委托人反而指责受托人没有及时止损，欲追究信托公司责任。此

---

① 转引自［美］玛丽恩·R.弗莱蒙特-史密斯《非营利组织的治理：联邦与州的法律与规制》，金锦萍译，社会科学文献出版社2016年版，第198页。

时，如果委托人没有在信托文件中为自己保留指示权，信托公司没有义务听从委托人的指示，信托公司就损失的扩大应承担责任。

但是在慈善信托中，关于慈善信托受托人的谨慎义务的备用性规则（default rule）又发生了变化。至少根据现行的实体法规则（《慈善信托管理办法》第 30 条），慈善信托的受托人除非得到信托文件或者委托人的允许，应从事谨慎和安全的投资（详细请参见本书第三章第三节关于慈善信托财产投资的讨论）。

表 4-1　　　　　　　　受托人裁量权和投资权的演变

	备用性规则	规则的具体运作方式
古典信托法	受托人没有裁量权和投资权	除非信托文件有授权或者法律有授权，受托人不享有裁量权和投资权
现代信托法	受托人有裁量权和投资权	除非信托文件有限制或者法律有限制，受托人享有裁量权和广泛的投资权
我国慈善信托法	受托人没有裁量权和投资权	除非信托文件有授权或者法律有授权，受托人不享有裁量权和自由的投资权，只能投资于法律规定的安全的投资标的

注：本表只是为了说明受托人裁量权和投资权规则演变的大致轨迹，粗略地做出所谓古典信托法和现代信托法的划分，并不关注诸如民事/商事/慈善信托划分的场景下的差异以及规则发展过程中的细节和反复。

4. 谨慎义务和约定义务的关系

若信托文件对受托人做出特别的行为要求（信托法上的信托文件遵守义务），违背之就构成违约。

受托人的谨慎义务虽然是法定义务，但可以通过约定加以提高或者减轻，只是不能通过约定加以排除。后者表明谨慎义务也是受托人义务中不可削减的核心（irreducible core）。正是在这种意义上，不能一律说受托人违背义务是违约。市场上动辄说商事信托违约云云，多数情况下是交易对手违约，导致信托公司无法向投资者按约定支付投资本金和收益。只要受托人尽到尽职管理义务，即便交易对手违约，受托人也未必违反义务。

也有观点认为，慈善信托受托人的谨慎管理义务不应允许通过委托人和受托人约定的方式加以减轻。[1]

---

[1] 日本法制審議会信託法部会『公益信託法の見直しに関する中間試案』，平成二十九年（2017 年），第 4 条。

5. 监管文件和自律规范对谨慎义务的细化

监管规范中对信托公司尽职管理义务的规定，可以作为理解受托人谨慎义务的参考，也可以作为司法裁判的参考。

例如，2014 年 4 月，银监会发布了《关于信托公司风险监管的指导意见》（业界称之为"99 号文"），可从中总结出对信托业"七个尽责"的要求：产品设计尽责、尽职调查尽责、风险管控尽责、产品营销尽责、后续管理尽责、信息披露尽责及风险处置尽责，这是对信托公司作为营业信托的受托人事前、事中和事后谨慎管理义务的细化，可作为判断受托人是否履行了谨慎义务的重要参考。

另外，中国信托业协会在 2018 年 9 月份发布了《信托公司受托责任尽职指引》，其中确立的受托人的行为规则也可以作为判断受托人是否尽到谨慎义务的标准。

以上讨论的是一般信托中受托人谨慎义务的基本原理。在慈善信托中，除了慈善信托投资要遵循不同的备用规则（default rule）之外，应遵循类似的原理（关于慈善财产的投资运用的讨论，详见本书稿第三章第三节）。

（三）慈善信托受托人的"道德投资"

在私益信托中，有所谓"投资规则"，受托人通常有义务为受益人的最大经济利益进行投资，确保信托取得最高的经济回报，除非受益人一致同意他遵照别的原则。因此，受托人有责任不让那些与信托目的没有什么关系的原因——例如政治性或者道德方面甚至是个人偏好的理由来束缚其在投资方面的自由裁量权①。也就是说，不允许受托人以牺牲信托财产的经济利益为代价成全其自身的道德准则。

但是，公益慈善信托的受托人有权在信托财产的管理中基于非经济因素的考虑排除某些投资，这可以被视为受托人"投资原则"或者投资义务的例外。例如，在英国慈善法上，为信托取得最大限度经济利益的基本原则要受制于 Nicholls V-C 在 Harries v Church Commissioners for England 一案中所确立的规则：②

首先，如果受托人认为投资于从事特定类型业务的公司会与慈善信托寻求的目标相冲突的话，慈善信托受托人就不应该进行这种投资。Nicholls 提到了被广为引用的几个案子：癌症研究慈善机构和烟草股份公司，戒酒运动慈善机构的受托人和酿酒厂的股份等。

---

① 何宝玉：《英国信托法原理与判例》，法律出版社 2001 年版，第 254—255 页。
② Peter Luxton, *The Law of Charities*, Oxford: The Oxford University Press, 2001, pp.624–626.

从此可以推断，如果受托人打算把慈善财产直接投资于显然具有冲突性的投资，这种投资行为会构成信托违反。但在实践中，问题很少如此简单。在不少场合既难判断什么是冲突性投资，也很难判断是否在事实上做了冲突性的投资——例如，当投资是非直接的场合，受托人投资于单位信托或者共同投资基金，有可能会间接投资于有冲突的目标公司。

第二，如果信托文件有规定，则受托人应把非经济标准考虑在内。如果信托文件中指示将某些类型的投资从受托人的投资组合中排除出去，这些指示必须明确。而如果指示是关于受托人如何选择投资的方式，就不需要做出如上的明确约定。很难理解为什么委托人有时会设定一个和慈善信托目的无关的非经济性标准。如果这些条款无助于实现慈善目的的话似乎应当把这些条款做无效处理。

如果受托人感觉委托人关于非经济标准的指示过于严苛，他可以向慈善委员会或法院提出申请删除或者修改该指示。

第三，在某些很罕见的场合，受托人持有某种类型的投资可能会阻碍慈善事业：要么会使潜在的受助方担心慈善财产的来源不当而拒绝接受帮助，要么会疏离某些经济上支持慈善事业的人。在这些情形下，受托人需要平衡其将面临的困难选项：如果从组合中排除这些投资，可能会带来财务亏损的风险；如果继续保持这些投资，则会使得潜在的捐赠人停止捐赠或转向其他慈善组织，使信托面临失去支持者的风险。

还有人批评第三个标准可能会让受托人的投资决策受制于政治操控。例如，某个人捐赠人憎恶某些类型的公司，该标准可能会使这些捐赠人有效地操控受托人的投资决策。如，某一捐赠人不喜欢生产避孕产品的企业而要求受托人不能投资于这样的企业，如此，受托人的决策权无法真正独立。

第四，某些并不和信托目的冲突的投资，可能会被受托人（也包括受助人、捐赠人等）认为在道德上是不适当的（unsuitable）。在受托人遵守"不以道德诉求牺牲慈善事业利益的义务"的前提下，只要不给信托财产带来重大不利的风险，受托人在投资决策时一般会把伦理因素考虑在内。

受托人实际上可以进行道德投资。道德投资在追求经济效益最大化的同时也力求社会目标的实现。

受托人处理信托事务的内容还包括选定受益人以及支付信托利益。除信托文件有明确约定之外，公益信托受托人在选定受益对象以及在受益对象之间分配信托财产等方面也享有更为自由的裁量权。

（四）受托人的损失补偿保险和免责

慈善信托受托人的义务和责任和普通信托受托人的相比并无本质区别。只是，在慈善信托中，受托人如果部分贯彻"志愿者原则"，即受托人是不取酬的志愿者，若让其承担和普通信托中受托人一样严苛的责任，似乎有失允当。我国《慈善法》和《信托法》上都没有相关的规定。作为参考，《英国2011年慈善法》第189条规定了受托人损失补偿保险。根据该规定，慈善受托人可以安排使用慈善财产购买保险，补偿受托人以受托人资格行事之时因过失、违约、违反信托或者失职行为时应当承担的个人责任。但是，受托人应支付的刑事罚金或者因违背监管机构的监管规范要求而需要向管理机构支付的罚金，因欺诈、故意或者严重过失的行为在刑事程序被定罪时为抗辩所承担的责任，因其明知或者无视其行为是否符合慈善事业的利益之行为所产生的责任例外[1]。简言之，受托人因违背忠实义务或者因故意或者重大过失而违反信托的行为不得通过购买保险的方式获得补偿。

另据《英国2011年慈善法》第191条的规定，如果受托人忠实并合理地履行了义务，并有正当理由免除其责任的，慈善委员会可以发出命令部分或者全部免除其责任。

（五）受托人的报告和公告义务

受托人义务是慈善信托的核心。为了确保受托人妥善履行义务，监管部门有权采取检查等积极的监管措施对受托人进行监管；委托人可以根据信托文件或者法律的规定进行监督，媒体和社会公众也可以对慈善信托受托人进行监督[2]。但这些监督权的实现要依赖于给受托人施加的法定报告和公开义务。

1. 披露和报告义务的内容

受托人的信息披露（公开）义务和报告义务渗透到慈善信托成立之后的整个期间。

第一，在信托存续期间，受托人每年有至少一次的信托事务处理情况及财产状况报告和公开的义务。《信托法》规定，"受托人应当至少每年一次做出信托事务处理情况及财产状况报告，经信托监察人认可后，报公益

---

[1] 《英国2011年慈善法》的该条规定是针对整个慈善事业的托管人而言的，这里针对慈善信托受托人进行了适当的改编。

[2] 参见《慈善信托管理办法》第49条、第50条、第51条、第54条。

事业管理机构核准，并由受托人予以公告"①，《慈善法》也规定，"慈善信托的受托人应当根据信托文件和委托人的要求，及时向委托人报告信托事务处理情况、信托财产管理使用情况。慈善信托的受托人应当每年至少一次将信托事务处理情况及财务状况向其备案的民政部门报告，并向社会公开"②，对不设置监察人的慈善信托免除监察人的认可程序。慈善信托的受托人应当于每年3月31日前向备案的民政部门报送慈善信托事务处理情况和慈善信托财产状况的年度报告③。信托公司新设立慈善信托项目的，还有产品登记义务④，虽然笔者并不赞同慈善信托在中国信托登记公司（"中信登"）登记，但是必须承认，信托登记也有部分的公开功能。

第二，慈善信托备案后，在受托人变更后，变更后的"受托人应当自变更之日起七日内，将变更情况报原备案的民政部门重新备案"；如果发生增加新的委托人，增加信托财产，变更信托受益人范围及选定的程序和方法等情形的，慈善信托的受托人应当在变更之日起7日内向原备案的民政部门申请备案，并提交发生变更的相关书面材料。如当月发生两起或两起以上变更事项的，可以在下月10日前一并申请备案⑤。由于备案信息原则上需要向社会公开，重新备案也属于受托人履行报告和公告义务的一部分。

第三，在信托终止时，受托人应当于终止事由发生之日起15日内，将终止事由、终止日期和剩余信托财产处分方案和有关情况报告民政部门⑥。受托人应当在信托终止的30日内作出处理慈善信托事务的清算报告，受托人作出的处理信托事务的清算报告，应当经信托监察人认可后，报民政部门核准后，由受托人予以公告；不设监察人的，免于认可程序⑦。

第四，关联交易的公开义务。委托人、受托人及其管理人员不得利用其关联关系，损害慈善信托利益和社会公共利益，有关交易情况应当向社会公开⑧。

第五，资料保管义务。受托人应当妥善保存管理慈善信托事务的全部

---

① 《信托法》第67条。
② 《慈善法》第48条第2款。
③ 《慈善信托管理办法》第58条。
④ 《慈善信托管理办法》第22条。
⑤ 《慈善法》第47条、《慈善信托管理办法》第19条、第20条、第38条。
⑥ 《信托法》第70条、《慈善信托管理办法》第41条。
⑦ 《信托法》第71条、《慈善信托管理办法》第42条。
⑧ 《慈善信托管理办法》第32条。

资料，保存期自信托终止之日起不少于 15 年①。

目前，我国对慈善信托账目和财务报表的细节要求、对其是否需要审计、重要事项的临时公告等方面，尚缺乏更明确的规则。

2. 公开和报告内容的限制

涉及国家秘密、商业秘密、个人隐私的信息以及慈善信托的委托人不同意公开的姓名、名称、住所、通讯方式等信息，不得公开②。

3. 公开和报告义务人

受托人是公开和报告义务人。受托人应当在民政部门提供的信息平台上，发布慈善信托设立情况说明，信托事务处理情况报告、财产状况报告，慈善信托变更、终止事由，备案的民政部门要求公开的其他信息。受托人对信息的真实性负责③。

民政部门和银行业监督管理机构应当及时向社会公开慈善信托备案事项，慈善信托终止事项，对慈善信托检查、评估的结果，对慈善信托受托人的行政处罚和监管措施，以及法律法规规定应当公开的其他信息④。

4. 违反报告和公开义务的责任

《慈善法》规定慈善信托的受托人未按照规定将信托事务处理情况及财务状况向民政部门报告或者向社会公开的，由民政部门予以警告，责令限期改正；有违法所得的，由民政部门予以没收；对直接负责的主管人员和其他直接责任人员处二万元以上二十万元以下罚款（第 105 条）。该条是关于行政责任的规定。⑤相关法律法规没有关于受托人未履行信息披露和公告义务之时民事责任的直接规定。在我国的慈善信托中，委托人、其他受托人、受益人和监察人能否以及如何行使诉讼权利，人民法院能提供哪些救济，全部是未经检验的问题。由于上述私主体中除了受益人之外均不能取得信托利益，也不能获得损害赔偿（除非承认慈善信托的某些受益人有强制执行慈善信托的权利），这种诉讼产生了一些不同于普通民事诉讼的特点，有待进一步研究。不过至少可以认为，私人主体在追究受托人的责任的场合，受托人未尽信息披露义务的，即可推定其未尽职管理。

---

① 《慈善信托管理办法》第 35 条。
② 《慈善信托管理办法》第 57 条。
③ 《慈善信托管理办法》第 56 条。
④ 《慈善信托管理办法》第 55 条。
⑤ 《慈善信托管理办法》第 59 条重复了这一规定。另外，《慈善法》第 108 条规定了县级以上人民政府民政部门和其他有关部门及其工作人员"未依法履行信息公开义务"之时的行政责任。

（六）慈善信托受托人义务小结

信托制度是比较成熟的制度，在确保信托财产的安全方面具有独特的优势。目前《慈善法》《信托法》以及其他的相关法律法规都规定了受托人责任、信托财产独立性和信托利益全部用于慈善目的的要求，全部要求受托人严格根据法律的规定和信托合同的约定管理和实施慈善信托，把善款用于慈善目的，不能回流于委托人或者向委托人的利害关系人输送利益。如果能落实法律的规定，同时加强社会监督和监管部门的监管，确保信托财产用于慈善目的，使心怀叵测的人不能以信托作为自己输送利益的通道，不能滥用信托制度获得非法利益，其也就不会有动因利用慈善信托制度洗钱或者非法集资了。

慈善法和信托法关于受托人义务和责任的规定显得过于疲弱。信任是慈善事业的根本，而诚信的构建又十分艰难，对于违背诚信的受托人应予以严刑峻法之警戒。

慈善信托的开展不适合在事前设立较高门槛——由慈善组织和信托公司作为受托人已经是比较高的门槛了，但确应加强事后的责任，包括民事、行政和刑事责任。

四　慈善信托受托人的信托报酬和求偿权

（一）信托报酬

根据《信托法》的规定，受托人原则上不能取得报酬（第35条）。在英国法上，只有相关文件中有约定的、慈善委员会或法院同意的场合，受托人才能请求适当的费用和报酬，此所谓"志愿者原则"。英国法上，无论是在慈善信托还是私益信托中，受托人报酬都和忠实义务的问题联系起来，若允许受托人未经约定取得信托报酬，有可能产生利益冲突。如果一个已经设立的慈善信托的信托文件中不存在报酬条款，信托的受托人即无权取得报酬。①

在科学慈善的背景下，为了确保慈善事业的可持续发展和专业化，当事人在信托文件中约定受托人的信托报酬是应当的。受托人收取合理的信托报酬并不会改变慈善信托的性质。另外，经过严格的程序之后，受托人从事某些工作可以获得报酬。例如，在美国，受托人建筑工作、提供专业服务，如房地产代理或者电脑咨询，提供物业或者设施供慈善事业使用；

---

① Peter Luxton, *The Law of Charities*, The Oxford University Press, 2001, p.370.

从事管理或者文案工作,都可以收取报酬。

但是,受托人的信托报酬是否应该受到法定限制,仍然是值得探讨的问题。在《中国银监会办公厅关于鼓励信托公司开展公益信托业务支持灾后重建工作的通知》(银监办发〔2008〕93号)中规定:"受托人管理费和信托监察人报酬,每年度合计不得高于公益信托财产总额的千分之八",相当于为受托人的信托报酬做了一个上限的规定。

关于受托人的报酬有两个问题需要关注。

第一,能否放任委托人和受托人自由约定受托人报酬?在私益信托中,信托的设立往往不涉及第三人利益,更不会涉及社会公共利益。所以,委托人和受托人只要达成意思表示的一致,就信托报酬做何种约定可能都是合理的。但是,慈善信托不仅涉及委托人意愿的实现问题,其中还有慈善目的的实现问题,慈善信托关涉公共利益,就不能仅仅靠委托人和受托人就相关事项达成一致来决定。如果信托的设立为委托人和受托人之间串通以慈善和公益为名从事向受托人利益输送的行为,若放任其约定较高的信托报酬来侵蚀用以从事慈善事业的信托财产①,则大大有悖于慈善信托的制度目的。

第二,受托人从事慈善信托的受托工作,其职责越来越复杂,期间越来越长,内容越来越专业化,如果仍然为受托人报酬设置一个不合理的"天花板",将打击受托人的积极性,长远来看不利于慈善事业的发展。

特别是在信托公司充任慈善信托受托人的场合,信托公司担当的角色主要是投资管理等,和在普通的以投融资为目的的商事信托中的功能并无本质区别,受托人应可取得和商事信托中相近水平的信托报酬。

(二)求偿权

根据《信托法》第37条的规定,受托人因处理信托事务所支出的费用、对第三人所负债务,以其固有财产先行支付的,对信托财产享有优先受偿的权利。受托人在管理慈善信托是事务的过程中难免会有负债或者有

---

① 在美国一个案例中,某人同时是委托人所设立的家族信托和慈善信托的工作人员,其报酬多数从慈善信托支出,此时受托人的行为被法院认定违反受托人义务。另外,接任受托人的律师继续从自己的律师事务所购买服务,也被认定为违反受托人的忠实义务。参见 Cohen v. Minneapolis Jewish Federation(346 F.Supp.3d 1274)。为了避免利益冲突,作为受托人的专业人士应在信托文件中明确约定信托报酬所包含服务的范围,专业服务是否是其作为信托受托人所提供服务的构成部分,如果不是的话,受托人按照什么样的程序和收费标准收费。最简单的解决之道仍然是满足《信托法》第28条但书所规定的条件。

垫付，受托人因此产生的求偿权和报酬请求权不同，是一种法定的权利。不过，该负债或者费用能否产生求偿权需要经过合理性审查。

五 慈善信托受托人的选任和变更

（一）受托人的选任

《信托法》没有具体规定其受托人的任职资格，除了适用该法第 24 条关于受托人资格的一般规定之外，是否对公益信托受托人还有其他的要求，值得探讨。而根据《慈善法》，只有信托公司和慈善组织能够充任慈善信托的受托人。个人以为，以信托公司和慈善组织作为受托人已经大大限制了充任慈善信托受托人的范围，从鼓励慈善事业的开展的目的看，不宜在信托公司和慈善组织内部再次设置门槛。

为了促进慈善事业的发展，应扩大慈善信托受托人的范围。我国慈善公益事业实践中，慈善信托的受托人多为信托公司等经营信托业务的法人机构，慈善组织成为慈善信托受托人也已经为法律所允许。另外，《信托法》等法律并没有完全排除律师、自然人成为公益信托受托人的资格，但是缺乏具体操作的规则。信托机制既可以公开募集财产的方式从事公益事业，也可以定向募集的方式从事公益事业；既可以实现大规模公益基金的募集，也可为小额的公益基金的参与提供平台。因此，应该为自然人和其他组织充任慈善公益信托受托人留下一个口子。从监管的角度看，自然人或其他组织充任慈善信托受托人不得以公开募集的方式进行即可。①

根据《信托法》，慈善信托受托人的任职（第 62 条）和辞职（第 66 条）都需要得到公益事业管理机构的批准，但是，《慈善法》就慈善信托的设立采取备案制，把受托人的选任权交给委托人，不再需要监管机构的批准。

（二）受托人的消极资格

受托人是信托关系的枢纽，在慈善信托中更是如此，受托人应当是符合"能"与"德"两个方面标准的主体，这和受托人的谨慎管理义务和忠实义务相对应。在"能"的方面，慈善法要求受托人是具备资格的慈善组

---

① 在美国，信托文件没有为慈善信托指定受托人，或者被指定的不适格或者拒绝担任的情形，不影响信托的成立，此时可以起到法院填补空白的作用。和私益信托类似，一个信托不会因为欠缺受托人而失败。参见 George T. Bogert，*Trusts*, 6th edition, West Publishing Co. 1987, p.244.

织和信托公司，在正面做出了要求；在"德"的方面，应从消极资格做出规定，以免曾经严重违背自己义务的主体再次充任受托人。

《慈善法》第16条规定，有下列情形之一的，不得担任慈善组织的负责人：无民事行为能力或者限制民事行为能力的；因故意犯罪被判处刑罚，自刑罚执行完毕之日起未逾五年的；在被吊销登记证书或者被取缔的组织担任负责人，自该组织被吊销登记证书或者被取缔之日起未逾五年的；法律、行政法规规定的其他情形。可以看出，这些基本上都是针对自然人的规定。由于我国《慈善法》规定的信托受托人只有组织，所以甚至无法"参照"。

在比较法上，为了防止受托人的欺诈和不当管理，英国1993年和2011年的《慈善法》排除了某些类型的人担任慈善信托的受托人资格，包括被判决构成不诚实或者欺诈罪名的人、未被解除的破产人以及之前因不当行为和不当管理而被解除慈善信托受托人职位的人[1]；而根据英国《1906年公共受托人法》(Public Trustee Act 1906)成立的公共受托人是不能接受慈善信托的。我国台湾地区的学者也认为，行政机构不可以成为一个慈善信托(eleemosynary)的受托人[2]。

(三) 受托人的变更

1. 受托人的职责终止

《信托法》第39条规定了受托人职责终止的情形：(一) 死亡或者被依法宣告死亡；(二) 被依法宣告为无民事行为能力人或者限制民事行为能力人；(三) 被依法撤销或者被宣告破产；(四) 依法解散或者法定资格丧失；(五) 辞任或者被解任；(六) 法律、行政法规规定的其他情形。由于《慈善法》把受托人限定在信托公司和慈善组织等机构，所以上述情形中，只有(三)(四)(五)(六)适用于《慈善法》规定的慈善信托[3]。下面仅就第(五)项规定加以讨论。

(1) 受托人辞任

慈善信托的受托人的辞任除了遵照一般受托人辞任的规定(《信托法》第38条)之外，还须得到公益事业管理机构的批准；未经公益事业管理机

---

[1] Charities Act 1993, S.72.; Charities Act 2011, S. 179.
[2] 赖源河、王志诚：《现代信托法论》(增订三版)，中国政治大学出版社2002年版，第226—227页。*Public Trustee Act* 1906, 2 (5).
[3] 如果赞同当事人可以根据《信托法》设立不同于《慈善法》上的慈善信托的公益信托，可以由自然人充任受托人，那么(一)(二)的情形也可适用。

构批准,不得辞任(《信托法》第66条)①。在受托人辞任的场合,由于不存在特定的受益人,委托人能否单独行使同意权,值得探讨。在《信托法》的框架内,如果加上主管部门的批准,可能对保护公共利益而言是充分的,此时委托人可以单独行使同意权。在日本,有立法建议认为,受托人的辞任需要得到委托人和监察人的同意;在出现不得已事由的场合,得到法院的许可可以辞任。②

(2)受托人被解任(变更)

根据慈善法相关规定,在两种情形下,委托人可以解除受托人③。第一种是受托人违反信托义务,第二种情形是受托人出现依法解散、法定资格丧失、依法被撤销、被宣告破产或者其他难以履行信托职责的情形。

《慈善法》第47条和《慈善信托管理办法》第37条的规定和《信托法》的规定相比,给委托人解除受托人的职务提供了更大的方便。其一,慈善信托的受托人"违反信托文件义务"时,委托人就可以变更受托人。而《信托法》第23条规定的是受托人违反信托目的处分信托财产或管理运用信托财产"有重大过失"的场合,委托人才可以变更受托人;其二,委托人在具备解除受托人职责的条件时,可以直接行使解除权。而信托法规定,委托人在信托文件有规定的场合,可以直接行使解除权,另外的场合只能申请人民法院解除。

在慈善信托中公益事业管理机构可以直接依法变更受托人。《信托法》第68条规定:"公益信托的受托人违反信托义务或者无能力履行其职责的,由公益事业管理机构变更受托人。"

2.受托人变更后的继续履行义务

受托人辞任的,在新受托人选出前仍应履行管理信托事务的职责。

3.新受托人的选任和重新备案

受托人职责终止的,依照信托文件规定选任新受托人;信托文件未规定的,由委托人选任(《信托法》第40条)。在委托人不指定或者无能力指定的情形,《信托法》规定由受益人选任,由于慈善信托不存在特定的受益人,所以此职能似可由监察人代行。在慈善信托没有设定监察人的场合,应当由监管部门(民政部门)来指定。

---

① 《北京市慈善信托管理办法》第20条规定:"慈善信托的受托人不得自行辞任"。
② 日本法制審議会信託法部会:『公益信託法の見直しに関する中間試案』,平成二十九年(2017年),第13条之1。
③ 《慈善信托管理办法》第37条,《北京市慈善信托管理办法》第19条。

共同受托人之一职责终止的，信托财产由其他受托人管理和处分（《信托法》第 42 条）。原受托人处理信托事务的权利和义务，由其他受托人或新选任出来的受托人承继。

《慈善法》并没有规定受托人变更之后是否需要重新备案，鉴于受托人在慈善信托中的核心地位，受托人的变更应当重新备案①。

六　慈善信托受托人和近似原则

《慈善法》没有关于慈善信托中的近似原则的规定，而只对慈善组织募集善款和运用善款过程中如何使用近似原则做了规定。相关的具体规定是《信托法》第 72 条。根据该条，在慈善公益信托目的无法实现时，经监管部门批准，受托人有权根据"近似原则"将信托财产用于与原慈善目的相近似的目的，或者将信托财产转移给具有近似目的的慈善组织或者其他慈善信托。②

第四节　慈善信托的受益人

一　慈善信托中是否有受益人？

（一）传统观点：慈善信托没有受益人

在慈善信托法的理论中，有所谓的"受益人不特定"的要求③。这一般被描述为公益慈善信托区别于私益信托的一个关键点。私益信托需要有

---

① 《北京市慈善信托管理办法》第 21 条对此有规定："变更后的受托人，应当自书面文件签订之日起 7 日内到原备案的民政部门重新备案。"
② 《北京市慈善信托管理办法》第 26 条："慈善信托终止，受托人应在信托财产处置前将处置方案报备案机关。没有信托财产权利归属人或者信托财产权利归属人是不特定的社会公众的，经原备案机关批准，受托人应当将信托财产用于与原慈善目的相近似的目的，或者将信托财产转移给具有近似目的的慈善组织或者其他公益信托。"
③ 《慈善法》没有为慈善信托的受益人下定义，《广东省民政厅 中国银行保险监督管理委员会广东监管局关于慈善信托管理工作的实施细则》第 10 条第一款规定，"慈善信托的受益人是指在慈善信托中享有信托受益的自然人、法人、依法成立的组织以及其他受益主体"，该定义综合并模仿信托法第 43 条对信托受益人的定义，不过将信托法中的受益人的定义由享有"受益权"的人，改为"享有信托受益的"人，似乎意识到慈善信托中的受益人享有"权利"的特殊性。

特定的受益人去强制执行信托①，所以要遵循"受益人（确定）原则"，如果设立的私益信托缺乏受益人或者无法确定受益人，则信托无法设立，其原因即在于，信托机制作用的发挥需要受益人强制执行之，否则信托财产就将真正成为受托人的财产。在慈善信托中，其"受益人"是最广泛意义上的社会一般公众，恰恰不能有特定的受益人，②这和私益信托的要求正好相反。

一种比较传统的观点认为：慈善公益信托当中不存在受益人。原因有四：

其一，有一些慈善信托中没有人出现，如环保公益信托、历史文化设施保护信托、野生动物保护信托等。③

其二，有的组织可能从慈善信托中受领信托财产，但是，该组织并没有直接取得经济利益，而是作为慈善信托的执行人在具体从事慈善事务，例如慈善组织作为慈善信托的执行人，大学接受信托财产为教师设立科研基金等，该组织虽然从慈善信托中取得财产，其自身并没有从信托财产中享受利益，因此并不是真正的受益人（实务中不少把这种组织称为受益人的）。

其三，即便不少慈善信托中会有具体的人——自然人和法人等——从信托财产中取得利益，例如，大学从慈善信托中取得了修建体育馆的资金（此时大学可以算得上是为了自己的利益），因病致贫的个人从慈善信托中得到了资助食物或衣服、学生取得奖学金等，这些直接获益的人也被视为是"社会福利流向大众的管道"（conduit），只是随机地成为社会福利得到改善的中介（intermediaries）而已④。技术上，这些人不是受益人，在学理

---

① 英美法上有"enforcement of charitable trust"的表述，但是把"enforcement"翻译成"执行"或者"强制执行"是一种十分模糊和勉强的做法，所谓对慈善信托的强制执行，其主要含义包括两个方面，一个是能否主张从信托财产取得信托利益并请求法院帮助实现，一个是能否对受托人等的行为进行监督、能否行使信托法上规定的受益人的非财产性权利。狭义的强制执行信托是指第一重含义，广义的可以包括第二重含义。本书基本上采取狭义的立场。

② 在美国，慈善信托的设立不需要指定特定的自然人或法人作为受益人，只需要确定实质的公益慈善目的。参见 George T. Bogert, *Trusts*, 6th edition, Minnesota: West Publishing Co. 1987, p.244.

③ 目前在信托公司实务操作的过程中会遇到这样的困惑，如环保信托的受益人是谁？该如何措辞？其实，在这种信托当中可以理直气壮地不标明受益人。

④ 参见 George T. Bogert, *Trusts*, 6th edition, Minnesota: West Publishing Co. 1987, p.208.

上可以称之为"受领人"。

第四，慈善信托中没有受益人的最主要的理由是，受益人原则上不能强制执行信托，无法行使信托法上受益人的种种权利。

(二) 普遍的观点：慈善信托不能有特定的受益人

一种广为接受的观点认为，慈善信托中不是不能有受益人，只是"不能有特定的受益人"而已。这也是目前信托法和慈善法研究者的主流观点。例如，学者周小明认为，"公益信托的受益人就不可能是特定的个人或某些人，而只能是不特定的社会全体或者多数成员。"[①] 这种表述既和我国的法律规定相一致，又符合多数人的语言习惯（多数人不习惯"受领人"的表述），为通说。但需注意的是，慈善信托中即使采用了"受益人"的术语，此受益人和私益信托中的受益人也存在较大差异。

二 我国法律上规范的观点：禁止利害冲突

《信托法》和《慈善法》对"慈善公益信托中不能有特定的受益人"这一原则并无明确的规定。《慈善法》第40条第1款规定了"捐赠人与慈善组织约定捐赠财产的用途和受益人时，不得指定捐赠人的利害关系人作为受益人"，而第58条规定"慈善组织确定慈善受益人，应当坚持公开、公平、公正的原则，不得指定慈善组织管理人员的利害关系人作为受益人"，上述法条所规范的是两种情形：其一，捐赠人和受益人之间不得存在利害关系；其二，慈善组织指定受益人不得存在利益冲突和利益输送，而不是关于受益人是否特定的要求。有趣的是，这些都不是直接针对慈善信托的规定。

公益慈善目的要求受益人不能特定，主要的立法宗旨是避免委托人为了特定当事人的利益，借道向其输送利益。向特定的人输送利益自然就不能算作是公益和慈善行为[②]。但是，如果该信托利益的受领人不是委托人选择的和指定的，受托人选取的受益人和自身也无利害关系，似乎就能排除了利益输送、借公益行私益的可能。慈善信托法理实际上允许在信托文件中设置受益人的遴选方法，按照公平、合理而正当的程序所选择出的受领

[①] 周小明：《信托制度：法理与实务》，中国法制出版社 2012 年版，第 354 页。
[②] 《保安资助 8 年的女孩竟是自己的亲生女儿，揭其风流往事》，中国青年网，2016 年 4 月 28 日。"最美嘉兴人"资助 8 年的对象竟是自己的亲生女儿，这件事引起外界的一片哗然，此女（故事中的孤儿）是郑菊明外出打工和四川一 28 岁的女性所生，此后就一直对女儿进行资助钱物。

人哪怕只有一人，也应承认其为慈善信托。① 如前所述，现代的慈善行为一般以存在中介机构或者组织为必要，捐赠人把财产捐赠给慈善组织、设立慈善组织或者慈善信托，摆脱了传统慈善行为的非正式性、非组织性、非专业性和与个人联系紧密的特征。慈善信托以其受托人的中立性和客观性，斩断委托人和受益人之间的个人联系，受益人是否人数众多，似乎变得不是那么重要。

三 慈善信托上的受益人是谁？

《慈善法》中"受益人"一词共出现24次，显然并没有区别不同条文中"受益人"的含义。除了第45条是直接针对慈善信托受益人的规定之外，其他的条文都没有区分慈善信托的受益人和慈善组织实施慈善事业的受益人，但是很显然，立法者头脑中的假设是接受慈善组织捐助和帮助的受益人。在《信托法》的"公益信托"一章和《慈善法》上"慈善信托"一章中，多处出现受益人的表述，属于慈善信托的受益人无疑，但是，并没有就公益慈善信托中"受益人"的含义进行清楚地界定。这在实务当中也可能会造成一定程度的混乱。以下对此进行梳理。

1. 受益人不特定的要求只是慈善信托设立当时的要求，目的是排除委托人通过设立慈善信托向关联人输送利益，同时攫取慈善信托的政策优待。只要有证据证明委托人和嗣后选择出来的受益人之间不存在利害关系，能排除受托人和受益人之间存在的利害关系即可，至于受益人是否人数众多，并非关键。例如，委托人在信托文件中确定受益人遴选条件，即使最后符合条件的只有一位，原则上也不能否认该公益信托的有效性。

2. 形式上，从慈善信托中取得信托利益的人，就是受益人。但是，正如前面所讨论的，慈善信托中从受托人手中取得信托利益的主体有两种情形，并不是所有从受托人手中取得信托利益的主体都是受益人。

第一种情形，其作为最终的受益主体而存在。例如，扶贫信托遴选出

---

① 作为参考，在美国法上的一般观点是：慈善信托的成立并不要求直接受领人的不确定或者数量众多。一个或者数个个人能成为可以确定的从信托中取得利益的人这样的一个事实并不会使慈善信托的性质变为私益信托，只要（1）受领人是从不确定的群体中挑选出来的；而且，（2）该利益足以构成对社会公共利益的提升，社会可以被认为是信托的最终受益人。Rest. 3d §28 cmt. A（1）。

来的受到资助的贫困人士,科研支持信托遴选出来的科研团队等。①

第二种情形,其多数情况下是组织。这些组织虽然也是从受托人处取得信托利益,但不能最终享有这些利益,而是要落实到具体的受益人。例如,从捐赠型(拨款型)慈善信托取得拨款的慈善组织,需要按照信托目的把善款再次分发给具体的受益人。又如,在没有具体的人出现的环境保护信托之中,环保组织虽然能从慈善信托受托人处取得信托财产,但是,只能用于特定的环境保护项目的实施。再如,某所大学从一个慈善信托基金中取得一笔奖学金,但是该大学应当按照信托的目的遴选具体获得奖学金资助的学生。②

上述情形中,只有第一种情形下最终享有信托利益的人才算是慈善信托上的受益人。如果不厘清这一概念,可能会导致下面的误解:

例1,在实务中可能会有信托+基金会的操作模式,信托公司作为受托人,将善款交由基金会作为事务执行人使用,此时很多人会认为基金会是受益人。

例2,在基金会+信托模式中,A基金会把所得善款交给信托公司设立慈善信托,之后信托财产又归还A基金会以事务执行人的身份使用,此时也会有人误以为基金会设立了一个所谓的自益信托。

例3,如果受托人把善款交给大学等教育机构,很多人会直接认为大学就是受益人。如前所述,在大学取得信托财产的时候,应分两种情形。第一种,该财产归大学所有并归大学使用于大学本身:如建造科研楼、体育馆等,此时大学可以比较勉强地理解为受益人。第二种,大学取得信托财产,该财产上附有特定目的,如设立奖学金、科研奖励等,此时,大学

---

① 根据《美国统一信托法》第103条(3),"受益人"指:(A)对信托享有现时或未来的受益利益者,无论是既定利益还是或有利益;或者(B)受托人之外针对信托财产持有指定权者。英文原文为:"Beneficiary" means a person that: (A) has a present or future beneficial interest in a trust, vested or contingent; or (B) in a capacity other than that of trustee, holds a power of appointment over trust property. 可以看出,其采用的是一种比较宽泛的受益人标准。

② 受益人或可被区分为最终受益人和中介受益人。最终享有信托利益和捐赠财产利益的人,为最终受益人,而中介受益人主要指的是慈善项目的执行人和具体实施者,这些主体并没有直接从慈善财产中为自己取得任何利益,并非真正的受益人。但是《慈善法》所涉及的受益人似乎并没有排除后者。

担当类似受托人的角色。①

《民政部　中国银行业监督管理委员会关于做好慈善信托备案有关工作的通知》规定：慈善信托受托人按照《慈善法》规定向民政部门提出备案申请的，应提交的信托文件至少应载明以下内容："（1）慈善信托的名称；（2）慈善信托的慈善目的；（3）委托人、受托人的姓名、名称及其住所；（4）不与委托人存在利害关系的不特定受益人的范围；（5）信托财产的范围、种类、状况和管理方法；（6）受益人选定的程序和方法；（7）信息披露的内容和方式；（8）受益人取得信托利益的形式和方法；（9）受托人报酬；（10）如设置监察人，监察人的姓名、名称及其住所。"其中第（4）（6）和（8）均是关于慈善信托受益人的规定。该规定要求不能存在和委托人有利害关系的特定的受益人，是符合慈善信托的基本法理的。②在设立信托之时，委托人可能并没有完全考虑好受益人的范围、受益人的选定的程序和方法，没有考虑好受益人取得信托利益的形式和方法，应当允许信托文件授权其他的机制（例如，受益人遴选委员会选择、受托人选择、保护人选择等）来完成这个工作。至少不能把这些规定当作要件③来看待，即使信托文件中没有规定这些内容，也应该允许受托人根据信托目的合理地确定受益人。特别在遗嘱信托当中，更容易出现这种情形。

而且，实务中的"受益人"一般都担当着类似事务执行人的角色，事务执行人是否要受"不与委托人存在利害关系"的限制，是否要在信托文件中确定其选定的程序和方法，其取得信托财产的形式和方式是否要需要在设立信托之初加以确定，都值得探讨。

---

① 可以参考《美国第三次信托法重述》的规定，"如果一项对非私立的医院、大学或其他慈善机构的公开遗赠或赠与，明示或暗示服务于该非营利组织的概括性慈善目的，这种遗赠或赠与属于慈善行为，但并不成立本法所调整的信托。然而对此类机构的某个特定目的的赠与或遗赠，如帮助某种特定疾病的患者，或建立奖学金支持某个特定领域的科研活动，则成立慈善信托。该机构为受托人，适用和遵守本法的规定"。Res 3d of trusts, section 28 general cmt a. 另外，根据美国经典的信托法著作，"如果受托人为了某一个慈善法人或非法人组织的利益持有财产，此时，后者只是充任了信托利益流向社会的管道（conduit），只能称其为再受托人（subtrustee），严格说来，他们并不是慈善信托的受益人。"可参考 George T. Bogert, *Trusts*, 6th edition, Minnesota: West Publishing Co. 1987, p.246.
② 但这些规定至少没有考虑下面的场景：慈善信托不存在任何具体的人的情形，例如环境保护信托，甚至慈善目的是由环保慈善组织作为受托人具体实施的。
③ 该条中有"至少应载明以下内容"的表述，因此很容易被看作是强制性的要求。

四 慈善信托受益人的权利

严格意义上的慈善事业，应存在三方关系：财产的捐出者，相当于信托法中的委托人；接受捐出的主体——慈善组织、金融机构（理论上还包括自然人），实际上扮演受托人的角色；最终的受益人（如果有人的话）应当是社会总体。① 把从信托财产中取得利益的人都命名为慈善信托的受益人似乎并无不可，这就像把灰到何种程度的马叫做黑马，只是一个定义问题，重要的是这些受益人能否以及如何行使信托法上受益人的权利，这些权利可以大致划分为密切联系的两类：强制执行慈善信托财产的权利和对慈善信托的监督权。

（一）受益人能否强制执行慈善信托？

如前述，传统观点认为，慈善信托既为公共利益目的而设立，不存在特定化的受益人，恰恰是慈善信托"公益性"的体现。且不论有些慈善公益信托根本就没有人出现（如环保信托），即便存在从慈善信托实施中实际获得利益的人，也不过是慈善信托"公益性"的反射效果，这些人并非真正意义上的受益人，而仅仅是所谓的附带受益人②，一般而言并不能强制执行公益信托，也就是说，在慈善信托中缺乏能强制执行信托的受益人。

在英国法上，最初是由总检察官（Attorney general），之后由慈善专员（the Charities Commissioners），目前由慈善委员会来强制执行信托。无论是慈善委员会，还是总检察官，都有作为公权力机构代表"公众的公共利益"履行外部监管和监督的职责。当然，也不排除当事人设置保护人（protector）对慈善信托受托人进行监督。而在东亚法域，从日本信托法开始，包括我国的《信托法》，都是以信托内部设置（信托监察人，可称之

---

① 《日本信托法》似乎是不认为公益信托存在受益人的。《日本信托法》第162条特别规定，凡是涉及受益人不确定信托的（包括公益信托和目的信托），该法中涉及受益人的部分用信托管理人替代，关于受益人的利益的内容，以"信托目的"替代。

② 从程序上，一个附带受益人（incidental beneficairy）无权挑战受托人的作为或者不作为。例如，委托人为了受益人A的利益创设信托并指示把信托财产投资于海尔公司的股份，海尔公司对信托财产并不享有信托法意义上的受益权，因为海尔公司无权提起诉讼并强制执行信托文件，虽然该文件中有关于投资海尔公司的条款。其他的例子如债权人可能会因为信托的设立增加了债务人（真正的受益人）的偿债财产而受益，但是，该债权人并不是信托的受益人，无法强制执行信托财产。"附带受益人"的概念在解释公益（慈善）信托中是否有受益人的时候也是有说服力的。

为"私人检察官",private attorney general)的方式对慈善信托加以监督和强制执行,行政部门(从《信托法》规定的公益事业主管机构到《慈善法》规定的民政部门)只作为外部监管部门存在。

我国《信托法》规定信托监察人为公益信托必设机构,对因受益人缺位而导致的强制执行慈善信托的主体缺位进行再平衡。而《慈善法》则把慈善信托监察人规定为任意设置机构,由信托监察人担负起强制执行信托和监督信托实施的功能(第64条、第65条),此时存在的一个问题是,委托人为多人,或者单一委托人已经死亡(遗嘱慈善信托),又没有设置监察人时,如何确保对信托的强制执行和监督?

英美信托法也在逐渐认可特定的受益人强制执行信托的权利。例如,某一特定教堂的牧师设立的慈善信托获得了支持,尽管对于某一特定期限而言,直接受益人是一个具体的可以确定的个人,但是从长远上看,该信托的目的是促进宗教,其受益人的总数是不确定的。法院对于受益人不确定性要求的解释已经发生了较大的变化。英国法院倾向于排除只用于帮助特定群体而非对广大公众开放的信托,例如,为某一有11万雇员的工厂雇员之福利设立的信托被认定无效。[1] 而美国法院则可能会认为这样的信托是有效的,即便是为了更小群体的雇员而设立的慈善信托也是如此。如果能确证其是享有公益信托利益资格的特定受领人,让其取得为了强制执行公益信托而提起诉讼的资格,可能是合理的。例如,为某大学的利益而设定的公益信托,该大学应可以强制执行。美国法院倾向于朝着缓和受益人自己强制执行所需要件的方向解释。也就是说,对公益信托的成果有享受资格、有着特别权益的人,可以被视为受益人。其结果是,以设置市政公园为目的把土地设定信托的场合,能够证明自己会利用该公园娱乐的人,可以强制执行该信托。[2] 美国的税务局对慈善信托的有效性判断比法院的更为严格,其对税收豁免的驳回一般基于捐赠者获得私益的事实,而不是受益的群体是否过于确定。[3] 从法律规定和务实的视角出发,逐渐承认某

---

[1] [美]玛丽恩·R.弗莱蒙特-史密斯:《非营利组织的治理:联邦与州的法律与规制》,金锦萍译,社会科学文献出版社2016年版,第122页。

[2] David M.English, *Primeer on American Trust Law*, 载 [日] 财团法人トラスト60『信託と信託法の広がり』,第1–36页。美国判例法上正在逐渐扩大为实现公益目的而能针对受托人的行为提出诉讼的适格当事人的范围,最近的案例为:Hicks v.Dowd, 157 P.3d 914 (Wyo.2007)。

[3] [美]玛丽恩·R.弗莱蒙特-史密斯:《非营利组织的治理:联邦与州的法律与规制》,社会科学文献出版社2016年版,第123页。

些受领人强制执行信托可能是符合公共利益的。

"慈善信托不能有特定的受益人"这种表述包含看似互相矛盾的两个方面：慈善信托设立之时，不能有特定的受益人；在慈善信托实施的过程中，必须用某种方法或机制使受益人不断特定或者确定。受托人根据信托文件确定的规则或机制、根据自己的裁量去确定受益人是其义务和职责的主要内容。受益人特定是一个过程，在这个过程中，只有那些其利益和慈善信托足够相关的人才能强制执行信托。

（二）慈善信托受益人能否享有监督权限

如果允许可以强制执行慈善信托的受益人存在，在信托法理论上需要解决的问题是，这些受益人能否主张信托法上的受益人的其他权利。在我国《信托法》上，受益人除了信托利益受领权之外，还有《信托法》第20条到23条在内的一系列的监督权利，这些权利让慈善信托中的未经确定之受益人去行使既不现实，也不合理。

日本近年来也在探讨对慈善信托法的修改。就是否需要授予慈善信托受益人以监督权限问题，目前的共识是不宜授予受益人（日语中使用的术语是"受给权者"，本书翻译为"受领人"）。具体理由如下[①]：第一，在慈善信托设立阶段，受益人还没有被确定或者选择出来，自然不如私益信托的受益人那样与信托之运营利益相关，因此没有积极性去监督慈善信托；第二，慈善信托的类型多种多样，具体到哪些类型的慈善信托的受益人可以授予监督权限，很难选择；第三，如果授予受益人以监督权，则受益人和监察人产生冲突，不同的受益人之间也会产生冲突，此时该如何处理也成为问题；第四，作为资助对象的受益人被确定之后，对慈善信托的受托人享有针对信托财产的债权请求权，如果受托人不履行，则可以按照债务不履行的规则加以保护，也不需要授予其监督权。第五，即便授予受益人以监督权，在被选择出来到权利实现之间的时间十分短促，如何行使其监督权也是个问题。

慈善信托的管理应公开透明，除了信托和慈善法律等规定的内部制衡和监管部门的监管监督之外，广义上需要公众和媒体的监督。有人或许会认为，连大众都可以监督，授予受益人监督权有何不可。其实，监督和授予监督权并不是一回事，社会公众并不享有起诉受托人的权利，否则受托人对信托事务的正常管理可能会受到不当干扰。受益人本身不应被授予监

[①] 参见［日］公益社团法人、商事法务研究会《公益信託法改正研究会报告书》，平成27年12月（2015），第67页。

督慈善信托的权利是合乎逻辑的。

不过，在受托人不进行给付的时候，某些已经确定或者可以确定的受益人的利益受到损害，而信托监察人缺位或者监察人不履行监督权能的时候，有学者认为受益人的监督权作为固有权可以复活。①

延伸思考：美国法上谁可以强制执行慈善信托？

既然慈善信托中的受益人原则上无强制执行信托的权利，那么谁可以强制执行呢？

一般而言，委托人或其继承人都无权强制执行慈善信托，更无权要求违反信托的受托人返还信托财产。但这个一般原则存在例外。在普通法上，法人型慈善组织的创立人有权"拜访"或者巡视慈善事业并指令纠正不当行为。该权利可以转移给其继承人并可以授予一个"巡视人委员会"。而且，也有一些裁决允许委托人或者其继承人起诉强制执行慈善事业。②另外，美国《统一信托法》（UTC）中规定：慈善信托的委托人可以保留包括强制执行信托的权利。③至少在美国法上，就委托人是否有强制执行慈善信托的权利，其立场有一个转变过程（参见本章关于委托人部分的讨论）。

简单总结一下，在以下三种场合，一个私人主体有权强制执行慈善信托：

其一，共同受托人之一可以起诉其他的共同受托人违反信托；

其二，如果信托文件中要求把信托利益分配给另外的慈善信托或者慈善法人，例如，慈善信托把信托利益分配给不同的教育机构或者医院，这些受领人"子信托"有权利强制执行信托④；

其三，当某人就强制执行信托有特别利益，例如，一个专为此目的创立的信众集会成员有权强制执行该信托。⑤但是，主张诉权的当事人需要证明其对诉讼结果有着实质的、直接的和现实的利益。⑥

---

① 新井誠『信託法〔第 3 版〕』（有斐閣・2008 年），第 423 頁。
② 参见，Gearhart v. Richardson, 109 Ohio St. 418, 42 N.E. 890（1924）。
③ UTC § 405（c）。
④ Sunday School Union African Methodist Episcopal Church v. Walden, 121 F.2d 719（6th Cir. 1941）。
⑤ 参见 Restatement of the law Trusts Third § 28 cmt.c.
⑥ In re Milton Hershey School, 590 Pa. 35, 911 A. 2d 1258（2006）。

除了上述例外之外，美国法上几乎可以说是统一的规则是，只有总检察官[①]才可以强制执行信托。其理由在于：授予公共官员例如总检察官以绝对的权利去启动强制执行慈善信托程序的理由是显而易见的。此种信托的受益人通常是不断变动的公众的部分或者全部成员。如果任何社会成员认为自己有资格提出诉讼，受托人可能经常会遭受无妄的和伤神的诉讼。[②]

在有些州，总检察官的职权由立法授予。但是，虽然总检察官有权强制执行慈善信托，当总检察官对受托人的提名被法院拒绝的时候，受托人职位的空缺将由法院任命。

美国以总检察官作为规制和平衡慈善信托机制的重要制度设置，该制度基础来源于早期的英国信托法。信托法原则上需要由特定的受益人来强制执行信托，确保受托人履行职责和义务。但是慈善信托的一个基本的要素是提供社会利益，相应地就不能有特定的受益人存在，也就没有人能够监督受托人的行为或者纠正受托人违反信托的行为。这个矛盾后来在普通法上通过设置总检察官解决了。总检察官代表国王作为国家的监护人（Parens Patriae），代表公共利益，作为所有慈善信托的最终的受益人行使职权。

总检察官的职权并非全面的。事实上，只有法院才有权去纠正受托人滥用权力的行为，总检察官需要把受托人滥用职权的事实提交法院。法院被授予了广泛的纠正权力滥用的权力，包括解任受托人和指定继任者，命令返还，施加罚款，发出禁止继续侵害行为的禁止令以及指定接管人等。这并不意味着总检察官没有任何权利去纠正受托人的滥用行为。事实上，威胁提交法院是一个有效的手段，当事人为了避免诉讼的发生有权与总检察官进行和解。总检察官的这种提出诉讼的权利事实上构成了其他主体针对慈善信托受托人提出诉讼的一种限制。除了少数例外，一般社会大众无权起诉慈善信托受托人违反义务；这可以说是慈善信托中的总检察官的独有权利。如此进行制度安排的理由是：如果无关的社会大众都有权起诉受托人的话，会减少愿意担当受托人的数量，而且，某些私人会利用这

[①] 在普通法国家，如英国和美国联邦和州层面上的"Attorney general"虽然可能担负部分控告职责（大陆法系的检察官职责），但是从整体上看，更多的扮演司法行政官员的角色，翻译成"司法部长"可能更合适一些。不过，本书沿用普遍用法"总检察官"。

[②] Longcor v. City of Red Wing, 206 Minn. 627, 635, 289 N.W. 570, 574 (1940).

种权利促进他们自身的意识形态方面的政策偏好。而且，个人也不能提起诉讼要求总检察官起诉信托或者信托的受托人违反信托①。声称代表大众、纳税人或者其他可以从信托中获利的人，一般而言，无法强制执行慈善信托。

但是，完全依赖总检察官逐渐被证明是令人失望的，总检察官在强制执行信托方面的记录不佳。虽然多数州授予总检察官强制执行慈善信托的职责，但是其职能是消极的。作为挑战慈善信托之有效性的诉讼或者以变更或者适用近似原则的方式修补慈善信托的司法裁定的当事人，总检察官经常是以被告的身份出现的，有时甚至处于类似休眠状态。他很少以寻求纠正慈善信托的不规范日常管理的原告的身份出现。该职位缺乏组织，缺乏必要的配备去强制执行信托，其结果就是只有在有人投诉或者寻求建议的零星场景下检察官才会行动。所以有观点指出"当对慈善事业的公共机构的监管是不充分的时候，适当放宽挑战慈善信托或者慈善法人管理不善的诉讼资格的规则，很显然是有利于公众利益的"。②

由于相信总检察官强制执行慈善信托缺乏信息、人员或者系统执行方案，几个州在1940和1950年代授予总检察官调查权和强制执行权，以及要求慈善组织保留记录和定期报告的权利。③但是多数的州仍然欠缺全面的立法。

鉴于慈善信托和慈善基金会在经济和社会领域的重要性，联邦政府通过增加关于填补税收机制的漏洞以及强化统一的关于记录、报告和执行的标准之立法来应对州的不作为。

---

① Schmidt, Betsy, *Non profit Law: The Life Cycle of a Charitable Organization*, Wolters Kluwer, 2011, pp.618–619.

② City of Paterson v. Paterson Gen. Hospital., 97 N.J. Super.514, 528, 235 A. 2d 487, 495（Ch.1967）.

③ 美国不少州采纳了统一慈善事业受托人监督法（Uniform Supervision of Trustees for Charitable Purposes Act），为总检察官增加完成其职责的必要的权力。Marilyn E. Phelan, *Nonprofit:Law and Taxation*, 2d, Thomson Reuters, 2018, p.12.

第五节 慈善信托的监督机制——监察人

一 信托监察人的必要性[1]

信托监察人是指根据委托人的确定(《慈善法》第49条)、信托文件规定或公益事业管理机构的指定(《信托法》第64条)而承担维护受益人利益之职责的人。为什么要在信托的委托人、受托人和受益人三方结构中再引入监察人角色,是需要首先回答的问题。

作为私法的信托法上的一般规则是:受益人可自行维护其自身利益,但是在慈善信托中,可以监督信托的具体受益人通常是不存在的(如以促进环保或文化事业为目的的慈善信托,根本没有受益人的存在);即便有从信托财产中享有利益的人,这些人也是不特定的,多而分散,难以有效行使法律赋予的各项权利(如以救助失学儿童为目的的慈善信托,其受益人是不确定的,这些受益人一般没有强制执行信托的权利);同时,委托人及其继承人虽然有监督意愿,但通常也不具备监督能力和监督条件[2]。由于慈善信托中结构性的失衡,且其实施涉及公共利益,因此,设置信托监察人以代表受益人行使权利是十分必要的。

《信托法》关于公益信托监察人的规定为强制性规定,信托监察人是公益信托的必设机构(第64条)。但《慈善法》第49条则把慈善信托的监察人改变为可由委托人决定的任意性设置。

---

[1] 公益信托受到至少三个方面的监督:第一,受托人受到信托法对所有受托人的义务的约束,对委托人承担责任。第二,受托人每年都需要把信托财产的账务和管理信托财产的情况向信托监察人报告。第三,这些报告在受托人公开之前还需要得到公益事业管理机构的核准(《信托法》第67条)。该条没有涉及公开的内容和公开的对象。

[2] 赖源河和王志诚认为,在公益信托中应给委托人保留部分权利,即信托关系的修正权。这样,委托人便可以公益信托的利害关系人的地位或身份行使以下权利:第一,委托人有权向人民法院提出申请要求变更管理办法。第二,受托人因管理不当致使信托财产发生损害或违反信托本质处分信托财产时,委托人可请求其赔偿由此带来的损失或恢复原状,或有权要求将其所得之利益归于信托财产,并请求减免其报酬。第三,如上所述,当受托人违背其职务或重大事由时,法院可因委托人之申请予以解任。第四,除以上权利外,委托人还可像一般信托一样,拥有信托监察人的指定权、解任权、变更权、信托事务处理的说明权、相关资料的查阅权等。赖源河、王志诚:《现代信托法论》(增订三版),中国政治大学出版社2002年版,第223—224页。

信托监察人对受托人的行为进行监督,依法维护委托人和受益人的权益。信托监察人发现受托人违反信托义务或者难以履行职责的,应当向委托人报告①,并有权以自己的名义向人民法院提起诉讼(《慈善法》第49条)。

监察人是代替私益信托上的受益人行使监督受托人职权的人。由此,在私益信托中,如果受益人暂时不存在(例如:未出生的人),或者虽然存在,但是无法行使监督权能(例如:丧失行为能力)的场合,也应当设置类似监察人的角色。而且,信托法并不排除当事人在私益信托中以信托行为设置类似监察人的职位。

慈善信托监察人虽然是替代受益人行使监督权能的人,但是监察人并非受益人的代理人,而是具有独立资格的人。

二 监察人和信托保护人

信托的结构中,除了委托人、受益人和受托人之外,有时需要设置一个新的主体,这个主体可以叫作监察人、管理人或保护人(Protector),或者当事人认可的其他名称,其职责要么是为了维护受益人的利益,要么是确保委托人意愿的贯彻,或者二者兼而有之。在我国,人们了解"保护人"主要是通过"信托监察人",该制度主要存在于慈善公益信托领域。之前根据《信托法》,监察人的设置是强制性的;而根据新出台的《慈善法》(第49条)的规定,委托人可以根据自己的意愿设置慈善信托监察人。由于信托法是私法,因此也不排除当事人在私益信托中委托人自愿设置监察人。同理,理论上也应允许委托人通过信托文件为自己或者第三人保留对信托事务进行干涉的权利②。

保护人这一角色在信托法的全部领域(民事信托、商事信托和慈善信托)都可以有比较广泛的运用。我国信托法和慈善法中监察人的职责侧重对受益人的利益加以保护。而在家族信托中设置保护人的主要目的是贯彻委托人的意愿和对受益人进行保护。在慈善信托当中比较多地使用监察人这种称呼,在家族信托(民事信托)中则一般称之为"保护人"。

有趣的是,作为信托法母国的英国信托法中并没有正式地出现"保护人"这一角色,在这种意义上"保护人"(protector)这一术语技术上没

---

① 遗嘱信托中不存在委托人。或者虽然存在委托人但委托人人数不确定的,或者委托人匿名的,如何向委托人报告,值得探讨。

② 委托人保留这种权利和可撤销信托的关系值得研究。

有确切的含义，可实践中经常会运用到保护人，这就是现实的状态。通常的情形是，根据信托文件，任命某人为保护人（执行人 enforcer；指定人 appointor），保护人通过控制受托人的功能发挥或者确保委托人的意愿得到贯彻，来照顾受益人的利益。为了达到此种效果，信托文件往往授予保护人对受托人的决策权、裁量权有否决之权，或者授权保护人确定信托财产用于某些特定用途，或者授予保护人任命或者解任受托人的权利，或者授予保护人就受托人的费用或者报酬进行磋商的权利[1]。

第一个关于保护人的法律定义出现在库克岛的法律中。据此，国际信托中的保护人是享有以下职权的人：关于信托事务有权指示享有裁量权之受托人，有权指定或者解任受托人。包括巴哈马在内的著名离岸地的信托立法中，都存在关于保护人的规定，但是有趣的是，巴哈马的相关信托法制的基础仍然是《英国1893年受托人法》的一个条款（s.3）。

在英国，保护人最初产生于离岸信托的场合。一个英国的委托人为了税收筹划的目的在离岸地如巴哈马设立信托，由于此时的受托人离委托人太远，委托人就授予（自己或者）值得信赖的第三人比如其律师或者老朋友以监督受托人（通常是一个公司）的职权。但是这个问题一直困扰信托律师和法官，该如何对待这些职权和义务？保护人是否是一个准受托人，对受益人负有受信义务（fiduciary duty）？或者他（或她）是一个针对委托人的受信人，必须为了委托人的最大利益行使职权（一个有趣的问题是，这会不会使委托人成为某种受益人）？某些法域所制定的信托法中包含了保护人的条款（如《巴哈马1998年受托人法》，ss 2，81-83），但是对于没有相关法律的国家，如英国，授予这种职权的效果需要由法官根据信托的条款确定。在未来的几十年，保护人是否会成为信托的普遍特色？法院又如何理解这一问题？英国在多大范围内使用保护人制度？目前并不清楚[2]。理论上并不禁止委托人授予受托人以外的人以处分和管理的义务和职权，但是显而易见这种做法是危险的。这些被指定的个人可能会死亡或者不合作。这就是为什么多数信托都把保持信托正常运作的职权授予了受托人。但是，在数十年以来出现了这种特殊的角色：保护人。他并非受托人，但是在信托的结构中被授予了广泛的职权，特别是对受托人行使职权或裁量权的行为进行同意或者拒绝的权利[3]。

---

[1] Alastair Hudson, *Equity and trusts*, 7th edition, Routledge, 2013, pp.1053-1054。

[2] J. E. Penner, *The Law of Trusts*（4th edition）, Oxford University Press, 2005, p.64-65。

[3] J. E. Penner, *The Law of Trusts*, 4th edition, Oxford University Press, 2005, p.64-65。

如何妥当分析保护人在信托法上的角色是个问题。如前所述，英国信托法中并没有关于保护人的定义。在其他法域——特别是离岸法域的信托法中，人们制定了特别法以规定保护人的作用以及设置保护人的目的。但是在英格兰和威尔士，并没有和保护人的职责和义务相关的立法和判例法原则。对此现状，学者的一种分析是，保护人事实上就是受托人。为了避税而进行的精心安排会尽量不让保护人担当类似受托人的职责。但是，如果保护人有否决受托人的决定等权利，那么，就产生了一个问题：保护人是否在事实上承担了某些受托人的职责。如果受托人决定投资于 X 项目而保护人介入进来，不让其投资于 X，我们该如何理解保护人的职权呢？此人既然有权否决受托人的决定，他至少应有和受托人一致的职权。保护人能恣意地行使其职权吗？答案必然是否定的。如果保护人能否决受托人做出的决定，那么保护人就被授权做出影响别人（也就是受益人）财产权的行为。这肯定构成一种受信人（fiduciary）角色。鉴于保护人的行为会给受益人对信托财产的权利带来直接影响，受托人所担当的必定是一种受信人角色。以此种方式控制受托人的决策意味着保护人是控制受托人行为和决定权的舵手。可以认为，如果这种角色没有在信托文件中被命名为保护人，任何以这种方式控制信托的人都应当被视为事实上的受托人。即，保护人是受托人的一种类型。①

三　慈善信托监察人的担当

相关法律并没有明确监察人的选任条件。我国的慈善信托实践中比较多的是由律师事务所、会计师事务所、慈善组织、商业银行、其他社会组织或者自然人充任监察人，理论上信托公司也可承担监察人职责，因其具有审计、监督功能之故也。

就信托当事人能否充任监察人，我国的法律没有规定。

在日本，《日本信托法》第 124 条规定明确禁止信托受托人充任本信托的信托监察人（信托管理人），因不能期待受托人自我监督之故也；在共同受托人的场景下，受托人相互监督也是其法定义务。原理上，受托人以及其他信托事务执行人均不得兼任信托监察人。

我国《信托法》和《慈善法》都没有禁止委托人充任同一信托的监察人。但是，笔者不支持委托人自己担任监察人。在《信托法》上，委托人

---

① Alastair Hudson, *Equity and trusts*, 7th edition, Routledge, 2013, pp.1053–1054.

原本已经有很多监督权，没有必要靠"兼任"监察人而取得监督权。而且，从功能上看，监察人应独立于委托人和受托人，不仅要捍卫委托人的利益，他更重要的职责是代表公共利益（虚化的受益人），成为所谓私人检察官（private attorney general）是也。若允许委托人担任，其独立性难以保证。

日本的《许可审查基准》中就规定，公益信托的信托管理人不能由该信托的委托人、受托人及其亲属和使用人[①]等具有特别关系的主体充任。在日本的公益信托制度中，信托管理人（监察人）是其自律监督和内部治理的关键要素，因此，如果允许委托人充任信托监察人，则委托人存在恣意行使权限的危险。考虑到慈善信托存在的意义，其内部自律的治理结构的设立和运营应注意尽量确保较低的成本，不能学习财团法人那样设置架床叠屋的复杂机构。委托人的意愿在设立慈善信托的时候应当给予足够的尊重，但是在信托设立之后再通过信托监察人的身份对信托的运营施加强力的干涉是不合适的，因此日本的公益社团法人和商事法务研究会都认为不应允许委托人充任慈善信托的监察人[②]。

值得注意的是，虽然我国《信托法》规定公益信托中应当设置监察人，但同法第64条的规定，信托文件未规定信托监察人的，由公益事业管理机构指定，这说明设立人未指定信托监察人并不导致信托设立无效，只是产生类似效力待定的效果。而另据《慈善法》第49条，监察人并非慈善信托的必要设置，没有设置监察人的慈善信托更非无效。

四　慈善信托监察人的任意设置问题

《慈善法》规定，慈善信托根据需要可以由信托文件规定设信托监察人，这更改了《信托法》的规定，把信托监察人的设置权交给了信托当事人。而在《信托法》中，基于平衡信托当事人利益和制衡受托人的考虑，信托监察人是必备机构，公益信托"应当"设置监察人[③]。

从语源上看，《日本信托法》上使用的是"信托管理人"这样的汉字术语来命名信托监察人类似的法律角色。我国台湾地区在翻译该术语的时候，

[①] 日本民法的用语，主要指受雇佣的人等。
[②] 公益社团法人/商事法务研究会，《公益信託法改正研究会報告書》，平成27年12月（2015），第56—57页。
[③] 日本对公益信托修改的最新的研究报告中，把监察人作为公益信托监督和治理结构的核心机制。参见，公益社团法人=商事法务研究会，《公益信託法改正研究会報告書》，平成27年12月（2015），第69页。

借鉴民法中规定的社团和财团之监察人以及公司法所规定的监察人制度，使用"信托监察人"这样的术语，我国《信托法》也借鉴了这个术语。日本旧信托法第 8 条规定信托管理人（监察人）制度，其第一款规定："在受益人不特定或尚不存在时，法院可根据利害关系人的请求或依其职权选任信托管理人，但依信托行为另有指定的信托管理人时，不在此限"。如果把公益信托理解为受益人不特定或者不存在的信托，此时可以设置信托管理人（监察人），但并没有把监察人作为必备的设置。韩国旧信托法第 18 条也有类似的规定。

我国《信托法》既采用了信托监察人这一术语，又把信托监察人作为一种必需的设置。

在公益信托中，不存在私益信托意义上的受益人，所以在制衡受托人的行为方面有所欠缺。因此，《信托法》把监察人作为必设机构[1]，是有道理的。

客观上看，《慈善法》改为由委托人任意设置监察人显得更尊重信托设立人的意愿。的确，之前《信托法》一律把监察人作为必设机构，增加了设立公益信托的成本，延宕了设置信托的时间，而且会产生"谁去监督监督者"的代理成本问题。

但是，《慈善法》把监察人一律作为可选择的设置，似乎对保护公共利益不足。如前所述，法条上和法理上甚至实践上慈善信托进行公募并无问题，为此，本人曾经建议区分公募型的慈善信托和私募型的慈善信托，对公募型的慈善信托改回强制性的必设机构之设置。公募型的公益信托中委托人通常无力监督，也没有机会在信托文件中表达是否设置信托监察人的意愿，所以法律应规定（"应当"）在公募型的慈善信托中应强制设信托监察人。

一般认为，在私募型的公益信托中，委托人有更多的动因和能力对受托人的行为进行监督，让委托人选择是否设置信托监察人似乎具有一定的正当性。但即便是私募甚至是单一委托人的慈善信托，也未必应由委托人全权决定是否设置监察人。慈善信托不仅关涉信托当事人利益，更重要的是它关涉社会公共利益。单一委托人以大宗财产设置慈善信托，信托存续

---

[1] 日本的信托法制把信托监察人作为慈善信托的关键制度设置，所以，日本公益社团法人商事法务研究会认为，信托监察人的监督职责甚至不可以通过约定的方式在信托文件中加以限制。公益社团法人、商事法务研究会，《公益信託法改正研究会報告書》，平成 27 年 12 月（2015），第 54—55 页。

期间比较长的，可能会出现委托人和受托人勾结起来，向委托人的利益关联人输送利益，把慈善信托当作实现个人私利的通道。此时，似乎应强制设立监察人。在慈善信托以遗嘱的方式设立的场合，信托生效之时委托人已经死亡不能监督，此时更应该重视监察人的权限。另外在委托人人数众多，无法行使监督功能的场合、在委托人丧失行为能力的场合、在信托事务过分复杂的场合，都需要强制设立监察人。①

而且，在原来的批准制下，信托设立须经严格审查，提升了对受托人的要求和监管的慈善信托，监察人作为任意设置似乎就是合乎逻辑的。但在备案制下，如果仅仅是形式审查，则很多规则就不能任由委托人决定。

只有在非常少的情况下，例如信托资金有限，信托资金不需要复杂的管理运用，或者慈善目的单一等，这些情形下委托人滥用慈善信托的可能性极低，可以由委托人选择是否设置监察人。

英美的经验对我国的监察人设置几乎是无效的。英美慈善实践上基本是靠官方的慈善委员会或者总检察长（attorney general，AG）对慈善信托进行监督甚至强制执行（当然也受到监管不力的批评）②，不需要强制设置类似监察人的机构；而我国借鉴《日本信托法》所确立的"私人检察官"的信托内部制衡和监督体制。我国和英、美的慈善信托的运作机理大为不同，不能说英、美没有关于监察人强制设置的规定所以我们也可以效法。

任由当事人（委托人）选择是否设置监察人混淆了私益信托和公益慈善信托。私益信托因仅有很少的外部性，可以比较多地采用尊重意思自治的法律规则；而慈善信托则涉及公共利益，不能仅凭当事人的合意来决定机制的设置。

因此，《慈善法》中将监察人改为可由委托人任意选择设置是不恰当的。笔者以为，可以把慈善信托中监察人设置的规则仍然改回强制设置；只是作为例外，对具备信托财产数额较少、信托存续期短、信托目的单一、

---

① 日本税法上的特定公益信托以及认定特定公益信托中把是否设置信托管理人作为享受税收优待的前提（《日本所得税法》第78条第3项、《日本所得税法施行令》第217条之3第1项第5号等）。

② 美国各州的司法部门人手不够。例如康涅狄格州司法部慈善部门只有几个人，面对几万个基金会，根本无暇监督，实际上更多是税务部门在履行这个职责。司法部主动介入的意愿也很弱，其展开调查的原因往往是新闻媒体或其他公众成员引爆争端，平时一般是被动接受基金会各自美化后提交的报告。[美]劳伦斯.M.弗里德曼：《遗嘱、信托与继承法的社会史》，沈朝晖译，法律出版社2017年版，第221页。

委托人人数少等特征的慈善信托做出豁免的规定①。这样即可调和意思自由和强制保护的矛盾。

五 慈善信托监察人的设置程序

相比《信托法》第64条所规定的公益信托监察人强制设立规则，《慈善法》第49条简化了慈善信托设立条件，把是否设置监察人的选择权交给了委托人（"慈善信托的委托人根据需要，可以确定信托监察人"），体现了意思自治原则，毕竟善款来自委托人。例如有人出100万设置慈善信托，他对受托人的管理能力和忠实履职深为信任，就可以选择不设监察人，以免增加不必要的设立成本。

虽然个人以为一律诉诸委托人选择是否设置监察人有不恰当之处（前述）。但是法条如此，要靠另外的立法来作出修订，似乎不能理解为委托人（特别是单一委托人）没有设置监察人的，就一律自动适用《信托法》第64条规定由公益事业主管机构指定，否则《慈善法》第49条就缺少新意，可以不要。

至于《信托法》第64条是否根据新法优于旧法的原则被排除了，个人理解，第64条并非失去效力。第一，有当事人非要根据《信托法》设置"公益信托"而非"慈善信托"，此时应予以适用；第二，多数委托人设

---

① 由于英国采取的是不同于我国的慈善事业监管机制，其法律上不存在我国法上的监察人，也不存在监察人设立豁免的问题。所以，差可比拟的是其慈善组织豁免。在英国，所谓豁免慈善组织是指免于慈善组织登记（registration）的慈善组织。主要包括三类：小型慈善组织，也就是收入少于1万英镑的慈善组织；享有豁免权的慈善组织，包括男女童子军团体和一些在其伞状组织或者支持组织之下登记的宗教性公益组织；免税类慈善组织，包括大学、住房协会和慈善事业互助协会，这些组织都收到大量的政府资金，因此被认为是受到资金提供机构的严格监管，Stat. 8 & 9 Eliz.2, ch. 58（1960）. 转引自［美］玛丽恩·R. 弗莱蒙特－史密斯：《非营利组织的治理：联邦与州的法律与规制》，金锦萍译，社会科学文献出版社2016年版，第35页。根据《英国2011年慈善法》附表3的规定，豁免慈善组织主要是指高等教育机构，大学，勤俭社团（provident societies），友好互助社团或者依照国会特别法设立的国立博物馆等。历史上这些组织之所以能获得豁免是因为它们已经接受了其他组织例如国会的充分的监管。但是，这些监管通常是非正式的，所以《英国2006年慈善法》就引入了针对豁免组织的"主要监管人"（principal regulator）角色，当豁免慈善组织缺乏主要监管人的场合，就必须到慈善委员会登记并接受其监管。豁免慈善组织虽然处于慈善委员会的管辖之外，但是仍然要受英国一般慈善法律规则的调整，也可以到慈善委员会寻求建议。另请参考：Peter Luxton, *The Law of Charities*, The Oxford University Press, 2001, p.423.

置慈善信托，无法形成意思来表达是否设置监察人，或不能就是否以及如何设置监察人达成一致等情形下，公益事业主管机构可基于公共利益介入，指定监察人。

也即，在委托人没有明确表示不设置监察人的场合，《信托法》第64条的指定机制才发挥作用。

六 监察人职权的来源

慈善信托监察人的权利来源为何？是委托人、受托人、受益人还是法律？

（一）监察人原则上由委托人选任

原则上，监察人是由委托人在信托文件中设置的机构。《慈善法》第49条："慈善信托的委托人根据需要，可以确定信托监察人"。另外《慈善法》第45条、《信托法》第64条第1款规定，设立公益慈善信托，需要在书面的信托文件中加以确定。据此，委托人有权决定是否设置监察人，有权选任监察人①。

《信托法》第64条第2款是个有趣的规定。即使按照《信托法》"监察人必设"的立场，委托人如果没有在信托文件中选任监察人，此时，公益慈善信托设立也并非必然无效，而是公益事业管理机构依职权指定。那么在《慈善法》将监察人改为可由委托人选择的任意设置之背景下，即使委托人没有指定监察人，慈善信托的监管部门（民政部门）似乎有权在必要的情形下根据信托法依职权指定监察人②。

总体上，说监察人是由委托人选任是没有问题的。

（二）监察人的职权主要来源于法律而非委托人的授权

但是，说监察人的权利主要来源于委托人可能是错误的。监察人的职权主要来自于法律的规定。

---

① 《民政部 中国银行业监督管理委员会关于做好慈善信托备案有关工作的通知》中也规定监察人的选任、姓名、名称和住所由信托文件约定。而《中国银监会办公厅关于鼓励信托公司开展公益信托业务支持灾后重建工作的通知》银监办发〔2008〕93号文中第7条规定：信托公司设立并管理公益信托，应当接受公益信托监察人的监察。每个公益信托均应设置独立的信托监察人，公益信托监察人与信托公司不得有任何关联关系。

② 《信托法》第64条第2款规定："信托监察人由信托文件规定。信托文件未规定的，由公益事业管理机构指定"。但是看不出公益事业管理机构在此时是"必须指定"还是"可以指定"。结合慈善法的立场，理解为后者可能是妥当的。

根据《信托法》第 65 条的规定，监察人是为了"维护受益人的利益"而存在的；而《慈善法》第 45 条第 2 款则规定监察人是为了"依法维护委托人和受益人的利益"，增加了维护委托人的利益的内容。这至少表明，监察人虽然是由委托人选任的，但是监察人主要不是为了委托人的利益，而是为了受益人（更严格地讲是为了社会公众）的利益而存在。《信托法》《慈善法》等为监察人规定了法定的职责，监察人的义务不是约定义务。

监察人的职权（职责）大多属于法定职权。虽然委托人有权决定是否设置监察人，但是监察人享有什么样的职权都基本是由法律直接规定的，这种权利是基于对失衡的慈善信托的再平衡而设，事关公共利益，委托人和受托人甚至不能在信托文件中约定限制监察人的法定职权。

七　慈善信托监察人的职权等

（一）监察人的职责

《信托法》关于信托监察人职责的规定有三个条款：

第一，"信托监察人有权以自己的名义，为维护受益人的利益，提起诉讼或者实施其他法律行为"（第 65 条）。由于一般认为公益信托并不存在受益人，说"为维护受益人"的利益并不准确。由于信托监察人的主要职责是弥补受益人不存在而带来的监督不足，所以信托监察人的职责应是"确保公益目的的实现"而非"维护受益人的利益"。①

第二，受托人就信托事务处理情况及财产状况做出的年度报告，应经信托监察人认可，才能报公益事业管理机构核准并由受托人予以公告（第 67 条）。

第三，公益信托终止的，受托人做出的处理信托事务的清算报告，应当经信托监察人认可（第 71 条）。

《慈善法》第 49 条第 2 款对监察人的职责也做出了规定："信托监察人对受托人的行为进行监督，依法维护委托人和受益人的权益。信托监察人发现受托人违反信托义务或者难以履行职责的，应当向委托人报告，并有权以自己的名义向人民法院提起诉讼。"② 与《信托法》的规定相比，只

---

① 根据《慈善法》第 49 条规定，信托监察人的职责是监督受托人和"依法维护委托人及受益人的权益"，采取的仍然是慈善信托中存在不特定受益人的立场。

② 《慈善信托管理办法》第 11 条第 2 款、《北京市慈善信托管理办法》第 18 条、《广东省民政厅 中国银行保险监督管理委员会广东监管局关于慈善信托管理工作的实施细则》第 13 条重申了类似的规定。

是多了监察人在受托人违反义务和无法履行职责场合向委托人报告的职权，并无新的规定，之前该规定也未经司法实践之检验①。监察人可以就慈善信托或者受托人管理不当，资金使用违背慈善目的提起诉讼，但是，若委托人选择不设置监察人该如何解决这一问题？若没有可以接受报告的委托人或者委托人的人数众多又该如何处理？各种层级的立法没有提供完善的备用性规则，导致慈善信托的连续性受损。监察人诉讼权利行使的条件，诉讼费用的承担，法院提供的救济等问题处于未明之状态，似可参照公益诉讼法理、公司股东衍生诉讼法理等加以完善。从操作的层面看，如果没有监察人，法律文件就要进行比设置有监察人的慈善信托做出更为详尽的约定。

监察人的职权还包括以自己的名义"实施其他法律行为"（《信托法》第65条），其含义为何，令人费解。

另外，《北京市慈善信托管理办法》第35条规定了监察人的查阅和复制受托人处理信托事务记录的权利："受托人应当妥善保存处理信托事务的完整记录，接受委托人和监察人的查阅和复制，并接受备案机关的检查"。

除了上述关于信托监察人的直接规定之外，因监察人被认为是代行私益信托中的受益人之职责的主体，因此，私益信托上受益人可以行使的监督权能（第49条，第20—23条），信托监察人原则上均能行使②。但是，根据《信托法》第68条的规定，公益信托受托人违反信托义务或者无能力履行信托职责的，变更受托人的职责由公益事业管理机构行使，信托监察人似不能根据《信托法》第23条、第40条、第41条的规定行使解任和选任受托人的权力③。信托监察人不得行使受益人的信托受益权亦是应有之义。

但是问题是，《慈善法》把监察人由必备设置更改为选择设置，如果委托人选择不设置监察人，此时，如何进行上述的认可程序？受托人的年度报告和清算报告如何取得合法性？能否解释为上述两个报告无须认可？这里需要一个衔接的程序。在委托人选择不设置监察人的场合，应当在信托

---

① 我国的部分法律中存在很多"僵尸条款"，这些条款的内涵不明，也从来未受到实践特别是司法的检验。某些法律赋予了当事人很多看似宏大齐全的权利，但是这些权利中的某一部分是不可诉的，或者虽然可诉，但诉讼的程序不明，权利行使的细节不明。
② 卞耀武主编：《中华人民共和国信托法释义》，法律出版社2002年版，第163页。
③ 周小明：《信托制度：法理与实务》，中国法制出版社2012年版，第361页。

文件中为确保上述程序的顺利进行约定规则。①

（二）监察人的权利

《信托法》关于信托监察人的权利、义务和责任规定十分有限。

报酬请求权。信托监察人行使监督职责，应有权取得报酬，否则很难找到合适的人担任此职务，因此似应规定信托监察人的报酬请求权。中国银监会《关于鼓励信托公司开展公益信托业务支持灾后重建工作的通知》中规定："受托人管理费和信托监察人报酬，每年度合计不得高于公益信托财产总额的千分之八"，明确了监察人可以取得报酬。

求偿权。监察人在以自己的名义提起诉讼的情形下，诉讼费用等应该如何承担？原则上，此时的诉讼费用应由信托财产承担，但是，由于信托财产处于受托人的控制之下，而监察人提出诉讼主要针对的是受托人的不当行为，担心受托人不配合是有道理的。是否需要建立监察人监察费用预支机制，值得研究。监察人也可以自己的财产预支诉讼费用，之后向信托财产求偿。

（三）监察人的义务和对监察人的监督

监察人作为公益信托的监督者，谁来监督监督者的问题又浮出水面。在信托监察人被指定之后公益事业管理机构或民政部门也没有被明确授予权力监督或者解任信托监察人②。委托人也没有明确的法律职权去解任和变更监察人。那么在信托文件中没有约定的情形，什么主体依据什么样的程序可以解任或变更监察人，值得研究。理论上，有权选任监察人的主体也应有权解任和变更监察人，不过需要报告监管部门。

信托监察人未尽监察职责，给信托财产带来损害，应赔偿损失；信托监察人从事的和信托事务利益冲突的行为，也应受类似受托人之义务和责任规则的约束。

另外，根据《英国慈善法》，慈善信托的审计人和受托人一样，可以根据慈善委员会的命令减轻责任。似可借鉴。

---

① 在日本《公益信托法改正研究会报告书》中，学者们建议设立慈善公益信托必须设置监察人，而且，不得以在信托文件中约定的方式限制信托监察人的各种权利。公益社团法人、商事法务研究会，《公益信託法改正研究会報告書》，平成 27 年 12 月（2015），第 51 页以下。

② Lusina Ho, *Trust Law in China*, Sweet & Maxwell Asia, 2003, p.90。

第六节　慈善信托中的其他角色

一　事务执行人[①]或投资管理人

《信托法》和《慈善法》对受托人的职责有不同的规定。《信托法》规定受托人应当对信托财产进行"管理和处分"(《信托法》第2条），而《慈善法》第44条则规定受托人的职责应包括"按照委托人意愿以受托人名义进行管理和处分，开展慈善活动"。慈善信托事务的内容和商事信托不同，不仅包括信托财产的管理和投资，还包括慈善项目的实施。就信托事务的两个主要方面，受托人可以在信托文件有约定的情况下，设置（慈善）事务执行人或者投资管理人来帮助其履行职责。

事务执行人（项目执行人、项目顾问）或投资管理人（投资顾问）并不是慈善信托的法定制度设置。但是，事务执行人或投资管理人在慈善信托当中存在着一定的必要性。

第一，在信托公司独任受托人的场合，信托公司由于仅仅擅长对信托财产的投资管理，缺乏慈善项目的实施团队和能力（由信托公司从事慈善项目的实施可能是效率低下的），需要借助慈善组织的力量来进行。

第二，在慈善组织独任受托人的场合，慈善组织由于缺乏对信托财产的投资管理能力[②]，或需聘任投资管理人进行财产管理。

即便是共同受托人的模式下，受托人聘任事务执行人或投资管理人执行某些特定的信托事务，有时可能亦属必要。

确立事务执行人和投资管理人法律地位的规范基础是《信托法》第30条。该条规定："受托人应当自己处理信托事务，但信托文件另有规定或者

[①] 原来在实务中用的比较多的是"项目执行人"的表述，在《广东省民政厅 中国银行保险监督管理委员会广东监管局关于慈善信托管理工作的实施细则》第12条使用了"事务执行人"的表述。

[②] 《民政部 中国银行业监督管理委员会关于做好慈善信托备案有关工作的通知》中规定，"除合同另有特别约定之外，慈善信托财产及其收益应当运用于银行存款、政府债券、中央银行票据、金融债券和货币市场基金等"，并没有区分慈善组织和信托公司作受托人的情形。《基金会管理条例》第28条规定："基金会应当按照合法、安全、有效的原则实现基金的保值、增值"。民政部于2018年10月25日通过的《慈善组织保值增值投资活动管理暂行办法》，慈善组织可以从事广泛的投资活动，似乎对基金会投资运用信托财产并无障碍，但是基金会等慈善组织专业的投资管理团队和相应的管理能力亟待提升。

有不得已事由的,可以委托他人代为处理。受托人依法将信托事务委托他人代理的,应当对他人处理信托事务的行为承担责任"。① 按照该条规定,事务执行人或投资管理人是受托人选任的代理人,其所从事的管理信托事务之行为,其效果归属于受托人。

延伸思考:事务执行人、受益人还是受托人?

如上所述,不少情况下可以把信托法第30条作为事务执行人产生的法理基础。但是,事务执行人有可能是委托人选任的,或者受托人按照信托文件的要求或者标准选任的,很难把事务执行人作为受托人的代理人。此时把《信托法》第30条作为事务执行人产生的法理基础可能是有问题的。

传统信托法是不承认慈善信托受益人强制执行信托的权利的,但近年来有逐渐承认受益人中的机构受益人和被确定之受益人的此种权利的倾向。在慈善信托的最终受益人通常不特定,受托人无人监督、自我授权问题比较突出的背景下,承认受益人的权利来源是信托文件、委托人和法律,可能比只把他作为受托人选任的转受托人更为合理。这似乎可以算作是向私益信托法理的一种回归。

不过,如果按照不同的解释路径,也还是可以坚持受益人不能强制执行慈善信托,坚持机构受益人并非慈善信托的受益人这样的立场,但此时需要对"受益人"的概念做更严格的解释。英文中"recipient"意义上的受益人(最终受益人)从技术上看是不能强制执行信托的,无论英美还是我国都是如此。而作为慈善事务执行者的机构受益人,并非信托利益的最终享有者,② 反倒处在一种特殊的受托人(执行受托人或者管理受托人)的地位。从功能上看,很多事务执行人在功能上和管理受托人(managing trustee)类似,都是慈善事业的具体实施者,让事务执行人对信托本身承担信义义务是符合逻辑的。在美国晚近的一个案例中,受托人起诉作为受益人的慈善机构违反信义义务,③

---

① 《广东省民政厅 中国银行保险监督管理委员会广东监管局关于慈善信托管理工作的实施细则》第12条对慈善信托的事务执行人的定义中体现了这一法理:"慈善信托的事务执行人是指受托人应当自己处理慈善信托事务,但信托文件另有规定或有不得已事由,依法委托第三方代理的慈善组织、信托公司或依法成立的其他组织"。

② 承认其为受益人和慈善信托的概念相矛盾:慈善信托不能有特定的受益人,而这些机构受益人恰恰是在信托设立当时就确定了的,甚至有时是唯一的,

③ 参阅 Cohen v. Minneapolis Jewish Federation(346 F.Supp.3d 1274)。

虽然法院没有支持（该机构受益人并没有违反信义义务），机构受益人对信托存在一定的信义义务似乎是毋庸置疑的。

虽然在私益信托中，的确可能会出现部分受益人对其他受益人乃至信托负有信义义务特别是忠实义务的情形（如著名的 Boardman 案）①，但至少从字面含义看，说受益人对受托人乃至信托负有信义义务可能是违反直觉的。所以，在操作中仍然可以把担负善款分配和慈善事务执行的机构称之为受益人，但在理论上把这些机构受益人解释成事务执行人或者管理受托人，其因委托关系对受托人存在信义义务，或者以管理受托人（共同受托人）身份被其他受托人追究违反信义义务之责任，这些解释都是符合逻辑的。

二　信托财产保管人和托管人

（一）保管人

1. 保管人的规范基础

在商事领域，根据《信托公司集合资金信托计划管理办法》第 19 条规定："信托计划的资金实行保管制。对非现金类的信托财产，信托当事人可约定实行第三方保管，但中国银行业监督管理委员会另有规定的，从其规定"。2016 年 8 月 25 日，民政部会同银监会下发的《关于做好慈善信托备案有关工作的通知》中明确规定，慈善信托备案必须提供"开立慈善信托专用资金账户证明"，对于信托公司而言，原本设立各类信托时就有在商业银行开立信托财产专户的资格，慈善信托属于信托的一种，没有信托专户开设的法律障碍。而慈善组织去商业银行开设"慈善信托专用资金账户"时遇到银行的普遍拒绝，无法开设信托财产专户，也就无法提供证明，各地民政部门自然无法给予备案。

2. 商业银行拒绝为慈善组织开设保管账户的原因

商业银行在开设账户时，其依据是中国人民银行制定的《人民币银行结算账户管理办法》，该办法规定："专用存款账户是存款人按照法律、行政法规和规章，对其特定用途资金进行专项管理和使用而开立的银行结算账户"，而存款人可以就一些特殊资金的使用和管理，申请开立专用存款

---

① Boardman v Phipps [1966] UKHL 2. 在该案中，与信托所聘律师共同行动的受益人被其他受托人起诉违反忠实义务。

户，例如，"信托基金"。信托公司为每一个信托"在商业银行设置专用存款账户"（即信托财产专户），中国人民银行根据这个规章专门下发过《中国人民银行关于信托投资公司人民币银行结算账户开立和使用有关事项的通知》，以供信托公司和商业银行在相关事务中参照使用。

部分商业银行之所以拒绝为慈善组织作为受托人开设保管账户，马剑银博士做了如下分析。他认为，从法理上看，慈善组织作为慈善信托的单一受托人，并不存在法律上的障碍。但是，在我国的法律实施过程中，实务部门往往要依靠实施条例、细则或配套通知等文件作为法律的配套措施，以弥补法律规定过于原则的缺憾。

如果没有相关文件，相关单位对于法律实施一向抱有拖延的态度，并以'法律没有明确规定'为由进行搪塞，并不主动去进行法律推理和论证。此次有关《慈善法》慈善信托制度的实践，虽然民政部会同银监会下发'151号文'，但却并未会同中国人民银行，而根据中国人民银行和银监会之间的职能分工，有关银行账户的管理权限在中国人民银行，没有中国人民银行的专门配套文件，商业银行不肯为慈善组织设立信托财产专户，也符合现实经验；而且'151号文'也并没有具体要求商业银行为慈善组织开设信托财产专户的明确措辞。①

如果商业银行能准确理解法律法规的规范意图，根据《人民币银行结算账户管理办法》的规定，存款人可以就"信托基金"向商业银行"申请开立专用存款账户"，只需要出具相关文件即可。《慈善法》有关慈善信托受托人的规定，已经足够证明慈善组织可以合法地成为"信托财产专户"的存款人，即慈善法就是"相关文件"。②

在实践中，目前已经存在慈善组织作为慈善信托的单一受托人成功备案的案例③，也说明商业银行并非不能为慈善组织开设保管账户。

3. 慈善信托是否有必要一律设置保管人？

从理论上分析，即使是资金信托，在慈善组织作为慈善信托受托人的时候，似乎并不一定要设置保管人。慈善信托财产的独立性如何确保也不是很大的问题，不需要像信托公司从事集合资金信托项目那样采取保管制，

---

① 马剑银：《银行"拖延症"导致慈善信托专户设立难 该找银监会还是中国人民银行》，《南都观察》2017年3月10日。
② 马剑银：《银行"拖延症"导致慈善信托专户设立难 该找银监会还是中国人民银行》。
③ 北京市企业家环保基金会2016阿拉善SEE公益金融班环保慈善信托是第一例，海南弘毅扶贫慈善基金会申请的"弘毅1号"——社区养老公益组织扶持慈善信托是第二例。

增加运营成本。理由在于，信托财产的独立性并不是一个抽象的问题，具体而言是使信托财产产生独立于委托人、受托人和受益人之债权人的效力。因慈善信托的委托人把信托财产转移给受托人之后，委托人及其债权人即不能扣押慈善财产；慈善信托中不能有受益人，更不能存在对信托财产有追索权的受益人。所以，只要能确保信托财产独立于受托人个人的破产风险即可。慈善组织和信托公司不同，慈善组织不能负债运行（信托公司一般没有理由禁止其负债运行，虽然目前不允许。）所以，慈善组织在理论上是不会破产的，慈善组织很少产生债权人。即使是侵权之债，也可以通过责任保险的方式加以分散。因此，慈善组织作为慈善信托的受托人的场合，信托财产不需要通过托管等方式来确保信托财产的独立性，仅需要"专款专用"，独立做账即可。现行的《基金会管理办法》和《慈善法》中，都确立了对善款的专款专用制度。此种制度应能确保信托财产的独立性。

而且，对于个别小额、短期的慈善信托而言，信托财产几乎不在保管账户中停留，而是直接用于慈善事业的实施，或者直接划拨给实施慈善事业的事务执行人等，保管账户破产隔离的功能几乎没有发挥的余地，因此，似乎不应一律要求设立保管账户。

对于对非现金类的信托财产，信托当事人可约定实行第三方保管，此时的保管人可以是"自然人、法人或依法成立的其他组织"①。

（二）法定托管人

在一个慈善信托存在多个受托人的场合，或者受托人发生变更的场合，难免会出现信托的财产在受托人之间进行转移的问题。为了避免信托财产在受托人之间进行转移所带来的烦琐的程序要求，可以引入法定托管人的机制。

英国法要求慈善委员会为慈善信托等慈善组织选任法定托管人，该托管人没有管理权限，但是它是一个独任法人（corporation sole），其目的是使慈善信托的受托人把信托财产权授予托管人，这样可以避免随着新受托人的选任而多次转让土地和证券等信托财产；并避免因投资而被征缴所得税。不过，最近的一个改革是减少法定托管人的职责以增加受托人的责任②。

---

① 《广东省民政厅 中国银行保险监督管理委员会广东监管局关于慈善信托管理工作的实施细则》第 11 条。

② Jill E. Martin, *Modern Equity*, 17th edition, Sweet & Maxwell Ltd, 2005, p.466.

三 慈善信托中银保监部门的监管职权

《慈善法》确立了慈善信托的监管部门主要为民政部门。对于以信托公司作为受托人的慈善信托而言，银保监部门亦有部分监管职权。《银行业监督管理法》第 2 条规定："国务院银行业监督管理机构负责对全国银行业金融机构及其业务活动监督管理的工作（第 1 款）。对在中华人民共和国境内设立的金融资产管理公司、信托投资公司、财务公司、金融租赁公司以及经国务院银行业监督管理机构批准设立的其他金融机构的监督管理，适用本法对银行业金融机构监督管理的规定（第 3 款）"。《信托公司管理办法》第 2 条："本办法所称信托公司，是指依照《中华人民共和国公司法》和本办法设立的主要经营信托业务的金融机构。（第 1 款）本办法所称信托业务，是指信托公司以营业和收取报酬为目的，以受托人身份承诺信托和处理信托事务的经营行为（第 2 款）"。《慈善法》第十章"监督管理"部分对银监会的监管职责几乎没有直接的规定①，但是在民政部和银监会联合发布的《民政部　中国银行业监督管理委员会关于做好慈善信托备案有关工作的通知》中对民政部门和银监部门的监管职责分工做了比较明确的规定："银行业监督管理机构依法履行对信托公司慈善信托业务和商业银行慈善信托账户资金保管业务监督管理职责"。该通知还规定，"信托公司设立慈善信托项目实行报告制度，新设立的慈善信托项目应当在信托成立前 10 日逐笔向银行业监督管理机构报告"。《慈善信托管理办法》第 47 条部分重申了类似的规则。

从上述法律和规章可以看出，银保监部门对信托公司作为非银行业金融机构所从事的作为"非银行业"的信托业务进行监管，那么对信托公司所从事的慈善信托"业务"自然有权监管。

银保监部门作为金融监管机构虽然对信托机构所从事的行为有监管权限，但不是意味着对信托机构的所有行为都有权监管。银保监部门在监管信托公司的行为时，只是对其金融相关行为进行监管。信托公司从事慈善信托之时，对信托财产进行投资管理运用的全过程，都要接受银保监部门的监管。之前的监管规则主要是针对商事信托而制定的，并不能自动适用

---

① 该章几乎全部是关于民政部门监管职权的规定，只有在第 97 条规定"任何单位和个人发现慈善组织、慈善信托有违法行为的，可以向民政部门、其他有关部门或者慈善行业组织投诉、举报。民政部门、其他有关部门或者慈善行业组织接到投诉、举报后，应当及时调查处理"，这里的"其他有关部门"可能包含银保监部门。

于慈善信托这种信托类型。慈善信托非为商事信托——虽然有信托公司受托的慈善信托为营业信托①，而目前慈善信托实务中参照的比较多的《信托公司集合资金信托计划管理办法》属于对商事金融信托的调整规范。在慈善信托中，慈善信托计划的设立，并非普通意义上的金融信托的资金募集过程，所以，不应适用《集合资金信托计划管理办法》的调整，特别是不应受所谓私募的限制、合格投资者要求的限制、信托须为自益信托的限制。涉及资金的安全管理和运用方面，更应尊重委托人的意愿，力图确保慈善目的的实现。

---

① 民事信托、商事信托和慈善信托是可以按照一个大致标准进行分类的信托类型。慈善信托不属于商事信托是明确的。

第五章　慈善信托的变更、终止

第一节　概述

为了确保信托目的的实现，信托法确立了"信托连续性"原则。信托具有和法人类似的长期财产管理功能，信托成立之后，信托不会因信托受托人的缺位而终止。英美衡平法上有"信托不因受托人缺失而失败（Equity will not allow a trust to fail for want of a trustee）"的法谚，《信托法》第52条也有信托不因"受托人的死亡、丧失民事行为能力、依法解散、被依法撤销或者被宣告破产而终止，也不因受托人的辞任而终止"之规定。而且，受托人即使辞任，"在新受托人选出之前仍应履行管理信托事务的职责"（第38条第2款）；受托人职责终止的，"其继承人或者遗产管理人、监护人、清算人应当妥善保管信托财产，协助新受托人接管信托事务"（第39条第2款）。很显然，特定受托人的职责终止，信托并不会必然因此而终止。信托的连续性还体现在遗嘱信托也不因受托人欠缺而影响其成立（第13条第2款）、公益慈善信托要适用"近似原则"（第72条）等方面的规定上。同法第52条同时规定了委托人的缺失也不会导致信托终止。信托虽然主要是因契约而设立，但是信托毕竟不同于契约，信托当事人的缺位并不必然导致信托关系的终止。而且，信托设立之后即脱离委托人而独立存在，由受益人（私益信托）或者其他法定主体（慈善信托的监察人等）强制执行。

信托制度的最大优点就在于其灵活性。信托可以作为长期的财产管理制度，委托人的意愿被"冷冻"在信托的结构之中，但是这并不妨碍当事人的事前约定或事后终止或变更信托，也不妨碍信托因法律规定条件的出现而被变更或者终止。和法人制度相比，信托还具有在短期内完成当事人目的的制度优势（信托的灵活性之一就在于其存续时间可长亦可短）。所以，《信托法》第52条但书规定："但本法或者信托文件另有规定的除外"。

一般而言，相比私益信托，慈善信托的存续期间更久远，但是由于特定受益人的监督不存在，为了确保信托目的的实现，慈善信托应具备适应未来变化的机制。本章将探讨这些机制。

第二节　慈善信托的变更

一　关于受益人或受益权的变更

《信托法》对受益人和受益权的变更做出了规定，这些规则是否能适用于慈善信托，值得探讨。

（一）受益人有重大侵权行为（第51条第1款1项、2项）

此规定是针对受益人从事了针对委托人的背信行为和对其他受益人的重大侵害行为。由于慈善信托中不存在特定的受益人，在信托设立之后遴选出来的受益人和委托人之间通常不存在人身上的联系，通过中介（信托）的慈善行为更是意图减弱捐赠者和受领人之间的人身联系，所以，此条文在慈善信托中的适用可能非常有限。

（二）经过受益人同意、信托文件规定的其他情形（第51条第1款3项、4项）

该条款第3项可理解为委托人和受益人通过事后约定进行的变更。第4项可理解为事前在信托文件中约定的变更。由于慈善信托中不存在特定的受益人，只有已经被确认的受益人才有权对自己的受益权做出处分。

另外在私益信托中，因受益权的转让会导致受益人变更。在慈善信托中，不存在可以转让的信托受益权，所以，该规则不适用于慈善信托。

二　委托人和受托人的变更

关于慈善信托委托人的变更，或者其地位转移或继受问题，以及受托人变更的问题主要在第四章"慈善信托的治理结构"中讨论，此处不赘。

三　对慈善信托内容的法定变更

（一）对比：普通信托的内容变更

信托财产管理方法是最重要的信托事项之一，它和信托目的的实现有着密切的关系。一般而言，信托财产管理方式一经信托文件确定，信托当事人不得擅自加以变更。但由于社会的经济和金融状况不断变化，为了信托财产的保值、增值和信托目的的实现，应允许在一定情况下变更信托财产的管理方法。因此，《信托法》第21条规定："因设立信托时未能预见的特别事由，致使信托财产的管理方式不利于实现信托目的或者不符合受益人的利益，委托人有权要求受托人调整该信托财产的管理方式。"另据同法第49条第1款，受益人也有同样的变更请求权。本条仅仅规定关于信托财产管理方法的变更。由于信托财产的管理方法是信托最重要的内容之一，法律对其变更采取的是限制的立场。根据"举重明轻"的原则，其他的信托内容的变更也是可以的。但是按照什么样的程序进行变更，是否也要满足这里规定的条件，都值得思考。例如对于信托的其他内容的细微变更，若对当事人并无实质影响，似应归于受托人裁量的范围，不应遵循如此严格之条件。

与之不同的是，《信托法》第69条规定："公益信托成立后，发生设立信托时不能预见的情形，公益事业管理机构可以根据信托目的，变更信托文件中的有关条款"，确立了公益慈善信托内容变更的基本规则。正当与否姑且不论，根据该条，民政部门作为监管部门不仅可以变更信托财产的管理方法，也可以变更信托的条款。

（二）公益慈善信托内容的变更

1. 变更对象

在普通的信托中，变更对象主要涉及信托财产的管理方法，对于其他信托内容的变更也是应有之义。在慈善信托中，没有特别指出是对信托财产管理方法的变更，理论上所有信托条款的变更，只要不涉及信托目的的变更[①]，均在许可之列，范围较为广泛。

2. 变更条件

私益信托的信托财产管理方法的变更，必须同时符合两个条件：第一，出现了信托设立之时未能预见的特别事由。第二，因该事由导致了信托财产的管理方法不利于信托目的的实现或者不符合受益人的利益。但是公益

---

① 在慈善信托的场合，应当认为不能基于信托当事人之间的合意而进行信托目的的变更。参阅能见善久『現代信託法』（有斐閣・2004年），第293—294页。在现行的慈善公益信托中，信托设立需要得到主管部门备案，如果仅依靠当事人之间的合意就能变更信托目的的话是不恰当的。那么，如果有了当事人之间的合意（例如，委托人、受托人和监察人的合意），能否经过在监管部门的再备案变更信托目的呢？在慈善信托设立之后，会存在潜在的多数受益人（虽然不是严格的意义上的受益人），信托目的的变更有可能会剥夺这些潜在的受益人的地位。若有法律的规定另当别论，一般情况下还是应该认为不允许以当事人之间的合意为依据变更信托的目的。

慈善信托的变更，只需要"发生设立信托时不能预见的情形"。

3. 变更的主体和方式

普通信托中对信托财产管理方法进行调整的方式，是由委托人和/或受益人"要求受托人调整"。但是在慈善信托中，是由监管部门依照职权对信托的条款进行变更。在这里，是否剥夺了委托人和受托人作为信托当事人在出现法定事由的时候对信托合同内容进行调整的权利，值得探讨。在慈善信托中，由于不存在特定的受益人，似乎应该允许由委托人、监察人请求公益事业主管机构在法定事由出现的时候变更信托的条款。

四 对慈善信托内容的约定变更

对慈善信托内容的变更，不能自动参照适用《信托法》第21条。受托人可根据信托行为中事先规定的信托内容变更方法加以变更，受托人也可以根据委托人同意对慈善信托的内容进行变更，之后到备案机关备案（《慈善信托管理办法》第19条、第38条）。

在美国统一信托法典（UTC.section 411）中，确立了根据关系人的同意所进行的变更原则上只适用于私益信托的规则。一旦设立公益慈善信托，公益慈善信托就成了脱离了委托人控制的客观化的存在，直接允许受托人根据委托人的事后同意而变更信托是不恰当的。

五 变更事项的备案

根据《慈善信托管理办法》第19条的规定，慈善信托备案后，发生同办法第38条规定的部分变更事项时，慈善信托的受托人应当在变更之日起7日内按照第18条的规定向原备案的民政部门申请备案，并提交发生变更的相关书面材料。

如当月发生两起或两起以上变更事项的，可以在下月10日前一并申请备案。

第三节 慈善信托的终止

一 慈善信托的终止事由的特殊性

信托的终止是指，因法定或者约定的事由的出现使已经合法成立的信托关系归于消灭①。一般的信托终止事由除了当事人合意或信托文件约定的终止事由之外，主要包括一些信托生效之后出现的特殊情形②，据此信托关系面向未来消灭。

由于《慈善法》和《信托法》第六章没有规定慈善公益信托终止的原因，应适用《信托法》第 53 条的规定（根据第 59 条）。而《慈善信托管理办法》第 40 条规定的慈善信托终止事由实际上正是重复了《信托法》第 53 条的规定③。但是，《信托法》第 53 条规定的信托终止情形没有考虑慈善信托的特殊性，有几种事由需要单独加以讨论。

1. 能否以信托当事人的合意终止（解除）慈善信托？

由于公益信托中不存在受益人，即便慈善信托设置有监察人，监察人作为受益人的代表，在性质上只能为了保护受益人的利益而不能为了损害受益人的利益采取行动④。慈善信托本质上是为了慈善目的、为了公共利益而存在的，而非仅关乎信托当事人之私益，因此，原则上不应允许通过委托人和受托人的合意终止信托⑤。若委托人和受托人能未经公益事业管理机构的同意自由终止信托，根据《信托法》第 54 条，信托终止后委托人可以成为剩余财产的归属人，这样，受托人和委托人就可以根据本条（特别是在他们不同意公益事业管理机构的决定之时）终止信托而取回信托财产。这会削弱公益事业管理机构在监督管理方面的权威。所以，我国台湾地区学者认为，在慈善信托文件中约定信托终止时，信托财产应当约定只能归属于公益（慈善）信托、慈善组织或者各级政府机关。⑥

如果允许委托人和受托人合意终止信托，同时要求不能向委托人或其利害关系人返还财产，此时根据《信托法》第 72 条适用近似原则应把信托

---

① 周小明：《信托制度：法理与实务》，中国法制出版社 2012 年版，第 327 页。
② 日本信托法中信托终止事由请参见：[日] 三菱日联信托银行编著：《信托法务与实务》，张军建译，中国财政经济出版社 2010 年版，第 114—116 页。
③ 相比之下，《北京市慈善信托管理办法》第 24 条就比较谨慎，只规定三项慈善信托终止事由：（一）信托文件规定的终止事由出现；（二）信托目的已经实现或者不能实现；（三）信托被依法撤销。
④ 周小明：《信托制度：法理与实务》，中国法制出版社 2012 年版，第 374 页。
⑤ 日本公益社团法人和商事法务研究会支持这样的观点：公益信托的委托人、受托人及信托监察人的单独的意思表示或者共同的意思表示都不能产生使公益信托终止的效果。公益社团法人、商事法务研究会：《公益信託法改正研究会報告書》，平成 27 年 12 月（2015 年），第 86 页。
⑥ 叶赛莺：《信托法专论》，台北：新学林出版股份有限公司 2013 年版，第 399—400 页。

财产用于与原来的信托目的相近似的慈善目的，而近似原则的适用要经过监管部门的批准，如此则没有侵害公共利益的可能，允许当事人合意终止信托似乎并无问题。

2. 公益信托也不因法定解除而终止。法定解除信托的情形有二：第一是当委托人是唯一受益人的，委托人或其继承人可以解除信托（第50条），这只能发生在自益信托的场合，而公益信托均为他益信托，因此不适用；第二是受益人对委托人有重大侵权行为或者经受益人同意的，委托人可以解除信托（第51条），由于公益信托中没有受益人，或者虽然有具体从公益信托中取得利益的人，其侵害委托人的情形也很少发生，或者虽有发生，因慈善信托是为公益而设，乃不可撤销之行为，更不可因个别受领人的错误行为解除信托，所以这种情形也是不适用的。

3. 公益信托被撤销是否可以导致信托的终止。一般把这里的撤销行为解读为根据信托法第12条的撤销[①]。但如后文所述，"信托被撤销"被解释为信托法第12条的撤销时，是不能作为慈善信托终止的事由的。"信托被撤销"只有在非常有限的场景下才能成为慈善信托终止的事由。

因此，公益信托终止的原因就只剩下以下几种：第一，信托文件规定的终止事由发生；第二，信托的存续违反信托目的；第三，信托的目的已经实现或者不能实现。第四，信托被撤销（须重新解释"撤销"的含义，详见下文）[②]。

二 信托文件规定的终止事由的发生

信托文件规定的终止事由大致可以分为两类：

1. 附终止期限。《信托法》虽然没有对信托的存续期限做出限制性规定，理论上委托人可以设立永续存在的慈善信托，但在实务上，慈善信托当事人通常会规定信托的存续期限，一旦信托文件规定的期限届满，信托即可终止。

2. 附终止条件。信托文件中可以规定信托终止的条件。例如，信托文件规定受托人因死亡、丧失民事行为能力或者依法解散、被依法撤销或者

[①] 卞耀武主编：《中华人民共和国信托法释义》，法律出版社2002年版，第141页。
[②] 《北京市慈善信托管理办法》第24条规定："有下列情形之一的，慈善信托终止：（一）信托文件规定的终止事由出现；（二）信托目的已经实现或者不能实现；（三）信托被依法撤销。"仍然把慈善信托被撤销作为终止事由，而没有考虑随来行使撤销权，撤销之后的后果如何等问题。

被宣告破产等原因无法履行职责时，信托终止；也可以约定因受托人的辞任而终止（《信托法》第52条但书①）。当事人可以约定在受托人符合这些条件的时候信托终止，此时的信托可以被理解为一种"专任信托"，此时的受托人为专任受托人（personal trustee）。一旦信托文件中明确规定的终止条件成就，信托即予以终止。

三 信托的存续违反信托目的

所谓信托目的，具体到慈善信托中是委托人设立信托所欲达成的慈善目的，是信托成立和存续的基本要素。因此，如果信托的存续违反了信托设立时所定的慈善目的，信托依法应当终止。

四 信托目的已经实现或者不能实现

委托人为了实现特定的信托目的而设立信托，一旦该目的实现，信托便失去继续存在的必要性。例如，委托人设立信托，目的是为治疗艾滋病的药物开发提供经费支持，当艾滋病治疗的药物被开发出来，信托目的已经实现，该信托即告终止。

在公益信托的场合，即使信托的目的已经实现或者无法实现，若信托财产还有剩余，信托并不一定终止，而可能根据"最近似原则"继续存在（第72条）②。

另外，如果信托财产的规模太小，导致信托无法有效运作，委托人设立信托的目的变得不切实际，美国的成文法规定了通过简易程序对小型慈善信托进行改革。例如，《统一信托法》第414条规定，如果受托人认为信托资产的价值已经不足以为其管理成本提供正当性，有权变更或终止资产少于5万美元的信托。在变更或终止之前要提前通知州首席检察官，以及

---

① 《信托法》第52条：信托不因委托人或者受托人的死亡、丧失民事行为能力、依法解散、被依法撤销或被宣告破产而终止，也不因受托人的辞任而终止。但本法或者信托文件另有规定的除外。

② 当然，我如此解释仅具理论探讨意义，是和信托法的规定不符的。《信托法》第72条为适用近似原则规定了过于严格的标准，要求信托终止之后且没有财产归属人或者没有特定的财产归属权人。为了更好利用公益信托的"壳价值"，应当允许在无法实现公益信托的原定目的的时候，把信托财产运用于近似的信托目的，这相当于对信托目的的变更，而没有必要终止信托。详细请参见后文关于近似原则的讨论。

信托条款中明确规定的接受其捐赠的慈善组织。① 这也可以理解为慈善信托的目的无法实现的一种情形。

把信托行为所规定的事由发生或者信托目的的实现不能作为信托终了的原因,在这一点上慈善信托和私益信托是相同的。但是,在慈善信托中,由于不存在受益人,不能通过委托人和受益人之间合意来终信托。信托管理人和委托人,甚至和受托人三方的合意也不能终了信托。同样,也不应该适用信托法中关于解除的规定②。在慈善信托中,似乎只存在客观的终止事由;不过如前所述,如果法律禁止委托人通过终止信托而取回信托财产,允许当事人约定终止信托也似无问题。

五 慈善信托被撤销

就什么叫"信托被撤销"有不同的观点,需要详细加以探究。

第一,委托人设立的欺诈信托被委托人之债权人撤销。即,把这里的"信托被撤销"解读为根据《信托法》第12条的撤销。立法机构的人士参与编写的各种"释义"中大多采这种观点③。

根据该条,欺诈信托会被委托人之债权人撤销,撤销的后果一般是把相关的资产返还给委托人,作为其偿还债务的一般财产,不能根据《信托法》第72条的规定把该财产运用于其他最近似的公益目的,否则相当于认可了委托人的欺诈行为④,允许委托人慷债权人之慨。⑤

周小明甚至认为,信托被撤销不仅不是公益信托的终止事由,把它作为私益信托的终止事由本身就是立法者的失误。《信托法》第12条的主要功能是保护委托人的债权人,如果产生的是信托法第54条的信托终止的后果,则无法达成保护债权人的目的。所以,应直接根据信托法第12条的规定把欺诈信托作为信托无效事由。⑥

信托的终止,是合法有效成立的信托嗣后基于一定的事由而终止。而

---

① 转自[美]玛丽恩·R.弗莱蒙特-史密斯:《非营利组织的治理:联邦与州的法律与规制》,金锦萍译,社会科学文献出版社2016年版,第169页。
② 四宫和夫『信託法〔新版〕』(有斐閣、法律学全集·1989年),第349頁注(二)。
③ 卞耀武主编:《中华人民共和国信托法释义》,法律出版社2002年版,第141页。王清、郭策:《中华人民共和国信托法条文诠释》,中国法制出版社2001年版,第134页。
④ Lusina Ho, *Trust Law in China*, Sweet & Maxwell Asia, 2003, p.93.
⑤ 慈善信托被委托人债权人撤销的构成要件仍然需要探讨。
⑥ 周小明:《信托制度:法理与实务》,中国法制出版社2012年版,第333页。

《信托法》第 12 条规定的撤销是基于保护委托人债权人的目的而使设立信托之法律行为溯及既往无效,在《信托法》上,规定欺诈信托撤销的第 12 条紧跟规定信托无效的第 11 条,显然和信托设立的效力有关,和有效设立的信托因嗣后的事由终止无关。因此,《信托法》第 12 条规定的撤销不是普通信托终止的事由①,更不是慈善信托终止的事由。

第二,信托设立行为因意思表示瑕疵被委托人等撤销(《合同法》第 47 条;《民法总则》第 147—150 条)。

信托行为属法律行为之一种,如果信托行为被委托人或者委托人的法定代理人依法撤销,则视该法律行为从设立当初起即属无效,信托因被撤销而终止。例如,委托人因受他人欺诈或者胁迫而设立信托,或者委托人尚属未成年人、无民事行为能力人或限制民事行为能力人,在没有征得其法定代理人、监护人等同意的情况下设立的信托行为,委托人或其法定代理人可以撤销这些信托行为。或信托行为因遗嘱而设立的,作为委托人的遗嘱继承人,可撤销该信托行为②。但是,这和前一种情形一样,仍然属于因法律行为事前存在设立瑕疵而被撤销,其后果是信托的无效而非终止。

第三,委托人对已经合法成立的信托行为的撤销。

有学者指出,信托被撤销特指"委托人对已经依法成立的信托关系的撤销"③,不同于"对欠缺法定条件的信托行为的撤销"。该种观点把上述两种情形排除在外,就此一点笔者表示赞同。那么,此时符合条件的撤销行为有:(1)委托人保留撤销信托权利的情形;(2)委托人根据法定事由撤销信托的情形。此时的撤销和信托的解除之间几乎无法区分。上文讨论过,在慈善信托的场合,委托人不能撤销(解除)已经合法成立的信托。

第四,慈善信托因受托人履行违法等原因,被主管部门撤销。这类似《民法总则》第 69 条第 4 项所规定的法人被撤销、《公司法》第 206 条所规定的公司被有关主管机关依法撤销登记。

我国《信托法》第 53 条所规定的"信托被撤销"作为信托终止事由的来源似乎在此。但值得深思的是,在我国,当出现《信托法》第 53 条之"(二)信托的存续违反信托目的;(三)信托目的已经实现或者不能实现"的情形,信托终止,但是,如果没有当事人主张,监管机构能否依照职权撤销该慈善信托,似有疑问。

---

① 一个例证,日本的信托法也不把欺诈信托的撤销作为终止的事由。
② [日]中野正俊、张军建:《信托法》,中国方正出版社 2004 年版,第 191—192 页。
③ 周玉华:《信托法学》,中国政法大学出版社 2001 年版,第 264—265 页。

而且，信托生效之后，若受托人违法履行，委托人除了追究受托人责任、更换受托人之外，能否解除信托？或者，如果委托人把慈善信托作为从事某种违法行为的工具，监管部门是否有权撤销慈善信托？我国的《信托法》《慈善法》《信托管理办法》等均没有行政机关撤销公益信托的行政行为之规定，《慈善法》之后把慈善信托的设立改为备案制，也没有撤销备案一说。

照此解释，《信托法》规定"信托被撤销"而导致信托终止的只能是指类似"台湾信托法"所规定的情形。信托因之终止之后，不可适用第54-第56条的规定把剩余信托财产因此归属于权利归属人；更不能适用《信托法》第12条的规定。至于能否适用《信托法》第72条关于近似原则的规定，值得进一步探讨。

六　慈善信托终止时的报告

根据《信托法》第70条、《慈善法》第50条，《慈善信托管理办法》第41条，受托人应当在慈善信托终止事由发生之日起十五日内将终止事由、终止日期、剩余财产处置方案和有关情况向备案的民政部门主动报告。之前根据《信托法》报告对象是包括民政部门、环保部门、教育部门、卫生部门、体育部门等在内的"公益事业管理机构"，而根据《慈善法》，受托人报告的对象是作为慈善信托监管部门的民政部门。在解释上，除根据《信托法》设立"公益信托"之外，慈善信托的监管部门为民政部门；在适用《慈善法》第50条的时候，受托人根据该条应向《信托法》规定的"公益事业管理机构"报告，此时的"公益事业管理机构"就是指"民政部门"。①

第四节　近似原则

一　近似原则是慈善法领域的基本原则

在私益信托中，信托终止后剩余的信托财产归属于信托文件所规定的

---

① 《北京市慈善信托管理办法》第25条规定："自慈善信托终止事由发生之日起15日内，受托人将终止事由和终止日期报告慈善信托备案民政部门。"

人，在没有约定归属权利人的时候则归属于受益人或者受益人的继承人，之后是委托人或者委托人的继承人（《信托法》第 54 条）①。而慈善信托的剩余财产则一般是按照"近似原则"，为了类似公益目的的活动而使用和处分该信托财产。

近似原则（*cy-pres* doctrine）中的"cy-pres"来自法语，意思是"尽可能接近"。在信托法中，当慈善信托的信托目的已经实现、无法实现、变得违法或者不切合实际的场合，信托的存续和信托的慈善目的不符，信托受托人等应当把该信托财产处分于最能达成该目的的慈善事业。我国《信托法》第 72 条确立了类似的原则："公益信托终止，没有信托财产权利归属人或者信托财产权利归属人是不特定的社会公众的，经公益事业管理机构批准，受托人应当将信托财产用于与原公益目的相近似的目的，或者将信托财产转移给具有近似目的的公益组织或者其他公益信托"。

近似原则不仅仅是慈善信托法的原则，而且应是整个慈善事业法中的一个原则。例如，《慈善法》第 18 条规定，"……慈善组织清算后的剩余财产，应当按照慈善组织章程的规定转给宗旨相同或者相近的慈善组织；章程未规定的，由民政部门主持转给宗旨相同或者相近的慈善组织，并向社会公告"；《公益事业捐赠法》第 28 条规定："受赠人未征得捐赠人的许可，擅自改变捐赠财产的性质、用途的，由县级以上人民政府有关部门责令改正，给予警告。拒不改正的，经征求捐赠人的意见，由县级以上人民政府将捐赠财产交由与其宗旨相同或者相似的公益性社会团体或者公益性非营利的事业单位管理"。另外，《基金会管理条例》第 33 条也规定："基金会注销后的剩余财产应当按照章程的规定用于公益目的；无法按照章程规定处理的，由登记管理机关组织捐赠给与该基金会性质、宗旨相同的社会公益组织，并向社会公告"。②

---

① 《信托法》第 54 条："信托终止的，信托财产归属于信托文件规定的人；信托文件未规定的，按下列顺序确定归属：（一）受益人或者其继承人；（二）委托人或者其继承人"。第 55 条："依照前条规定，信托财产的归属确定后，在该信托财产转移给权利归属人的过程中，信托视为存续，权利归属人视为受益人"。

② 近似原则适用于所有的慈善性质的财产处置，包括慈善法人，不仅限于慈善信托。参阅 Restatement of Chritable Nonprofit Organizations § 3.02. cmt.f（Am. Law Inst. Tentative Draft No.1, 2016）。

二 近似原则的适用范围和慈善的概念

（一）近似原则适用的"扩张"

近似原则适用于慈善信托是应有之义，但是目前我国并无在公益慈善信托中适用近似原则的案例，下面是其他公益慈善领域适用近似原则的案例。

安徽省合肥市庐阳区人民法院在"石继斌、余红武诉合肥市虹桥小学案"中认为："原告之女石晓燕患肝炎后不久又患再生障碍性贫血（白血病）疾病住院治疗，花去大量医疗费，给其家庭造成经济困难令人同情。被告及庐阳区教育局团委、少先总队倡议师生捐款救助系献爱心之善意之举，其行为和精神应予褒扬。对双方争议焦点捐赠余款55472.8元所有权归属，鉴于捐款人的捐款行为是为特定的第三人石晓燕的利益而进行，故捐款行为符合民法一般规则之民事法律行为可以附条件的赠与行为，这个条件就是所捐之款是给石晓燕治病，而非他用，在目前我国立法对此种捐款行为没有作出规定的情况下应首先依据民事一般规则和合同法中有关赠与的相关规定及精神处理；虽然捐款行为不同于《公益事业捐赠法》所规定的为不特定的公益事业捐赠的行为，但基于该捐款与公益事业捐赠存在诸多共性，故又可同时参照《公益事业捐赠法》第5条规定，即捐赠财产的使用应当尊重捐赠人的意愿，符合公益目的，不得将财产挪作他用来确定该捐款余款的归属。在整个捐款过程中，被告只是代收代管人，石晓燕去世后，捐款人捐款为石晓燕治病的条件已不存在，其余款应用于相近的公益事业，若由其父母继承或挪作他用均违反捐款人意愿和伤害捐款人感情，故捐款余额55472.8元既不属于原告亦不属于被告所有，现该款的实际占有人应将其转给公益事业机构用于发展同样目的的公益事业。……捐款也不宜用作事后费用及偿还他人欠款，否则将违背捐款人的意愿"，所以法院依照《中华人民共和国民法通则》第62条、《中华人民共和国合同法》第185条、《中华人民共和国公益事业捐赠法》第5条的规定判决驳回原告石继斌、余红武的诉讼请求①。该判决指出以救助特定的人为目的的捐款虽然不符合《公益事业捐赠法》中对公益捐赠的要求，但是其仍然可参照公益慈善法理运用近似原则对善款进行处理。类似的案例还有余其山诉广西横县地税局案（"余辉案"）②。

---

① 参见：（2005）庐民一初字条327号。
② 参见：初审判决广西壮族自治区横县人民法院（2001）横民初字第1083号，及终审判决广西壮族自治区南宁市中级人民法院（2002）南地民终字第220号。

值得注意的是,这两个案例中的受益人都是特定的个人,令人产生"公益性"究竟为何的疑问。"一对一"以外的公益捐出行为多数可以理解为公益慈善行为,其类似赠与的地方在于,捐出人一般不能取回捐出的财产。但与纯粹赠与不同的是,该财产是"目的财产",受领人死亡,该财产不能成为受领人的遗产。发起募捐并管理该财产的人(受托人)最终也不能从该财产中获益(在有约定的场合只能收取合理的管理费)。那么,这个财产最终归谁?能否作为无主财产归公?一个比较合理的规则是,适用"近似原则",把这些财产用于和原目的最近似的目的上。

回到主题:这种为特定个人发起的募捐能否构成一个慈善行为,是否具有公益目的?如果把"为了公益目的"解释为"为了不特定人的利益",上述案例中的受领人均为个人,能否解释为公益或者慈善信托?

公益目的要求受益人的不特定,主要的立法宗旨是避免委托人为了特定的当事人的利益,向其输送利益。如第一章中所述,如果该信托的受领人不是委托人选择的,该特定的受益人就不是委托人指定的,就排除了利益输送、借公益行私益的可能。在公益慈善信托法理上,实际上是允许在信托文件中设置受益人的遴选方法,按照这样的公平、合理而正当的程序所选择出的受领人哪怕只有一人,也应承认其为公益信托。

况且,公益的认定过程中,应有不同之要求,如果捐赠人没有取得税收优待,就没有公共利益受到侵害。此时的信托可以理解为一种非公益的"目的信托"。此时的目的是广义上的公益目的,受托人可实行之。最终这种准公益财产的处置在捐赠文件没有约定的时候自可参照"近似原则"。

一对一的捐赠,不管受赠人是否和捐赠人有特定关系,此种行为的公益性都至为稀薄,不应受慈善法之调整。

现代的慈善行为一般以存在中介机构或者组织为必要,捐赠人把财产捐赠给慈善组织、设立慈善组织或者慈善信托,摆脱了传统慈善行为的非正式、非组织、非专业和个人联系紧密的特征。

(二)罗尔事件和近似原则

2016年11月25日,罗尔在女儿第二次进入重症监护室后,写下名为《罗一笑,你给我站住》的文章。该文章逐渐刷爆朋友圈,大家慷慨解囊。2016年11月30日午间,继公众质疑罗一笑父亲名下有3套房产、P2P公司借势营销等质疑外,一份据称是罗一笑治疗费用、医保报销比例清单也开始在网络上传播开来。罗尔本人承认,他有三套房子是事实。

2016年12月1日下午1点半左右,罗尔与小铜人创始人刘侠风通过"p2p观察"微信公众号发布联合声明,社会各界最终募集款为267万余元，这笔款项将用作建立慈善基金，同时表示对因此事产生的社会影响"深表歉意"。罗尔等要将善款设立慈善基金的消息一出，马上又陷入大众的唾骂和指责之中。不少网友甚至名人认为，罗尔等无权用骗来的钱设立基金会。

在这个阶段，设立慈善基金可算是解决善款余款的比较合适的方法。需要澄清的是，这里的基金不是基金会。在直接返还捐助者很有难度的情况下，可以设立一个专项基金，交由慈善组织，用于需要帮助的人。从法律上看，罗尔等无权以网友捐赠的钱设立基金会。即便设立慈善基金，罗尔等也失去了对善款的控制，不能把善款用于私人用途。

慈善法目前只调整有中介的有组织的规范的慈善行为，无法调整一对一和多对一的捐赠行为。但近似原则已被确认为慈善法的基本法理（《慈善法》第18条、第57条，《信托法》第72条等），虽然本案的确不受慈善法的直接调整，但作为多对一所形成的善款的归属，似可以参照《慈善法》上的近似原则，另行交给独立的慈善组织，用于类似的慈善目的，摆脱罗尔等对善款的控制。这不仅仅是理论解释，上文中的法院判决可以为证。

该事件的最后处理结果是，罗尔等人把捐款原路返还给捐赠人。假设无法原路向公众返还善款的情况下，利用近似原则把善款摆脱罗尔等人的控制交给慈善组织设立专项慈善基金，用于慈善目的，当然是一种正当的选择。不过，既然技术上可以把捐款按照原路返还给捐赠者（赠与的撤销），那么这当然是最优、最公平的选择。此乃技术促进公平的例证。

三 近似原则的适用条件

（一）慈善信托发生终止事由

按照信托法第72条的字面解释，"慈善信托终止"而不是"慈善信托发生终止事由"是近似原则的适用前提。如后文所述，如此规定不是把近似原则作为一种信托变更的机制，而仅仅是作为一种清算后信托财产的归属机制，不利于慈善信托制度功能的发挥。

即使做扩张解释，把"慈善信托发生终止事由"作为适用近似原则的条件，也只有在慈善信托发生"终止事由"之后，才可能适用该原则。在公益信托因被撤销而终止的（第12条），应将信托财产首先用于清偿委托人之债权人的债权，之后若有剩余才能适用"近似原则"[①]。

[①] 周小明：《信托制度：法理与实务》，中国法制出版社2012年版，第373页。

一个更允当的理论解释是，近似原则的适用并不仅涉及信托的终止，而仅仅和信托目的的更改有关①。所以，一个更恰当的规则应当是：当信托的存续会违背信托设立的最初目的或者信托的目的已经实现或者不能实现，出现终止事由的场合，在经过公益事业管理机构的批准之后，将信托财产用于与原公益目的相近似的目的，或者将信托财产转移给具有近似目的的慈善组织或者其他慈善信托。应更多采用信托变更的观念，这样能更充分地利用已设立之公益慈善信托的"壳"价值②。

（二）没有信托财产权利归属人或者财产权归属人是不特定的社会公众

欲适用近似原则，也必须是在公益信托终止后，剩余财产没有财产归属权人，或者，剩余财产的财产归属权人是不特定的社会公众的场合。这里的"财产归属权人"为第54条所规定之人，即，信托文件规定的人、受益人及其继承人、委托人及其继承人可以按照该条规定的顺序成为归属权人。

《信托法》第72条的规定存在着一定的问题。该条把"公益信托终止，没有信托财产权利归属人或者信托财产权利归属人是不特定的社会公众"作为适用近似原则的条件，在慈善信托出现终止事由的场合，信托文件似乎可以约定把剩余信托财产归属于某些慈善组织用于某些近似的慈善用途，但是不能按照信托法第54条的规定自由确定权利归属人。逻辑上，委托人在信托文件中约定信托财产归属于特定的私人，将会影响到慈善信托的效力。

不应该把适用近似原则限于信托财产没有归属权人的情形。当慈善信托设立后开始运转，法律所推定出的委托人意愿是：若没有信托文件的相

---

① 借用一个不太恰当的类比，慈善信托适用近似原则只适用于信托目的的变更的场合，而目的的变更是一种更为根本的变更，这类似在债的广义变更中，债的主要性质的改变构成债的更新，债的更新使债丧失同一性。

② 传统英美法中的近似原则是在慈善信托的特定目的变得不合法、不可能或者不可行（illegal, impossible, or impractical）的场合，法院可以指示把信托财产运用于委托人的一般信托意图之内的其他信托目的。美国统一信托法典 Section 564-B: 4-413 和澳大利亚新南威尔士州公益信托法第9条均不把信托终止作为适用近似原则的前提条件。美国信托法第三次重述中也把近似原则理解为是信托变更的一种机制（Restatement (Third) of Trusts § 1, comt.c）。我国《信托法》第73条可能直接借鉴了"台湾地区信托法"第79条和日本旧信托法的第73条（"当公益信托终止而其信托财产又无归属权利人时，主管机关可以根据其信托之宗旨，继续其类似目的的信托"），这些条文字面上似乎是把信托终止作为适用近似原则的条件。值得注意的是，能见善久教授把该条的适用解释为"出现了应当终止信托的事由的场合，把信托在类似的目的上继续下去"。见能见善久『現代信託法』（有斐閣・2004年），第297页。

反约定，委托人是要把信托财产永远地用于公益目的。因此，即使慈善信托被终止，委托人或者特定的受益人（更不用说其继承人）原则上都不能取回或者取得信托财产。此时适用近似原则，以"挽救"慈善信托[①]。

即便允许委托人在信托文件中约定将剩余信托财产归属于特定的主体，这个主体只能是国库、政府部门、大学医院等事业单位，如果约定的权利归属人是特定的慈善组织或者慈善信托的话，和近似原则的适用效果基本类似。这个权利归属人至少不是特定的私主体（详见本节标题四的讨论）。

（三）信托财产只能用于与原公益慈善目的相近似的公益事业

这一要求的实质是尽可能遵循委托人的意愿，挽救委托人的意愿。根据该要求，信托财产可以被用于和原公益目的相近的公益事业，即，不限于公益慈善信托，也可以是慈善组织等公益法人。

（四）适用近似原则需要监管部门的批准

根据《信托法》第72条规定，在适用近似原则的时候，须经公益事业管理机构批准，受托人似乎无权自行决定是否适用近似原则以及如何适用。而根据《慈善法》第50条规定，慈善信托终止时适用近似原则的按照《信托法》第72条处理，基于《慈善法》中将慈善信托的监管职权统一收归由受托人所在地县级以上人民政府民政部门，是否适用近似原则以及如何适用近似原则的批准机关应该是慈善信托原备案的民政部门，而不应该再是公益事业管理机构。[②]

四　信托文件中能否约定剩余财产归特定的人？

《信托法》第72条把适用"近似原则"的条件规定为"公益信托终止，没有信托财产权利归属人或者信托财产权利归属人是不特定的社会公众的"，其反面解释似乎是允许公益慈善信托在终止之时通过约定方式把信托财产留给委托人或者其他的私人（"特定的社会公众"）。不过，一种更合

[①] 学者评论认为，第72条相当于要求只有信托财产成为无主财产（bona vacantia）的时候才能用于其他的公益目的。实际上，根据第72条适用近似原则更多是理论上的，在现实中是不存在的。Lusina Ho, *Trust Law in China*, Sweet & Maxwell Asia, 2003, p.93. 赖源河、王志诚：《现代信托法论》（增订三版），中国政法大学出版社2002年，第234页注［60］指出，英美法上的"近似原则"的适用范围较之台湾地区"信托法"第79条的规定更为宽广，并不以信托关系消灭为限。

[②] 《慈善信托管理办法》第43条规定，慈善信托终止后在适用近似原则的场合应"经备案的民政部门批准"。《北京市慈善信托管理办法》第26条规定："慈善信托终止，受托人应在信托财产处置前将处置方案报备案机关……"。

乎我国信托法的解释似乎应该是：在公益信托终止的时候，可以根据约定把信托财产归属于"特定的社会公众"，这里的"社会公众"应当符合慈善信托受益人（受领人）的要求，而非可以是包括委托人在内的利害关系人，否则公益信托的终止可以被滥用为私人输送利益的管道。

作为参考，在美国，慈善信托在设立之时可以附有条款明确规定（不能是暗示的）在未来某一特定时间的时候信托发生终止，此时信托财产可以返还给捐赠人或者其继承人；① 而《日本公益信托法》的条文本身也并不禁止把剩余的信托财产归属于委托人等私人，只是其公益信托监管当局在实务中不允许这样做而已②。不允许把剩余财产归属于委托人等私主体的担心之一似乎是：信托设立人可能会利用公益信托取得税收优待，之后又通过终止信托取回信托财产。而且，从法理上看，一旦设立公益信托，信托财产即脱离委托人成为"社会财产"，只能用于社会公益，委托人丧失"所有权"。此时不能通过约定的方式保留把信托财产"反弹"回委托人的可能。

但是，从实用主义的立场出发，如果法律允许在信托被解散之后能使信托财产返还给委托人，或许能鼓励更多的人去为公共利益提供更多的财产。笔者认为，应允许在信托文件有明确约定的情形下把公益信托的财产在终止后归属于委托人等私人，这一问题在讨论"完全公益性原则"的时候已经讨论过，所需要做的是分割公益和私益，并确立不同的征税规则而已。

通过对"近似原则"的研究也可以看出，慈善信托财产具有私人财产和公共财产（public property）之外的第三种类型财产的性质（本书称之为"社会财产"）。说不是完全的私人财产，是因为没有哪一个私人有权去（事后）终止信托并从信托财产取得利益；说其非完全的公共财产，是因为在信托之公益目的失败之时在确定如何处理信托财产的时候，仍然应考虑委托人的意愿③。

可以说，近似原则是帮助委托人实现其一般意愿的机制。美国波斯纳法官指出，既然没有人能够预测未来，一个理性的捐赠人就应该知道其意愿最终会被无法预知的情形所挫败，人们可以推断，他会乐意接受一个在出现不可预期的未来变化挫败其最初意愿的场合修订捐赠条款的规则。④

---

① 参见［美］玛丽恩·R.弗莱蒙特－史密斯：《非营利组织的治理：联邦与州的法律与规制》，金锦萍译，社会科学文献出版社 2016 年版，第 131 页。
② 参见能见善久『現代信託法』（有斐閣・2004 年），第 281 页。
③ Gary Watt, *Trusts and Equity*, 5th edition, Oxford: Oxford University Press, 2012, p.249.
④ Rechard A. Posner, Economic Analysie of Law § 19.3, at 712（9th ed. 2014）．

信托终止后，受托人负有对信托事务进行清算的义务。信托事务的清算一般包括清收信托财产的债权、处置、变现信托财产、清偿信托财产的债务、分配信托财产、制作并提交清算报告等。由于慈善信托涉及社会公众利益，且往往有特定管理机构、监察人介入，因此在慈善信托中信托事务的清算问题至关重要。

第五节 慈善信托的清算

一 慈善信托清算的规范基础

《慈善法》中没有对慈善信托清算的直接规定，根据该法第50条规定，慈善信托的设立、信托财产的管理、信托当事人、信托的终止和清算等事项，《慈善法》第五章未规定的，适用《信托法》的有关规定，因此，在慈善信托清算的问题上仍然要适用《信托法》第71条的规定。根据《信托法》第71条的规定，公益信托终止的，受托人作出的处理信托事务的清算报告，应当经信托监察人认可后，报公益事业管理机构核准，并由受托人予以公告。

二 《慈善法》和《信托法》关于清算问题的衔接

《慈善法》中对公益慈善信托制度进行了一些调整，但是与《信托法》产生了一些冲突。

《信托法》第71条要求公益信托的清算要经过公益事业管理机构核准。从逻辑上讲，这一规定和《信托法》62条要求是一致的。根据《信托法》第62条，设立公益信托必须要经公益事业管理机构批准。相应的，在公益信托终止清算阶段要求经过公益事业管理机构核准也是顺理成章的。但问题是，《慈善法》第45条采取了设立备案制，不再要求善信托设立经公益事业管理机构的批准，那么，根据慈善法备案设立的慈善信托进行清算是否仍然要经过民政部门核准呢？《慈善信托管理办法》第42条第一款只是要求"慈善信托终止的，受托人应当在30日内作出处理慈善信托事务的清算报告，向备案的民政部门报告后，由受托人予以公告"，慈善信托的清算报告似乎不需要经过监管部门的核准，只需要向其报告即可。

同时，《信托法》第71条规定，公益信托清算需要经过信托监察人认可。而根据《慈善法》第49条规定，委托人可以选择是否设置信托监察人。如果委托人选择设置了信托监察人，当然可以按照《信托法》第71条经过信托监察人认可后顺利完成清算。但是，如果委托人没有设置信托监察人，如何完成《信托法》第71条所要求的监察人认可程序就成了问题。《慈善信托管理办法》第42条第二款规定"慈善信托若设置信托监察人，清算报告应事先经监察人认可"，这就意味着，慈善信托如果没有设置监察人，则清算报告不需要再经过任何机关的认可。

三　核准和认可的必要性

慈善信托区别于私益信托的关键之点在于，慈善信托虽然是基于委托人的意愿而设立的，但是，其存续是为了社会利益，所以，慈善信托的清算涉及受托人对信托目的的执行状况，不能仅仅由委托人和受托人的合意完成清算，代表社会利益的慈善信托监管部门和监察人进行某种程度的审查是必要的。

第一，备案制下监管部门的核准是否必要？

虽然设立慈善信托由批准制改为备案制，放松了对慈善信托的管制。但是，正如前文所讨论的，慈善信托能享有税收等优惠政策，备案制如果被理解为形式审查，是不充分的。即便承认备案制的合理性，备案制只是放宽了慈善信托的事前的入口限制，在出口处不能再一次放宽。所以，在慈善法的背景下，慈善信托的清算仍然应得到监管部门的核准。

第二，监察人任意设置的情况下如何解决清算报告的认可问题？

前文已讨论过，笔者并不赞同监察人由委托人任意设置。但是，《慈善法》的条文似乎没有其他解释的可能。未来国务院或者民政部门出台慈善信托的相关行政法规或者部门规章的时候，可以具体做出规定，对于存续期间长、信托财产数额大、信托事务复杂、委托人人数众多或者其他原因无法监督的信托，仍然应采取强制设置监察人的做法，其他存续期间短，信托财产数额小，信托事务简单的慈善信托，委托人可以不设置监察人。委托人设置监察人的，慈善信托终止之后的清算报告，仍然需要经过监察人的认可；如果委托人不设置监察人，可以不经监察人认可，在经过民政部门的核准并经公告后受托人对该慈善信托解除责任。[①]

---

① 《北京市慈善信托管理办法》第27条：受托人完成清算和剩余财产的处置后7日内，应当向原备案机关提交经委托人或监察人认可的终止报告和经会计师事务所审计的清算报告。

第六章 慈善信托税制基本原理

作为解释论的研究，因我国目前仅有关于慈善捐赠的税收规则，欠缺基本的慈善信托税收制度框架，所以本章较少涉及慈善信托税制的具体制度细节，只尝试讨论和信托税制相关的基础理论问题和框架性问题：第一，慈善信托享有税收优惠待遇的正当性论证（第一节）；第二，我国慈善信托税制存在的问题（第二节）；第三，欲完善慈善信托税制需要解决的两个核心理论问题：（a）厘清慈善捐赠和慈善信托的关系，论证慈善信托税制参照慈善公益捐赠的可能性（第三节），（b）承认慈善信托的组织地位——组织体或实体，但非法人（第四节）；第四，慈善信托税制的基本框架（第四节）。

第一节 慈善信托享有税收优待的正当性

税收优惠措施供给不足始终是困扰慈善事业发展的主要问题之一，对于慈善信托而言更是如此。十二届全国人民代表大会第四次大会在2016年3月16日通过的《慈善法》是我国创新型社会治理的基本法，该法第45条规定：设立慈善信托，受托人应当"将相关文件向受托人所在地县级以上人民政府民政部门备案。未按照前款规定将相关文件报民政部门备案的，不享受税收优惠"，从对该条的反面解释可以得出慈善信托能够取得税收优待的结论。另外，在《信托法》第61条早就规定了"国家鼓励发展公益信托"[①]，税收优待是国家鼓励措施的应有之义。

为何要对慈善信托等慈善事业进行税收优待，需要做理论上的论证。从根本上讲，慈善公益事业的特点是民间性、自愿性和自主性[②]，这和政府

[①] 根据《慈善法》第44条，慈善信托属于公益信托。本文不区分"慈善信托"和"公益信托"。
[②] 资中筠：《财富的归宿——美国现代公益基金会评述》，上海人民出版社2005版，第VI页。

行为的强制性不同。政府有权未经纳税人的同意强制征税，形成财政收入，并以转移支付等方式将其运用于包括扶贫、救灾、教育、科研、医疗等领域，从内容上看和慈善似乎并无差别，但是，其资金是靠国家的强制力征税取得而非民众自愿捐出，而且政府提供"公共产品"也是其职责所系，因此，政府所从事的相关行为不能被称为"慈善"。由于慈善信托在内的慈善行为的主要目的是让民间力量去完成原本需要国家完成的公益事业，客观上节省了国家的财政投入和税收，所以对慈善事业乃至慈善信托的发展提供税收优待是有其正当性和必要性的。税收的优惠待遇对于公益慈善事业的发展是一个重要激励。严格地说，立法者不是在给慈善组织和非营利组织以利益、优待或福利，所得税等税收豁免也不是可以被利用的法律漏洞，而是从事慈善事业者的一种权利。政府应当自我约束，尽量避免以税收的方式限制相关主体从事对社会有益的行为①。

对慈善事业给予税收政策上的减免和税前抵扣优惠是各国财税制度的通行规定，旨在鼓励慈善活动和支持慈善事业发展。就税收优惠政策的理论观点至少有辅助理论或公共利益理论（Subsidy Theory / Public Benefit Theory）、资本结构理论（Hansmann's Capital Formation Theory）、税基定义理论（Bittker and Rahdert's Income Definition Theory）、捐赠理论（Hall and Colombo's Donative Theory）和利他主义理论（Atkinson's Altruism Theory）等②。这些理论似乎论证了慈善事业取得税收豁免的正当性。

慈善税收的正当性不仅是一个税收政策的问题，更是政治哲学问题。在这种哲学背后的核心概念是多元主义（pluralism），更准确地说是在社会三个不同领域的不同制度功能进行多元竞争。最核心的是政府部门和非营利部门的竞争。非营利部门可以作为替代政府处理社会问题的重要选项。多元主义最伟大的支持者之一约翰·穆勒在其名著《论自由》中写道：

> 政府在不同地方的运作倾向于趋同。但是，个人或者志愿者组织则能从事多样化、无穷的实践和实验。政府可以有效地把自己变成一个所有尝试和实验结果的储存器、传播器和扩散器。其工作是确保每个实验者从别人的实验中获益，而非除了自己的实验之外禁止其他任何实验。

---

① Betsy Schmidt, *Nonprofit Law: The Life Cycle of a Charitable Organization*, Wolter Kluwer, 2011, p.150.
② Betsy Schmidt, *Nonprofit Law: The Life Cycle of a Charitable Organization*, Wolter Kluwer, 2011, pp.148–162.

这种不同社会部门的竞争——选择政府和非营利组织的恰当功能——在一个健康的社会中是一个无穷尽的过程。因时代不同，有时可能会需要一个小政府，有时可能会需要一个强政府，但是，关于非营利组织的一般性政策考量是：考虑非营利组织对社会福利和社会功能发挥的贡献，对其征税是不可想象的。美国在起草1913年国内税法的时候，国会把对慈善组织的税收豁免看作是把税收政策和政治理论进行协调的唯一方法，把在联邦税法中对慈善豁免视为可比较的历史实践的延伸。

慈善需求日渐增加，其内容日渐复杂多样和专业化；而随着政府职能转变，其应把主要精力用于关乎国计民生的重大问题。民间力量从事慈善事业，因其具有下沉基层、贴近一线、熟悉需求的特点，所以能更专业、更高效地提供慈善服务；而且，民间慈善更重视捐赠人和委托人意愿之实现，能激发基层活力和积极性，提高社会的自组织能力，帮助政府提高社会治理水平，这对于促使政府成为善治政府、高效政府都有重要意义。在不少慈善领域，同样数额的款项，通过征税由政府运用于慈善目的，未必比由民间力量按照自己的意愿和社会需求加以运用更有效率。所以，对于通过慈善信托从事的慈善活动享有税收等优惠措施，具有正当性。①

第二节　我国慈善信托税制存在的问题

《信托法》第61条规定了"国家鼓励发展公益信托"，而且，在其他的立法文件中也规定了对公益事业进行鼓励的具体措施，比如，在《公益事业捐赠法》（1999）中，对捐赠财产用于公益事业规定了税收优惠措施，包括公司和其他企业捐赠财产用于公益事业，依照法律、行政法规的规定享受企业所得税方面的优惠；自然人和个体工商户捐赠财产用于公益事业，法律、行政法规的规定享受个人所得税方面的优惠；境外向公益性社会团体和公益性非营利性的事业单位捐赠的用于公益事业的物资，依照法

---

① "政府税收让利于民间公益，充沛慈善资源，不仅有助于社会公共服务供给的多元化，弥补政府失灵和市场失灵，而且还有利于培育富有活力和自治能力的社会领域，促进社会创新。"免税待遇的获取也要求免税组织付出相应的代价："承受更高标准的监管、更加透明的信息公开要求和更为严厉的规制。"金锦萍：《慈善免税急需解决的焦点问题在哪里？》，《南都观察》，2017年3月3日，http://www.cfforum.org.cn/content/270，2019年4月20日。

律、行政法规的规定减征或者免征进口关税和进口环节的增值税；对于捐赠的工程项目，当地人民政府应当给予支持等。同时，在《企业所得税法》（2017年修订）第9条规定："企业发生的公益性捐赠支出，在年度利润总额12%以内的部分，准予在计算应纳税所得额时扣除；超过年度利润总额12%的部分，准予结转以后三年内在计算应纳税所得额时扣除。"

但是问题是，这些全部是关于公益或者慈善捐赠的规定，并没有明确规定这些规范能否适用于公益慈善信托。

在《慈善法》中，除了第45条第2款确立了慈善信托备案和税收优待的关系之外，其他从第79条到第83条关于慈善税收优惠的规定，也全部是针对慈善组织接受慈善捐赠的情形，并无一条直接针对慈善信托做出的规定。[①] 也就是说，目前我国的税法对慈善信托是"零规定"，这就导致了一个十分诡异的逻辑后果：目前大多数关于慈善信托税收的相关操作，理论上都是"非法的"。

即便是关于慈善捐赠的规定，也只是考虑到了捐出人等向慈善事业捐出财产环节的税收优待问题，对于公益事业的运作环节等是否应予以优待并没有明确的规定。

慈善信托的特殊性还在于，慈善信托的受托人很多时候是商业性的信托公司，甚至不能接受慈善捐赠，更无法为委托人开具税收发票，这些具体的技术问题，亟待解决。

整体上看，我国的信托税制显然存在激励不足的问题。慈善信托税制整体上缺位，纳税主体、征税环节、征税额度的规定更无从谈起，这一方面会造成重复征税的问题，另一方面可能会造成漏税的问题。因此，建立完善的慈善信托税制，十分必要。第十二届全国人民代表大会法律委员会在2016年3月13日所做的《关于〈中华人民共和国慈善法〉（草案）审议结果的报告》中指出，"为了确保慈善法的规定落到实处，国务院及其有关部门应当尽快出台相应的配套规定"，其中很具紧迫性的是关于慈善税收、特别是慈善信托税收的实施细则。因此国务院及相关税务部门尽快建立完善的慈善信托税制，借以促进慈善信托和慈善事业的长远发展。

笔者认为，由于公益慈善信托与公益事业捐赠均具有公益目的，理论上，当然可以参照适用《公益事业捐赠法》和《企业所得税法》等所规定公益捐赠来解决公益慈善信托设立阶段的税收优惠问题。

---

① 《慈善法》中关于慈善税收的规定主要在第45条第2款、第79条—第83条。

第三节　慈善捐赠、慈善信托设立和慈善信托税制

"捐赠"是一个含义不清的法律概念，若不清晰梳理捐赠的概念和信托行为的概念，会给慈善信托法的理论和实践带来很多问题。第一，无法解决慈善信托的税收优惠如何实施。信托行为和捐赠行为在法律上判然有别，如果不能承认其在经济实质上的共同点，在目前缺乏慈善信托税收优惠法律法规的背景下，涉及慈善信托的结构都无法根据不存在的慈善信托税制取得税收优惠。第二，慈善信托中的受益人的概念不清晰，有时会产生所谓的自益的公益信托问题等。

目前有公益（慈善）捐赠的税收法律而无慈善信托的税收法律。本节中主要论证在我国法的背景下慈善捐赠的概念和慈善信托设立行为之间的关系，主张参照慈善捐赠，为慈善信托税制的建立初步构建理论基础。

一　无偿捐出财产的四种模式

在公益慈善领域，存在着一方主体无偿地捐出财产的行为，这种行为又可以通过以下几种模式来具体实施。

模式Ⅰ，直接对需要资助的特定个人进行赠与。包括一对一的捐赠，一对多的捐赠，属于民法上的赠与，为双方法律行为，受合同法上的赠与合同调整。一旦财产交付受赠人之后，赠与完成，赠与财产的财产权转移给了受赠人，受赠人可以自由支配，不受赠与人和其他任何人的控制。除了法律规定的特别情形（《合同法》第192条、第193条①），赠与人不能撤销赠与。

即便是出于慈善目的的赠与，这种行为可归类为日常意义上的慈善行为②，

---

① 根据赠与合同，赠与人可以附义务的赠与，如果受赠人不履行赠与合同约定义务的，赠与人可以撤销赠与（《合同法》第192条）。被撤销之后赠与财产返还给赠与人。同法第193条：因受赠人的违法行为致使赠与人死亡或者丧失民事行为能力的，赠与人的继承人或者法定代理人可以撤销赠与。赠与人的继承人或者法定代理人的撤销权，自知道或者应当知道撤销原因之日起六个月内行使。

② 如前所述，日常意义上的慈善行为有别于法律意义上的慈善行为。法律意义上的慈善行为主要指的是慈善法所重点调整的慈善行为，法律关注的是其两个方面的问题：第一，对于慈善行为，国家要给予捐税等优惠，所以需要管制和规范；第二，涉及汇集资金，牵涉主体众多，所以恐怕会产生较大的外部性，因而也需要管制和规范。法律意义上的慈善行为具有中介性、规范性等特点。当然，互联网的因素导致慈善行为的脱媒化，但是此时并非真正的脱媒，仍然存在需要关注的新问题。

但是这种法律关系仍然受民法关于赠与的法律规范调整。由于简单的一对一甚至多对一的直接赠与无法建立可持续和高效的公益慈善机制，难以达成"授人以渔"的功效，所以，《慈善法》中没有把这种行为重点加以规范①。

模式Ⅱ，把财产捐赠给已经设立的慈善组织或者慈善信托。我国《慈善法》等意义上的捐赠行为，主要指的是模式Ⅱ中的行为。

其中模式Ⅱ-1，把财产捐赠给已经设立的慈善组织等用于公益目的（《慈善法》第51条第2项），②此时归《慈善法》等调整。《慈善法》和《合同法》都规定，"具有救灾、扶贫等"社会公益性质的赠与合同，受赠人甚至可以强制执行（《慈善法》第41条、《合同法》第188条）。此种模式和模式Ⅰ并无本质差别，也同时适用民法关于赠与的规定。③从实质上看，在捐赠协议上如果附有特定的慈善目的和用途的，特别是设立专项基金的，此时和设立一个以慈善组织为受托人的慈善信托区别甚微，可以归类于下面的模式Ⅳ。

模式Ⅱ还包括一种情形（模式Ⅱ-2）：捐赠人把财产捐赠给已经设立的慈善信托。从形式上，并没有法律禁止把财产捐赠给已经设立的慈善信托。慈善信托虽然不具有法人资格，但是此时受托人作为受赠人，接受赠与之后要把财产权归属于信托财产而不是受托人的固有财产（根据《信托法》第14条第2款规定，受托人因"其他情形而取得的财产，也归入信托财产"）。这种行为在符合信托文件的时候也可以理解为是一种加入已设立的慈善信托计划的行为。这种行为和信托行为几乎无法区分。在商业信托中，委托人要逐个和受托人签订信托合同，但是，合意的过程已经和典型的合同大相径庭，委托人可以申购信托单位，慈善信托的委托人也应能像商业信托的委托人那样购买慈善信托基金的份额或单位以加入慈善信托。

---

① 在模式Ⅰ的情况下，应排除对慈善组织、高校、医院和科研机构等非营利组织的慈善捐赠，这属于模式Ⅱ。

② 林诚二教授认为这种行为的性质纯粹为赠与。笔者以为，为了确保捐出财产的独立性和安全性，似应认为某些附带目的的捐出财产交付公益法人成为受托财产，慈善法人不能作为自己的固有财产使用。林诚二：《民法债编各论（上）》，中国人民大学出版社2007年版，第204页。

③ 《合同法》第188条：具有救灾、扶贫等社会公益、道德义务性质的赠与合同或者经过公证的赠与合同，赠与人不交付赠与的财产的，受赠人可以要求交付。

模式Ⅲ，设立慈善法人的行为，最典型的就是设立基金会的行为①。这种行为在一般意义上可以称之为捐赠行为。这种捐赠行为不同于民法上的赠与。如前述，赠与合同作为一种合同属于双方法律行为；而捐赠设立的行为是一种无相对人的单方法律行为②或者多方法律行为（共同行为）。在比较法上，设立者在生前捐出财产设立非营利法人的，准用赠与的相关规定；以遗嘱的方式捐出财产设立非营利法人的，准用遗赠的相关规定（日本《一般法人法》第158条）。

在捐出财产设立慈善基金会等公益法人的场合，捐出的财产成为基金会的初始财产③（我国《慈善法》第51条第1项）。

在比较法上，为了维护基金会法人的人格和长期存续，理论上和实践上都采取类似公司法人的"资本维持原则"，一般不能动用基金会的本金④。

模式Ⅳ，设立慈善信托的行为⑤。

广义上，设立他益信托的行为可以看作是变相的赠与（受益人）。私益信托中的他益信托，由受益人强制执行信托，确保受托人履行义务（相比而言，受赠人的这种权利要弱的多）。受益人侵害委托人等情形下，可能导致信托被解除（被撤销），委托人在极其例外的场合甚至可以保留撤销信托的权利。而慈善信托可以理解为赠与附加了慈善公益目的的信托。即便在赠与合同中，如果是构成公益和慈善性质的捐赠，赠与人是不可撤销的（《合同法》第186条，第188条）。委托人设立公益信托之后也是不能撤

---

① 严格地说，设立非营利法人并不等于设立公益（慈善）法人，应当允许设立非公益的非营利法人但是这一点被严重忽视了。
② 台湾地区学者林诚二教授认为此为捐助行为，属于无相对人的单独行为，因其时所设立财团法人并未成立也。林诚二：《民法债编各论（上）》，第204页。
③ 值得注意的是，虽然这里使用的"法人财产"和"信托财产"在文字结构上是一致的，但是，二者的含义是不一样的。"法人财产"指的是"法人"的财产，由于法人有法人人格，法人被称为财产权的归属人自无问题。但是，"信托财产"并不能解释为"信托"的财产，原因在于，信托本身没有法律人格，而只是一种法律结构和法律关系。
④ 我国的《基金会管理条例》和《慈善法》都没有类似规定。我国慈善相关法律明显没有在慈善财产中区分基金会设立时的初始财产和其作为法人后来取得赠与的财产的性质，也缺乏类似公司上的"资本维持原则"的规定。当然，基金会法人是否一定要遵照类似"资本维持原则"值得进一步讨论。
⑤ 除了《慈善法》之外，我国和公益事业相关的法律法规主要有：《信托法》《公益事业捐赠法》《企业所得税法》《个人所得税法》《基金会管理条例》《社团登记管理条例》《民办非企业登记管理暂行条例》等。

销或者终止的，即便是信托目的无法达到或者已经达到，信托财产也要按照"近似原则"处理①。

可以看出，慈善捐赠和慈善信托在法律形式上和法律关系上判然有别，但是在经济实质上并无本质差异，附加特定目的慈善捐赠和慈善信托之间更是差别甚微。

二 《公益事业捐赠法》和《慈善法》上的捐赠概念

在《公益事业捐赠法》上，"捐赠"是有特定内涵的。这包括以下三层含义：

第一，捐赠特指对机构的捐赠，不包括对个人的捐赠。根据《公益事业捐赠法》第2条和第10条，能够接受公益捐赠的只有"依法成立的公益性社会团体和公益性非营利的事业单位"，前者具体包括基金会、慈善组织等社会团体（接近《慈善法》意义上的慈善组织的含义），后者具体包括"从事公益事业的不以营利为目的的教育机构、科学研究机构、医疗卫生机构、社会公共文化机构、社会公共体育机构和社会福利机构等"。这就排除了模式Ⅰ作为公益捐赠的可能性。

概括起来，接受公益捐赠的主体包括《慈善法》意义上的慈善组织（基金会、社会团体和社会服务组织）、从事公益事业的非营利性教育机构、科研机构、医疗卫生机构、社会公共文化机构、社会公共体育机构和社会福利机构等（《公益事业捐赠法》第2条、第10条②），而不包括公益性组织以外的人，例如，对自然人和营利性组织（模式Ⅰ）、非营利非公益性组织的资助行为，都不属于本法的捐赠。《公益事业捐赠法》中的捐赠大致属于上述模式Ⅱ项下的行为。

在发生自然灾害或境外捐赠人提出要求等特殊情况下，接受捐赠的主

---

① 狭义的目的信托类似赠与，但是没有具体的受益人，也没有符合公益信托的公益目的。
② 《公益事业捐赠法》第10条：公益性社会团体和公益性非营利的事业单位可以依照本法接受捐赠。

本法所称公益性社会团体是指依法成立的，以发展公益事业为宗旨的基金会、慈善组织等社会团体。

本法所称公益性非营利的事业单位是指依法成立的，从事公益事业的不以营利为目的的教育机构、科学研究机构、医疗卫生机构、社会公共文化机构、社会公共体育机构和社会福利机构等。

体还可以是县级以上人民政府及其部门。①《企业所得税法实施条例》第51条揭示了公益性捐赠行为的一个重要的侧面,即,公益慈善组织和县级以上政府及其部门作为受赠人,不是合同法上的受赠人,而只是一种中介。该条指出,公益性捐赠"是指企业通过公益性社会团体或者县级以上人民政府及其部门,用于《中华人民共和国公益事业捐赠法》规定的公益事业的捐赠"。② 这与《慈善法》的立场基本一致。

第二,这里的捐赠不包括设立公益性的非营利性组织的捐赠设立行为(没有相对人的意思表示),即模式Ⅲ;只包括对已经"依法设立"的组织的捐赠(《公益事业捐赠法》第2条③),即模式Ⅱ。在这种意义上,上述模式Ⅲ中的捐出行为就不属于《公益事业捐赠法》意义上的捐赠行为。如此,捐出资金设立基金会的个人和组织似乎也不能根据《公益事业捐赠法》取得税收优惠。实务中,设立基金会等慈善法人可以在满足严格的程序要求之后按照捐赠取得税收扣减的优惠。

第三,仅仅是对以上公益性的组织进行捐赠还不充分,捐赠的财产还要求"用于公益事业"。这样,即使是捐助给慈善组织的财产,如果是用于非公益的目的,例如赞助公益组织的活动用于广告和宣传的目的,或者资助公益组织用于提高公益组织成员的福利,就无法归类于这里的捐赠行为。

但是,《慈善法》第34条把慈善捐赠行为定义为基于慈善目的的"赠与"活动,④ 并在第35条规定捐赠人可以直接向受益人捐赠。相比《公益

---

① 《公益事业捐赠法》第11条:在发生自然灾害时或者境外捐赠人要求县级以上人民政府及其部门作为受赠人时,县级以上人民政府及其部门可以接受捐赠,并依照本法的有关规定对捐赠财产进行管理。

县级以上人民政府及其部门可以将受赠财产转交公益性社会团体或者公益性非营利的事业单位;也可以按照捐赠人的意愿分发或者兴办公益事业,但是不得以本机关为受益对象。

② 《企业所得税法实施条例》第52条:本条例第51条所称公益性社会团体,是指同时符合下列条件的基金会、慈善组织等社会团体:(一)依法登记,具有法人资格;(二)以发展公益事业为宗旨,且不以营利为目的;(三)全部资产及其增值为该法人所有;(四)收益和营运结余主要用于符合该法人设立目的的事业;(五)终止后的剩余财产不归属任何个人或者营利组织;(六)不经营与其设立目的无关的业务;(七)有健全的财务会计制度;(八)捐赠者不以任何形式参与社会团体财产的分配;(九)国务院财政、税务主管部门会同国务院民政部门等登记管理部门规定的其他条件

③ 《公益事业捐赠法》第2条:自然人、法人或者其他组织自愿无偿向依法成立的公益性社会团体和公益性非营利的事业单位捐赠财产,用于公益事业的,适用本法。

④ 《慈善法》第34条:本法所称慈善捐赠,是指自然人、法人和其他组织基于慈善目的,自愿、无偿赠与财产的活动。

事业捐赠法》关于公益捐赠的规定，《慈善法》对捐赠的定义并不准确。《慈善法》原则上不调整模式Ⅰ项下的捐赠，第35条所调整的只能解释为对学校和研究机构等的捐赠，而这种捐赠属于上述的模式Ⅱ-1，该模式下，受赠的主体并非是真正的慈善财产利益的享有人。

值得注意的是，《公益事业捐赠法》没有考虑设立公益慈善信托的行为，至少是没有区分公益信托设立行为和公益捐赠行为的。在《慈善法》关于捐赠行为的部分，更是只规定捐赠人向慈善组织的捐赠行为，和慈善信托设立行为划清界限。

三　慈善捐赠和赠与

根据《慈善法》和《公益事业捐赠法》的规定，捐赠行为属于双方法律行为，其规则和《合同法》上的赠与合同区别甚少。例如，捐赠行为在捐赠人和受赠人之间成立赠与合同[①]。捐赠人在捐赠合同成立之后，有义务履行交付捐赠财产的义务，受赠人有权强制执行该义务，这种义务甚至不受赠与合同上的赠与人任意撤销权的保护[②]，《慈善法》相关的规定和《合同法》中关于赠与合同的规定几乎一样。只有"捐赠人公开承诺捐赠或者签订书面捐赠协议后经济状况显著恶化，严重影响其生产经营或者家庭生活的，经向公开承诺捐赠地或者书面捐赠协议签订地的民政部门报告并向社会公开说明情况后，可以不再履行捐赠义务"（《慈善法》第40条）。

因此，在法律适用上，除了优先适用《慈善法》和《公益事业捐赠法》两部法律中关于慈善捐赠部分之外，还可以适用《合同法》的相关规定。

但是，在受赠者为非营利机构的场合，受赠财产的归属因慈善目的的附着而产生了一定的特殊性——在善款的运用方面，受赠人要受到捐赠目的的限制，在这种意义上，受赠人所处的地位和信托受托人的地位基本

[①]　《慈善法》第39条：慈善组织接受捐赠，捐赠人要求签订书面捐赠协议的，慈善组织应当与捐赠人签订书面捐赠协议。书面捐赠协议包括捐赠人和慈善组织名称，捐赠财产的种类、数量、质量、用途、交付时间等内容。

[②]　《慈善法》第41条：捐赠人应当按照捐赠协议履行捐赠义务。捐赠人违反捐赠协议逾期未交付捐赠财产，有下列情形之一的，慈善组织或者其他接受捐赠的人可以要求交付；捐赠人拒不交付的，慈善组织和其他接受捐赠的人可以依法向人民法院申请支付令或者提起诉讼：

（一）捐赠人通过广播、电视、报刊、互联网等媒体公开承诺捐赠的；

（二）捐赠财产用于本法第三条第一项至第三项规定的慈善活动，并签订书面捐赠协议的。

类似。在涉及受赠人的义务方面,还要适用关于慈善信托和《信托法》的规定。

四 慈善捐赠和慈善信托

除了慈善信托的专章规定之外,《慈善法》中全部是关于慈善捐赠(和对应的慈善募捐)的规定,体现了对慈善信托的疏离和陌生感。至少从条文字面上,捐赠和设立信托的行为是两种不同的行为。从法理上看,捐赠和设立信托的行为也是有着极大区别的。设立信托的行为有合同、遗嘱和宣言(理论上)三种形式。而广义的捐助行为可能有赠与(双方行为)和捐赠设立基金会法人的行为(单方行为或共同行为)两种类型[①]。

但是,值得注意的是,刨除设立法人的行为,附有特定目的的赠与行为和设立信托的契约行为之间的界限已经十分模糊。例如在《美国信托法重述》(第二版)当中就有类似评论:向慈善法人赠与财产时,特别是捐赠者附加限制条件的情况下,法院有时认为慈善信托就此设立,而该法人作为受托人存在[②]。

讨论慈善捐赠和慈善信托的关系,主要目的不在于进行抽象的概念区分,而在于解决以下几个问题:第一,慈善信托设立能否募集、特别是公开募集信托财产?第二,捐赠人的权利和委托人的权利之间存在什么样的实质差别?第三,慈善信托设立的时候能否参照慈善捐赠取得税收优待?就慈善信托能否公募的问题,前文已经有所讨论:慈善信托设立和接受捐赠行为在经济实质上具有类似性,慈善信托公募并不存在法律上的障碍。关于捐赠人权利和委托人权利之间的差异问题:在慈善信托成立之后,有人拿出一笔钱,他是委托人还是捐赠人,主要看捐赠文件或者信托文件的约定,至少不能说信托成立之后就不能有新的委托人加入。就慈善信托能否参照慈善捐赠取得税收优待问题,笔者认为从捐出财产的人的角度看,用于慈善捐赠还是用于设立慈善信托,其经济含义和社会效果是类似的,因此,应当享受类似的税收优惠待遇。目前对慈善信托税制法律没有配套的措施,笔者建议在制订慈善信托税收的相关法律的时候,规定"委托人设立慈善信托的行为,视为慈善捐赠"。

---

① 朱庆育:《民法总论》,北京大学出版社 2015 版,第 153—154 页。
② Rest. 2d, 348.cmt.F.

第四节 完善我国慈善信托税制的初步构想

一 慈善信托设立端的税收问题

在信托设立阶段，委托人设立慈善信托的行为（信托行为）在性质上和慈善捐赠并不相同，但是，基于操作的考虑，可以在相关税收法律中规定委托人设置慈善信托的转移信托财产的行为视同慈善捐赠①。这既符合慈善信托设立行为的事实经济关系，又和现实的做法一致。第一，慈善信托属于他益信托，他益信托在性质上类似于捐赠，只不过是通过受托人实现在更长的期限内的捐赠而已②。第二，现实中，不存在针对慈善信托税收的直接的法律规则，但是，如果是慈善组织作为受托人成立慈善信托，慈善组织可以按照慈善捐赠开具税务发票。在信托公司作为慈善信托受托人的场合，只好另外借道慈善组织以慈善捐赠的方式开具税务发票，这增加了设立慈善信托的成本，延宕了慈善信托设立的速度。

基于此，笔者做如下建议：

第一，在以后的慈善信托税收制度完善的过程中，相关税收法律中应当确立"慈善信托设立视同慈善捐赠"的原则，税务部门根据民政部门开具的慈善信托备案回执，对受托人一视同仁，开具税务发票，不管这个受

---

① 《关于全面推开营业税改征增值税试点的通知》附件1《营业税改征增值税试点实施办法》第14条规定："下列情形视同销售服务、无形资产或者不动产：（一）单位或者个体工商户向其他单位或者个人无偿提供服务，但用于公益事业或者以社会公众为对象的除外。（二）单位或者个人向其他单位或者个人无偿转让无形资产或者不动产，但用于公益事业或者以社会公众为对象的除外。（三）财政部和国家税务总局规定的其他情形。"但是设立慈善信托是否属于第二项规定的"用于社会公益事业或者以社会公众为对象"存在争议。笔者以为，慈善信托设立的目的也是为了促进社会公益事业的发展，建议在税收法律法规中明确规定个人或者单位向慈善信托的受托人转让无形资产或者不动产不应"视同销售"，不应缴纳相应的税。

② 劳森和拉登在其著名的《财产法》中指出，私人信托是投射于时间之机上的赠与（A private trust is—a gift projected on the plane of time.）。参见 F. H. Lawson and B. Rudden, *The Law of Property*, Oxford: Oxford University Press, 1982, p. 55.

托人是慈善组织还是信托公司①。

第二，需要进一步完善个人作为委托人设立慈善信托所享受税收优惠规则。结合《个人所得税法》的修订，完善个人从事慈善信托设立的税前抵扣制度。可以适度提高个人慈善捐赠和慈善信托设立的扣除比例，允许个人和企业享有平等的慈善税收优惠。

第三，完善非资金慈善信托的税收优惠规则。《慈善法》第 36 条规定慈善捐赠的财产"包括货币、实物、房屋、有价证券、股权、知识产权等有形和无形财产"，根据《信托法》，上述财产也全部可以用以设立慈善信托。对于非货币财产设立慈善信托的，应逐步完善包括不动产、有价证券等在内的所有非货币财产设立信托税前抵扣的相关制度，确立"慈善信托设立视同慈善捐赠"的规则，而不再简单套用"赠与视同销售"之规定，完善非货币财产的价值评估体系。

其实，还有一种看似比较激进，但更为尊重现实的选择：承认慈善信托的慈善组织地位。《慈善法》第 8 条规定："本法所称慈善组织，是指依法成立、符合本法规定，以面向社会开展慈善活动为宗旨的非营利性组织。慈善组织可以采取基金会、社会团体、社会服务机构等组织形式"，并没有就慈善信托是否属于慈善组织做出明确的规定。但是从慈善法整体上看，似乎是不承认慈善信托为慈善组织的。例如该法第二章"慈善组织"主要是针对法人型的基金会、社会团体和社会服务机构的规定。从规定慈善信托的第五章在慈善法体系上的位置也可以看出，慈善信托规定在慈善募捐（第三章）和慈善捐赠（第四章）之后，在慈善财产（第六章）之前，只是把慈善信托设立行为作为和慈善募捐和捐赠类似的取得慈善财产的方

---

① 根据我国目前的所得税法规定，企业捐赠可以在企业年度会计利润的 12% 以内进行抵扣，个人捐赠则可在应纳税所得额的 30% 以内享受税前扣除。另外根据财政部和国家税务总局联合颁布的财税〔2001〕103 号、财税〔2003〕204 号、财税〔2004〕39 号、财税〔2004〕172 号、财税〔2006〕66 号、财税〔2006〕67 号、财税〔2006〕68 号、财税〔2007〕155 号、财税〔2008〕104 号和财税〔2010〕59 号等一系列文件规定，对于个人通过某些特定公益性社会团体（例如中国教育发展慈善基金会、中国医药卫生事业发展基金会、中国老龄事业发展基金会等）进行的捐赠或者通过某些特定的公益性社会团体、县级以上人民政府及其部门向特定地区或特定领域进行的捐赠，允许全额扣除。

接受捐赠或办理转赠的非营利性的社会团体和国家机关，应按照财务隶属关系分别使用由中央或省级财政部门统一印（监）制的捐赠票据，并加盖接受捐赠或转赠单位的财务专用章。向科研机构和高等学校的捐赠须提供科研机构和学校的研究项目计划及资金收款证明。税务机关据此对捐赠单位和个人进行税前扣除。

式，而且，慈善财产一章几乎没有讨论慈善信托财产的法律地位，对慈善信托是疏离的。因此，慈善法似乎是不认可慈善信托作为慈善组织的地位的。而民政部 2016 年出台的《慈善组织认定办法》第 4 条第 1 项规定，基金会、社会团体、社会服务机构申请认定为慈善组织，"申请时具备相应的社会组织法人登记条件"，明确了因慈善信托不具备法人资格，所以不是慈善组织。

从中文的语义上，"组织"能否包括信托，也是值得探讨的。一般的观念中，组织多数是法人，至少也应该是合伙。而传统信托法中，信托没有主体地位，很难归入组织之中（虽然有信托是契约、是财产还是主体的激烈争议）。

但是，组织法中，除了法人组织之外，应当承认非法人组织的地位。美国学者亨利·汉斯曼等认为，组织法的一种功能是进行资产分割（asset partitioning），这就是"资产分割理论"。该理论主张，公司（法人）法、合伙企业和信托法等本质上都属于组织法（organizational law），而组织法的基本功能是提供一种债权模式（a pattern of creditors' rights），确立不同的利益相关者（stake holder）对组织本身财产（法人财产、信托财产或者合伙财产）、组织出资者（股东、信托受益人或合伙人）和组织管理者（法人董事和经理、信托受托人或合伙执行人）的财产的不同的追索权。[①]信托和合伙类似，都没有主体资格，但是，如果承认其为组织，不需要纠结于论证其是否法人地位，即可以根据相应的组织法解决诉讼主体资格问题、财产归属问题、责任归属问题和税收问题。

在英文世界中，慈善信托是从事慈善事业的一种制度设置（Charitable trust is one of the charitable institutions.）。当然也有把"institution"翻译成"组织"的，于是这句英文就可以翻译为"慈善信托是一种慈善组织"。虽然在传统英国信托法上信托是没有法人地位的，但是并不妨碍把信托当作一种组织对待。

---

① 参阅 Henry Hansmann & Reinier Kraakman, *The Essential Role of Organizational Law*, 110 YALE L.J., pp.387, 393 - 95（2000）; Henry Hansmann, Reinier Kraakman & Richard Squire, *The New Business Entities in Evolutionary Perspective*, 2005 U.I LL.L. R EV. 5, pp.11 - 13. Henry Hansmann, Reinier Kraakman and Richard Squire, *Law and the Rise of the Firm*, Harvard, vol. 119（2006）No.5, pp.1336-1337.

二 慈善信托运作阶段的税收问题

在慈善信托运作阶段，可能会涉及复杂的税收问题。

根据"信托导管理论"，信托仅仅充当着向受益人输送利益的导管角色，受托人虽然有权对信托财产进行管理和处分，但并非是信托财产的实际受益人。在信托的存续环节，受托人除了获得信托报酬以外不能取得任何实际利益，所以不应将其作为所得税的纳税义务人。信托导管理论也体现了"实质重于形式"原则，为防范信托避税和避免重复课税，也需要将实质重于形式原则作为信托纳税义务分配的评价标准①。本质上看，信托本身只是一个法律架构而非纳税主体，所以在慈善信托的运作阶段，受托人除了依约取得信托报酬需要纳税之外，不需就慈善信托财产的投资运作承担纳税义务。

《慈善法》规定，"慈善组织及其取得的收入依法享受税收优惠"（第79条）。据此，基金会等慈善组织从事慈善活动的过程中所取得的收入，可以享有税收优惠；慈善组织作为慈善信托的受托人管理信托事务所取得的收入，也应能取得税收优待，这似乎体现了一定的进步。但是，信托公司并非"慈善组织"，信托公司作为慈善信托受托人管理慈善财产所取得的收入能否取得税收优惠，仍然需要明确。实际上，慈善信托的受托人很多时候虽然是商业性的信托公司，但信托公司经营慈善信托财产时，理应享有慈善事业所应享有的各项税收优惠。受托人对信托财产进行管理或处分时，可以考虑免征所得税，以更好地实现慈善信托的目的。

在设计信托税制时，应充分考虑慈善信托的特殊性，通过一定的税收减免政策促进慈善信托发展。同时，我国还可以依照其他国家的经验，随着慈善信托和相关立法的完善，修改《企业所得税法》等的规定，对慈善信托的信托财产及收益在税收方面将给予优惠，减免各种税收。

三 慈善信托受领端的税收问题

根据信托法原理，受托人在管理和处分信托财产中产生的收益以及信托本金按照信托合同的约定分配给受益人，信托财产的受益权归属于受益人。按照谁受益谁来纳税的原则，应当由受益人来缴纳所得税。

---

① 《国家税务总局关于确认企业所得税收入若干问题的通知》（国税函〔2008〕875号）第1条规定，"除企业所得税法及实施条例另有规定外，企业销售收入的确认，必须遵循权责发生制原则和实质重于形式原则"。

《慈善法》第 81 条规定:"受益人接受慈善捐赠,依法享受税收优惠"。从字面上解释,这里的"受益人"应指接受慈善组织捐赠的受益人,能否解释为包含慈善信托的受益人,仍有疑问。作为慈善信托的受益人和作为接受慈善组织捐赠人的受益人应该享有同样的税收优惠,这样解释是符合逻辑的。

延伸阅读:日本公益信托税制的发展方向 [1]

社团法人日本信托协会在 2009 年做出的《平成 22 年关于税制修改的要求》中提出了公益信托税制改革的方向。日本公益法人制度的改革,在从"政府到民众"的发展演变过程中,为了促进民间非营利部门的活动的健全,在平成十八年(2006 年)颁行了和公益法人制度相关的 3 个法律,和税法相关的是在平成二十年(2008 年)对税制进行了修改,并在 2009 年 12 月份施行。不过,在新实施的信托法等之中,并没有对关于公益信托做出实质性的改正,同法案的众、参两院的法务委员会的附带决议之中指出,"就公益信托制度,考虑到其与公益法人担负同样的功能,沿袭已经进行的公益法人制度改革的宗旨,从和公益法人制度进行整合的观点出发,毫不迟延地对所需的内容进行修改。"为了不使公益信托和公益社团法人制度相比处于劣势,需要对公益信托采取一些税收制度上的优惠措施,例如在捐款的时候进行捐款扣除或者把捐款作为损金算入,对运用信托的收益不课税等。

同样,为了使非营利性的目的信托和非营利性的法人相比不处于劣势,也需要为其提供相应的税收优惠措施。比如,(1)当地的居民共同出钱设定信托,为当地的老人的看护,儿童养育的支持,地域的巡逻等非营利性的活动。(2)公司退休的职员出资设定信托,以此财产及其运用收益作为该公司的员工的福利厚生设施的建设和运营。(3)大学的毕业生为该大学的研究设施的健全而出资一定数额的金钱。在这些情形都会利用到目的信托这种受益人不确定的信托。在受益人不存在的时候,即使是非营利性非常彻底的目的信托(非营利性的目的信托)中,在税法上,由于受托人还是要被课以法人税(被当作法人课税信托而存在),因此和非营利性非常彻底的一般的社团法人及一般财团法人相比,在课税上是没有优势的。例如,在非营利性的法人中,只是对收益事业加以课税,而对成为非营利型的目的信托的法人课税

---

[1] [日]社团法人信託協会『平成 22 年度税制改正に関する要望』,2009 年。

信托而言，是对全部所得进行课税，对委托人捐出的财产的价额相当的金额作为受赠的获益课以法人税。而且，捐出人或者委托人在缴出财产的时候的转让收益，在非营利性的法人，对其捐款是不被课税的，而对于成为非营利性的目的信托这样的法人课税信托的捐出是需要课税的。若继续进行这种区别对待的话，将会阻碍非营利性的目的信托的利用。

第七章 慈善信托的外延——目的信托

第一节 中间状态的信托形态

一 问题提出：边缘地带的信托

根据《信托法》的规定，设立慈善公益信托，需要满足经过公益事业主管部门的批准、需要设置监察人、需要将全部信托财产用于公益事业等一系列条件；即使《慈善法》改为备案制，慈善信托的有效成立需要满足一定的条件。在《慈善法》实施之前，除了符合以上要件的公益信托之外，实践中还存在着为数不少的准公益信托，其中要么是没有经过公益事业主管部门的批准，要么是没有设置监察人，要么是所谓的收益捐赠型公益信托——即委托人把信托财产转移给受托人管理投资，收益全部用于公益事业，如此种种，都欠缺《信托法》所规定的公益信托的一个或多个要件。此时，法律似乎没有宣告其一律无效的理由，而事实上这些信托大多能正常运作，为促进公益事业的发展做出了自己的贡献。对于这些准公益信托，不能仅仅因为其没有经过主管机构的批准而无效，更不能因为没有设置监察人而无效，除了上述"瑕疵"之外，这些信托符合一个公益信托的几乎全部要件，没有特定的受益人，信托财产用于公益目的，如何理解这种信托的存在状态，需要一个新的法律概念。

《慈善法》第45条规定："设立慈善信托、确定受托人和监察人，应当采取书面形式。受托人应当在慈善信托文件签订之日起七日内，将相关文件向受托人所在地县级以上人民政府民政部门备案。未按照前款规定将相关文件报民政部门备案的，不享受税收优惠。"这里出现了一个问题，慈善信托的当事人符合一切条件，但是未按要求进行备案，此时的法律后果只是"不享有税收优惠"，信托的设立仍然有效。那么此时生效的是不是慈善信托？对该条的反面解释是，未经过备案程序的信托不享有税收优惠，并不是说此时的信托无效。该信托即使不能作为慈善信托有效成立，其作为某种"非慈善信托"也应可发生效力。

在实践中，可能会出现不符合慈善法要求的"慈善信托"。例如，受托人不是信托公司或者慈善组织，信托财产没有开设专户，更没有向民政部门备案，但是这种"信托"正在全力地从事慈善事业，并产生积极的社会影响。这种"信托"该受到如何的法律对待？

二 目的信托的概念

一般的信托都把受益人的存在作为前提。英美法上所谓的目的信托（purpose trust）则是例外，它指的是不存在受益人、或者受益人不能确定的信托。同时它也被称为不完全义务信托（imperfect obligation trust）或者名誉信托（honorary trust），因为在过去，设立这种信托并不能给受托人设定法律上可以强制执行的义务，而只能依靠受托人的道德和名誉感来实施①。早期的英国法并不承认目的信托，原因在于这种信托没有公益目的（charitable purpose），也没有受益人（private beneficiary），没有人可以去强制执行信托②。反对目的信托的最主要的一个理论根据是所谓受益人原则（beneficiary principle），该原则又称为非目的信托规则（no purpose trusts rule）③。这一规则和信托的"三个确定性（three certainties）"要求中的"对象的确定性"有关（certainty of objects）：如果一个信托只有抽象的目的，就无法确定一个明确的对象，也就没有人能要求法院命令受托人实施信托。这也意味着，只有受益人才能强制执行信托。同样，在传统美国信托法中，不存在受益人的非以公益为目的的目的信托一般而言是无效的，而接受财产移转的人（就是若信托有效成立的话，为受托人）可以为了委托人所确定的目的使用财产。但是，假若不根据这一目的进行财产处分的话，必须向委托人返还财产（构成"复归信托"，resulting trust）。

---

① 可以说在信托法起源时期，所有的信托（此时被称为"use"用益）均为名誉信托（honorary trust），原因是普通法并没有受益人强制执行信托的令状（writ），只能靠受托人的名誉自觉执行。直到英国的大法官开始基于良心强制执行信托。Edward C. Halbach, Jr, *Trusts, Gilbert Law Summaries,* New York: Thomas/West, 2008.p.4.
② J. E. Penner, *The Law of Trusts,* Oxford University Press, 2004, p.254.
③ 对这一原则的最广为引用的表述来源于 Morice v Bishop of Durham（1984\1985）.

后来，英美法才通过一些判例对目的信托予以确认①，也有不少法域通过成文法的方式承认了这些目的信托，有朝着积极认同目的信托的方向发展的动向。例如，根据在离岸信托市场上很有名的泽西岛信托法规定，如果设置有能监督和强制受托人履行信托条款的"履行监督人（enforcer）"②，不存在受益人的非公益的目的信托也是有效的③。

技术上讲，慈善公益信托也属于目的信托，不过我们通常只称之为公益信托，而在说目的信托的时候是特指非公益目的信托（参见图7-1）。所以狭义的目的信托是指没有受益人、为了某种非公益的目的而设置的信托。在把信托简单地区分为公益信托和私益信托的时候，几乎没有目的信托的存在空间。不过，法律当中逐渐出现边界模糊化的倾向。在信托的分类当中，存在着私益信托和公益信托的划分，因不同的划分而适用不同的法律规则。但是对于某些处于中间地带或者灰色地带的信托制度，该如何对其进行定性，直接决定着规则本身的运作。而社会的需求并非截然的公共利益和私人利益，因此，承认中间状态的信托，是非常必要的。例如，为了公司职员来管理和运营体育设施的信托、保护著名（或者不著名）人物出生地的信托（也有人认为这属于公益信托）等。严格地说，并不能很肯定地说这些信托是以公益为目的的。而且设定公益信托需要得到主管机关的许可，其基准是非常严格的，因此设定公益信托也是困难的。就产生了是否要把这些规定柔软化的问题④。

私益信托

（狭义的）目的信托 ⎫
                    ⎬ 广义的目的信托
公益慈善信托   ⎭

图7-1

---

① 周小明：《信托制度比较法研究》，法律出版社1996年版，第10—11页、第123页。在英国法上，作为受益人原则之例外的例子：为了墓地和墓碑的建造和维修、为了维持某种动物的生活、帮助已故的人的灵魂升入天堂、发起和促进猎狐运动。
② 所谓履行监督人，是和我国《信托法》第64条规定的信托监察人类似的制度设置。
③ 《泽西信托法》第10条A·10条B。
④ 赵廉慧：《日本信托法修改及其信托观念的发展》，《北方法学》2009年第4期，第154页以下。

根据我国《信托法》第 43 条,"受益人是在信托中享有信托受益权的人。受益人可以是自然人、法人或者依法成立的其他组织",规定受益人是自然人、法人或者依法成立的其他组织,并没有将上述对象包含在内,因此,我国似乎不承认没有受益人的目的信托①,那些和把自己的遗产留给自己的宠物类似的意愿在我国法律上是无法实现的。值得关注的是,信托法第 2 条规定,"本法所称信托,是指委托人基于对受托人的信任,将其财产权委托给受托人,由受托人按委托人的意愿以自己的名义,为受益人的利益或者特定目的,进行管理或者处分的行为",特别指出信托可以为了特定目的而成立,虽然可以被理解为特指公益信托,但是,似乎为目的信托的存在提供了规范基础。只是由于法律对狭义目的信托的设立和效力的规范阙如,该制度仍然无法运作。

在民商法的领域内,意思自治原则是首要的原则,当事人的意愿和偏好,只要不违法、不违背公序良俗原则,不带来可容忍范围以外的外部性,不管这种意愿多么的离奇和不合常理,都应得到尊重。法律作为正式的制度提供者,应当提供各种各样充分的制度,来满足私人的这种偏好。笔者一贯的观点是,民商法是自治的法,应尽量为私人提供实现自己目的的制度工具。在物权的领域,笔者主张在物权的清单中多设定几种物权的种类,可以把居住权、让与担保、典权等形态都包括进去②;在合同的领域,法律应多提供有名合同的类型;在商事企业法的领域,法律应提供尽可能多的企业组织形态,来满足不同投资者的投资偏好。在信托法中也是如此,应当安排比较多的信托类型,在尽量限制其外部性的同时,为利用者提供比较多的制度设置,满足人们各种商业的或者非商业的需求③。美国信

---

① 卞耀武主编:《中华人民共和国信托法释义》,法律出版社 2002 年版,第 120 页。
② 赵廉慧:《财产权视野中的物权法定原则》,载吴敬琏、江平主编:《洪范评论》第 10 辑,北京大学出版社 2008 年版,第 59—73 页。
③ 波斯纳法官在其名著《法律的经济分析》中对承认非公益的目的信托进行了分析。他指出,不允许为了特定的目的而设立信托的一个可能的理由是相比私益信托,这可能会导致更多的司法和行政资源的投入(没有特定受益人的信托缺乏监督,因此会浪费更多的公共资源)——若是公益的目的的话,因公益信托具有公共产品的属性,公共资源的成本投入就被抵销掉了,是值得的。但他马上反驳说,某些非公益信托有时也会具有公共产品的属性。因此,法律对非公益的但合法的目的的立场首先是允许,但是这种信托并不具有强制受托人执行的效力。若受托人拒绝执行信托条款,则信托财产返还给设立信托的人。R. A. Posner, *Economic Analysis of Law*, 6th edition, New York: Aspen Publishers, 2003, pp.521–22.

托法的发展体现了这种倾向。美国法律协会（The American Law Institute）（Philadelphia, PA）出版的信托法重述（第三）是接近 50 年之后的修订，该重述有两个主要目的：让委托人的意愿更容易实现；更容易去认可合适的权威机构（appropriate authority）由其使委托人的特定约定和无法预料的新情况相适应。另外在美国的统一信托法典中，也表现出了对目的信托更宽容的倾向 [UTC § 408（a），UTC § 409]。在下面所重点讨论的日本新信托法中，也明确承认了目的信托。

三　制度类比：中间法人

其实，在法人领域也存在类似的问题。按照目前对法人的划分，分为营利法人和非营利法人，那么能否设立非营利且非慈善的法人（非慈善基金会）呢？

《基金会管理条例》第 2 条确立了根据本条例设立的基金会只能是公益基金会。在传统民法中的法人划分中，也是把财团法人定性为公益法人。这种做法在实际上为从事公益设置过高的门槛，不利于公益慈善事业的发展，也不利于结社自由的实现。

没有法律把慈善行为确立为专属于慈善组织的一项特权。《慈善法》第 111 条规定"慈善组织以外的其他组织可以开展力所能及的慈善活动"，也就是说公司等营利性企业法人、同乡会、同窗会等（后两种组织的现状和法律地位值得研究，理论上认为属于社团法人而非财团法人）非营利性组织也可以从事慈善活动。

有时作为一种过渡形态，法律应以较低的门槛准许设立非营利组织，任其从事慈善活动，只是没有经过审批，这种非营利组织还不能称为慈善组织，相应地不享受税收等优待而已。如果当事人有比较急切的意愿从事慈善事业，通过承认非营利的非慈善公益的中间法人，使当事人可以便捷地开展慈善活动（只要不开展资金募集活动，看不出法律对这种行为管制的必要）。而且，这种组织可以比较方便地通过申请被认定为慈善组织，继而享受相关优待。

如果有人想设立基金会从事既非营利、亦非公益慈善的行为，如英国的猎狐运动、家族古代祖先墓碑和祠堂的维护，似乎法律也没有禁止的道理。

从《慈善法》第 8 条的规定可以看出，慈善组织可以采取的组织形式包括基金会、社会团体、社会服务机构 3 种，但并没有反过来说，基金会、社会团体和社会服务机构必须是慈善组织，这体现了观念的进步。《民法总则》第87条规定了非营利法人包含以公益目的或者其他非营利目的成立的法人，只是强调非营利法人不能向"出资人、设立人或者会员分配所取得利润"，并没有要求一律以公益慈善为目的，更是体现了这种观念的进步。希望将来修改基金会、社会团体和社会服务机构的相关法律法规之时能体现同样的进步观念。

非营利法人制度在我国目前的研究甚为薄弱，非营利法人的组织结构、权利控制关系、财产地位、法律责任等都没有得到民法学者的足够重视。这也是慈善法和非营利组织法不发达的一个原因。

在日本，之前的财团法人这一法人形态，也只承认其作为以公益为目的的公益财团法人而存在。就财团法人的自由设立，仅从"结社自由"的角度也很难给出有力的解释，如果把财团法人的设立限制在公益目的，旧民法采取主管官厅许可设立的立场似乎不难理解。但是日本在一般法人法中，对非营利为目的（不以公益为目的）的一般财团法人也采取了准则主义的设立立场。其理由是：即便是财团法人，因其有会员组织，和社团法人相近；为了促进市民以多样的形态从事非营利活动，以准则主义即可设立的非营利目的的财团法人会担当重要的职能。

承认包括公益法人和非公益的非营利法人作为一般法人，共同适用准则主义，降低设立非营利法人的门槛，让社会组织从事慈善更为便利；对于非营利法人中符合公益慈善法人要件的，可经过进一步的许可，取得税收等优待资格。

根据我国《慈善法》第8条和第10条，基金会、社会团体和社会服务机构要成为慈善组织（公益法人），须经登记，由此似乎能推出允许未经登记许可和严格审查的非公益的基金会、社会团体和社会服务机构的存在。这是一种积极的迹象。在民政部正在制定的《民办非企业单位登记管理暂行条例》修订草案征求意见稿（新条例的名字将是《社会服务机构登记管理条例》）第2条规定：本条例所称社会服务机构，是指自然人、法人或者其他组织为了提供社会服务，主要利用非国有资产设立的非营利性法人。其中没有特别强调以公益为目的或者以慈善为目的（作为对比，无论是现行的《基金会管理条例》还是目前正在制订的征求意见稿，都要求以公益或慈善为目的，基金会必然是慈善基金会）。

《慈善法》关于慈善信托的规定也体现了类似的观念：经过审查和备案的，慈善信托可以取得税收优待；反面解释似乎也可以得知，允许未经审查和备案的受益人不特定的非慈善信托存在。

在法人制度中承认中间法人制度，在信托制度中承认目的信托制度。这两种制度形态的存在冲破了传统民法非营利即公益、非黑即白的概念划分，允许中间状态存在，极大地便利了人们的结社自由，便利了人们从事慈善事业。

四 目的信托和慈善信托概念的边界

慈善信托和私益信托之间存在着很多中间状态，当事人可以利用这些众多的形态从事慈善事业，而不是只有"规范的"慈善信托这样一种信托形态才能从事慈善事业。

1. 典型的慈善信托是以慈善为目的的经过民政部门备案的信托。这种信托可以享受税收等优惠的待遇，可以在名称中使用"慈善信托"的字样。理论上，还可以根据《信托法》，经过"公益事业主管机关"批准，设立公益信托。

值得注意的是，实践中可能会存在着这样的一种慈善信托：该信托经过民政部门的备案，但是委托人没有取得税收优惠。事实上，由于慈善信托税制的缺位，如果不采取一些变通的方法，绝大多数的经过备案的慈善信托都不能取得税收优待。

2. 在基金会的实务操作中，存在着专项基金这一类型。所谓基金，从概念上看也属于信托，专项慈善基金就是一种广义上的慈善信托。由于受托这种基金的大都是经过严格监管的慈善组织，这种信托的成立并不需要单独接受监管部门的审查（许可或备案），除了不可以使用"公益（慈善）信托"的名称之外，和典型的慈善信托并无太大差别。

实务中存在的捐赠人建议基金（DAF），可以理解为一种特殊的专项基金，虽然和信托存在一些细微的差别，但是本质上也可归属于慈善信托，仅仅是不可以使用"慈善（公益）信托"这样的名称而已。

另外，如"江平奖学金"这样的设立在大学和科研机构的公益基金，本身没有法人地位，不是基金会，而是利用大学严格的财务制度和自律管理而运作的慈善事业，有时可能会像专项基金一样隶属于大学的教育基金会。虽然没有进行慈善信托备案，其实质也是不叫慈善信托的慈善信托①。

---

① 最新的进展是，2019年3月25日，"江平奖学金"成为在民政部门备案的"中信信托江平奖学金慈善信托"（附录2，B-174）。

3. 事实上的慈善信托（*de facto* charitable trust）。英文中比较常见"事实上的信托（*de facto* trust）"，这里借用一下，这种信托符合慈善信托的一切要件，只是基于各种原因没有到民政部门备案（可能是无法取得税收优待而选择不备案，也可能是自动放弃税收优待而不备案），因此也没有享受税收优待。信托是基于信任而生，如果委托人对受托人存在信任，即使不受监管，几乎不存在负的外部性，法律应促成这种自发的慈善活动而非压抑之。

4. 目的信托。在日本信托法上对狭义的目的信托的定义是"未规定受益人的信托"。笔者以为还可以从另外一个维度来定义狭义的目的信托，即信托目的介于私益和公益之间的信托。在公益和私益之间的确可能会存在一些模糊地带，原本无法被承认为公益慈善目的的信托目的，经过一定的时间可能会被认定具有公益性，反之亦然。目的信托为迅速成立能够从事慈善事业的信托提供了缓冲地带。

5. 私益信托中可以把一部分的信托财产用于公益慈善目的。如牛根生把境外蒙牛公司的股权以信托的方式设立"Heng xin"信托，该信托的受益方除了老牛基金会、中国红十字会、中国扶贫基金会、大自然保护协会、内蒙古慈善总会等公益慈善组织外，还包括了牛根生及其家人作为非慈善受益方，他们将根据牛根生签署的相关捐赠文件的约定得到捐出的蒙牛股份股息的约三分之一。该信托本质上是一个私益信托，在承认利益分割信托的法域，也可以就可分割的慈善信托部分享受税收优待。但是，私益信托也可以从事慈善事业是无疑问的。

表 7-1　　　　　　　　　慈善信托的边界地带

类型	慈善目的有无	是否需要许可或备案	税收优惠有无	能否使用"慈善（公益）信托"的名称	能否从事慈善事业
慈善（公益）信托	有	是	有	能	能
公益慈善基金、DAF等	有	否	有	不能	能
事实的慈善信托	有	否	无	不能	能
目的信托	不确定	否	无	不能	能
私益信托	无	否	无	不能	能

第二节 目的信托的必要性

一 日本旧信托法的立场及修改信托法时的讨论

根据传统信托法理论，信托为了有效成立，在信托行为当时，受益人虽不能说一定要特定或者已经存在，但是至少要是能特定的。除了公益信托之外，受益人不能特定的信托是不能成立的。在没有确定受益人的非公益信托（目的信托）之中，存在大致有两种类型：第一是为了不具有权利能力的存在而设定的信托，例如为了饲养自己的宠物而设定的信托、为了把祖先的房屋作为纪念馆进行管理而设定的信托；第二是为非公益目的而设定的不能确定受益人的信托。其例子是为了向对企业的发展做出贡献的人提供奖金为目的而设定的信托。

关于没有规定受益人的信托，日本在2006年修改信托法的过程中有两个方案：第一，除了公益信托之外一律不予承认；第二，公益信托之外也应在一定的存续期间的限制之下承认没有受益人的信托（目的信托）。有学者坚持认为，信托是为了受益人的制度，根据旧信托法之下的通说，没有必要去整合原本通过法人制度就可以实现的功能，因此坚持第一方案[①]。也有学者认为，在类似信托的法人制度之中，除了有公益法人和营利法人之外，还有NPO法人以及中间法人等非以营利为目的的法人存在，利用法人制度虽然能够实现某种目的，但在信托制度中也应有实现的可能性，且在信托中承认这些制度可以更为简便地实现这种目的。不过，为了避免不存在实质所有人的永久管理信托的出现、为了避免创设出谁也无法处分的财产，对这种信托的存续期限应当设置一定的限制。因此主张在一定条件下认可第二方案。对上面两个方案公开讨论所达成的共识是：在确保对这种信托的监视和监管的前提下导入目的信托制度，对于满足多样的社会需求

---

① 即使是在日本新信托法颁布之后，日本也有学者否定目的信托制度的正当性。新井诚教授从信托本质论的立场出发，认为目的信托中对信托财产的支配权处于委托人之手，这时财产权是否发生了实质的移转是有问题的。另外，他认为，日本新信托法一方面强化受益人的权利，另一方面却又允许创设不规定受益人而由委托人行使监督权限的目的信托，在体系上是矛盾的。[日]新井诚：信托法（第三版），有斐阁2008年版，第401页。

是有益的①。

二 承认目的信托的理由

第一，使处于公益和私益信托之中间状态的信托更为容易地成立。根据过去的信托法理论，只在公益信托中才承认不存在受益人的信托。但是，公益信托的设定需要主管官厅的许可，由于许可标准比较严格，设定公益信托比较困难，因此似有更灵活化的必要。实际上，民法上也需要改革采取严格许可标准的公益法人制度。应当使认可这种有类似公益目的的法人和信托变得容易，使之能快速地成立。允许非公益的目的信托的存在会在整体上促进社会基层的团结与和谐。

承认目的信托为当事人的商事的和非商事的需求提供了制度工具和出口。

第二，使用目的信托作为资产安排的工具。泽西岛信托法允许设定目的信托的主要原因是为了创造出不存在受益人的信托。受益人如果存在，在受益人破产、信托的解除以及信托财产的取回等情形下都有可能给信托财产造成影响，若受益人不存在的话，就不用担心这些问题。在利用泽西、加曼诸岛的信托法进行资产流动化的制度设计中，可以运用慈善信托。把股份以信托宣言的方式进行自己信托的时候，若有受益人存在的话，该受益人对信托财产的运用等事项是有干预权限的。但是由于这种信托的目的是对特别目的公司（SPV）的股份不作任何事情，若受益人能够干预的话，就无法确保计划的安定性。因此，若运用慈善（公益）信托的方法，信托终了的时候剩余的财产捐赠给教会等，在这之前相当于受益人不存在的组织。为了能采取资产流动化的所有的结构组织，我们似乎也需要这种和慈善信托相对应的制度，实务界对这一制度很是期待②。在利用特别目的公司进行资产流动化作业的时候，为了确保 SPV 的破产隔离性、排除 SPV 的出资人的影响力，一般采取让中间法人等（理事或者社员处于中立立场）保有该 SPV 的出资份额的方法，在实务上也有把 SPV 的股票让离岸（offshore）公益信托进行保有的，不过如果能简单地在国内设立目的信托，在目的信托中保有相关股票也能达成同样的目的，这样还会降低资产流动化的成本③。在日本新信托法的第 258 条以下所规定的目的信托就利用了这

---

① ［日］小野傑、深山雅也『新信託法の解説』（三省堂·2007 年），第 312 頁以下。
② ［日］道垣内弘人『信託法入門』（日本経済新聞出版社·2007 年），第 196 頁。
③ ［日］樋口範雄『入門·信託と信託法』（弘文堂·2007 年），第 228 頁。

种破产隔离措施。即，在目的信托之中，信托财产根据一定的目的进行管理和处分，不存在受益人，把 SPV 的出资份额信托给目的信托，排除该出资份额的决议权受到预测外因素的影响①。

第三，理论上的理由。信托制度最重要的一点是，受托人把归属于自己财产中的某一部分财产作为信托财产单独对待。因此，受托人并不必然是和委托人不同的人，因此理论上就承认通过信托宣言设定自己信托。同样，若把区别对待一定的财产作为理论核心，取得利益的人就不一定要存在，也就是说，受益人的存在并非不可欠缺。

当然，虽然说受益人不存在，受托人从信托财产自由取得利益也不能因此而正当化。但是，如果确保受托人不能从信托财产取得利益的话，即使受益人不存在，把财产分别对待是有正当化的根据的，就可以认定这种信托的设定②。

三　日本信托法关于目的信托的具体规范

日本新信托法第 258 条以下设置了"受益人不能确定的信托之特例"。原则上允许设定受益人不能确定的信托，即"目的信托"。这种信托的设定不是为了特定的受益人，而是为了实现一定的目的。

目的信托的特殊性在于没有受益人，除此之外和受益人存在的信托是一样的。这种不确定受益人的信托可以根据信托契约和遗嘱两种方式设立，不过，不得设立委托人和受托人为同一人的自己信托（第 258 条第 1 项），即，不得以信托宣言的方式设定目的信托。而且，对这种已经成立的信托，不允许根据信托的变更变成受益人确定的信托；反过来，也不允许根据信托变更把确定了受益人的信托变更为不确定受益人的信托（同条第 2 项、第 3 项）。

在以信托合同设定目的信托的时候，需要以"在特定人之间，为向该特定人进行财产的让渡、担保权的设定、其他财产的处分，以及该特定人按照一定目的，为进行财产的管理或处分，或为实现该目的而缔结必须实施必要行为之契约的方法"。需要规定有关财产管理和处分的目的。因没有受益人，只有目的，所以才成为目的信托。其目的只要确定管理信托财产的标准就可以，可以是保管特别目的公司的股份，也可以是对宠物的饲养、

---

① ［日］小野傑、深山雅也『新信託法の解説』，第 127 頁。
② ［日］道垣内弘人：『信託法入門』，第 196 頁。

坟墓的建立、维护和管理，奖励为某企业的发展做出贡献的人，均无不可。在契约设定的目的信托中，把通常信托中授予受益人的监督受托人的权利授予给了委托人，以确保信托事务的健全性（同法第 260 条）。在根据信托契约而设定不确定受益人的信托之中，委托人当然有该法第 145 条 2 项各号所规定的（不过，第 6 号除外）对受托人的监视和监督的功能，另外，受托人负有同条 4 项所规定的通知、报告等义务。而且，不允许通过信托变更这些委托人的权利和受托人的义务。

关于以遗嘱的方式设立的目的信托，日本信托法首先规定了在根据遗嘱设定不确定受益人的信托的时候，必须指定信托管理人（第 258 条第 4-第 7 项），以确保对受托人的监督。

在根据遗嘱而设定的目的信托之中，信托管理人的权限之中的第 145 条第 2 项各号所规定的对受托人的各种监视监督的权利（第 6 号的除外），不允许通过信托的变更加以限制（第 258 条第 2 项）。此外，在没有指定信托管理人的时候，若设置有遗嘱执行人，必须由遗嘱执行人选任信托管理人（第 258 条第 5 项）。在没有指定信托管理人，也没有确定遗嘱执行人，或者遗嘱执行人不选任信托管理人的时候，根据利害关系人的申请，法院可以选任信托管理人（同条第 6 项）。遗嘱执行人或者法院选任的信托管理人被视为由信托行为确定的信托管理人。

根据遗嘱设定的不确定受益人的信托，在信托管理人欠缺的状态持续长达一年的时候，即宣告终止（同条第 8 项）。

第三节　防止目的信托制度滥用的措施

委托人自己作为受益人设定信托的时候，委托人的债权人就不能扣押信托财产了，仅仅能扣押受益权。不过，若构成目的信托，能被扣押的受益权也不存在了。若这样，设定目的信托，仅在对自己有利的时候不让受益人出现，这构成对"把财产置于安全地带"的信托功能的滥用。为了除去目的信托的弊端，《日本信托法》作如下规定：

第一，不承认信托宣言的方式设定的目的信托①。以从委托人的财产分

---

① 不过，在日本最近的《非营利法人改正法》中承认的非营利性的财团法人，虽然和目的信托有类似的功能，却没有规定其存在的年限。[日] 能见善久：《信托法改正和信托法理》，载《金融》2006 年 711 号，第 6 页。

离作为目的信托设定的要件（第 258 条第 1 项）。若承认以信托宣言的方式设立目的信托，设立人就可以作出将自己的财产以某种目的进行使用的宣言，这样很自然就会创设出逃离债权人扣押的财产。例如，拥有很高的价值的绘画作品的委托人，以保管该绘画为目的设定信托，然后以这样的状态自己所有。很容易就可以看出不能承认这样的信托设定。

第二，规定了确定有受益人的信托和没有确定受益人的信托需要完全的分离，不能相互通行转化（第 258 条第 2 项、第 3 项）。例如，某人如果可以这样设定信托：以某个银行账户的余额为标准，账户余额低于一定标准的时候就成为目的信托，若高于一定金额的话受益人的权利就复活。若如此，可能会侵害债权人的利益。

第三，作为政策判断的问题，如果承认不存在受益人的非公益的目的信托，就会创设出谁也无法处分的财产——由于不存在受益人，除非信托目的能最终实现，否则无法终了信托。而且，由于受托人的处分权限受信托目的的约束，例如，某信托是以管理和维持某一特定的土地为目的，在禁止处分此作为信托财产的土地的场合，这就成了连受托人也无法处分的财产（这在物权法上也违反物权法定原则；永久的、不当的、长期存在的非公益的目的信托似乎也构成了对于公序良俗的违反）。① 这种谁也不能处分的财产如果是历史建筑物，或者特别应该保存的自然环境等，因为具有公益性，所以可以认可之，不过在非以公益为目的的场合中似乎是有问题的。若一般地认可非公益性的目的信托，某些财产可能会长期的处于不能流通的状态，将会阻碍有用的社会财产的流通，这是个问题。因此，第 259 条规定：受益人不确定的信托（公益信托除外）的存续期间，不得超过 20 年。

第四，即便如此还是有令人担心的地方。因此，日本新信托法附则的第三项规定："受益人不确定的信托（学术、技艺、慈善、祭祀、宗教其他以公益为目的的除外），在其他法律没做出规定之前，拥有足以适当处理与该信托相关之信托事务的财产基础和足够的人力资源者以及将政令规定的法人以外的人作为受托人的，均不得设立"。另外，根据 2007 年 7 月 4 日公布的政令（信托令第 3 条），能够成为目的信托受托人的法人包括国家、地方公共团体以及有人的构成和财产基础的法人②。因对受托人的资格加以

---

① ［日］能见善久『現代信託法』（有斐閣·2004 年），第 287 页。
② 关于财产的基础，需要资产负债表上的净资产额超过 5000 万日元；关于人的构成，是要求执行业务的职员中不得有具有某种犯罪经历的人或者黑社会成员。［日］新井誠『信託法〔第 3 版〕』（有斐閣·2008 年），第 408 页注 47。

限制，就很难设定欺诈债权人的目的信托了。

而且，委托人可以在任何时候终止目的信托（根据第 261 条对第 164 条的替代）。这样，委托人的债权人似乎可以基于债权人代位权（日本民法第 423 条）行使这一权利。因此，在信托终了时的剩余财产归属权利人是委托人的场合，信托财产归于委托人的固有财产。

附录1：中国慈善信托的实践

第一节　影响慈善信托设立的因素

目前我国的慈善信托有两种受托人，一种是信托公司，这是占多数地位的类型；第二种是慈善组织，目前比较少见。在实践中，设立慈善信托可能会遇到很多障碍，有一些障碍是法律制度缺位造成的，但也有一些并非真实的障碍，而是基于对法律制度的误解带来的，可以通过解释消弭。

第一，由于慈善信托税制的缺位，目前慈善事业的税收优惠政策都是按照捐赠模式实施，在信托公司作为慈善信托受托人的场合，委托人不能直接从受托人处取得捐赠发票。所以，在信托公司自身直接做单一受托人的慈善信托中，信托公司基于被动的需要引入慈善组织到慈善信托的结构中来。如果不尽快确立慈善信托税制、不对信托设立行为和捐赠行为的关系进行梳理，即使慈善组织做受托人或者做"通道"开具捐赠票据，本身也存在合法性问题。目前存在的慈善信托的复杂创新模式，很多都是为了应对这样的制度障碍。

第二，信托登记制度缺位，用除了金钱之外的其他财产设立信托非常困难①。

第三，由于慈善组织作为慈善信托的受托人在商业银行开设信托专户仍然存在着一定的操作问题（主要是商业银行对法律法规的理解存在问题），导致慈善组织自身做单一受托人的慈善信托比较少见。

第四，由于对慈善信托受益人概念的不理解，很多原本正常的设计被认为违法违规。

---

① 2017年4月21日备案成立的"国投泰康信托2017真爱梦想2号教育慈善信托"（B-30），以公允价值为48万元的股权作为信托财产设立慈善信托。

上述问题（特别是前两个）问题甚至不能算是慈善信托领域内所独有的问题，而是整个信托法领域内存在的问题，只是在慈善信托的领域内产生一些特殊性而已。本章对《信托法》颁行（2001年）以来我国关于慈善公益信托的实践进行梳理，概括出从事慈善信托的多种模式，并对这些模式设计所涉及的慈善信托法律问题进行剖析，也是对本书中所阐述之慈善信托法原理之具体运用。

第二节 信托公司作为单一受托人（模式A）

一 引入慈善组织的必要性

在这种模式下，信托公司作为慈善信托的唯一受托人，其基本结构是：信托公司作为受托人，多数情况下引入慈善组织作为事务执行人。慈善组织以事务执行人或者项目顾问的身份介入，是这种模式的一个显著特点。在信托公司作为单一受托人的时候，由于不是《慈善法》上的慈善组织，除了极其简单的慈善事业的执行和实施之外，一般都需要引入慈善组织作为慈善事业的实施者，信托公司和慈善组织主动合作有天然的必要性。但是在目前，信托公司作为单一的受托人，引入慈善组织的目的主要在于解决（后端）由慈善组织开具捐赠发票的问题，可称之为"被动的合作"。

二 慈善法实施前的案例分析

信托法的实践是走在理论前面的。2016年9月施行的《慈善法》对慈善信托做出了新的规定，但是该法颁行之前信托公司关于公益信托的实践是丰富多彩而富有创造性的。虽然有一些做法并非完全规范（《慈善法》施行之后的操作也无法做到完全规范），但是分析总结这些实践经验，会对于《慈善法》背景下如何发展慈善信托法的理论有很大的启发。规则制订者和监管者应尊重实践的有益创造，而非用僵化的概念（有时是对概念的错误解读）改造鲜活的现实[①]。

[①] 参见希腊神话中Procrustean的故事。传说在希腊雅典提修斯的时代，有一个奇怪的巨人盗叫普罗克拉斯提斯，他有一长一短两张铁床，抓到高个子的人绑在短床上，抓到短个子的人绑在长床上。如果被劫人的身高比铁床短，普罗克拉斯提斯就强拉他的身体，使他的身体与床一样长；如果被劫人身高比铁床长，普罗克拉斯提斯就斩去他身体长出的部分。如此一来被劫者都被修理得与铁床"相配"了。

案例：中原信托 – 乐善 1 期 – "善行中原"公益信托计划

计划期限：本公益信托 2015 年 10 月 12 日成立，期限为 5 年，自本公益信托成立之日起计算。受托人有权根据信托计划捐赠项目的进展情况提前终止本信托或适当延长信托期限。

公益事业管理机构：郑州市民政局

信托监察人：北京大成（郑州）律师事务所

信托资金保管人：上海浦东发展银行股份有限公司郑州分行营业部

资金运用：通过本信托计划的实施，由受托人将信托资金集合起来，发挥信托机构优势，将信托资金用于捐助郑州慈善总会名下安老、扶孤、助学、济困等爱心慈善项目，关爱弱势群体，以实现委托人参与慈善公益事业的目的，支持慈善事业的发展。

本期拟捐助项目：

1. 郑州慈善总会名下"善行绿城"——重大眼病救助慈善项目，与郑州市第二人民医院合作用于救助郑州市户籍持有有效低保证、低收入证或三级贫困证明的家庭中的重大眼病患者、原发性视网膜脱离或糖尿病视网膜病变患者，每位受助对象可收到 5000 元资助。

2. 资助贫困大学生担任养老护理员慈善项目，在郑州市高校中征集 100 名贫困大学生参加该项目，并先期进行两天护理知识培训。参与项目的大学生利用假期时间根据安排前往各个养老机构进行养老护理员工作，工作期满后每人获得助学金 4000 元。

认购方式通过银行转账的方式将资金交付到信托财产专户，并注明【×××（指姓名或名称）认购/申购中原信托－乐善 1 期－"善行中原"公益信托计划】。本信托为开放式信托，信托存续期内，委托人/捐赠人可随时进行认购。捐赠者可获得由郑州慈善总会开具的可用以抵税的《公益事业捐赠统一票据》。

最低认购金额：委托人认购信托单位的资金应当不低于人民币 1 元整（含），并按照每 1 元的整数倍递增。

信托财产专户户名：中原信托有限公司，开户银行：上海浦东发展银行郑州分行营业部。

分析：

1. 该信托是在《慈善法》实施之前成立的、符合《信托法》要求的公益信托。之所以说符合信托法的要求，是因为它具备以下要素：

（1）有公益事业主管机关（郑州市民政局）的批准（《信托法》

第 62 条）；

（2）设置有监察人（《信托法》第 64 条），具体而言是某律师事务所；

（3）信托财产全部用于公益事业（《信托法》第 63 条）。

在《慈善法》实施之前，信托公司从事公益信托几乎没有可以操作的规程，基本上都是在与银保监部门和民政部门等就项目的细节和合规性进行长期的沟通之后，才开始真正的操作，本件也是如此。相比之下，《慈善法》及其配套的规范使得慈善信托的落地更为有章可循，更为便利，的确是一个巨大的进步。

不过，这个批准的过程和慈善法实施之后成立的慈善信托的备案程序相比，是否存在实质的差异，是需要研究的问题。把备案制中民政部门的审查与批准制中公益事业管理部门的审查进行比较，似乎很轻易就得出备案制更便利，更易于信托的成立的结论。但是，这是因为我们几乎没有关于在《信托法》下公益事业主管机关如何进行规范审批的个案，所以，备案制是否意味着放松管制，抑或只是换了一个名字的、具有操作性的审批制，不得而知。

2. 当时由于缺乏操作细则，出于稳妥的考虑，不少信托公司参照了银监会《信托公司集合资金信托计划》所确立的商事信托的模式，借鉴成熟的商业机制募集信托资金。本件也是如此：

（1）受托人负责资金的募集，由委托人"认购"信托；

（2）为公益财产设置信托财产专户；

（3）该计划是公开募集，甚至是开放式计划（不封顶），这一点超出了《集合资金信托计划管理办法》的要求。但作为公益信托是无可厚非的。公益信托不需要完全遵照用以调整商事信托的《集合资金信托计划管理办法》。

不过，这里存在一个理论问题：如此设立慈善信托是否涉及信托财产的确定性问题？个人以为，信托财产的确定性在实质上要解决两个问题，第一是受托人管理财产的范围问题；第二是受益人的权利范围问题。由于在公益慈善信托中第二个问题并不重要，主要集中在受托人管理财产的范围问题。信托财产的确定性是在信托设立阶段的问题，不能教条地理解，只要在一定的时间段中受托人把自己募集来的善款做公开化处理，让委托人、监管部门和社会监督，确保受托人不侵吞挪用善款而只用于慈善目的，就算是做到了信托财产的确定性。

之前有观点认为慈善信托不能公募，认为如此行事混淆了信托和捐赠，违背了信托法理。关于信托能否公募，本书在第四章已做过探讨。事实上，没有任何一部法律禁止公益慈善信托公开募集资金，说公益慈善信托不能公募是混淆了商事信托法理和慈善信托法理。关于"向公众募集善款实际上是捐赠行为，这违背信托的本质"的观点，也值得商榷。捐赠和信托有区别，但是，区别并非截然。捐赠给信托计划的捐赠人和委托人并无实质差异，只是委托人根据信托法享有不少监督等方面的职权而已。只要信托文件为未来新加入人士预留空间，这个新加入的人士可作为捐赠人依照捐赠文件、合同法、公益事业捐赠法、慈善法等行使监督权，也可以委托人的身份根据信托法和慈善法行使监督权，这些都是出于拿出财产之人的自愿选择，不会出现厚此薄彼保护不周的问题。慈善信托受托人无论是接受对信托的捐赠，还是接受新委托人的加入，对善款的管理也都负有几乎一样的义务。承认开放式的慈善信托或者慈善信托可以公募，为拿出财产做慈善的人士多提供了一种选择。

如果坚持认为慈善法下慈善信托不能公开募集，本件及之前的公益信托在慈善法颁行之前运行良好，在慈善法颁行之后却被认定为违法而无法进行下去，就会显得非常怪诞。法律应当认可实践中有益的创造而非相反。

3. 为了能使委托人（捐赠者）取得可以抵税的捐赠票据，也为了信托的公益目的得到实现，信托公司和郑州慈善总会合作，由慈善总会对（委托人）开具票据，并利用自己的团队和系统具体实施慈善。理论上，信托公司作为受托人所成立的信托原则上只能是捐赠型的公益（慈善）信托，除非有一些慈善信托的慈善目的比较单一，实施起来比较简单。复杂长期和需要实施的项目，都有必要和慈善组织配合。

本书之前讨论过：理论上，慈善信托的受益人是社会整体，有时没有直接的人出现（环保、野生动物保护等），有时虽然有具体的取得利益的人，但是这些人（如接受助学信托资助的学生）都不是信托法意义上受益人，而只是社会利益的反射，不能强制执行慈善信托。不是任何形式上取得信托财产的人都是受益人，例如，受托人把信托财产投资或者贷给A公司，A公司不能算信托的受益人，这是再明确不过的；在慈善公益信托中，信托受托人把信托财产交给慈善总会或者基金会去实施，慈善总会或者基金会也不是受益人，他们不能从信托财产中取得任何信托利益（成本和管理费等除外）。本件中，信托文件把受益人描述为"合作方慈善总会的受益人"，而非把慈善总会本身表述为受益人，是符合慈善信托的理论的。实务中慈善机构和信托公司合作的过程，可以理解为一个大的信托计划，慈善机构和信托公司分别在这个大的信托计划中担当角色，或者设计为共同受托人（投资受托人、托管受托人和实施受托人），或者设计为转委托（委托－代理关系），原则上不能把其中一个管理者理解为受益人。

但是，在慈善信托实务中，监管规范要求慈善信托设立备案的时候在信托文件中列明"受益人的范围及选定的程序和方法"（《慈善信托管理办法》第14条）。作为技术问题，慈善信托的受益人该如何列明？笔者以为，如果一个慈善信托存在最终的受益对象，如受资助的失学儿童、患者、受灾民众等，可以把他们概括地列为受益人；如果一个慈善信托不存在最终取得信托利益的个人，就应该把最终地取得这些信托利益的机构列为受益人，如以科研为目的的慈善信托中的学校和科研机构，环保类慈善信托中的环保组织等。另外，作为一个大的慈善信托拨款对象的多个慈善组织等，技术上也可以被列为受益人。没有必要把社会一般大众或者慈善组织后端的资助对象列为受益人。

4. 在《慈善法》实施之后，如果根据《慈善法》新设类似本件的公开募集的慈善信托，监察人如果取决于委托人的自愿选择，将无法确保慈善目的的实现。所以笔者一直建议通过实施细则将公募型的慈善信托的监察人规定为必须的设置。

在《慈善法》实施之前，这是比较常用的操作手法。在该模式中，信托公司作为受托人，主要负责慈善信托的设立流程、信托财产的保值增值与日常运营管理；信托公司选择合适的慈善组织作为事务执行人。慈善组织发挥自己的专长，利用过去积累的经验和渠道，确定慈善信托中资助的对象，并具体实施慈善目的。

三 慈善法实施之后的案例分析

案例："国投泰康信托2016年真爱梦想1号教育慈善信托"

委托人：5个自然人

受托人：国投泰康信托有限公司

慈善信托资金总额：82万元

期限：3年

慈善项目执行人：上海真爱梦想基金会

信托目的：致力于全国中小学素质教育及救助学校师生。

监察人：上海市锦天城律师事务所

备案时间：2016 年 9 月 1 日

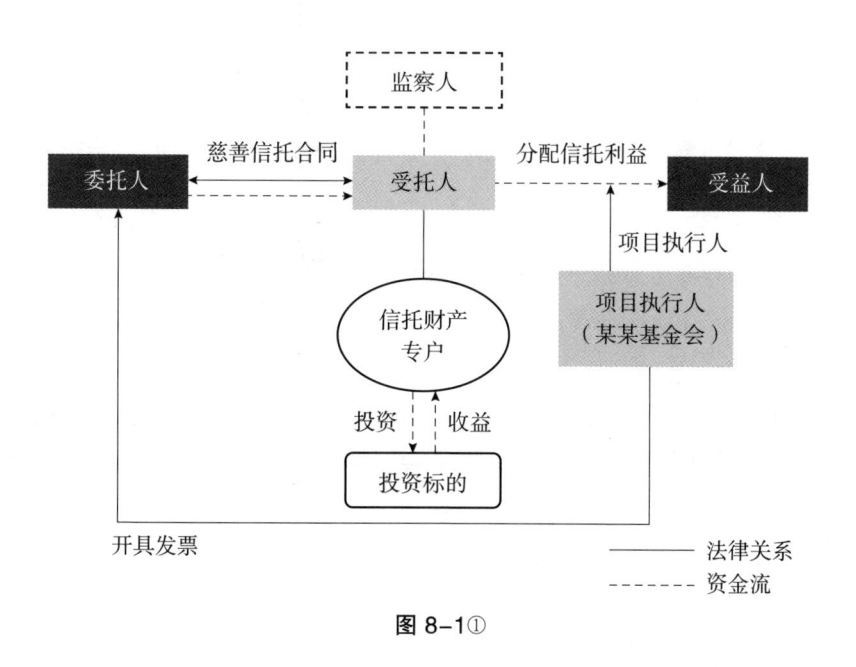

图 8-1①

本件属于《慈善法》实施之后备案的第一批慈善信托之一。本模式下引入慈善组织的目的有两个：第一是利用慈善组织的慈善项目实施能力，第二是开具捐赠发票。

四　在模式 A 之下的开票问题

如果受托人将信托财产从信托财产专户划转至事务执行人所遴选的资助对象，此时，资金没有经过慈善组织的主体账户（法人账户、固有账户），慈善组织仍然无法开具发票。所以，把信托财产从信托财产专户划转至慈善组织的"表外账户"（不算作慈善组织的收入，也不计入其支出），再由表外账户将资金划转至所具体确定的受资助人，似乎就变成了一种更为合理的选择。由于信托利益不是作为慈善组织的收入转入其法人主体账户的，且对慈善组织而言，资金的来源仍然是信托财产专户，这使得慈善组织直接向捐赠人开具慈善税收票据存在一定的合法性问题。②

---

① 本图表参照北京市民政局第一次慈善信托专家研判会上由北京市民政局提供的资料，下同。
② 2016 年成立的"国投泰康信托慈善 1 号"与"真爱梦想 1 号"都是采用这种模式。目前部分民政部门基于穿透原则，允许基金会直接向捐赠人开具慈善税收优惠票据。

而且，即便可以开具捐赠票据，该模式仍会面临一个现实问题：即委托人无法在设立慈善信托时便获得捐赠票据，因为只有在资金进入慈善组织的法人账户时才能开具对应金额的捐赠票据，而慈善信托的存续期可能是很多年，受托人只会基于具体项目将信托财产逐个分期划拨给慈善组织，这意味着开具捐赠票据时间将无法与慈善信托成立时间同步，委托人将丧失不少税收利益。

五 事务执行人和慈善管理委员会

我国目前的多数慈善项目是采取事务执行人作为慈善事业的具体实施者，作为信托公司受托人执行慈善事业能力的补足。

在日本法上，有慈善运营委员会和信托管理人[①]的设置，在我国，可以成立慈善信托管理委员会，由委员会对作为事务执行人的慈善组织进行遴选与评估，获得通过的慈善组织将与信托公司签订合作协议，其基于过往积累的项目资源与渠道优势，依照委托人的意愿去发掘、筛选、评估潜在合适的慈善项目，待理事会对其审核、确认后，由慈善组织负责该慈善项目的落地实施。

慈善信托管理委员会一般由受托人（信托公司）的代表、委托人代表、监察人、社会公益贤达人士等组成，主要就信托资金的使用、慈善项目安排等事项进行集体决策，确保项目执行主体适格且胜任所安排的事项，确保慈善项目得到妥当履行。

第三节 信托公司作为受托人，慈善组织同时作为委托人与事务执行人（模式B）

一 能合法开具捐赠票据的慈善信托结构

在模式B中，捐赠人不是直接将善款交付给信托公司，而是先以捐赠名义将其交付给慈善组织，再由慈善组织作为委托人将资金划转至慈善信托资金专户。这种模式下，慈善组织向捐赠人开具税收优惠票据完全符合现有法律法规的规定（参见图8-2）。

---

① ［日］能見善久『現代信託法』（有斐閣·2004年），第280页。

图 8-2

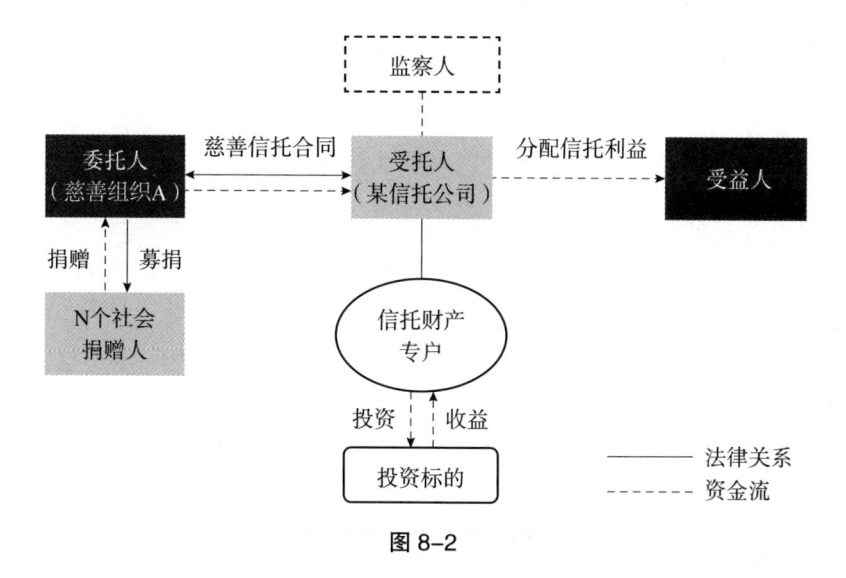

由慈善组织（基金会）负责前端资金捐赠募集工作，并作为慈善信托委托人与项目运作人，目前某些民政部门基于穿透原则，允许基金会将委托给信托公司的资金作为善款支出。

二　模式 B 存在的问题

在慈善信托的前端植入慈善组织，主要目的是解决捐赠发票开具的问题，另外，不排除慈善组织借助慈善信托的设立使自己管理的慈善资金"出表"，在不违背《基金会管理条例》的基础上增加腾挪的空间。但是，此种模式会出现两个问题：

第一，虽然法律并不禁止慈善组织作为慈善信托的委托人，但是，慈善组织将资金从法人主体账户划转至信托财产专户的时候，从会计科目上看该资金是属于善款支出还是投资？这种情况下，慈善组织接受捐赠作为收入计入，开出捐赠发票；在设立慈善信托的时候，把该笔捐赠收入作为信托财产交付给受托人，能否算作公益支出？由于公募基金会第二年要按照上一年收入的 70% 或者前三年收入平均数额 70% 的预算支出①，其支出压力可能会非常巨大。

第二，慈善组织作为委托人能否同时担当慈善信托的事务执行人，此

---

① 《慈善法》第 60 条规定："慈善组织中具有公开募捐资格的基金会开展慈善活动的年度支出，不得低于上一年总收入的百分之七十或者前三年收入平均数额的百分之七十"。

时善款能否再次回到作为事务执行人的慈善组织账户上？此时是否构成了自益型的慈善信托？

三　慈善组织充任委托人的问题

没有任何法律禁止慈善组织作为委托人设立慈善信托。慈善组织把捐赠来的财产设置慈善信托，以信托公司作为受托人，确保慈善财产的增值保值。此时慈善财产设立信托之后，已经"出表"。

日本的信托实务中存在着投资信托委托公司[①]，这种公司汇集投资者的资金，作为委托人和信托银行签订信托契约。在这种模式中，投资信托委托公司充当着委托人代理人的角色。在模式 B 中，慈善组织按照常规方式接受捐赠，以委托人的身份把善款设立慈善信托，避免了多个委托人和受托人签订信托合同的难题，也有助于形成统一的、明确的慈善目的，并无违法违规之处。

慈善组织作为委托人设立慈善信托可能是希望借助慈善信托，以满足《慈善法》《基金会管理条例》对基金会运用捐赠财产最低比例的规定。但实际上，基金会将捐赠财产设立慈善信托是否能看作"用于公益事业支出"存在争议。笔者认为，基金会将捐赠财产设置慈善信托之后，由于慈善信托设立相当于一种处分行为，善款已经"出表"，可以视作支出，只是基金会应整体考量法律法规对收入和支出比例的相关限制，做出选择。

另外，如果纯粹从理论上看，还有更有趣味的问题。慈善组织把受赠财产以信托公司等作为受托人设立信托，该信托是否可以不以慈善信托的形态出现，而作为纯粹的商业信托进行运作，慈善组织设立该信托只是作为管理受赠财产的一种方式而已。两者的区别可能仅仅是税收上的差异。在慈善基金会购买信托公司的信托产品（准确地说，是基金会作为管理其名下善款的一种方式以善款设置信托）的场景中，信托公司是否代缴增值税应和普通的信托当中并无二致。此时的信托虽然和慈善有关（基金会作为理财自益信托的委托人＝受益人仍然把信托利益全部用于慈善目的），但是仅是一个私益信托，慈善基金会在设立信托（或者叫买信托理财产品）时就没有把这一部分信托财产作出表处理，在信托结束之后取得增值后的善款，作为基金会的表内资金继续使用。如果放弃资产运作阶段的税收优待却能带来资产运作的更大自由和更有效的管理，如果捐赠人或捐赠文件

[①] ［日］能見善久『現代信託法』（有斐閣・2004 年），第 23 頁。

允许，且从效率上看商业化管理的收益又大于设立慈善信托的税收优惠，似乎没有理由禁止当事人如此从事。没有法律禁止慈善组织从事盈利活动，只要取得的收益完全用于公益慈善目的、不分配给慈善组织自己的成员或者雇员等相关关系人即可。

这和慈善基金会、社会组织作为委托人设置慈善信托是不同的。据统计，2018年上半年备案的19单慈善信托中有8单是由社会组织（慈善组织及社会团体）作为委托人设立的。① 此类慈善信托的委托人设立信托之后，信托财产即"出表"，由受托人按照信托文件的约定对信托财产进行投资管理，其间把信托财产用于具体的慈善目的②。慈善组织等作为慈善信托的委托人似无不妥。

四 慈善组织作为委托人同时兼任事务执行人的理由

慈善组织同时兼任委托人和事务执行人（项目顾问）有以下理由：

第一是发挥慈善组织做慈善项目的专长，可以将慈善信托资产用于已有慈善项目，此时，慈善组织可以以慈善执行人的身份以原来捐赠文件允许的方式执行慈善财产，用于慈善目的。在商事信托中，委托人可以同时作为投资顾问的身份出现，在慈善信托中，委托人以慈善执行人或者事务执行人的方式出现，理论上并不会损害任何人的利益。

第二是出于税收和票据的需要，可以解决"后端通道"的问题。上述图8-2所涉及的例子中当然不涉及这样的问题，但是当事人当然可以选择后端开票③。

第三，慈善组织使用善款的过程中受各种限制④，利用信托的方式，规

---

① 张明敏、张龙蛟：《今年上半年我国新设立慈善信托19单》，《公益时报》2018年8月14日。
② 极端一点，委托人此时甚至还可以项目管理人的身份将信托财产用于慈善事业，不过这是作为表外资产进行运用。此时委托人在财务上不能再把信托财产计算为其接受的捐赠收入。不过，在实务上应尽量避免这样的安排。
③ 此时慈善组织担当的是被动通道角色。信托公司已与捐赠人提前沟通好，慈善组织A仅作为通道，主要目的是为捐赠人开具捐赠票据。例：长安信托的"长安慈—山间书香儿童阅读慈善信托"。
④ 《慈善法》第60条规定：慈善组织应当积极开展慈善活动，充分、高效运用慈善财产，并遵循管理费用最必要原则，厉行节约，减少不必要的开支。慈善组织中具有公开募捐资格的基金会开展慈善活动的年度支出，不得低于上一年总收入的百分之七十或者前三年收入平均数额的百分之七十；年度管理费用不得超过当年总支出的百分之十，特殊情况下，年度管理费用难以符合前述规定的，应当报告其登记的民政部门并向社会公开说明情况。

避了上述限制，增加慈善组织腾挪的空间①。

有观点认为，如果委托人与事务执行人为同一慈善组织，容易出现受益人为委托人的利害关系人的情形，导致利益输送，甚至在形式上产生自益型的慈善信托的情形。这与《慈善法》中"慈善组织确定慈善受益人，应当坚持公开、公平、公正的原则"的规定相违背。笔者以为，只要确保信托财产用于慈善目的，并不存在利益冲突问题。委托人同时以项目管理人的身份参与项目评选，并不必然导致受益人成为委托人的利害关系人的结果。我们通过一个类比说明这一点：受托人是选择受益人的主要主体，法律需要防范受托人选择和自己有利益关系的受益人，但是法律必须设置受托人的角色担任这种职责。同理，委托人作为事务执行人参与受益人的选择并无问题，只需要在遴选受益人的程序设置中确保委托人和受益人之间不存在利害关系即可。而且，事务执行人作为接受受托人委托的人，取得信托财产不是为了自己的利益进行管理，而是为了社会公共利益和慈善目的进行管理，作为受托人的代理人出现，所以事务执行人并非受益人，不会出现自益型的慈善信托。所需注意的是，作为事务执行人的慈善组织不得把慈善信托财产作为自有财产进行管理。

总之，慈善组织为了提高慈善财产的运作效率，在捐赠人捐赠文件允许（不否定）的范围内，以信托公司作为受托人设立慈善信托，并非不可，只是需要确保这笔财产按照信托文件的约定和信托目的的要求用于慈善目的方为妥当。

第四节　信托公司和慈善组织作为共同受托人（模式C）

根据《信托法》的规定，同一信托可以存在两个以上的受托人。这些复数的受托人被称为共同受托人。慈善信托中也适合采取共同受托人的模式。

在该模式中，由信托公司甲与慈善组织乙共同担任受托人，与委托人签订慈善信托合同，约定各自的职责、权益、义务及需要承担的风险

---

① 此时慈善组织担当的是主动发起角色。慈善组织A凭借自身资源与渠道已拥有大量捐赠善款，账面资金较多，主动将善款委托给信托公司设立慈善信托，主要目的是借助信托公司的资产管理能力，实现资产的保值增值，比如：长安信托的"蓝天至爱1号慈善信托"与"中国平安教育发展慈善信托计划"。

（参见图 8-3）。其中，信托公司甲主要负责资金的保值增值；慈善组织乙主要负责慈善项目实施，包括对慈善项目的发掘、筛选、评估等项目执行工作。

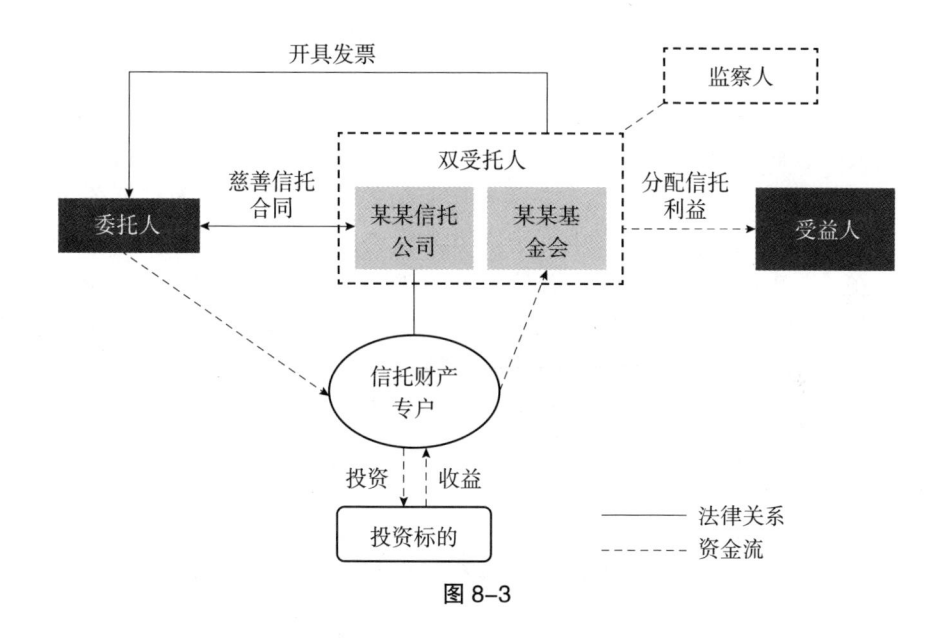

图 8-3

一　共同受托人的制度优点

第一，可以提高受托人的整体信用度。多个受托人的信用原则上大于单一受托人的信用。特别是对一些信托财产规模较大的慈善信托，因事关重要的公共利益，需要更强大的受托人信用，委托人才愿意把信托财产和信托事务委托给他。

第二，受托人之间相互监督。根据信托法的规定，共同受托人对外承担连带责任，这就会约束各个受托人，促使他们之间相互监督，相互约束，避免损害信托目的达成之受托人行为的发生。

第三，保持信托事务管理的连续性。虽然目前受托人都是具有永续存在资格的信托公司或慈善组织，但是基于各种原因，变更受托人的情形多有发生，此时，即使变更一个受托人，信托事务仍然由其他受托人继续执行，信托事务管理的连续性得以保持。

第四，利用不同类型受托人的不同专业能力。在现代社会，社会化分工给人们提供了更高的效率，在慈善信托的领域内也是如此。在慈善领域大致需要两个方面的专业能力：第一是对信托财产进行增值保值的资金投资运用能力，第二是实施慈善事业的专业能力。前者信托公司能够胜任，后者更适合由基金会等慈善组织担当。

二 我国共同受托人的规范基础和实践

《信托法》第31条规定："同一信托的受托人有两个以上的，为共同受托人"，确立了慈善信托可以设置共同受托人；《慈善法》第46条规定："慈善信托的受托人，可以由委托人确定其信赖的慈善组织或者信托公司担任"，明确了慈善信托可以选任信托公司和慈善组织共同担任受托人。

在《慈善法》实施后的慈善信托的实践中，也出现了不少共同受托人的安排。例如仅在2017年底之前就有"中信·北京市企业家环保基金会2016阿拉善SEE华软资本环保慈善信托"、共同受托人为万向信托和宁波善园公益基金会的企业慈善信托——"华龙慈善信托"和"中航信托·中国扶贫慈善信托"和"中信·何享健慈善基金会2017顺德社区慈善信托"4例。

三 共同受托人模式的解读

（一）共同受托人使前端一次性开具捐赠票据成为可能

在共同受托人的模式下，信托前端（设立端）一次性开具发票成为可能。

让慈善组织作为项目管理人在慈善信托后端分期开票存在以下问题：第一，委托人支出与税前扣除不在同一年度，财务须分期入账，分期开票；第二，如果慈善信托发生亏损，最终实际开票金额可能低于当初委托本金。如果一次性开票，可以让委托人当期以全部信托财产金额财务入账，享受税收优惠待遇，且开票金额与实际委托金额一致，更具有吸引力。

就信托公司而言，其从事慈善信托不能开具税前扣除捐赠发票，也没有慈善项目的执行经验和能力；就慈善组织而言，其从事慈善信托缺乏专业信托财产投资管理能力和产品配置能力。无论是信托公司或是慈善组织，目前都没有足够强的独立能力来开展慈善信托。所以，单纯让慈善组织做通道委托人开具发票，并不能发挥其真正的优势。

（二）共同受托人模式中财产的交付

根据《信托法》和《慈善法》的规定，慈善信托可以有两个以上的受托人，委托人向其中一个受托人交付信托财产，在法律上，就构成了向受托人整体"转移"信托财产，慈善组织作为受托人之一接受了捐赠财产，信托就已经成立生效。而作为履行受托人分别管理义务的一种方式，慈善组织把信托财产转移至信托公司开设的信托财产专户，信托财产实现了和受托人（慈善组织和信托公司）的固有财产（慈善组织的法人账户、信托公司的固有账户）的分别管理。之后，受托人各自按照信托合同的约定，信托公司履行财产管理职责，慈善组织负责项目实施职责，慈善财产没有回流至受托人和委托人，慈善目的得以实现。

（三）共同受托人义务和责任的承担

从监管的角度，共同受托人在信托事务的处理过程中是承担连带责任的，连带的机制会促使多个受托人相互监督，相互约束，确保信托财产管理和运用更安全。

《信托法》第32条规定，共同受托人处理信托事务对第三人所负债务，应当承担连带清偿责任。第三人对共同受托人之一所作的意思表示，对其他受托人同样有效。共同受托人之一违反信托目的处分信托财产或者因违背管理职责、处理信托事务不当致使信托财产受到损失的，其他受托人应当承担连带赔偿责任。所以不论委托人将资金交付给信托公司还是慈善组织，都是一个财产委托的性质，该行为是为了设立慈善信托。双受托人对外是一个整体，而后基于《信托法》第31条的规定进行内部分工：信托公司作为受托人无法开税前扣除捐赠发票（但可开信托专户、具备专业投资管理能力）；而慈善组织不具备投资管理能力（但可开票、具备专业的慈善项目执行经验和能力）。两者结合，就是发挥各自优势，组成一个完整的受托人角色。

（四）从被动合作到积极合作

为了向委托人开具捐赠票据，信托公司是被动地引入慈善组织参与到慈善信托的结构中来；反之慈善组织为了实现开设信托专户的需要（虽然不存在实质的法律障碍）也被动地引入信托公司。

随着慈善信托的慈善目的越来越复杂，存在期限越来越长甚至永续存在，慈善财产的数额也越来越大，慈善事业的实施越来越专业化，仅仅由信托公司或者慈善组织一方作为受托人成立慈善信托的价值越来越小。从促进慈善事业发展的角度，信托公司和慈善组织的合作应该是其内在的、主动的需求。共同受托人模式能发挥信托公司和慈善组织各自财产管理和慈善事业实施方面的优势，使委托人的意愿和慈善目的更好地得以实现。

第五节　慈善组织作为单一受托人
（信托公司或可以作为投资顾问）（模式 D）

一　案例

2016 年 12 月 28 日，北京——北京市企业家环保基金会（即阿拉善 SEE）在北京发布了阿拉善 SEE 作为单一受托人的慈善信托，这是自 2016 年 9 月《中华人民共和国慈善法》正式施行后，中国首例慈善组织作为单一受托人的慈善信托。此笔慈善信托的全称为"北京市企业家环保基金会 2016 阿拉善 SEE 公益金融班环保慈善信托"，委托人为阿拉善 SEE 公益金融班代表（自然人），受托人为北京市企业家环保基金会（阿拉善 SEE）、监察人为中伦律师事务所、资金监督保管账户设立在广发银行，信托资金 100 万元，将用于支持初创期的环保公益组织（参见图 8-4）。

这是我国慈善组织成为慈善信托的单一受托人的第一个个案。

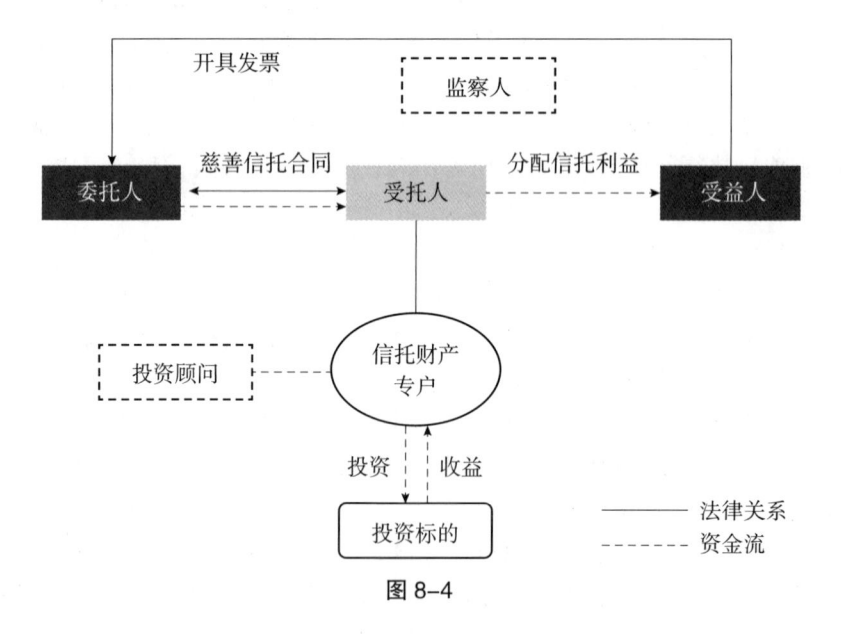

图 8-4

二 慈善组织天然是慈善信托的受托人

实际上，之前根据《基金会管理条例》成立的专项基金就属于不叫慈善信托的慈善信托，这种信托财产独立的方式是基金会条例中规定的专款专用的机制，而借用商事信托中的保管机制几乎是不必要的。《慈善法》的颁行让慈善组织从事慈善信托更为规范。

有观点认为，我国是法律移植接受国，在进行基金会制度建构的时候，信托和捐赠的制度已经分化，在基金会制度已经有一定的发展的时候用信托去解释基金会会遇到具体制度设计的障碍，例如专项基金独立于基金会财产，在现行制度下不能对抗善意第三人，只是基金会内部的财产处理原则。专项基金文件的效力并不优先于其他债权债务关系。除非我们按照信托的原则改造专项基金制度。

笔者赞同：慈善信托和慈善组织是从事慈善事业的两种相互竞争、不可完全替换的机制，应关注两种制度存在本质区别。不过说"慈善法之前的实践基本上都不是真正的公益信托"是有失偏颇的。《慈善法》颁行之前信托公司有将近10例符合《信托法》要求的公益信托，这些公益信托几乎在任何一点上都符合《信托法》的要求。在《慈善法》颁行之前，基金会等也管理着大量的没有冠名为"公益信托"的公益信托。

在《慈善法》实施之后，应当按照慈善信托的原理去理清专项基金的管理体制，明确慈善组织此时的受托人地位和职责。

三 慈善组织作为受托人和慈善信托财产的独立性

认为"慈善信托不采取保管制则信托财产没有独立性"的观点也有值得讨论之处。原来的基金会专项基金专项基金管理办法已经具备一定程度的独立性——虽然相对保管制所保障的独立性而言，这似乎是一种"比较差的独立性"。但只要委托人信任受托人，特别是在慈善信托目的简单、存续期间较短的时候，强制保管制只会增加成本。在《慈善法》颁行之前，信托公司从事公益信托的时候，因缺乏详细的操作规则，所以创造性地参照商事信托（集合资金信托计划管理办法）的很多做法，特别是托管制，来确保信托财产的安全，这是可以理解的。慈善法颁行之后，为了取得"慈善信托"之名，或者说"完善为"理念型的慈善信托，如果需要承担很多原本不必要的成本，设置不必要的限制和门槛，至少对慈善组织而言，《慈善法》可能真的束缚了慈善事业的发展。

实际上，慈善组织在管理慈善财产的时候，安全性可能会更高一点。由于慈善组织不能（积极）负债，所以不太容易破产，而相比之下作为营业法人的信托公司是存在破产可能的，这样，严格保管制等所确立的信托财产独立性所要对抗的第三人债权人几乎是不存在的。而且，慈善法和相关法规规章对慈善财产管理有着更为严格的要求。

四　慈善组织的投资权

在商事信托中，除了信托文件有限制或法律有限制之外，原则上受托人有宽泛的投资权。作为对比，在慈善信托之中，根据民政部、银监会《关于做好慈善信托备案有关工作的通知》："除合同另有特别约定之外，慈善信托财产及其收益应当运用于银行存款、政府债券、中央银行票据、金融债券和货币市场基金等"，《北京市慈善信托管理办法》《慈善信托管理办法》重复了上述规定。解释上，受托人对慈善财产的投资运用行为除了信托文件中委托人另有授权之外，限于上述规则所列举的方式，受托人的投资权受到限制。这样的规则的主要目的是确保慈善财产的安全。而根据《慈善信托管理办法》，慈善组织作为受托人的投资权受到了特殊的限制，不可以根据信托文件的授权投资运用于"银行存款、政府债券、中央银行票据、金融债券和货币市场基金等"以外的领域。又根据2019年1月1日实施的《慈善组织保值增值投资活动管理暂行办法》，慈善组织又享有广泛的投资权，是否可以认为慈善组织在从事慈善信托受托人的时候也享有如此不受限制的投资权，值得探讨。

五　小结

目前，信托公司不能开具捐赠发票，慈善组织可以。但是信托公司不能开具发票的问题迟早应当加以解决。从功能上，信托公司不大能够从事运作型的慈善信托，而慈善组织可以。所以具体体现出来的案例是，慈善组织可以成为慈善信托的唯一受托人，而信托公司作为慈善信托的受托人总是需要慈善组织的配合——即便在未来信托公司能够开具税收票据的时候仍然如此。

信托公司和慈善组织相比，在从事慈善信托方面存在一些差异，这些差异不能被抹杀。但是，也不能过分强调二者的区别。目前，信托公司和慈善组织在运作慈善财产方面的差异也在逐渐缩小。所以至少不能说慈善组织从事慈善信托存在劣势。

第六节　双层信托模式（模式 E）及其他

目前，虽然结构上已经非常接近，但是国内尚无完全符合双层慈善信托的事例出现，下面以比尔·盖茨夫妇基金会为例加以探讨。某种意义上，共同受托人模式下的信托公司作为投资管理人，慈善组织运用慈善资金，作为慈善事业的实施方的模式和此种模式相去不远。

一　比尔盖茨夫妇和巴菲特的慈善事业实施结构

2006 年 10 月，受托人（trustee）创设了一种双实体结构来实现其慈善意图：其一是比尔及梅琳达·盖茨基金会（下称"基金会"），其二是比尔及梅琳达·盖茨信托基金（下称"信托基金"）。这两个实体均采取了信托形式，其中第一个属于免税私人基金会。每个实体都有其明确的目标。这种结构使得创设者将项目实施工作和基金财产的投资工作分开。

（一）基金会（the Bill & Melinda Gates Foundation）

1. 目标：致力于减少全球范围内的不平等现象。在发展中国家，基金会侧重于改善健康状况，减轻赤贫。在美国，基金会为与教育相关的计划提供资助。在当地，基金会积极推广那些为低收入家庭带来裨益的战略和计划。基金会总部位于美国华盛顿州西雅图市，在美国华盛顿特区、印度新德里、中国北京、英国伦敦、南非开普敦等地设有分支机构。

2. 功能：作为慈善项目的实施组织。其重要功能是把从信托基金取得的资金用于基金会确立的目的。

3. 受托人：基金会的受托人由比尔·盖茨、梅琳达·盖茨及沃伦·巴菲特三人充任。

（二）信托基金（the Bill & Melinda Gates Foundation Trust）

1. 功能：持有比尔·盖茨与梅琳达·盖茨捐赠以及沃伦·巴菲特的捐助资金用于投资管理。信托基金主要负责管理投资资产，并在必要时将所得款项划拨给基金会，以便基金会顺利实现慈善目标。

2. 受托人：信托基金的理事有比尔·盖茨和梅琳达·盖茨两人。巴菲特不是信托基金的受托人，因此不介入基金财产的投资决策，更避免牵涉到事关其伯克希尔·哈撒韦公司（Berkshire Hathaway Inc.）股票投资的决策。

3. 投资管理人：10 余年来一直由一支专业的投资经理团队管理。

比尔·盖茨夫妇和巴菲特的共识是基金会的工作策略集中在 21 世纪完成，因此基金会应在比尔夫妇去世后的 20 年用尽所有财产。而且，巴菲特也决定在他死后将其持有的伯克希尔·哈撒韦公司的股权及收益全部用于慈善目的并在 10 年内用尽。

二　对我国慈善信托理论和实践的启示

第一，美国的 foundation，虽然可以被翻译为"基金会"，但是和我国的基金会不同。我国的基金会可以被定性为一种财团法人。而美国的 private foundation 至少有两种组织形式，一种是法人型（corporation），基金财产构成法人财产；另一种是信托型，基金财产没有法人资格，受托人可能会为基金的运作承担个人责任。盖茨夫妇和巴菲特的慈善实施方式是信托型。

第二，我国《慈善法》中的相关规定被认为排除了自然人成为受托人。但是，上述例子显示了，在英、美，受托人不仅可以是自然人，甚至可以由多个自然人做共同受托人。排除自然人成为慈善信托的受托人，不利于慈善事业的开展。

第三，本例中，如果按照僵化的信托观念分析，是无法得出信托成立的结论的。特别是对"信托基金"而言，委托人是盖茨夫妇，受托人还是盖茨夫妇？其实这是英美比较惯常的设立信托的方式。英美法强调信托和契约的区分，较多地采用宣言的方式（declaration）的方式设立信托。"台湾地区信托法"就承认以宣言信托的方式设立公益信托。

第四，盖茨夫妇是两个相互关联的信托基金的受托人，而且一个基金的财产主要来源于另外一个基金。

第五，在慈善基金或基金会的治理结构方面，受托人（盖茨夫妇）手中有决策权，相当于理事或者董事（director）。实际上，在基金会的网页上可以看到中文版的介绍就是把受托人（trustee）翻译成"理事"。在英美，不管是慈善（法人）基金会的理事还是慈善信托的受托人，一律使用一个术语"trustee"。

而专业的投资团队的法律地位是什么呢？类似于基金的专业经理人团队。如果运用中国信托法的理论，既可以把专业的投资团队理解为转委托的受委任方，也可以把其理解为投资受托人（managing trustee），为了限制其责任，理解为前者会好一些。但是无论如何，其信义义务是仍然存在的。

第六，慈善财产当然可以利用商业机制使之增值保值，发挥最大效用。

但是投资对象的选择方面需要注意受托人义务（忠实和注意义务等）。

三 我国的案例——"幸福传承慈善信托"的双重信托结构

本书第二章第三节曾经介绍过，2017年9月，"幸福传承慈善信托"获得杭州市民政局下发的慈善信托备案通知书。该慈善基金设立双层信托，由设立人首期出资200万元设立信托基金，并以信托受益权设立慈善信托，用于促进和弘扬家族传承文化发展。即，基金由两层信托构成，第一层信托主要目的是保值增值，将其收益全部置入第二层信托，第二层信托为慈善信托。其资金来源由第一层信托解决，使得第二层信托的管理方不需要为投资和资金来源操心。除首期资金200万元外，设立人还将部分遗产和保险金受益权置入该信托基金。

很多人宣称这个信托在形式上和比尔·盖茨夫妇的双重信托结构类似，但是二者在实质上是不同的。比尔和梅琳达的盖茨基金会采取了双层慈善信托的安排。[1] 而本件中第一层信托的信托文件约定"如委托人发生重大疾病或人身意外导致经济困难，还可以申请从第一层基金中退出"，这意味着第一层信托无法坚持"完全公益性"的要求，属于私益信托。整个结构是"私益信托＋慈善信托"的结构。这种结构体现了商业机制和慈善事业通过信托结合的灵活性；其只是在第二层结构中遵守了"完全公益性"的原则。

余论：家族财富管理过程中的慈善信托

一般认为，对信托公司而言，目前从事慈善信托"业务"的推动因素主要有两点，其一是企业社会责任，其二是迎合监管评级需求，慈善信托对信托公司而言并不能作为一种有效的商业模式。笔者不完全赞同这种观点。信托公司虽然为营利法人，有为股东赚取更高利润的压力，但是，慈善信托作为一种业务更多体现出信托公司的积极管理能力，会对业务转型有一定的推动作用。更重要地是，信托公司未来应该在家族财富管理和家族信托的框架内考虑慈善信托的问题。目前业界对慈善信托和家族信托同样都有能否作为一种盈利模式的担忧。从金融机构和资管机构向财富管理机构的转型是未来信托业发展的战略方向，如果对家族财富管理的未来抱有信心，对慈善信托的未来也应该有足够的信心。

---

[1] https://www.gatesfoundation.org/Who-We-Are/General-Information/Financials.

如前所述，在设置慈善信托的时候面临"完全公益性"的要求。该要求的含义是：慈善信托的全部信托财产要完全用于公益慈善事业。对于超高净值人士而言，一方面是家族财富的传承，一方面是家族价值观的传承，从事慈善事业是家族传承的必要内核。不从事慈善事业的财富家族是很难传承下去的。如何既确保家族财富的传承，又能同时兼顾慈善事业、同时也不违反法律的要求呢？从策略上看，有两种选择。第一，可以设置一个大的家族信托，该家族信托以家族财富的传承为目的，同时在家族信托的框架——同一受托人，同一决策体系，同一监督体系之内，设置独立的慈善公益信托。该慈善公益信托单独向民政部门备案，从而享有相关税收的优惠政策。第二，单独设立家族信托，独立设置慈善信托。另外，可以采取"基金会模式＋信托"模式或者"信托＋基金会"模式，把慈善的目的和家族传承、企业传承目的结合起来。①

---

① 请参见牛根生的"基金会＋信托"模式：http://www.lnfund.org/cn/index.php. 和德国的博世家族的"信托＋基金会"模式。

附录 2：我国公益慈善信托设立情况概览

A：慈善法实施前的公益慈善信托

序号	信托名称	受托人	备案（审批）部门	监察人	信托财产规模	成立时间	存续时间	信托目的
A-1	宝恒组合投资信托计划	华宝信托有限责任公司			3500万元	1999年		捐赠信托收益用于发放教育奖学金和对贫困学生提供资助。
A-2	爱心成就未来—稳健收益型集合资金信托计划第一期	云南国际信托有限公司			536万元	2004年		信托收益超过预期收益率部分捐赠给云南青少年发展基金，用于援建云南的石屏县和大姚县两座希望小学。
A-3	新疆助学公益信托	平安信托有限责任公司			1亿元	2005年		信托收益全部捐赠给新疆教育厅资助当地贫困家庭。
A-4	爱心成就未来—稳健收益型集合资金信托计划第二期	云南国际信托有限公司				2006年		所得超额收益部分捐赠给云南省青少年发展基金，用于援建腾冲县五河乡老寨村公益信托希望小学。
A-5	中华公益慈善信托计划	中融国际信托有限公司				2005年		信托收益全部运用于开展民政部在全国实施的"残疾孤儿手术康复明天计划"。

续表

序号	信托名称	受托人	备案(审批)部门	监察人	信托财产规模	成立时间	存续时间	信托目的
A-6	商都建设项目贷款资金信托计划	百瑞信托有限责任公司			8000万元	2007年		用于投入商都遗址保护工程。
A-7	爱心满中华集合资金信托计划	重庆国际信托股份有限公司			10亿元	2007年		信托收益超过预期收益率部分捐赠给中国残疾人福利基金。
A-8	同心慈善1号新股申购集合资金信托	北京国际信托有限公司			4588万元	2007年		部分信托财产捐赠给中华慈善总会用于资助北京农民工子弟学校。
A-9	四川灾区赈灾公益信托计划	金港信托有限责任公司				2008年		捐赠给四川灾区。
A-10	5.12抗震救灾公益信托计划	西安国际信托(长安信托)	陕西省民政厅	西安希格玛有限责任会计师事务所	1000万元	2008年6月	3年	向四川地震灾区的5所援建学校捐款。
A-11	郑州慈善公益信托计划	百瑞信托有限责任公司	郑州市民政局	郑州慈善总会	158.53万元	2008年11月	10年	全部资金用于四川灾区和其它贫困地区公益事业。
A-12	中信开行爱心信托	中信信托有限责任公司			10亿元	2008年		信托收益超过预期收益部分全部捐赠给未庆龄基金会用于援建四川省绵阳市平武坝子乡中心小学和其它在四川省39个县(市、区)的50个中小学和50个安置点、捐建100所"未庆龄爱心图书室"及捐赠2000余万册图书。

附录2：我国公益慈善信托设立情况概览 267

续表

序号	信托名称	受托人	备案（审批）部门	监察人	信托财产规模	成立时间	存续时间	信托目的
A-13	"衡平爱心系列"信托理财产品	中铁信托有限责任公司				2008年		每期募集资金1%定向捐助灾区支持中小学校区重建。
A-14	金管家—爱心传递集合资金信托计划	华润深国投信托有限公司				2009年		信托收益超过预期收益率部分的10%捐赠给"华润信托·爱心传递梦想中心"支持四川灾区重建。
A-15	金色盾牌·重庆市民警察英烈救助基金公益信托	重庆国际信托有限公司	重庆市公安局		1亿70万元	2009年9月		用于帮助重庆市范围内的特困伤病、伤残，牺牲的公安干警及其家属和相关人员。
A-16	紫金厚德1号公益信托（因与其对接的财产管理项目设立失败而无果）	紫金信托有限责任公司			100万元	2011年12月		捐助、救助困难家庭中罹患大病的儿童。
A-17	紫金信托—厚德2号公益信托计划	紫金信托有限责任公司	南京市民政局	立信会计师事务所江苏分所	979915.29元	2012年11月27日		捐助、救助困难家庭中罹患大病的儿童。
A-18	安信·关爱系列"阳光二号·颐养"集合资金信托计划	安信信托投资股份有限公司				2012年	10年	信托财产捐赠给上海市老年人基金会或受托人合理指定的其他对象。

续表

序号	信托名称	受托人	备案(审批)部门	监察人	信托财产规模	成立时间	存续时间	信托目的
A-19	紫金信托—厚德3号公益信托计划	紫金信托有限责任公司	南京市民政局	立信会计师事务所江苏分所	74万元	2013年11月27日		捐助、救助困难家庭中罹患大病的儿童。
A-20	长安信托奖学金公益信托	长安国际信托股份有限公司			一期:16.35万元 二期:13.44万元	2013年11月	10年	用于奖励西安交通大学经济与金融学院优秀全日制在校研究生。
A-21	百瑞爱·天使基金1号集合资金信托计划	百瑞信托有限责任公司			1100万元			所得全部收益通过河南金庚脑瘫儿童救助中心,来救助汝州市金庚康复医院救治的脑瘫儿童(委托人可在开放期赎回信托本金)。
A-22	陕国投·贫困地区教育援助公益信托	陕西省国际信托股份有限公司			10万元—1亿元	2014年5月	10年	帮助穷困地区改善教育条件。
A-23	万向信托—中国自然保护公益信托	万向信托有限公司	中国银监会浙江监管局、公益事业管理机构	德勤华永会计师事务所北京分所	由实际募集情况确定	2014年8月	永续	无偿捐助受托人根据信托文件的规定筛选确定的,执行中国境内自然环境和生态保护公益项目的个人、组织或法人机构,以发展中国的自然环境保护事业,保护生态环境。

续表

序号	信托名称	受托人	备案（审批）部门	监察人	信托财产规模	成立时间	存续时间	信托目的
A-24	紫金信托—厚德4号公益信托计划	紫金信托有限责任公司	南京市民政局	立信会计师事务所江苏分所	70万元	2014年11月		捐助、救助困难家庭中罹患大病的儿童。
A-25	湘信·善达农村医疗援助公益信托计划	湖南信托有限责任公司			首期36万元	2014年11月	5	用于捐助湖南省武陵山片区、罗霄山片区等贫困地区乡镇卫生院及村级卫生室的基础建设和设备。
A-26	国元爱心慈善公益信托	安徽国元信托有限责任公司				2014年11月	5	信托财产首期资金用于斑竹园镇沙堰希望小学的援建项目，主要用于该校的改水工程。
A-27	爱心久久－贵州黔西南州贞丰"四在小学"公益信托计划	国民信托有限公司			首期20.15万元	2014年12月	2	
A-28	乐善1期公益信托计划	中原信托有限公司			首期50.688万元	2015年10月	5	用于郑州慈善总会社会慈善目的。
A-29	万向信托—善水基金1号事务管理类集合财产信托	万向信托有限公司				2015年11月10日		保障参与善水基金的林农的信托关系保持较长时期的稳定实现最终改善水环境的目的。

附录2：我国公益慈善信托设立情况概览 269

续表

序号	信托名称	受托人	备案（审批）部门	监察人	信托财产规模	成立时间	存续时间	信托目的
A-30	紫金信托—厚德5号公益信托计划	紫金信托有限责任公司	南京市民政局	立信会计师事务所江苏分所	截至2016年11月23日，共募集资金1006404.49元	2015年11月27日	不短于一年	捐助、救助困难家庭中罹患大病的儿童。
A-31	万向信托—翡石慈善基金信托计划（母基金管理模式）	万向信托有限公司				2015年12月	永续	通过资助其他慈善基金、慈善组织、公益信托等实现慈善目的，自身不直接资助具体的项目。
A-32	大爱长安陕西银行业普惠金融扶贫慈善信托	长安国际信托股份有限公司	向陕西银监局履行了事前报告程序，取得了陕西省民间组织管理局的批复。	北京康达（西安）律师事务所	截至2016年6月中旬存续规模475万元，截至2016年12月13日信托总资488914.74元。	2015年12月	10年	信在利用信托制度优势和受托人专业化的管理手段，探索"精准扶贫"的思路与途径，在实现信托资金保值增值的同时更好地带扶贫困地区惠及"三农"发展。受托人按照委托人意愿，帮助陕西省农村地区特别是革命老区的农户或学生。
A-33	"乐善有信"公益信托	厦门国际信托有限公司			首批100万元			信托目的：包括但不限于"安老""扶孤""助学""济困""帮残""救灾"等救助项目。

附录2：我国公益慈善信托设立情况概览 271

B：慈善法实施后的公益慈善信托

序号	信托名称	委托人	受托人	备案（审批）部门	监察人	信托财产（规模）/类型	成立时间	存续时间	信托目的
B-1	兴业信托·幸福一期慈善信托计划	兴业信托工会委员会	兴业国际信托有限公司	福建省民政厅	立信会计师事务所	11万元	2016年9月1日	永续	用于养老、助学、扶贫等领域。
B-2	中诚信托2016年度博爱助学慈善信托	多位自然人	中诚信托有限责任公司	北京市民政局	北京市中盛律师事务所	32.8万元，一次交付。每年慈善支出不低于人民币4万元。	2016年9月1日	5年	用于促进贫困地区发展教育事业，帮助贫困学生完成学业等。
B-3	国投泰康信托2016年国投泰康慈善1号慈善信托	国家开发投资公司	国投泰康信托有限公司	北京市民政局	上海市锦天城律师事务所	3000万元，每年慈善支出数额不低于慈善信托资金总额的15%。	2016年9月1日	5年	贫困地区群众生活改善、教育支持。
B-4	国投泰康信托2016年真爱梦想1号教育慈善信托	多位自然人	国投泰康信托有限公司	北京市民政局	上海市锦天城律师事务所	82万元。每年慈善支出数额不低于慈善信托资金总额的15%。	2016年9月1日	3年	促进发展中小学校素养教育。
B-5	长安慈——山同书香儿童阅读慈善信托	陕西省慈善协会	长安国际信托股份有限公司	西安市民政局	陕西维秉律师事务所	26.29万元	2016年9月	10年	发展文化教育事业，培养儿童阅读兴趣，改善阅读条件，促进儿童全面发展。

续表

序号	信托名称	委托人	受托人	备案（审批）部门	监察人	信托财产（规模/类型）	成立时间	存续时间	信托目的
B-6	"慈心致远、善行未来"慈善信托	—	中航信托股份有限公司、华能贵诚信托有限公司	北京市民政局	北京银行	—	2016年9月1日	—	北京银行私人银行客户每设立一笔家族信托，其部分信托收益、受托人及财务顾问佣金将注入慈善信托用于支持特定公益慈善项目。
B-7	万向信托—乐淳家族慈善信托	不公开	万向信托股份公司	杭州市民政局	毕马威华振会计师事务所上海分所	5000万元	2016年9月26日	永续	主要支持发展教育、科技、文化、艺术、体育、医疗卫生、环境及其他社会公益事业、扶贫、济困、扶老、救孤、恤病、助残、优抚、救助灾害事件及其他公益活动。
B-8	华龙善善信托	宁波鄞州银行公益基金会	万向信托有限公司、宁波善园公益基金会	宁波市民政局	无	200万元	2016年9月28日	5年	包括但不限于对文化、教育、助残、养老和环境保护等领域的公益慈善活动。
B-9	长安慈未来创造力1号教育慈善信托	深圳市社会公益基金会	长安国际信托股份有限公司	西安市民政局		100万元	2016年10月18日	10年	鼓励和支持中国青少年素质教育，开展深圳及全国青少年创造力素养培育。
B-10	长安慈—环境保护慈善信托	江苏中丹化工技术有限公司	长安国际信托股份有限公司	西安市民政局	北京德和衡律师事务所	100万元	2016年10月	10年	保护生态环境。

续表

序号	信托名称	委托人	受托人	备案（审批）部门	监察人	信托财产（规模/类型）	成立时间	存续时间	信托目的
B-11	紫金信托—厚德6号慈善信托计划	南京市慈善总会	紫金信托有限责任公司	南京市民政局	立信会计师事务所江苏分所	100万元	2016年11月24日	不短于12个月	为捐助、救助困难家庭中的罹患大病的儿童和残障儿童等慈善用途。
B-12	蓝天至爱1号慈善信托	上海市慈善基金会	安信信托股份有限公司	上海市民政局	上海市联合律师事务所	1亿元	2016年11月29日	不设置存续期限	符合法律法规规定的慈善公益事业，实现委托人助力慈善事业发展的目的。
B-13	"上善"系列浦发银行"放眼看世界"困难家庭眼疾儿童公益手术健康项目慈善信托	上海浦东发展银行股份有限公司	上海国际信托有限公司	上海市民政局	上会计师事务所	不低于100万元	2016年12月13日	10年	向"上海市困难家庭手术公益慈善项目"困难家庭眼疾儿童捐赠，用于帮助困难家庭眼疾儿童免费实施手术治疗，提高双眼视功能，改善面容外观，治疗眼疾，挽救致盲，促进儿童身心健康发展。
B-14	中航信托·天启977号爱飞客公益慈善信托集合信托计划	中航通用飞机有限责任公司、中航信托股份有限公司工会委员会	中航信托股份有限公司	南昌市民政局	北京六明律师事务所	100万元	—	5年	用于航空知识培训，航空科普，支持教育，精准扶济困，弘扬社会正义，绿色环保等。

续表

序号	信托名称	委托人	受托人	备案（审批）部门	监察人	信托财产（规模/类型）	成立时间	存续时间	信托目的
B-15	粤财·德睿慈善信托计划	珠海市德睿企业管理有限公司	广东粤财信托有限公司	广州市民政局	北京大成（广州）律师事务所	11万元	2016年12月13日	无固定期限	帮助孤儿、特困户、五保户等。
B-16	中国平安教育慈善信托计划	28名自然人、深圳市社会公益基金会	平安信托有限责任公司	深圳市民政局	无	226.6万元	2016年9月1日	永续	用于教育发展等慈善事业。
B-17	川信·锦绣未来慈善信托计划	成都市慈善总会	四川信托有限公司	成都市民政局	泰和泰律师事务所	1000万元	2016年10月12日	永续	18周岁以下的需要帮助的儿童或者涉及儿童助学、医疗、助残、疾病等公益项目。
B-18	华能信托·尊承蒲华慈善信托计划	不公开	华能贵诚信托有限公司	贵阳市民政局	无	1000万元	2016年9月1日	不短于12个月	贫困地区精准扶贫、学校教育、民族文化、济贫助弱、拥军强军等。
B-19	微笑行动慈善信托	中国妇女发展基金会	建信信托有限责任公司	合肥市民政局	无	1000万元	2016年12月28	5年	预防唇腭裂的医疗研究和社会宣传。
B-20	光大陇慈善信托计划1号	解冰华、石永和光大兴陇信托有限责任公司	光大兴陇信托有限公司	兰州市民政局	无	109.7万元	2016年12月9日	1年	扶贫济困。

附录2：我国公益慈善信托设立情况概览　275

续表

序号	信托名称	委托人	受托人	备案（审批）部门	监察人	信托财产（规模/类型）	成立时间	存续时间	信托目的
B-21	中信·北京市企业家环保基金会2016阿拉善SEE华软资本环保慈善信托	华软资本管理集团股份有限公司	中信信托有限责任公司、北京市企业家环保基金会	北京市民政局	北京市中伦律师事务所	100万元	2016年12月	5年	资助和扶持中国民间环保NGO的成长，以实现生态环境保护事业的可持续性发展。
B-22	北京市企业家环保基金会2016阿拉善SEE公益金融班环保慈善信托	自然人	北京市企业家环保基金会	北京市民政局	北京市中伦律师事务所	100万元	2016年12月	10年	资助和扶持中国民间环保公益组织的成长，以实现生态环境保护事业的可持续性发展。
B-23	中信信托2016年航天科学慈善信托	中信聚信北京资本管理有限公司	中信信托有限责任公司	北京市民政局	北京市中盛律师事务所	660万元	2016年12月	3年	资助和扶持中国民间环保公益组织的成长，以实现生态环境保护事业的可持续性发展。
B-24	国元慈善信托	安徽国元控股（集团）有限责任公司	安徽国元信托有限责任公司	合肥市民政局	安徽中天恒律师事务所	1300万元	2017年1月6日	3年	公益慈善。

续表

序号	信托名称	委托人	受托人	备案（审批）部门	监察人	信托财产（规模/类型）	成立时间	存续时间	信托目的
B-25	中铁信托·明德1号宜化化工环保慈善信托	湖北宜化化工股份有限公司	中铁信托有限责任公司	成都市民政局	北京兆实律师事务所	700万元	2017年2月22日	5年	资助环保社会组织的设立、环保社会组织开展的环保活动及环保相关的奖励活动。
B-26	北京信托2017年大病关爱慈善信托	广州永万投资有限公司	北京国际信托有限公司	北京市民政局	北京市环球律师事务所	30万元	2017年4月5日	1年	用于扶贫济困、医疗救助等慈善领域。
B-27	"弘毅1号"——社区养老公益组织扶持慈善信托	上海弘毅证善实业发展集团有限公司	海南弘毅扶贫慈善基金会	海南省民政厅	上海衡定会计师事务所	100万元	2017年2月16日	10年	优质社区居家养老公益服务项目的开发、实施、宣传、评估、推广；培训社区居家养老公益服务专业人才；奖励优秀社区居家养老公益服务项目/组织；举办社区居家养老公益组织行业交流会/论坛等。
B-28	天顺〔2016〕206号中国扶贫慈善信托	江西省老区建设促进会	中航信托股份有限公司，中国扶贫基金会	南昌市民政局	江西省老区建设促进会	100万元	2017年1月23日	无固定期限	以扶贫为主要慈善目的。
B-29	国投泰康2016年国投慈善2号慈善信托	国家开发投资公司	国投泰康信托有限公司	北京市民政局	上海市锦天城律师事务所	3000万元	2017年4月21日	5年	贫困地区群众生活改善、教育支持。

续表

序号	信托名称	委托人	受托人	备案（审批）部门	监察人	信托财产（规模／类型）	成立时间	存续时间	信托目的
B-30	国投泰康信托2017真爱梦想2号教育慈善信托	自然人	国投泰康信托有限公司	北京市民政局	中盛律师事务所	公允价值为48万元的股权	2017年4月21日	5年	支持全国素养教育研究与推广项目。
B-31	长安慈—民生001号慈善信托	内蒙古自治区慈善总会	长安国际信托有限公司	西安市民政局	无	100万元	2017年5月3日	10年	开展慈善活动，促进社会发展。
B-32	陕国投·公益助学慈善信托	不公开	陕西省国际信托股份有限公司	西安市民政局	北京大成（西安）律师事务所	1000万元	2017年5月22日	10年	为发展教育事业，帮助贫困学生，助其顺利就学，并解决学习等各项困难。
B-33	中信·何享健慈善基金会2017顺德社区慈善信托	美的控股有限公司	广东省何享健慈善基金会中信信托有限责任公司	广东省民政厅	无	4.92亿元	2017年5月27日	永续	支持顺德区的扶贫、救济、养老、教育、文化建设，用于支持建设更具人文性和富有吸引力的顺德社区。
B-34	百瑞仁爱·映山红慈善信托	中国共产主义青年团国家电力投资集团公司委员会	百瑞信托有限责任公司	郑州市民政局	北京大成（郑州）律师事务所	335.14万元	2017年6月	20年	扶危济困。

续表

序号	信托名称	委托人	受托人	备案（审批）部门	监察人	信托财产（规模/类型）	成立时间	存续时间	信托目的
B-35	大同系列－同心扬梦慈善信托计划	自然人	山东省国际信托股份有限公司	山东省民政厅	无	1万元	2017年7月13日	无固定期限	公益慈善。
B-36	邢白家族－慈善信托	邢白家族	山东省国际信托股份有限公司	山东省民政厅	无	1000万元	2017年7月14日	无固定期限	公益慈善。
B-37	中信·上海市慈善基金会2017蓝天至爱2号慧福慈善信托	上海市慈善基金会、中信信托有限责任公司	上海市慈善基金会、中信信托有限责任公司	上海市民政局	上海融孚律师事务所	600万元	2017年8月15日	10年	扶持和帮助孤寡病残等非特定群体。
B-38	华能信托新风祥慈善信托计划	新风祥集团	华能贵诚信托有限公司	贵阳市民政局	北京银行	1000万元	2017年8月15日	5年	公益慈善。
B-39	川信·帮一帮慈善信托	四川省慈善总会	四川信托有限公司	成都市民政局	四川省慈善总会	100万元	2017年8月17	永续	扶贫、救灾、救助项目。
B-40	百瑞仁爱·甘霖慈善信托	中外建建设发展（上海）有限公司	百瑞信托有限责任公司	郑州市民政局	刘梅	153万元	2017年8月25日	永续	致力于开展救济贫困，扶老救孤，恤病助残；以及促进教育，科学，文化，环保等事业发展的慈善活动。

附录2：我国公益慈善信托设立情况概览   279

续表

序号	信托名称	委托人	受托人	备案（审批）部门	监察人	信托财产（规模/类型）	成立时间	存续时间	信托目的
B-41	天信世嘉·信德黑大同窗互助慈善信托	自然人	天津信托有限责任公司	天津市民政局	上海锦天城（天津）律师事务所	15.1万元	2017年8月31日	10年	无偿捐助根据信托文件的规定筛选确定的因重大疾病或其他特殊困难需要帮助的黑龙江大学校友。
B-42	长安慈—杨凌精准扶贫慈善信托	杨凌示范区慈善协会、杨陵区精准扶贫办公室	长安国际信托股份有限公司	西安市民政局	杨凌示范区审计局	500万元	2017年9月4日	3年	用于精准扶贫工作。
B-43	万向信托-艺酷慈善信托	不公开	万向信托股份公司	杭州市民政局	无	首期信托财产为委托人收藏的著名画家曹彬画作41幅（动产），含资金和财产权共计不低于10万元	2017年9月11日	永续	用于包括但不限于发展教育、科学、文化、体育、卫生、扶贫、济困、扶老、救孤、助残、救助灾害事件及其他公益社会公益事业、环境及其他社会公益活动。
B-44	中航信托·绿色生态慈善信托	中航信托股份有限公司	中航信托股份有限公司（主要）；中华环境保护基金会	南昌市民政局	广州市联合公益发展中心	50万元	2017年9月15日	无固定期限	环保。

续表

序号	信托名称	委托人	受托人	备案（审批）部门	监察人	信托财产（规模／类型）	成立时间	存续时间	信托目的
B-45	幸福传承慈善信托	自然人	万向信托股份公司	杭州市民政局	无	1万元	2017年8月31日	永续	弘扬社会主义精神文明，倡导家庭精神理念，发展家族文化事业，传承促进研究教育活动。
B-46	中国水源地保护慈善信托	民生人寿保险公益基金会、阿里巴巴公益基金会	万向信托股份公司	杭州市民政局	无	1000万元	2017年7月31日	永续	目标是通过开展流域面源治理、生态保护与修复、水源地水质提升，并通过整合资源发展流域内乡村生态产业，引领社会的绿色消费以带动乡村经济发展。
B-47	中江国际•公益救助慈善1号集合资金信托计划	江西国际信托股份有限公司工会委员会	中江国际信托股份有限公司	南昌市民政局	江西启东律师事务所	30万元	2017年9月25日	永续	资助贫困家庭子女进入院校学习，针对贫困地区城乡大病困难群众进行慈善救助。
B-48	金谷信托2017信达大爱1号（扶贫及教育）慈善信托	中国信达资产管理股份有限公司新疆维吾尔自治区分公司	中国金谷国际信托有限责任公司	北京市民政局	北京市中盛律师事务所	30万元	2017年9月25日	5年	扶贫、济困及促进教育发展。

附录2：我国公益慈善信托设立情况概览 281

续表

序号	信托名称	委托人	受托人	备案（审批）部门	监察人	信托财产（规模/类型）	成立时间	存续时间	信托目的
B-49	金谷信托2017信达大爱2号（扶贫及教育）慈善信托	中国信达资产管理股份有限公司	中国金谷国际信托有限责任公司	北京市民政局	北京市中盛律师事务所	90万元	2017年10月6日	5年	改善贫困地区群众生活，教育支持。
B-50	川信·尊悦豪生慈善信托计划1号	成都市慈善总会	四川信托有限公司	成都市民政局	泰和泰律师事务所	190万元	2017年10月9日	2年	公益慈善。
B-51	新华信托·华恩1号教育扶贫慈善信托	重庆市慈善总会	新华信托股份有限公司	重庆市民政局	无	20万元	2017年10月18日	10年	支持我国教育扶贫事业。
B-52	瑞华公益轮椅助你行慈善信托	不公开	江苏省瑞华慈善基金会	江苏省民政厅	无	100万元	2017年11月23日	3年	向医院、机场、火车站、汽车站、旅游景点等公共场合免费提供出借轮椅服务。
B-53	紫金信托·厚德7号慈善信托	南京市慈善总会	紫金信托有限责任公司	南京市民政局	立信会计师事务所江苏分所	100万元	2017年11月23日	不少于1年	用于捐助、救助困难家庭中罹患大病的儿童和残障儿童。
B-54	广东省扶贫开发协会粤财扶贫慈善信托	广东省扶贫开发协会	广东粤财信托有限公司	广州市民政局	北京大成（广州）律师事务所	100万元	2017年11月24日	3年	公益慈善。

续表

序号	信托名称	委托人	受托人	备案(审批)部门	监察人	信托财产(规模/类型)	成立时间	存续时间	信托目的
B-55	全国金融青联东方爱心慈善信托计划	自然人	大业信托有限责任公司	广州市民政局	北京市中伦文德(广州)律师事务所	10万元	2017年11月27日	10年	支持金融行业开展的慈善活动。
B-56	外贸信托2017年度·中国银行·满堂红教育慈善信托	自然人	中国对外经济贸易信托有限公司	北京市民政局	北京市中咨律师事务所	724.9万元	2017年12月4日	永续	奖励优秀教师员工、品学兼优的学生，改善教学条件，促进基础教育。
B-57	中航信托·天启2017 408号爱飞客公益集合信托计划二期	中航信托股份有限公司、中航爱飞客基金管理有限公司	中航信托股份有限公司	南昌市民政局	北京六明律师事务所	70万元	2017年12月19日	5年	航空培训教育、航空科普、精准扶贫等。
B-58	昆仑信托2017年·昆仑爱心一号助医慈善信托	自然人	昆仑信托有限责任公司		宁波市鄞州区慈善总会	81.22万元	2017年12月	10年	为患病的困难群众提供医疗救助资金。
B-59	昆仑信托2017年·昆仑爱心二号助医慈善信托	自然人	昆仑信托有限责任公司		宁波市鄞州区慈善总会	67.82万元	2017年12月	10年	为患病的困难群众提供医疗救助资金。

附录2：我国公益慈善信托设立情况概览　283

续表

序号	信托名称	委托人	受托人	备案（审批）部门	监察人	信托财产（规模/类型）	成立时间	存续时间	信托目的
B-60	昆仑信托2017年·昆仑爱心三号助医慈善信托	自然人	昆仑信托有限责任公司	宁波市民政局	宁波市鄞州区慈善总会	36.77万元	2017年12月	10年	为患病的困难群众提供医疗救助资金。
B-61	长安－老牛基金会教育慈善信托	老牛基金会	长安国际信托股份有限公司	西安市民政局	无	100万元	2017年12月27日	10年	促进内蒙古自治区教育事业发展。
B-62	百瑞仁爱·金庚慈善信托	北京长江科技扶贫基金会	百瑞信托有限责任公司	郑州市民政局	北京大成（郑州）律师事务所	294万元	2017年12月8日	30年	用于脑瘫患儿、困境儿童救助、脑瘫医护人员培训、脑瘫救治研究和医学交流等。
B-63	五矿信托－三江源精准扶贫1号慈善信托	五矿证券有限公司	五矿国际信托有限公司	青海省民政厅	无	50万元	2017年12月27日	2年	用于支持甘肃省扶贫开发工作。
B-64	五矿信托－三江源思源2号慈善信托	三江源生态保护基金会	五矿国际信托有限公司	青海省民政厅	无	50万元	2019年3月27日	10年	用于资助三江源国家生态综合试验区内资源与生态保护项目。
B-65	五矿信托－三江源精准扶贫3号慈善信托	北京中维房地产开发有限公司	五矿国际信托有限公司	青海省民政厅	无	100万元	2018年9月20日	3年	青海省扶贫开发工作。

续表

序号	信托名称	委托人	受托人	备案（审批）部门	监察人	信托财产（规模/类型）	成立时间	存续时间	信托目的
B-66	山西信托·晋善慈善信托	山西省慈善总会	山西信托股份有限公司	太原市民政局	山西省慈善总会	100万元	2017年12月28日	无固定期限	用于省内的扶贫、济困扶老、救孤、恤病、优抚、救助自然灾害、事故灾难和公共卫生事件等突发事件造成的损害，促进教育、科学文化卫生体育等事业发展，科学文化卫生体育的发展，防治污染和其他公害，保护改善生态环境及慈善法规定的其他公益活动。
B-67	苏信·慈心1号慈善信托	苏州市慈善基金会	四川信托有限公司	苏州市民政局	江苏新天伦律师事务所	1万元	2018年1月19日	10年	对贵州铜仁思南教育改革和发展进行扶持。
B-68	四川信托－中民慈善捐助信托	中民慈善捐助信息中心	四川信托有限公司	成都市民政局	泰和泰律师事务所	350万元	2018年1月9日	10年	公益慈善。
B-69	苏信·善举1号慈善信托	苏州市慈善基金会	苏州信托有限公司	苏州市民政局	江苏新天伦律师事务所	1万元	2018年1月19日	10年	支持苏州市姑苏区扶贫、教育等领域公益项目。
B-70	苏信·善举2号慈善信托	苏州市慈善基金会	苏州信托有限公司	苏州市民政局	江苏新天伦律师事务所	1万元	2018年1月19日	10年	支持苏州市吴中区扶贫、教育等领域公益项目。

续表

序号	信托名称	委托人	受托人	备案（审批）部门	监察人	信托财产（规模/类型）	成立时间	存续时间	信托目的
B-71	中融信托·苏州高新区女企业家协会关爱妇女儿童慈善信托	苏州高新区女企业家协会	苏州高新区狮山街道社区发展基金会、中融国际信托有限公司	苏州高新（虎丘区）民政局	北京市汉坤律师事务所	146.6万元	2018年1月19日	5年	公益慈善。
B-72	中国信托业·长安慈·四川慈善总会·定点扶贫慈善信托	四川省慈善总会、北京长安信托公益基金会	长安国际信托股份有限公司	西安市民政局	锦天城律师事务所	90万元	2018年2月6日	5年	促进甘肃省临洮县、和政县扶贫事业的发展。
B-73	北京信托2018年度艺术梦想001号教育慈善信托	天津常青藤文化传播有限公司	北京国际信托有限公司	北京市民政局	北京市环球律师事务所	100万元	2018年2月11日	10年	促进美术教育事业发展，推动文化艺术领域进步。
B-74	天信世嘉·信德大田集团爱心助学慈善信托	天津大田集团有限公司	天津信托有限责任公司、天津市福老基金会	天津市民政局	上海锦天城（天津）律师事务所	30万元	2017年12月28日	5年	发展天津市教育事业，帮助品学兼优或贫困学生完成学业。

续表

序号	信托名称	委托人	受托人	备案（审批）部门	监察人	信托财产（规模/类型）	成立时间	存续时间	信托目的
B-75	天信世嘉·信德大田集团见义勇为慈善信托	天津大田集团有限公司	天津信托有限责任公司，天津市福老基金会	天津市民政局	上海锦天城（天津）律师事务所	20万元	2017年12月28日	5年	优抚见义勇为公民。
B-76	国投泰康信托·2018甘肃临洮产业扶贫慈善信托	临洮县扶贫开发办公室	国投泰康信托有限公司	北京市民政局	北京市中盛律师事务所	320万元	2018年3月26日	5年	通过支持甘肃临洮贫困地区特色产业发展，对当地贫困群众帮扶，教育帮助当地困难群众实现脱贫。
B-77	金合信托2018丝绸之路（科研）1号慈善信托	深圳丹枫科技投资有限公司	中国金谷国际信托有限责任公司	北京市民政局	北京市中盛律师事务所	600万元	2018年3月22日	10年	支持"一带一路"领域研究项目，服务"一带一路"建设。
B-78	成都-壹基金青少年与未来防灾体验馆设备设施维护与更换基金慈善信托	不公开	平安信托有限责任公司	深圳市民政局	无	1000万元	2018年3月23日	10年	对成都-壹基金青少年与未来防灾体验馆的设备设施维护、更换和添置资助。
B-79	兴辰慈善信托	涂业兴、李美辰夫妇	深圳市社会公益基金会	广东省民政厅	叶大伟	10万元	2017年12月4日	永续	将信托资金以慈善资助方式有效用于推动教育、医疗等领域的创新项目和青年行动。

附录2：我国公益慈善信托设立情况概览 287

续表

序号	信托名称	委托人	受托人	备案（审批）部门	监察人	信托财产（规模/类型）	成立时间	存续时间	信托目的
B-80	大鹏半岛生态文明建设慈善信托	深圳市大鹏新区管理委员会	深圳市社会公益基金会	广东省民政厅	王引	1000万元	2018年1月30日	永续	推动深圳大鹏半岛生态文明建设。
B-81	厦门信托－重庆中瑞思成古建筑文化研究院（有限公司）承慈善信托	重庆中瑞思成古建筑文化研究院（有限公司）	厦门国际信托有限公司	厦门市民政局	上海锦天城（厦门）律师事务所刘璇	100万元	2018年1月4日	20年	中国传统文化保护传承。
B-82	国贸惠农慈善信托	不公开	山东省国际信托股份有限公司	济南市民政局	无	2000万元	2018年3月28日	永续	荷泽市巨野县扶贫开发或救助等扶贫、救助慈善项目。
B-83	中融信托·花见爱心公益慈善信托	不公开	中融国际信托有限公司	哈尔滨市民政局	浙江花见资产管理有限公司，北京市汉坤律师事务所	50万元	2018年4月2日	50年	为贫困群众提供扶贫济困、医疗救助、教育体育发展支持。
B-84	中信信托2018光华科技基金会扶贫助困慈善信托	中国光华科技基金会	中信信托有限责任公司	北京市民政局	北京大成律师事务所	124.26万元	2018年4月8日	永续	资助贫困家庭，帮助贫困户脱贫，防止贫困户脱贫后返贫等。

续表

序号	信托名称	委托人	受托人	备案（审批）部门	监察人	信托财产（规模/类型）	成立时间	存续时间	信托目的
B-85	山东信托招行私行彬彬慈善信托	不公开	山东省国际信托股份有限公司	济南市民政局	无	500万元	2018年4月27日	永续	自主教育、扶贫、赈灾等公益慈善事业。
B-86	华润信托·和园文化保育慈善信托计划	广东省和的慈善基金会	华润深国投信托有限公司	深圳市民政局	无	3000万元	2018年4月27日	永续	支持和园文化发展中心。
B-87	万向信托－明月律师助学慈善信托	高明月	万向信托股份有限公司	杭州市民政局	上海复恩社会组织法律研究与服务中心	10万元	2018年6月21日	永续	用于资助贫困学生学业，资助教育项目开发，促进教育水平提高。
B-88	深圳壹基金公益基金会－林氏家族慈善信托	云南柏丰投资（集团）有限公司	深圳壹基金公益基金会	深圳市民政局	无	1500万元	2018年5月16日	10年	为潮汕地区的儿童提供支持和资助。
B-89	中国民生信托2018甘肃临洮民生精准扶贫慈善信托	甘肃省临洮县扶贫开发办公室	中国民生信托有限公司	北京市民政局	北京市中盛律师事务所	100万元	2018年7月14日	5年	支持甘肃贫困地区特色产业发展，文化教育帮扶等。

附录2：我国公益慈善信托设立情况概览 289

续表

序号	信托名称	委托人	受托人	备案（审批）部门	监察人	信托财产（规模/类型）	成立时间	存续时间	信托目的
B-90	中诚信托2018年度善爱扶贫慈善信托	临洮县扶贫开发办公室	中诚信托有限责任公司	北京市民政局	北京市中盛律师事务所	100万元	2018年7月9日	5年	支持甘肃贫困地区特色产业发展、文化教育帮扶等，帮助当地尽快实现脱贫。
B-91	中航信托·天顺2018 86号中扶贫临洮百合百家慈善信托	中航信托股份有限公司	中航信托股份有限公司、中国扶贫基金会	南昌市民政局	北京六明律师事务所	30万元	2018年3月15日	无固定期限	用于中国扶贫事业，具体为由中国扶贫基金会确定的扶贫慈善项目。
B-92	西部信托·精准扶贫1号	自然人	西部信托有限公司	西安市民政局	北京金城同达（西安）律师事务所	10万元	2018年7月12日	2年	对陕西省渭南市白水县杨武村实施精准扶贫。
B-93	天信世嘉·信德养老助困01期	天津信托有限责任公司	天津信托有限责任公司、天津市福老基金会	天津市民政局	上海锦天城（天津）律师事务所	50万元	2018年7月23日	2年	通过为天津市内低保收入老年人投保个人健康意外险等形式提高其基础社会保障水平。
B-94	陕西上市公司助力脱贫攻坚	陕西省国际信托股份有限公司等	陕西省国际信托股份有限公司	西安市民政局	北京大成（西安）律师事务所	186.51万元	2018年7月31日	10年	将信托资金捐助给陕西省贫困学生或失学青少年。
B-95	上信上善慈善信托	上海国际信托有限公司、刘慧	上海国际信托有限公司	上海市民政局	上海邦信阳中建中汇律师事务所	600.8万元	2018年2月24日	无固定期限	公益慈善。

290　中国慈善信托法基本原理

续表

序号	信托名称	委托人	受托人	备案（审批）部门	监察人	信托财产（规模/类型）	成立时间	存续时间	信托目的
B-96	中信信托·农银2018李玉爱慈善信托	李玉爱	广东省一心公益基金会、中信信托有限责任公司	广东省民政厅	无	3000万元	2018年2月27日	永续	用于救助广东省内患有先天性心脏病的儿童。
B-97	天信世嘉·信德精准帮扶01期慈善信托	天津信托有限责任公司	天津信托有限责任公司、天津市福老基金会	天津市民政局	上海锦天城（天津）律师事务所	40万元	2018年8月28日	1年	公益慈善。
B-98	天信世嘉·信德精准帮扶02期慈善信托	天津信托有限责任公司	天津信托有限责任公司、天津市福老基金会	天津市民政局	上海锦天城（天津）律师事务所	40万元	2018年8月28日	1年	公益慈善。
B-99	天信世嘉·信德精准帮扶03期慈善信托	天津信托有限责任公司	天津信托有限责任公司、天津市福老基金会	天津市民政局	上海锦天城（天津）律师事务所	40万元	2018年8月28日	1年	公益慈善。
B-100	鲁冠球三农扶志基金慈善信托	鲁伟鼎	万向信托股份有限公司	杭州市民政局	无	6亿元	2018年6月29日	永续	支持三农事业。

附录2：我国公益慈善信托设立情况概览　291

续表

序号	信托名称	委托人	受托人	备案（审批）部门	监察人	信托财产（规模/类型）	成立时间	存续时间	信托目的
B-101	杭工信·之江1号生态保护慈善信托	中建投信托股份有限公司、万向信托股份有限公司、杭州工商信托股份有限公司	杭州工商信托股份有限公司	杭州市民政局	无	75万元	2018年9月3日	3年	用于捐助中国境内从事生态环境保护公益事业的个人、组织或治法人机构。
B-102	绿色阳光慈善信托	北京绿色阳光环保公益基金会	万向信托股份公司	杭州市民政局	无	1万元	2018年9月13日	永续	支持环保事业。
B-103	中建投信托·银信封慈善信托1号	自然人	中建投信托股份有限公司	杭州市民政局	无	13.2万元	2018年9月3日	2年	支持落后地区的学校在科教文卫方面的发展，包括但不限于向"银信封计划"所选定的学校、老师或学生提供经济资助。
B-104	新华信托·华恩5号西藏民族教育扶贫慈善信托	重庆市慈善总会	新华信托股份有限公司	重庆市民政局	无	15万元	2018年7月3日	10年	重点着力于支持我国西藏民族教育扶贫事业。

续表

序号	信托名称	委托人	受托人	备案（审批）部门	监察人	信托财产（规模/类型）	成立时间	存续时间	信托目的
B-105	重庆信托·春蕾圆梦慈善信托	重庆国际信托股份有限公司，重庆路桥股份有限公司，重庆渝涪高速公路有限公司	重庆国际信托股份有限公司	重庆市民政局	无	24万元	2018年8月30日	5年	重点着力于扶贫助学，帮助贫困女高中生、女大学生完成学业，提高女性受教育程度。
B-106	五矿信托－三江源精准扶贫3号慈善信托计划	五矿证券有限公司，五矿国际信托有限公司，五矿经易期货有限公司，中国外贸金融租赁有限公司	五矿国际信托有限公司	青海省民政厅	无	1000万元	2018年9月20日	3年	用于支持云南省镇雄县，湖南省花垣县，云南省威信县，贵州省德江县精准扶贫事业。
B-107	金谷信托2018信达大爱1号（扶贫及教育）慈善信托	中国信达资产管理股份有限公司	中国金谷国际信托有限责任公司	北京市民政局备案	北京市中盛律师事务所	347万元	2017年9月21日	5年	改善贫困地区群众生活，教育支持。

续表

序号	信托名称	委托人	受托人	备案（审批）部门	监察人	信托财产（规模/类型）	成立时间	存续时间	信托目的
B-108	北京联益慈善基金会2018年度益善1号-健康益梦慈善信托	冯长林	北京联益慈善基金会	北京市民政局	北京市安杰律师事务所	1000万元	2018年9月27日	20年	基于推动扶贫开发及国民健康教育、健康保障工作而设立。
B-109	长安慈一平安天年方舟慈善信托	不公开	长安国际信托股份有限公司	西安市民政局	无	30万元	2018年10月	永续	扶老助幼，为老人、儿童等困难群体提供慈善服务。
B-110	百瑞仁爱·黄河爱心基金慈善信托	河南省慈善总会	百瑞信托有限责任公司	郑州市民政局	北京大成（郑州）律师事务所	10万元	2018年9月18日	永续	自闭症患儿救助慈善活动。
B-111	厦门信托－临夏希望之旅第一期慈善信托	多位自然人	厦门国际信托有限公司	厦门市民政局	上海锦天城（厦门）律师事务所	15.6万元	2018年9月19日	无固定期限	组织委托人（或其近亲属）亲临临夏进行扶贫济困的慈善活动，支持帮助该地区的慈善事业和项目及经济发展。
B-112	厦门信托－临夏希望之旅第二期慈善信托	多位自然人	厦门国际信托有限公司	厦门市民政局	上海锦天城（厦门）律师事务所	7.2万元	2018年10月12日	无固定期限	组织委托人（或其近亲属）亲临临夏进行扶贫济困的慈善活动，支持帮助该地区的慈善事业和项目及经济发展。

续表

序号	信托名称	委托人	受托人	备案（审批）部门	监察人	信托财产（规模／类型）	成立时间	存续时间	信托目的
B-113	"上善"系列上信汉鸣中西部地区（贵州）教育助学慈善信托	温州市瓯海区慈善总会（张汉鸣慈善公益基金）、上海国际信托有限公司及1名自然人	上海国际信托有限公司	上海市民政局	上海邦信阳中建中汇律师事务所	500万元	2018年11月9日	3年	支持贵州地区基础教育发展。
B-114	五矿信托—三江源精准扶贫8号慈善信托	青海省红十字会	五矿国际信托有限公司	青海省民政厅	无	4.48万元	2018年11月6日	2年	用于支持四川省资阳市精准扶贫事业。
B-115	五矿信托—三江源精准扶贫7号慈善信托	青海省红十字会	五矿国际信托有限公司	青海省民政厅	无	46.34万元	2018年11月6日	2年	用于支持四川省凉山彝族自治州美姑县井叶特西乡精准扶贫事业。
B-116	五矿信托—三江源精准扶贫6号慈善信托	青海省红十字会	五矿国际信托有限公司	青海省民政厅	无	46.34万元	2018年11月6日	2年	用于支持四川省凉山彝族自治州美姑县井叶特西乡精准扶贫事业。
B-117	中信登·长安慈·定点扶贫慈善信托	中国信托登记有限公司、中共临洮县委临洮县农村工作部	长安国际信托股份有限公司	西安市民政局	上海市锦天城律师事务所	30万元	2018年11月19日	3年	促进甘肃省临洮县、和政县扶贫事业的发展。

续表

序号	信托名称	委托人	受托人	备案(审批)部门	监察人	信托财产(规模/类型)	成立时间	存续时间	信托目的
B-118	川信·尊悦豪生慈善信托2号	成都市慈善总会	四川信托有限公司	成都市民政局	泰和泰律师事务所	100万元	2018年10月29日	2年	主要支持成都市慈善总会"推荐并经受托人和相关主管部门认可的扶贫项目。
B-119	粤财信托·2018润泽慈善信托计划	不公开	广东粤财信托有限公司	广州市民政局	广东四方三和律师事务所	500万元	2018年11月29日	无固定期限	包括但不限于中山大学生物医药中心胃肠道健康与疾病相关微生物组研究技术平台建设项目等医疗研究公益项目。
B-120	中航信托·创青春扶贫慈善信托	中国青年创业就业基金会、新疆青年创业就业基金会	中国青年创业就业基金会新疆青年创业就业基金会	南昌市民政局	无	50万元	2018年8月28日	不少于1年	资助和开展促进中国青年创业就业及扶贫发展的活动及项目等。
B-121	中航信托·中慈联科技扶贫慈善信托	中国慈善联合会、中航信托股份有限公司、多位自然人	中航信托股份有限公司	南昌市民政局	无	34万元	2018年9月7日	无固定期限	资助和开展促进中慈联相关扶贫就业及扶贫事业发展的活动及项目。
B-122	中航信托·青年返乡创业扶贫慈善信托	中航信托股份有限公司	中航信托股份有限公司	南昌市民政局	北京中盛律师事务所	20万元	2018年10月31日	无	鼓励青年返乡创业等。

续表

序号	信托名称	委托人	受托人	备案（审批）部门	监察人	信托财产（规模/类型）	成立时间	存续时间	信托目的
B-123	陕国投·小小志愿者在行动慈善信托计划	自然人	陕西省国际信托股份有限公司	西安市民政局	北京市京大律师事务所	0.82 万元	2018年11月29日	10年	举办少年儿童素质教育、健康成长、残障儿童救助，儿童志愿者教育等方向的"小小志愿者在行动"公益活动。
B-124	绿芽乡村慈善信托	广东省绿芽乡村妇女发展基金会	万向信托股份公司	杭州市民政局	无	100 万元	2018年12月20日	永续	用于支援农村贫困地区。
B-125	万向信托-公益金融联盟慈善信托	杭州全全投资管理有限公司、杭州道生投资管理有限公司、杭州永续企业管理咨询有限公司、浙江秘银投资管理有限公司、上海博格投资管理有限公司、上海莱魏爵供应链管理有限公司	万向信托股份公司	杭州市民政局	无	40 万元	2018年12月10日	永续	用于资助致力于推动公益金融领域的教育文化事业发展的自然人、法人或影响力投资组织、公益创投、普惠金融、慈善信托等公益金融领域的调查研究、传播教育等活动。

续表

序号	信托名称	委托人	受托人	备案(审批)部门	监察人	信托财产(规模/类型)	成立时间	存续时间	信托目的
B-126	湖畔魔豆慈善信托	浙江省湖畔魔豆公益基金会	万向信托股份有限公司	杭州市民政局	无	2.66亿元	2018年12月14日	永续	困境母亲扶助、困境儿童扶助(救助)、儿童托育、助学等符合以困境母亲和困境儿童作为主要帮扶对象,旨在推动性别平等、教育公平、倡导公民社会责任,推动社会和谐进步为宗旨的其他公益慈善项目。
B-127	浙金·乌兰察布市察哈尔右翼后旗精准扶贫慈善信托	内蒙古察哈尔右翼后旗扶贫开发办公室	浙商金汇信托股份有限公司	杭州市民政局	北京市竞天公诚律师事务所	50万元	2018年12月14日	1年	公益慈善。
B-128	浙金·露笑科技—阿拉善生态保护慈善信托	露笑科技股份有限公司	阿拉善生态基金会	内蒙古自治区民政厅	上海市锦天城律师事务所	50万元	2018年10月29日	3年	支持中国生态环境保护相关事业,促进绿色生态事业发展。
B-129	中城银信·阿拉善生态保护慈善信托	中城银信控股集团有限公司	阿拉善生态基金会	内蒙古自治区民政厅	上海市锦天城律师事务所	100万元	2018年10月29日	3年	支持绿色环保事业。
B-130	川信-临洮定向扶贫慈善信托	成都市慈善总会、临洮县扶贫开发办公室	四川信托有限公司	成都市民政局	泰和泰律师事务所	40万元	2018年11月19日	永续	公益慈善。

续表

序号	信托名称	委托人	受托人	备案（审批）部门	监察人	信托财产（规模/类型）	成立时间	存续时间	信托目的
B-131	百瑞仁爱·沃特节能慈善信托	郑州沃特节能科技股份有限公司、北京博能志愿公益基金会	百瑞信托有限责任公司	郑州市民政局	王丽	32万元	2018年12月21日	永续	开展扶贫项目，救助困难人群及家属，资助公益组织及公益人才培养，发展环境保护事业。
B-132	百瑞仁爱·春晖慈善信托	北京博能志愿公益基金会	百瑞信托有限责任公司	郑州市民政局	北京大成（郑州）律师事务所	73.34万元	2018年12月25日	10年	对特定的贫困县、贫困村或贫困学校的贫困儿童、留守儿童进行定点持久资助。
B-133	陕国投·实地集团扶贫济困慈善信托	广州实地房地产开发有限公司	广州市慈善会、陕西省国际信托股份有限公司	广州市民政局	广东岭南律师事务所	2000万元	2018年12月19日	10年	公益项目。
B-134	粤财信托·2018扶贫济困慈善信托计划	中共广东粤财信托有限公司委员会	广东粤财信托有限公司	广州市民政局	北京大成（广州）律师事务所	6万元	2018年12月20日	3年	用于慈善法规定的公益活动，以及金融扶贫的方式推动定点扶贫济困工作，促进定点扶贫地区农户脱贫致富。
B-135	粤财信托·2018爱蕾慈善信托计划	中共广东粤财信托有限公司委员会	广东粤财信托有限公司	广州市民政局	北京大成（广州）律师事务所	6万元	2018年12月20日	3年	符合慈善法规定的公益活动，为困难儿童提供基本生活保障、重大疾病医疗和教育等方面资助或服务。

续表

序号	信托名称	委托人	受托人	备案（审批）部门	监察人	信托财产（规模/类型）	成立时间	存续时间	信托目的
B-136	华宝信托·农银2018纵联慈善信托	安徽纵联置业有限公司	华宝信托有限责任公司	上海市民政局	上海勤理律师事务所	5万元	2018年12月26日	5年	中国贫困或偏远地区一至九年级义务教育阶段的学校和师生的公益事业发展。
B-137	华润信托·润心慈善信托计划	深圳市社会公益基金会	华润深国投信托有限公司	深圳市民政局	北京大成（上海）律师事务所	100万元	2018年12月29日	5年	用于各华润希望小镇的扶贫和教育项目，或其他符合《慈善法》规定的公益活动。
B-138	光大信托上善若水慈善信托	深圳市梓盛发实业集团有限公司、深圳市科名达投资有限公司、深圳市康居有限公司、深圳市誉德控股股份有限公司、深圳市隆泰投资集团有限公司、龙浩集团有限公司	光大兴陇信托有限责任公司	兰州市民政局	北京大成（上海）律师事务所	2000万元	2018年10月28日	永续	在中国境内用于救济贫困，扶老，救孤，恤残，助残，优抚，发展教育、科技、医疗卫生事业，环境保护事业等相关社会公益事业。

续表

序号	信托名称	委托人	受托人	备案（审批）部门	监察人	信托财产（规模/类型）	成立时间	存续时间	信托目的
B-139	光大陇善行2号慈善信托计划	光大兴陇信托有限责任公司、两名自然人	光大兴陇信托有限责任公司	兰州市民政局	无	9.7万元	2018年12月28日	2年	基于定点扶贫和对口帮扶目的，扶持甘肃省、和政、临洮三县的教育公益慈善事业发展。
B-140	光大信托—秦晅土教育慈善信托	江苏建宁府置业有限公司	光大兴陇信托有限责任公司	兰州市民政局	无	100万元	2018年12月21日	永续	发展教育、医疗、卫生、环保、社会公益设施，以及对特殊群体的救助等。
B-141	五矿信托—三江源精准扶贫9号慈善信托	五矿证券有限公司	五矿国际信托有限公司	青海省民政厅	无	37万元	2018年12月26日	2年	用于支持甘肃省临洮县精准扶贫事业，包括但不限于投向教育扶贫、产业扶贫、就业扶贫等基础设施建设、扶贫开发项目，以实现区域发展等扶贫事业的慈善目的。
B-142	五矿信托—三江源精准扶贫10号慈善信托	五矿证券有限公司	五矿国际信托有限公司	青海省民政厅	无	33万元	2018年12月26日	2年	用于支持贵州省六枝特区精准扶贫事业，包括但不限于投向教育扶贫、基础设施建设、就业扶贫、产业扶贫等扶贫开发项目，以实现区域发展扶贫事业的慈善目的。

附录2：我国公益慈善信托设立情况概览 301

续表

序号	信托名称	委托人	受托人	备案（审批）部门	监察人	信托财产（规模/类型）	成立时间	存续时间	信托目的
B-143	五矿信托-三江源精准扶贫11号慈善扶贫信托	五矿证券有限公司	五矿国际信托有限公司	青海省民政厅	无	30万元	2018年12月26日	2年	用于支持贵州省六枝特区精准扶贫事业，包括但不限于投向教育扶贫、基础设施建设、就业扶贫、产业扶贫，扶贫开发项目，以实现发展区域扶贫事业的慈善目的。
B-144	中诚信托·中国信托业保障基金公司·2018内蒙古察右中旗扶贫慈善信托	察右中旗扶贫发展中心	中诚信托有限责任公司	北京市民政局	北京市中盛律师事务所	50万元	2018年12月17日	3年	扶贫攻坚，对内蒙古察右中旗的贫困群众提供帮扶。
B-145	中诚信托·中国信托业保障基金公司·2018内蒙古察右后旗扶贫慈善信托	察右后旗扶贫开发办公室	中诚信托有限责任公司	北京市民政局	北京市中盛律师事务所	50万元	2018年12月18日	3年	扶贫攻坚，对内蒙古察右后旗的贫困群众提供帮扶。
B-146	雅安市雨城区慈善会	李丹	李丹	雅安市雨城区民政局	彭文华	3万元	2018年12月27日	3年	筹集善款，赈灾救助，负责全区范围慈善工作指导等。

续表

序号	信托名称	委托人	受托人	备案（审批）部门	监察人	信托财产（规模/类型）	成立时间	存续时间	信托目的
B-147	北京信托·2018光彩扶贫慈善信托001号	北京光彩公益基金会	北京国际信托有限公司	北京市民政局	北京京益社会组织服务中心	475万元	2018年12月30日	永续	以扶贫济困为目的，将信托财产用于贫困群众等困难群体，或者产业扶贫等慈善活动。
B-148	紫金信托·小银星女童助学慈善信托	南京小银星艺术培训学校	紫金信托有限责任公司	南京市民政局	上海市锦天城（南京）律师事务所	10万元	2018年11月9日	不短于1年	用于为老少边穷地区和城市困难家庭弱势女童提供求学方面的必要资金等慈善用途。
B-149	紫金信托·厚德8号	南京慈善总会	紫金信托有限责任公司	南京市民政局	立信会议师事务所江苏分所	100万元	2018年11月23日	不短于12个月	救助困难家庭中罹患大病的儿童及残障儿童。
B-150	吴毅文慈善信托	毛积孝	南京市慈善总会	南京市民政局	周明、马茂明、蒋勇	904.8万元	2018年12月5日	永续	用于捐助、救助贫困学生及患重大疾病的贫困少年儿童等慈善用途。
B-151	紫金信托·小银星女童助学2号	南京市慈善总会	紫金信托有限责任公司	南京市民政局	上海锦天城（南京）律师事务所	20万元	2018年12月28日	不短于12个月	向老少边穷地区和城市困难家庭弱势女童提供求学生活资金、所需物资、助学服务等慈善目的。

续表

序号	信托名称	委托人	受托人	备案（审批）部门	监察人	信托财产（规模/类型）	成立时间	存续时间	信托目的
B-152	天信世嘉·信德大通投资集团有限公司爱心助学慈善信托	天津大通投资集团有限公司	天津信托有限责任公司（受托人一）天津市慈善协会（受托人二）	天津市民政局	上海锦天城（天津）律师事务所	600万元	2018年11月8日	1年	促进天津市教育事业发展。
B-153	消流慈善信托	不公开	万向信托股份公司	杭州市民政局	无	101万元	2019年1月3日	永续	用于资助文化传统、科学技术、非物质文化遗产传承保护及其他符合慈善法规定的目的。
B-154	东莞信托·善信一丰泰慈善信托	东莞市慈善会	东莞信托有限公司	东莞市民政局	中审众环会计师事务所广东分所	200万元	2019年1月7日	5年	信托资金用于无偿捐助受托人按照文件规定筛选确定的受益人，以开展慈善活动。
B-155	东莞信托·善信一莞慈1号慈善信托	东莞市慈善会	东莞信托有限公司	东莞市民政局	中审众环会计师事务所广东分所	200万元	2019年1月7日	5年	信托资金用于无偿捐助受托人按照文件规定筛选确定的受益人，以开展慈善活动。
B-156	爱建信托－向日葵·无锡向日葵慈善信托	无锡向日葵助学服务中心	上海爱建信托有限责任公司	上海市民政局	上海市锦天城律师事务所	30万元	2019年1月22日	5年	通过将信托财产用于捐赠给学校、一对一助学学生等，促进教育、科学、文化、卫生、体育等事业的发展。

续表

序号	信托名称	委托人	受托人	备案（审批）部门	监察人	信托财产（规模/类型）	成立时间	存续时间	信托目的
B-157	苏信·源溶慈善信托（善举3号）	苏州市相城区慈善基金会	苏州信托有限公司	苏州市民政局	江苏新天伦律师事务所	100万元	2019年1月24日	10年	支持扶贫、教育等领域公益项目，实现委托人关爱和资助教育扶贫公益事业的愿望。
B-158	中航信托·华美绿色慈善信托	河北华美绿色环保基金会	中航信托股份有限公司	南昌市民政局	无	25万元	2019年1月11日	无固定期限	推动当地环境保护事业，应对气候变化和促进绿色发展做出积极贡献。
B-159	中国建投帮扶慈善信托	中国建银投资有限责任公司	中建投信托股份有限公司	杭州市民政局	无	6000万元	2019年1月31日	10年	用于支持帮助贫困地区解决贫困户脱贫的内生动力问题和因农产品价格波动、因灾、因病、因学而致贫、返贫问题。巩固脱贫成果，稳定脱贫。主要用于贵州省的国家级贫困县施秉县的定点扶贫（产业、医疗、保险、教育）等。
B-160	"上善"系列上信海亮中西部地区教育助学慈善信托	浙江海亮慈善基金会、机构客户及自然人客户	上海国际信托有限公司	上海市民政局	上海邦信阳中建中汇律师事务所	600万元	2019年2月2日	5年	用于中西部地区教师来沪培训项目，支持中西部地区基础教育发展，助力中西部地区基础教育质量的提升。

附录2：我国公益慈善信托设立情况概览　305

续表

序号	信托名称	委托人	受托人	备案（审批）部门	监察人	信托财产（规模/类型）	成立时间	存续时间	信托目的
B-161	陕国投·关爱抗美援朝困难退伍老兵公益慈善信托	陕西省国际信托股份有限公司，马小珍、王楠、陆晨	陕西省国际信托股份有限公司	西安市民政局	北京观韬（西安）律师事务所	4万元	2019年2月11日	5年	信托资金用于捐助需要帮扶的抗美援朝困难退伍老兵。
B-162	山东信托·招行私行·嘉和路慈善信托	路斗恒，山东省鲁信公益基金会	山东省国际信托股份有限公司	济南市民政局	无	1000万元	2019年2月12日	不固定	资助中国境内贫困学生、优秀学生、扶贫、弘扬中华民族传统美德，支持社会公益组织发展及社会好人好事等慈善事业。
B-163	山东信托·大同2号慈善信托	山东省鲁信公益基金会	山东省国际信托股份有限公司	济南市民政局	无	12.13万元	2019年2月12日	无固定期限	资助山东省菏泽市曹县苏集镇苏集村、赵庄村、郜庄村精准扶贫领域的慈善项目。
B-164	金诚慈善信托	金葵	万向信托股份公司	杭州市民政局	北京观韬中茂（上海）律师事务所	20万元	2019年3月1日	永续	用于开展保护和发展传统文化、保护和改善生态环境等相关工作。
B-165	香暖慈善信托	全潇	万向信托股份公司	杭州市民政局	北京观韬中茂（上海）律师事务所	20万元	2019年3月1日	永续	慈善信托资金用于开展扶贫、济困、扶老、救孤、恤病、助残、优抚、救灾等慈善活动，促进教育、科技、文化、卫生、体育、环保等事业发展。

续表

序号	信托名称	委托人	受托人	备案（审批）部门	监察人	信托财产（规模/类型）	成立时间	存续时间	信托目的
B-166	诺亚慈善信托	上海诺亚公益基金会	万向信托股份公司	杭州市民政局	无	100万元	2019年3月22日	永久	用于开展扶贫、济困、扶老、救孤、恤病、助残、优抚、救灾等慈善活动，促进教育、科技、文化、卫生、体育、环保等事业发展和其他符合《慈善法》规定的公益活动。
B-167	陕国投·信诚善达扶贫济困慈善信托	南京新城发展股份有限公司	陕西国际信托股份有限公司、西安市慈善会	西安市民政局	北京市康达（苏州）律师事务所	20万元	2019年3月25日	5年	将信托资金用于经扶贫委员会表决通过的公益项目公益活动，首期信托资金用于陕西省渭南市澄城县赵庄镇武安村帮扶项目。
B-168	中融信托·星月爱心天使月善信托	—	中融国际信托有限公司	哈尔滨市民政局	无	20万元	2019年3月20日	50年	委托人基于对受托人的信任，自愿将其合法所有的财产委托给受托人，由受托人按照信托文件的约定，将信托财产用于为贫困群众提供扶贫发展支持、医疗救助、教育救济困、医疗、文化、卫生、体育等事业的发展。依照《慈善法》《慈善信托管理办法》的规定以及委托人的意愿，运用和处分，由受托人按照《慈善法》《慈善信托管理办法》的规定以及信托文件的约定，将信托财产用于为贫困群众提供扶贫、医疗救助、教育、科学、文化、卫生、体育等事业的发展。

续表

序号	信托名称	委托人	受托人	备案（审批）部门	监察人	信托财产（规模/类型）	成立时间	存续时间	信托目的
B-169	五矿信托-三江源思源2号慈善信托	三江源生态保护基金会	五矿国际信托有限公司	青海省民政厅	无	90万元	2019年3月27日	30年	委托人基于对受托人的充分信任，自愿将其合法拥有的资金委托给受托人，由受托人设立本信托，将信托财产用于保护和改善生态环境，具体用于包括但不限于资助三江源国家生态保护综合试验区内资助三江源生态保护和资助促进三江源生态保护事业发展的宣传项目，支持和资助促进三江源生态保护事业发展的科学研究与技术开发项目。
B-170	华润信托·壹基金雅安防灾减灾慈善信托	深圳壹基金公益基金会	华润深国投信托有限公司	深圳市民政局	无	500万元	2019年3月27日	10年	用于持续支持雅安市范围内的"家庭、社区、学校、城市"等多层面的防灾减灾及灾后教育行动，以持续提升公众灾害应对能力。

续表

序号	信托名称	委托人	受托人	备案（审批）部门	监察人	信托财产（规模/类型）	成立时间	存续时间	信托目的
B-171	移投行慈善信托	移投行家族办公室（广州）有限公司	万向信托股份有限公司	杭州市民政局	上海新古律师事务所	10万元	2019年4月2日	永续	用于慈善文化传承与教育研究、教育、科学、文化、卫生、体育、环境及其他社会公益事业，扶贫、济困、扶老、救孤、恤病、助残、救助灾害事件及其他公益活动。
B-172	千心千元意定监护慈善信托	上海淼泥投资管理有限公司	万向信托股份有限公司	杭州市民政局	无	0.5万元	2019年4月5日	永续	用于组建社会监护人组织，探索推广意定监护与信托相结合，服务于需要监护组织监护与帮助的人群。
B-173	恒大·中原信托·河南省扶贫基金会·慈善信托	河南省扶贫基金会	中原信托	郑州市民政局	河南世纪通律师事务所	9900万元	2019年4月16日	永续	捐赠和奖励家印高中及其师生、家印小学及其师生和家印医院及其医护人员。
B-174	中信信托江平奖学金慈善信托	北京市希望公益基金会	中信信托	北京市民政局	崔筠、董龙芳、北京平商律师事务所	209万元	2019年3月25日	永续	用于支持"江平奖学金"的发放，促进民商法学教育及法学研究的水平。

参考文献

中文著作

［美］亨利·汉斯曼，《企业所有权论》，于静译，中国政法大学出版社 2001 年版。

［美］加雷思·琼斯：《慈善法 1532—1827 史》，吕鑫译，社会科学文献出版社 2017 年版。

［美］劳伦斯.M.弗里德曼：《遗嘱、信托与继承法的社会史》，沈朝晖译，法律出版社 2017 年版。

［美］罗伯特·H·伯姆纳：《捐赠：西方慈善公益文明史》，褚蓥译，社会科学文献出版社 2017 年版。

［美］罗伯特·L·佩顿、迈克尔·P·穆迪：《慈善的意义与使命》，郭烁译，中国劳动社会保障出版社 2013 年版。

［美］玛丽恩·R.弗莱蒙特-史密斯：《非营利组织的治理》，金锦萍译，社会科学文献出版社 2016 年版。

［美］史蒂文·西瓦兹：《金融创新与监管前沿文集》，高凌云等译，上海远东出版社 2015 年版。

［美］塔玛·弗兰科：《证券化——美国结构融资的法律制度》，潘攀译，法律出版社 2009 年版。

［日］道垣内弘人：《信托法入门》，姜雪莲译，中国法制出版社 2014 年版。

［日］能见善久：《现代信托法》，赵廉慧译，中国法制出版社 2011 年版。

［日］三菱日联信托银行编著：《信托法务与实务》，张军建译，中国财政经济出版社 2010 年版。

［英］D.J.海顿著：《信托法》（第 4 版），周翼、王昊译，法律出版社 2004 年版。

［英］慈善委员会：《英国慈善委员会指引》，林少伟译，法律出版社 2017

年版。

卞耀武主编:《中华人民共和国信托法释义》,法律出版社2002年版。

陈金罗、葛云松、刘培峰、金锦萍、齐红:《中国非营利组织法的基本问题》,方正出版社2006年版。

陈向聪:《信托法律制度研究》,中国检察出版社2007年版。

褚蓥,《美国公共慈善组织法律规则》,知识产权出版社2015年版。

褚蓥,《美国私有慈善基金会法律制度》,知识产权出版社2011年版。

邓国胜主编:《公益慈善概论》,山东人民出版社2015年版。

方嘉麟:《信托法之理论与实务》,中国政法大学出版社2004年版。

高凌云:《被误读的信托——信托法原论》,复旦大学出版社2010年版。

葛伟军编译:《历史的经典与现代的典范:英国信托成文法》,法律出版社2017年版。

韩德林:《行善的艺术——晚明中国的慈善事业》,江苏人民出版社2015年版。

何宝玉:《信托法原理研究》,中国政法大学出版社2004年版。

何宝玉:《信托法原理与判例》,中国法制出版社2013年版。

何宝玉:《英国信托法原理与判例》,法律出版社2001年版。

解锟:《英国慈善信托制度研究》,法律出版社2011年版。

金锦萍、葛云松译:《外国非营利组织法译汇》,北京大学出版社2006年版。

金锦萍:《非营利法人治理结构研究》,北京大学出版社2005年版。

金锦萍:《公益信托法律制度研究》,博士后报告,中国社会科学院法学所2006年。

金锦萍:《中国非营利组织法前沿问题》,社会科学文献出版社2014年版。

金锦萍等译:《通行规则——美国慈善法指南》,中国社会出版社2007年版。

金锦萍译:《外国非营利组织法译汇》(二),社会科学文献出版社2010年版。

阚珂主编:《中华人民共和国慈善法释义》,法律出版社2016年版。

赖源河、王志诚:《现代信托法论》(增订三版),中国政法大学出版社2002年版。

李德健:《英国慈善法研究》,法律出版社2017年版。

李芳:《慈善性公益法人研究》,法律出版社2008年版。

李智仁、张大为:《信托法制案例研习》(增订六版),台北:元照出版公司

2018年版。

刘鸣炜：《信托制度的经济结构》，汪其昌译，上海远东出版社2015年版。

楼建波：《金融商法的逻辑：现代金融交易对商法的冲击与改造》，中国法制出版社2017年版。

潘秀菊：《信托法之实用权益》，台北：永然文化出版股份有限公司1996年版。

齐红：《单位体制下的民办非营利法人》，中国政法大学博士论文，2003。

沈达明：《衡平法初论》，对外经济贸易大学出版社1997年版。

施天涛，余文然：《信托法》，人民法院出版社1999年版。

王振耀主编：《〈中华人民共和国慈善法〉评述与慈善政策展望》，法律出版社2016年版。

王志诚，《信托法》，台北：五南图书出版公司2015年四版，2017年增订第六版。

汪其昌：《发现内生与人性和金融本质的法律规则：司法审判视角》，中国金融出版社2016年版。

吴弘、贾希凌、程胜：《信托法论》，立信会计出版社2003年版。

谢哲胜：《信托法》（增订五版），台北：元照出版公司2016年版。

谢哲胜：《信托法》，台北：元照出版公司2009年版。

谢哲胜：《信托法总论》，台北：元照出版公司2003年版。

信托业协会编：《慈善信托研究》，中国金融出版社2017年版。

徐孟洲主编：《信托法》，法律出版社2004年版。

《英国慈善法》，金锦萍译，社会科学文献出版社2017年版。

杨崇森：《信托业务与应用》，台北：三民书局2010年版。

杨道波等译：《国外慈善法汇编》，中国政法大学出版社2011年版。

叶赛莺：《信托法专论》，台北：新学林出版股份有限公司2013年版。

尤英夫：《信托与你》，台北：新学林出版股份有限公司2007年版。

余辉：《英国信托法：起源、发展及其影响》，清华大学出版社2007年版。

张淳：《信托法原论》，南京大学出版社1994年版。

张淳：《信托法哲学初论》，法律出版社2014年版。

张淳：《中国信托法特色论》，法律出版社2013年版。

张军建：《信托法基础理论研究》，中国财政经济出版社2009年版。

张天民：《失去衡平法的信托——信托观念的扩张与中国信托法的机遇和挑战》，中信出版社2004年版。

张亚维、魏清：《慈善的逻辑》，中国商业出版社2014年版。

赵红梅：《私法与社会法——第三法域之社会法基本理论范式》，中国政法大学出版社 2009 年版。

赵磊：《公益信托法律制度研究》，法律出版社 2008 年版。

赵廉慧：《信托法解释论》，中国法制出版社 2015 年版。

郑功成主编：《〈中华人民共和国慈善法〉解读与应用》，人民出版社 2016 年版。

中野正俊、张军建：《信托法》中国方正出版社 2004 年版。

周小明：《信托制度：法理与实务》，中国法制出版社 2012 年版。

周小明：《信托制度比较法研究》，法律出版社 1997 年版。

资中筠：《财富的归宿——美国现代公益基金会评述》，上海人民出版社 2005 年版。

资中筠：《财富的责任与资本主义演变——美国百年公益发展的启示》，上海三联书店 2015 年版。

日文著作

『信託法改正要綱試案と解説』（別冊ＮＢＬ）（2005 年）。

道垣内弘人、大村敦志、滝沢昌彦編『信託取引と民法法理』（有斐閣・2003 年）。

道垣内弘人、小野傑、福井修編『新しい信託法の理論と実務』（金融商事判例増刊 1261 号・2007 年）。

道垣内弘人『信託法』（有斐閣・2017 年）。

道垣内弘人『信託法理と私法体系』（有斐閣・1996 年）。

道垣内弘人『信託法入門』（日経文庫・2007 年）。

加藤一郎、水本浩编：《民法・信託法理論の展開：四宮和夫先生古稀記念論文集》（弘文堂・1986 年）。

姜雪莲『信託における忠実義務の展開と機能』（信山社・2014 年）。

能見善久、道垣内弘人編『信託法セミナー 3』（有斐閣・2015 年）。

能見善久『現代信託法』（有斐閣・2004 年）。

能見善久編『信託の実務と理論』（有斐閣・2009 年）。

三菱信託銀行信託研究会『信託の法務と実務〔5 訂版〕』（金融財政事情研究会・2008 年）。

四宮和夫『信託法〔新版〕』（有斐閣"法律学全集"・1989 年）。

寺本振透編『解説　新信託法』（弘文堂・2007 年）。

樋口範雄『アメリカ信託法ノートⅠ、Ⅱ』(弘文堂・2000年、2003年)。
樋口範雄『フィデュシャリーの時代』(有斐閣・1999年)。
樋口範雄『入門・信託と信託法』(弘文堂・2007年)。
小野傑、深山雅也編『新しい信託法』(三省堂・2007年)。
新井誠、神田秀樹、木南敦編『信託法制の展望』(日本評論社・2011年)。
新井誠『信託法〔第3版〕』(有斐閣・2008年)。

英文文献

Alastair Hudson, *Equity and trusts*, 7th edition, London: Routledge, 2013.

Betsy Schmidt, *Nonprofit Law: The Life Cycle of a Charitable Organization*, New York: Wolters Kluwer, 2011.

Bogert & Bogert, *Handbook of the Law of Trusts*, Minnesota: West Pub. Co., 1973.

Bruce R. Hopkins, *Fundraising Law Made Easy*, New Jersey: Wiley, 2009.

Charles Mitchel, Hayton and Mitchell, *Commentary and Cases on the Law of Trusts and Equitable Remedies*, 13th edition, London: Sweet & Maxwell, 2010.

Charles Mitchell and Susan Moody eds., *Foundations of Charity*, Oxford: Hart Publishing, 2000.

Edward C. Halbach, Jr, *Trusts, Gilbert Law Summaries*, New York: Thomas/West, 2008.

Even J. Criddle and Paul B. Miller and Robert H. Sitkoff eds., *The Oxford Handbook of Fiduciary Law*, Oxford: Oxford University Press, 2019.

Francis Gladstone, *Charity, Law and Social Justice*, London: Bedford Square Press/ NCVO, 1982.

Frank H. Easterbrook and Daniel R. Fischel, *The Economic Structure of Corporate Law*, Massachusetts: Harvard University Press, 1996.

Gary Watt, *Equity and Trusts: Directions*, 3rd edition, Oxford: Oxford University Press, 2012.

Gary Watt, *Trusts and Equity*, 5th edition, Oxford: Oxford University Press, 2012.

Gary Watt, *Trusts,* Oxford: Oxford University Press, 2004.

George G. Bogert and Dallin H.Oaks and H.Reese Hansen and Stanley D.Neeleman, *Cases and Text on the Law of Trusts*, 9th edition, Minnesota: Foundation Press 2012.

George G. Bogert, *Cases and Text on the Law of Trusts*, 8th edition, Minnesota:

Foundation Press 2008.

George T. Bogert, *Trusts,* 6th edition, Minnesota: West Pub. Co., 1987

Henry Hansmann, *The Ownership of Enterprise*, Massachusetts: Harvard University Press, 1996.

J.E.Penner, *The Law of Trusts*, 4th edition, Oxford: Oxford University Press, 2005.

James J. Fishman and Stephen Schwarz and Lloyd Hitoshi Mayer, *Nonprofit Organizations, Cases and Materials*,5th edition, Minnesota: Foudation Press, 2015.

Jill E. Martin, *Modern Equity*, 19th edition, London: Sweet & Maxwell Ltd., 2012.

Jonathan Garton, *Public Benefit in Charity Law*, Oxford: Oxford University Press, 2013.

Lusina Ho, *Trust Law in China*, Hong Kong: Sweet & Maxwell Asia, 2003.

Lynton Tucker and Nicholas Le Poidevin and James Brightwell, *Lewin on Trust*,19th edition, London: Sweet & Maxwell, 2015.

Marilyn E. Phelan, *Nonprofit: Law and Taxation*, 2d, New Mexico: Thomson Reuters, 2018.

Mark L. Ascher and Austin Wakeman Scott and William Franklin Fratcher, *Scott and Ascher on Trusts*, Vol.5, 5th edition, New York: Aspen Publishers.

Maurizio Lupoi, *Trusts: A Comparative Study*, Trans. Simon Dix, Cambridge: Cambridge University Press, 2000.

Parker & Mellows' *The Modern Law of Trusts*, 8th edition, London: Sweet & Maxwell, 2003.

Peter Luxton, *The Law of Charities*, Oxford: The Oxford University Press,2001.

Philip H. Petti, *Equity and the Law of Trusts*, 11th edition, Oxford: Oxford University Press, 2009.

Rachael P. Mulheron, *The Modern Cy-pres Doctrine: Applications and Implications*, London:UCL Press, 2006.

Sarah Wilson and Todd and Wilson, *textbook on trusts*, 8th edition, Oxford: Oxford University Press, 2007.

Scott A. W., *Abridgment of the Law of Trust*. Boston: Little Brown and Company, 1960.

Sitkoff, Robert H.; Dukeminier, Jesse. *Wills, Trusts, and Estates*, New York: Aspen Publishers 10th edition, 2017.

Todd & Watt's: *Cases & Materials on Equity and Trusts*, 5th edition, Oxford:Oxford

University Press, 2005.

Walter W. Powell & Richard Steinberg eds., *The Nonprofit Sector: A Research Handbook*, 2nd edition, CT: Yale University Press, 2006.

法律文件和立法报告书

Charities Act 2011, UK.

公益社団法人、商事法務研究会,《公益信託法改正研究会報告書》, 平成 27 年 12 月（2015）。

索　引

B

保护人（protector） 168, 175
备案制 12, 24, 37, 44, 75, 77, 78, 79, 80, 159, 180, 202, 210, 211, 229, 246
不特定受益人 65, 147, 167, 183
不完备合同 149

C

财团法人 20, 21, 34, 36, 38, 52, 90, 178, 218, 227, 233, 234, 240, 262
裁量权 27, 28, 36, 82, 85, 149, 150, 151, 152, 154, 176
慈善委员会 2, 13, 35, 36, 39, 41, 44, 48, 50, 51, 76, 82, 105, 129, 138, 153, 154, 157, 168, 180, 181, 185, 190, 309

D

道德投资 152, 153
第三领域 12, 17

F

法定信托 73
返还救济 29, 146
非意定信托 62, 71, 73, 74
非政府 13, 15, 16, 17, 33, 95, 96, 98, 134
分别管理义务 32, 142, 257

索　引　317

G

公共受托人　15, 16, 160

"公募"　100, 101

公序良俗　13, 43, 45, 232, 241

公益事业管理机构　23, 25, 43, 44, 46, 74, 75, 77, 79, 81, 82, 83, 86, 87, 88, 126, 127, 155, 159, 160, 161, 174, 178, 182, 183, 184, 185, 195, 197, 202, 203, 207, 208, 210, 245, 268

公益诉讼　71, 72, 184

公益先行信托　56, 61

共同受托人　66, 67, 92, 124, 126, 131, 137, 140, 141, 142, 143, 144, 162, 171, 177, 186, 188, 248, 254, 255, 256, 257, 261, 262

股权　57, 98, 99, 100, 111, 114, 122, 145, 148, 224, 236, 243, 262, 277

管理方法的变更　45, 195

管理受托人　132, 187, 188

归入权　29, 146

H

合同信托　63, 65, 103

豁免　11, 76, 81, 130, 135, 148, 169, 181, 213, 214

J

集合资金信托计划　37, 67, 102, 105, 109, 188, 192, 246, 259, 265, 266, 267, 268, 280

家族信托　61, 130, 137, 158, 175, 263, 264, 272

近似原则　2, 7, 32, 45, 91, 147, 148, 162, 173, 193, 198, 199, 202, 203, 204, 205, 206, 207, 208, 209, 219

救济　5, 6, 11, 29, 36, 42, 46, 50, 62, 74, 85, 88, 92, 126, 146, 156, 184, 277, 278, 299

L

利益冲突　39, 128, 144, 145, 146, 147, 148, 157, 158, 164, 185, 254

M

民事信托　27, 103, 137, 175, 192

目的信托　21, 22, 23, 24, 56, 61, 71, 79, 80, 81, 92, 168, 205, 219, 227, 228, 229, 230, 231, 232, 233, 235, 236, 237, 238, 239, 240, 241, 242

N

年金信托　44, 131, 140

Q

权利归属人　87, 91, 147, 162, 202, 203, 207, 208

S

萨拉蒙（Lester M. Salamon）23

"三个确定性"　42

善管注意义务　28, 145, 146

社会财产　30, 89, 120, 209, 241

社会法　3, 12, 16, 17, 18, 19, 20, 26, 34, 40, 97, 312

社会团结　19, 20

社会性信托　74

剩余财产的归属　197

剩余权利　96

事务执行人　59, 114, 115, 118, 132, 141, 166, 167, 177, 186, 187, 188, 190, 244, 248, 249, 250, 252, 253, 254

受益权　56, 58, 68, 81, 98, 122, 127, 148, 162, 168, 184, 194, 226, 232, 240, 263

受益人大会　105

受益人原则　44, 164, 171, 230, 231

税收　1, 3, 6, 7, 8, 9, 11, 20, 21, 22, 24, 25, 45, 46, 47, 56, 59, 61, 62, 71, 75, 76, 77, 78, 79, 80, 84, 91, 99, 100, 106, 114, 115, 116, 120, 125, 130, 132, 133, 134, 140, 141, 148, 169, 173, 176, 180, 205, 209, 211, 212, 213, 214, 215, 216, 220, 222, 223, 224, 225, 226, 227, 229, 230, 233, 234, 235, 236, 243, 249, 250, 252, 253, 256, 260, 264

税务部门　77, 84, 85, 180, 215, 223
私法　3, 12, 13, 16, 17, 18, 19, 20, 25, 26, 36, 40, 174, 175, 312
私人检察官　84, 111, 169, 178, 180
私益信托　19, 22, 23, 25, 37, 41, 42, 43, 44, 45, 46, 57, 58, 59, 60, 61, 75, 85, 86, 88, 92, 103, 105, 119, 127, 143, 146, 147, 152, 157, 158, 159, 162, 163, 164, 165, 170, 175, 179, 180, 184, 187, 188, 193, 194, 195, 196, 200, 202, 211, 218, 231, 232, 235, 236, 238, 252, 263
损害赔偿责任　149

T

投资权　28, 112, 139, 150, 151, 260
托管受托人　131, 248

W

完全公益性　47, 51, 53, 54, 57, 209, 263, 264

X

新受托人的选任　161, 190
信托报酬　37, 54, 55, 144, 145, 157, 158, 226
信托当事人　41, 109, 135, 137, 146, 177, 178, 179, 188, 190, 193, 195, 196, 197, 198, 210
信托的变更　45, 193, 194, 196, 239, 240
信托的存续期间　194
信托的定义　6, 73, 236
信托的分类　22, 114, 231
信托的解除　201, 238
信托的连续性　184, 193
信托的终止　41, 135, 196, 198, 200, 207, 209, 210
信托登记　81, 98, 105, 155, 243, 294
信托管理人　168, 177, 178, 179, 180, 200, 240, 250
信托合同　32, 62, 63, 65, 73, 80, 103, 134, 137, 138, 142, 149, 157, 196, 217, 226, 239, 252, 254, 257
信托目的　23, 34, 41, 42, 43, 47, 50, 54, 56, 62, 73, 74, 75, 78, 83, 85, 87,

105, 110, 113, 122, 126, 144, 145, 152, 153, 161, 162, 166, 167, 168, 181, 193, 194, 195, 197, 198, 199, 200, 201, 203, 207, 211, 219, 236, 241, 248, 254, 255, 257, 259, 265, 270, 271

信托税制 141, 212, 214, 215, 216, 222, 223, 226, 227, 235, 243

信托行为 60, 69, 75, 107, 140, 141, 175, 179, 196, 200, 201, 216, 217, 223, 237, 240

信义法 26, 27, 28, 29, 35, 36, 146

信义关系 27, 28, 29, 32, 33, 34, 41, 129

信义义务 27, 29, 30, 31, 35, 36, 38, 41, 126, 129, 131, 144, 187, 188, 262

Y

一人公司 69, 70

意定信托 62, 71, 73, 74, 103, 316

银保监部门 12, 78, 81, 83, 84, 85, 105, 107, 137, 191, 246

原子化 17, 30

Z

知情同意（informed consent） 146

指示权 126, 151

中介 7, 8, 9, 10, 20, 21, 27, 30, 34, 50, 110, 136, 163, 165, 166, 194, 205, 206, 216, 220

忠实义务 28, 29, 33, 113, 139, 144, 145, 146, 147, 148, 154, 157, 158, 159, 188

自愿性 13, 15, 20, 25, 26, 213

自治 3, 10, 17, 25, 67, 87, 132, 180, 181, 204, 214, 232, 277, 280, 283, 294, 297

宗教 5, 6, 11, 23, 47, 50, 51, 52, 53, 169, 181, 241

总检察官 35, 41, 44, 84, 92, 124, 168, 172, 173